本书为国家自然科学基金面上项目42071177的阶段性成果

朱 璇 著

背包旅行
用生命去丈量大地

Backpacking Travel:
Measuring The Land With The Whole Life

上海交通大学出版社
SHANGHAI JIAO TONG UNIVERSITY PRESS

内容提要

　　本书是基于一名背包客和背包客研究者的自助旅行体验，对背包旅行进行全面再概念化的学术专著。它不仅展现了一个致力于丈量大地的背包客在旅行中探索式生长成为专业玩家的真实经历，也呈现了一位长期进行参与式观察的背包旅行学者宏阔、刺激而奇妙的实地研究田野，可谓雅俗共赏。

图书在版编目(CIP)数据

　　背包旅行：用生命去丈量大地/朱璇著. —上海：
上海交通大学出版社，2021.8
　　ISBN 978-7-313-24135-1

　　Ⅰ.①背… Ⅱ.①朱… Ⅲ.①旅游地理学—研究
Ⅳ.①F590

　　中国版本图书馆 CIP 数据核字(2021)第 160232 号

背包旅行：用生命去丈量大地
BEIBAO LÜXING：YONG SHENGMING QU ZHANGLIANG DADI

著　　者：朱　璇
出版发行：上海交通大学出版社　　　　　　地　　址：上海市番禺路 951 号
邮政编码：200030　　　　　　　　　　　电　　话：021-64071208
印　　制：上海天地海设计印刷有限公司　　经　　销：全国新华书店
开　　本：710 mm×1000 mm　1/16　　　印　　张：24.5
字　　数：425 千字
版　　次：2021 年 8 月第 1 版　　　　　　印　　次：2021 年 8 月第 1 次印刷
书　　号：ISBN 978-7-313-24135-1
定　　价：75.00 元

序　一

认识朱璇是 2002 年她到广州报考我的博士生，留下的印象是英语很好，回答问题反应敏捷，但"玩"心较重，专业书读得不够多和深，希望在职攻读。那是我第二年招收博士生，报考者有近 30 名，她与中大失之交臂了。了解到她喜欢"玩"，考完后便送了一本《美加十万里行记》给她，那是我和爱人驾车环游美国和加拿大后出版的照片和游记。

再次"认识"朱璇是《旅游学纵横：学界五人对话录》2013 年底出版后，2014 你 1 月收到她的长篇读书笔记《悟道存真，自学治学——读〈旅游学纵横：学界五人对话录〉随想》，她从原书中梳理出讨论得最多的几大核心话题：旅游学科理论、学科共同体、研究规范、治学路径和研究方法，逐一进行了精华观点的整理、提炼和评述，从比较散漫的文字中快速抓住了核心观点和看法。我本想推荐给《旅游学刊》发表，但学刊已安排了该书另两篇书评，后来该文拖到 2015 年才在《绿柚智识》(2015－08－17)上刊出。

面壁十年，朱璇已经成为一位非常会"玩"的学者了。在自助游领域，她既是一位资深的实践者（驴友），不仅走了"美加十万里"，还游历了欧亚不少国家，以及国内极具挑战的西藏冈仁波齐的徒步转山等；又是一位对自助游研究颇有建树的研究者。

她是一位"狂热"的不怕苦和累，甚至"不怕死"的自助游爱好者。在爱尔兰从 7.5 米高悬崖跳海时，已是 2016 年。一般而言，不惑之年的中国人，冒险精神已悄然而退，而朱璇"我行我素"，可能家人早已默认了这是她的生活方式乃至生命的一部分了，不会干预她的冒险。朱璇游历的地方，相当一部分我也去过，但除了美国、加拿大属于"自助游"外，其他如云南雨崩、新疆喀纳斯、西藏墨脱、四川稻城亚丁、缅甸泰国老挝金三角等，我都是有组织、有补给保障地考察。即便最危险的一次徒步到墨脱，途中遇到泥石流，我们也有马夫帮助背行李，尽管身心疲惫，内心恐惧，但始终有人在帮助我们，不需要一切都自己面对。她去雨崩和喀纳斯都比我早，看她的日记和照片，弥补了我之前认知的空白。她在喀纳斯骑马时间太长，屁股被颠坏下不了马的窘境，我也经历过。

她是一位有信仰的自助游达人，仅用"狂热"解释不了朱璇自助游的实践。西藏的冈仁波齐，被誉为神山之王，是自助游者梦寐以求但又不敢"轻举妄动"的地方。转山之路基本在海拔 4 000—5 000 米，2 天徒步 55 千米，高原反应，让徒步者自顾无暇，难以互相帮助，没有后援，即使是组团，实际上开始转山后，基本上也都是独自行走。没有坚强的信仰是不可能完成的。

她是一位"有预算"的自助游专家。大学教师的收入相对稳定（固定），必须有预算地消费，精打细算、"精明"消费是自助游者必备的技能。在很多国家或地区旅行，都会碰到对游客收数倍于本地人的高额费用，甚至有"宰客"现象。感觉越是经济不发达的国家，这种高额收费或宰客现象就越普遍和离谱。不做好功课，就会被当成"水鱼"（水鱼，广东话用来形容被骗财的笨蛋）任人宰割。看看朱璇在土耳其卡帕多奇亚（Cappadocia）预订热气球的询价过程，就能感知要不被宰，就必须做好功课，眼勤嘴勤。唯有这样，才能以有限的收入游历无限的世界各地旅游目的地。朱璇没有乘成热气球的情况我也曾碰到过。卡帕多奇亚是世界上热气球游览最著名的旅游地。热气球项目最重要的是游客安全，这里已形成一套严格的安全管理规则，有一个特别三人专家小组判定每天是否可以飞，只要他们三人不同意飞，任何人不能违背。2018 年 6 月考察卡帕多奇亚时，我们天不亮就到了起飞地点，热气球也在准备了，突然被告知，天气达不到起飞要求，只能回酒店休息。第二天天气还是不够条件，我们只能带着遗憾离开了，大家笑称，"天留客，还要再来"。

她是一位"狠心"的妈妈，女儿三岁不到便被带着做国内外的自助游，特别是他们一家在尼泊尔徒步，大人小孩都生病，孩子始终没有叫苦，坚持了下来。看来带孩子背包旅行，完全可行，可以培养孩子的毅力和吃苦耐劳精神。在我们还在争论是否要研学旅游，如何培养独生子女的独立自主精神时，朱璇已经通过自助游在行动了。

她是一位用心记录所见所闻，并有所思的自助游研究者。中国有句话，"读万卷书，行万里路"。西方人说："The world is a book , and those who do not travel only read one page（世界是一本书，那些不去旅行的人只读过这本书的一页）"；还有一句："A traveler without observation is a bird without wings（一个

不去观察的旅行者就像一只没有翅膀的小鸟）"。你去旅行，但你不去观察，不去思考，就像一只没有翅膀的鸟一样，是不会飞的。朱璇的观察一是表现在每天的日记，不论多累，都要将当天的见闻和感悟记录下来，她的记录有女性特有的细腻，也有理性的思考，是非常珍贵的资料，加上照片，比《徐霞客游记》传递的信息还多！2003 年朱璇到达雨崩村之时，已经发现"雨崩村是一个实行原始共产主义社会制度的社会，外来的客人，一个个会被轮流安排到各家接待，一家住满，后面的人再到下一家住，价格统一，没有竞争和漫天要价"。我是 2006 年到雨崩村考察才发现这个现象，开始从社区参与转向社区增权研究的。

这本书，无论是旅游者还是旅游研究者，都能开卷有益。旅游者可以多读游记，学习攻略；研究者可以从第一章和第六章学习如何做自传式民族志研究，并深化对自助游的理解。

朱璇，一位用生命去丈量大地的背包旅行者和研究者。

是为序。

保继刚

2021 年 4 月 15 日于广州

序　二

　　希望你已经准备好激情和思考来打开这本书。

　　因为在接下来的阅读中，你将读到的是一个充满热情、能量满满的背包旅行爱好者，一个充满激情、身体力行、自由行走的不一样的旅游学者。在今天的社会上，不缺乏自由行走、善写攻略的旅游者，也不缺乏勤于耕耘、长于学术的研究者。不过在我看来，能用做学问的方式来游玩，让游玩变得有思想深度的旅游者不多；能用玩的方式来做学问，让学问变得有生活乐趣的研究者也不多。这本满是故事又不乏深刻思考的书，用作者自己的话来说，也是一本自我民族志，践行的是作者"用生命去丈量大地""只有成为背包旅行的一员和行家才能真正具备研究背包旅行的资格"的理念。当然，这也促使她成了国内持续研究背包旅行最深入、身体力行研究最彻底的研究者。

　　正因为如此，如同陆文虎先生说《谈艺录》"它直接教给你怎么读诗歌，可以从文艺理论的角度读，也可以从诗歌鉴赏的角度读"一样，大家可以把这本书直接当作背包旅行的游记来读，从中读到旅行的经验和趣味；也可以从背包旅行学术研究的角度来读，从中读到资深背包客对背包群体的"资深"思考；也可以从背包旅行的资料积累的角度来读，因为作者的背包旅行经历也可以成为你研究背包客的重要素材。虽然作者一直想用自己的背包旅行经历"做成极具个人标签性质的著作"，但她最初的背包旅行记录并不是为了出版，而是为了自己的爱好。"用生命旅行的人"和"狂热的背包旅行研究者"的身份重合，使得这本书在叙事和分析方面都有了不一样的温度和深度。

　　我一直很好奇，像作者一样的这些背包客为什么选择背包的方式进行旅行，如果旅行是为了获得快乐的话，他们为什么要用这种艰苦的方式来获得快乐呢？这种快乐获取的方式究竟跟他们日常的生活环境有什么关系？是因为日常的生活环境难以唤起他们兴奋的情绪故而需要通过更强烈的反差来获得快乐吗？甚至在 2017 年底"人类为什么旅行"的讲座分享上，我还琢磨过研究背包旅行者与普通大众观光旅游者在基因上会不会有什么差异？在跨界的论坛间隙，我还抱着不知者不怪的自我安慰心理专门就此咨询过华大基因的专家。读完书稿后，我发现，促使作者成为"狂热的"背包旅行者和背包旅行研究者的，或许就是爱德华·L. 德西等人提到的"内在动机"的力量。相较于谋求外部奖赏而做事，基于自我激励、为了行为本身固有的回报而做某件事，比在任何需要智慧、深度专注、直觉或创造力的活动上的表现都要更好。相应地，出于内心的热爱而旅行和写作，恐怕要比出于出版畅销书目的的旅行和写作更值得人们去关注。如果能够在这种旅行和写作中去反省观照自己，在他人的心绪、记录中回顾自己曾经的经历和回忆，在他人的分析、思考中沉淀自己曾经的视角和感悟，想来也是阅读的一大乐趣。相信这也是作者希望带给读者诸君的。

其实，书中所涉及的不少地方，我也曾经去过，有些地方去得比我这个老同学去得还早，有些地方去了还不止一次，但从来没有像她一样玩过，当然也没有像她一样感受过这些目的地的独特魅力。所以我就成了作者所说的"一直鼓励催促我出书的也大有人在"的众人中的一位。而我之所以屡次催促她将这些经历尽快出版，是因为她带人进入彼情彼景彼心的充满激情的述说，她的经历里面呈现的不是走马观花、浮光掠影的景点汇集，更不是好吃好喝的逛吃攻略。更重要的是，她的这种旅行方式和体验实在是旅游目的地高质量发展所需要关注和重视的，在这其中蕴藏着旅游目的地优化和深化发展的秘方。我们都知道，旅游目的地是否能够获得好评，绝对不能停留在有多少独特的吸引物上，而在于究竟能够把多少吸引物转化为产品，能够吸引多少"脾气相投"的旅游者上。如果货不对路，旅游者体验可能会很糟糕，旅游目的地则可能很受伤。尽管个中原因并非目的地没有好的景致，但因为互联网时代的吐槽杀伤力巨大，很容易弄得目的地形象大受影响。所以，"门当户对（志趣相投）"不仅是选择人生伴侣的重要法则，也是旅游目的地发展和市场开拓的重要法则。如果能够有更多像作者这样的玩者，目的地的玩法就可以更多元，市场可以更精准，发展上也可以有更多可能。

从这本书中，我再次看到了一个规律，那就是，要成为一个好的旅游学者，首先应该成为一个好的旅游者。没有在地的深入观察和切身体会，就很难形成具有事物运行实感的结论，即便形成了所谓的结论，写作者自己多少有点心里打鼓没有底。现在不少旅游研究亟须解决的问题就是要弥合学术上很规范和实感上很缺乏之间的鸿沟。同时,在书中我也看到了,如果没有好的旅游消费技术,是很难真正成为一个好的旅游者,是很难让"所见即所得"的,就如网络上流传的那句话所说的,"如果不读书,即使行万里路,也只是个邮差"。"最佳畅爽感来自活动本身带来的挑战和活动者自身技能的完全匹配,而且这种匹配必须是超过一定门槛值的匹配"。相较于参加旅游团这种有组织的旅游方式,背包旅行往往需要更多的能力和技术支撑。可是,在旅游日益成为人们的生活方式、成为美好生活新期待的时候,在货币贫困、时间贫困的问题陆续得到解决之后,我们看到的是越来越多的能力贫困,休闲能力、旅游消费技术的不足成为影响人们获得高质量旅游体验最重要的因素之一。

阿兰·德波顿曾经指出,"我们还没有积累和具备所需的接受能力就迫不及待地去观光……我们所接纳的新信息会变得毫无价值,并且散乱无章"。这其中不仅需要有相应的知识储备、审美基础,更需要有应对各种不确定性的能力、人际沟通能力、语言交流能力、目的地选择能力、产品搜索能力等多种能力。随着人们越来越多地开始跨境旅行,语言能力也变得异常重要,尤其是突发情况下的语言能力。正是由于朱璇有出色的语言交流能力,使得她不仅在境外背包旅行时可以应对各种情况(尽管有时候也火烧眉毛般手忙脚乱),也使得她在国际学术圈中游刃有余,使她不仅能够在目的地游历得更加深入、走得更远、看得更多,也能有更本地化的看见和参与,而且能够参加最前沿的学术会议与最前沿的学者深度交流、与最前沿的学术思想碰撞互促。当然,从作者近乎全能的素养和多数人能力与技术不足的反差中,我们也可以清晰地看到,在背包旅行、自由行之外,团队旅游仍然有很大的市场,只不过团队旅游需要走出传统的大进大出的模式,在小规模、定制化、细分化、专业化、深度体验的团队游方面寻找旅行服务机构的未来。

当然,如果从旅游学者的能力角度而言,还需要有能进入现场、进入问题的能力。作者在开篇中写道,"首先得说明自己是背包旅行的行家,是'他们'中的一分子,才具备研究背包旅行的资质"。也就是说,作者在背包旅行研究中,是"用身体置身现场进行参与观察"的。用现在时髦的话来讲,或许可以称为"沉浸式体认"。的确,置身现场,沉浸其中,可以了解、熟悉研究对象,但也容易陷于其中,因为研究需要的不仅是熟悉,更需要批判性的思考,而没有了距离感,往往会让人无法达到洞见。跳出三界外,不在五行中。跳出了"沉浸其中"带来的约束,方得思考的灵魂自由自在。这不由得让我想起了布莱希特在戏剧艺术中提出的"间离""陌生化"这些概念,也看到了作者在本书中"间离"方法自觉不自觉地运用。无论是每天背包旅行过程中通过微信随时的思考分享，还是每天行程结束后无论多晚都要着手的整体梳理，其实都是在全情投入之后及时地把自己从现场和沉浸中抽离出来。从感性的旅行经历描述到理性的学术日记思考，考验的恰恰是间离的能力、陌生化后的反思、追问和批判能力。这种"间离"和"陌生化"的结果就是在每一节后面单独呈现的"评价与建议"部分。

这样一来，既不会因为带着学究的眼镜而让旅行变得枯燥甚至无趣，也不会因为"没心没肺"的态度而让旅行流于形式而显得浅薄。旅游者的诉求总是追求轻松、愉悦的，这是本性，无可厚非，旅游学者的旅游就应该在"有意思"之外，去寻求认知、审视、反思、批判、建议的能力，从而让"有意思"的旅行变得更加"有意义"。不仅仅是因为自己获得了新知而产生意义，也不仅仅通过背包旅行这种"成己"（即新的精神生命的形成）的过程中感受意义，还在于对群体形象刻画、在地发展优化方面的知识贡献。这种或深或浅的知识贡献是旅游学者（不同于旅游者）赋予旅行的独特意义。"纸上得来终觉浅，绝知此事要躬行"，但"进去"是为了"出来"，"沉浸"是为了更好地"间离"。"进去"，然后认知、理解，然后"出来"，思考，发现。这不是矫情，而是使命，是一种学术的自觉和学者的自信。

在互联网时代，人们改变了记录和分享的方式，因此在人们出游越来越方便、足迹越来越遥远的时代，各种各样的游记很多，也时不时能看到游记中的人生之感慨，但真正有思想的游记还是太少了，能够通过游记开辟一片崭新学术新天地的游记那更是少之又少。现在各种各样的学者很多，能提出自己独到想法的学者也不少，但真正用生命把自己放进去的学者就很少见了。"给这类的作者，批评是多余的，因为他自己的想象就是最不放松的不出声的批评者。奖励也是多余的，因为春草的发青，云雀的放歌，都是用不着人们的奖励的"（徐志摩附评沈从文《市集》的《志摩的欣赏》中语）。

有趣的灵魂终会在旅行的路上相遇。打开书，有趣的你，将读到一个有趣的背包旅游者，也将看到一个有趣的背包旅游学者。开始你的眼睛旅行吧，期待你们有趣的灵魂在阅读的字里行间相遇。

躬身入局有真知。是为序。

2021 年 3 月 31 日于北京

4

前　言

　　我持续地开始记录个人的背包旅行经历始于 2002—2003 年的美国访学之旅。彼时我前往印第安纳州的波尔大学（Ball State University）做访问学生，在一年时间里，利用所有可以利用的假期周游了美国三十多个州，结交了许多世界各国的朋友，并通过群发英文电子邮件的方式，把旅行中有趣而值得回味的事情记录了下来。因为当时在美如此疯狂旅行的单身亚洲女性非常少见，而旅途中发生的许多故事颇为传奇，所以当时就有一些朋友建议我把邮件文章整理出来，结集出版，或可畅销。虽然一直心存此念，但回国后忙于考博读博、教书生娃、做课题写八股，此事就一搁再搁，直至过了时限，眼看传奇可能真的就要成为过时的传说。

　　好在，日后再忙，四处跋涉的脚步再未停止，随手写作的习惯也保持了下来，从最早长篇连载的电子邮件，到后来短小精悍的微博豆腐块，直至智能手机和微信的推出，最终我有了固定的阵地——微信旅行日志板块。哪怕旅行再苦再累，哪怕深更半夜或鸡叫天明，我都尽量坚持日记日清，把途中的风土人情、行走感悟码成字，装入册。因为我始终有个信念：我终将以这些虚拟空间的文字为素材，做成极具个人标签性质的著作，绝不八股，绝不从众。作为一名研究背包旅游的学者，直觉让我相信这些一手的个人田野资料是有价值的。它不仅仅是一名铁杆背包客的日记，也展现了一位长期进行"参与式观察"的狂热背包研究者的田野是怎样宏阔、刺激而奇妙的场景，更见证了作为资深背包客和背包研究者双重身份的我的真实成长经历。

　　出于对背包旅行的热爱和推崇，我给本校旅游管理专业的学生开出了一门"自助旅行"的课程。虽然它只是一门任选课，且由于自己教学工作量的超载，迄今为止只上过3轮，但丝毫不影响它成为我个人最热衷教授的一门课程。同学们对于这门课程的热情也是高涨的。然而囿于教学"以学为主"的考虑，我在课程中对个人旅行史的回顾和体验的讲述极其有限，但我一直让同学们对我"一千零一夜"的故事保持期待，许诺他们终有一天将这些故事汇结成书，连载成册。

　　旅行、运动、写作是我一生的三大爱好，背包旅行是我其中最大的爱好，也是我的专业研究领域。能找寻到这个研究方向，把我的三大爱好完美结合，是非常幸福的。常年的背包旅行需要很好的身体素质和一定的运动技巧，而长期的田野日志记载需要对写作饱含热情。回望自己做背包旅行和撰写背包日志的历程，我不禁自问：如果说这本书是我"不忘初心"而生的成果，那么，我的"初心"是什么呢？哪怕旅行中再苦再累再晚，我为什么还要坚持每天记录我的背包田野呢？因为，我热爱背包，也热爱写作。背包和写作使我快乐。

　　说旅行是自己的爱好很容易，但当别人眼中的各种苦痛、危险、艰难化成自己亲历的体验和笔下跌宕起伏的文字时，我便被友人冠以一个另类的称谓——"用生命去旅行的人"。拼死也要旅行，为了旅行哪怕拼尽生命也在所不惜，这哪是爱好，这是要命啊？——这是他们读我文字时常生的感慨。当然，这只是友人们半戏谑半敬佩的调侃，类似的评论还有很多，一直鼓励我催促我出书的也大有人在。友人长久以来对我的肯定和敦促，是本书最终得以成形的重要力量。

　　本书能够帮助背包客以及所有向往自由旅行之境界的读者理解背包客所处的世界，起到提升背包技能、反思旅行体验、深化自我意识、构建有意义的旅行观的作用。本书也可帮助背包自助旅游的目的地开发者和市场管理者了解这一群体的需求和特点，为其设计有特色的产品、打造有意义的地方、合理规范和引导市场提供依据和建议。通过自传式民族志的写作，本书与已有背包旅行研究形成对话，对背包旅行进行全盘的再概念化，对其研究方法和研究方向进行了回顾和展望，对旅游学界和应用人类学领域学者的研究具有很好的参考价值和启示作用。

　　本书的出版，是我对学生们昔日承诺的一份交代，也是我给予一直以来鼓励、肯定和支持我的伙伴们的一份回馈，更是我对自己背包旅行30年旅程、20年研究的一份见证。终能成书，如释重负！

目　录

绪　　论

一、什么是自传式民族志？

本书是一名背包客和背包客研究者基于个人背包旅行经历和体验的自传式民族志，因而开篇有必要界定全书的基本概念：自传式民族志。什么是民族志？民族志有作为研究方法的民族志和作为文本的民族志两种。本书的"民族志"指的是后一种，其基本含义"是指对异民族的社会、文化现象的记述。希罗多德对埃及人家庭生活的描述，旅行者、探险家的游记，那些最早与土著打交道的商人和布道的传教士以及殖民时代帝国官员们关于土著人的报告，都被归入民族志这个广义的文体。这些大杂烩的内容可以归入一个文体，主要基于两大因素：一是它们的风格上的异域情调或新异感。二是它们表征着一个有着内在一致性的精神的群体（族群）"（高丙中，2014：1-2）。民族志"提供对特定社区、社会或者文化的描述。在民族志田野工作中，民族志者收集他或她组织、描述、分析和阐释的数据，并以专著、文章或者电影的形式来建立和展示描述"（Kottak，2012：9）。所以，当人类学者近距离观察、参与并记录另一种文化的日常生活所形成的文本内容及细节描述，就成为"民族志"。

那什么又是自传式民族志呢？自传式民族志（autoethnography），又译作"自我民族志"，是一种将个人与文化相联系，将自我置于社会文化背景下来考察的研究样式和写作形式（Reed-Danahay，1997），是一种探讨研究者自我生活经验的自传式个人叙事（蒋逸民，2011）。自传式民族志源于传统的民族志，但又不同于传统的民族志，两者的区别主要在于三方面。首先，在研究角色上，传统民族志研究者是局外人身份，通过介入局内人日常生活去研究文化；而自传式民族志研究者是以局内人和局外人的双重身份，通过描述自我亲身体验来表现自我主体性，表达自我意识。自传式民族志作者既是研究者又是被研究对象，两者合二为一。其次，在研究内容上，传统民族志研究者主要关注人类群体文化，有意使自我成为背景，侧重于从整体上来描述有关其他人的看法和实践；而自传式民

1

族志作者主要关注自我主体性、自我意识和亲身体验，侧重于从个体层面上来描述研究者自身的看法和实践，把个人思想、感觉、故事和观察视为理解社会背景的一种方式，通过自我情感和思想的展现，来探究自我与文化背景的互动。再次，在研究手段上，传统民族志主要通过参与观察和访谈来收集数据；自传式民族志则把亲身体验和自我意识作为数据来源（蒋逸民，2011：11-12）。

人类学者"倾听、记录和呈现来自大量民族和文化的声音"，"珍视地方性知识、多样的世界观和不同的哲学"（Kottak，2012：15）。自传式民族志通过"我"的视角，以描述、回忆和反思来展示我者、他者及我者和他者之间的故事，在我者他者化的过程中构建地方性知识和多样化的世界观。本书要提供的，就是"我"在背包旅游研究田野中形成的民族志，只是我所收集和阐释的数据，是以本人为对象而写成的，是关于自己的背包田野及实践的民族志，是一本自传式民族志。

二、什么是背包客？

根据我对被访者的调研，每个人心中都有不同背包客的设定，对背包客的理解也各有千秋。此处首先根据中外背包旅游研究文献对本书所述的"背包客"做一概念界定。"背包客"的英文原词为"backpacker"，即使是在以英语为母语的国家，它也具备不同的含义，主要分为"背包旅行者"（backpacker traveler 或 backpacker tourist）和"户外背包客"（outdoor backpacker）两种含义（朱璇，2009）。国际上关于背包客的旅游研究均指前一种概念，其最早的规范性定义是指具备如下五大社会特征的旅游者：① 偏好经济型住宿设施，行程节俭；② 强调与其他背包客的聚会交流；③ 具备完全自助而又极具弹性的旅游行程；④ 拥有相对较长的旅行时间；⑤ 热衷于非正式非结构化和高参与性的旅行活动（Pearce，1990）。由于这一类旅行者常背着大背包旅行，所以把"背包"（backpack）作为其身份表征的外在标签来称呼他们。

澳洲是最早研究背包旅行者的国家，因而"背包旅游者"这一称谓在澳洲有着最高的认同度和接受度。但欧美民众更多会以"自助旅行"（independent travel），尤其是"经济型的自助旅行"（budget independent travel）来指涉本书所要讨论的"背包旅行"（backpacking travel）（类似于中文语境下最早提出的"穷游"），相应地，他们会使用"旅行者"（traveler）而非"背包客"或"旅游者"（tourist）来称呼进行自助旅行的人（朱璇，2009）。所以，本书对"背包旅行者"和"自助旅行者"不做区分，所有的"背包客"概念和"旅行者"（traveler）的概念是同一的,即,"背包客"就是"(自助)旅行者"。

　　背包自助旅行者在背包和自助旅行发展和研究的不同阶段,分别被不同文化背景的学者冠以不同的称谓(详见表 0 - 1),因此,"驴友""游民"(nomads,也可译作"浪人")、"轻奢型背包客"(flashpacker)、"生活方式旅行者"(lifestyle traveler)等称谓也会在本书中被使用并指代当代"背包客"。

表 0 - 1　与背包自助旅行同近义的旅行者类型及最早代表性文献汇总
(按发表年份顺序排列)

中文称谓	英文称谓	文　献　源　起
流浪者	drifter	1. Cohen E. Toward a sociology of international tourism[J]. Social Research, 1972, 39: 164 - 182. 2. Cohen E. Nomads from affluence: notes on the phenomenon of drifter tourism[J]. International Journal of Comparative Sociology, 1973, 14: 89 - 103.
跋涉者	tramper	Adler J. Youth on the road [J]. Annals of Tourism Research, 1985, 12(3): 335 - 354.
预算型长期旅行者	young budget traveler	Riley P. J. Road culture of international long-term budget travelers[J]. Annals of Tourism Research, 1988, 15(3): 313 - 328.
背包客/背包旅游者	backpacker (tourist)	Pearce P. The backpacker phenomenon: preliminary answers to basic questions[R]. Department of Tourism, James Cook University of North Queensland, 1990.
青年预算型旅行者/背包客	young budget traveler	Loker-Murphy L, Pearce P. L. Young budget travelers: Backpackers in Australia[J]. Annals of Tourism Research, 1995, 22(4): 819 - 843.
海外经历旅行者	OE	Bell C. The big 'OE': Young New Zealand travellers as secular pilgrims[J]. Tourist Studies, 2002, 2(2): 143 - 158. ＊OE 是 overseas experience traveller 一词的缩写。
自助青年旅行者	Independent youth traveller	Richards G, Wilson J. New horizons in independent youth and student travel[M]. Amsterdam: International Student Travel Confederation (ISTC), 2003.
自助旅行者	independent trave(l)ler	1. Hyde K, Lawson R. The nature of independent travel [J]. Journal of Travel Research, 2003, 42(1): 13 - 23. 2. Richards G, Wilson J. The global nomad: Motivations and behaviour of independent travellers worldwide. In Richards G, Wilson J (Eds.), The global nomad [M]. Clevedon: Buffalo: Channel View Publications, 2004: 14 - 39.

中文称谓	英文称谓	文 献 源 起
全球游民/地点自由旅行者	global nomad/location independent traveller	1. Richards G, Wilson J (Eds.), The global nomad[M]. Clevedon；Buffalo：Channel View Publications，2004. 2. Kannisto P. Global nomads：Challenges of mobility in the sedentary world[D]. Tilburg University，2014.
间隔年旅游者	gap year tourist	O'Reilly C. C. From drifter to gap year tourist[J]. Annals of Tourism Research，2006, 33(4)：998 - 1017.
背包客/驴友	Backpacker/donkey friends	1. 朱璇. 背包旅游：基于中国案例的理论和实证研究[D]. 华东师范大学，2007. 2. Lim F. K. G. 'Donkey friends' in China：the internet, civil society and the emergence of the Chinese backpacking community. In Winter T., Teo P., Chang TC. (Eds.), Asia on Tour：exploring the rise of Asian tourism[M]. London：Routledge, 2008：291 - 301.
轻奢型/电子化背包客	flashpacker	1. Jarvis J, Peel V. Flashpackers in Fiji：Reframing the 'global nomad' in a developing destination, 2010. 2. Hannam K, Diekmann A. From backpacking to flashpacking developments in backpacker tourism research, (2010). * 以上两文同时出现在 K. Hannam & A. Diekmann (Eds.), Beyond backpacker tourism：Mobilities and experiences. Bristol, UK；Buffalo, NY：Channel View Publications 一书中，页码分别为 21 - 29, 1 - 7.
生活方式旅行者	lifestyle traveller	Cohen S. A. Lifestyle travellers[J]. Annals of Tourism Research，2011, 38(4)：1535 - 1555.
穷游者	Qiongyouer	解佳, 朱璇. "穷游"兴起的社会学分析——兼论穷游者与背包客的异同[J].旅游学刊，2019, 34(1)：124 - 135.

三、为什么要开展自传式背包民族志的研究？

自传式民族志作者以论著主人公的身份质疑了学术"沉默署名权"的通行看法，表达过往研究并未被充分表达的研究者声音（Charmaz & Mitchell，1997：193 - 215）。在质性研究方法中，一直强调研究者把自己作为研究工具。我和解佳博士的合作论文曾在2016年土耳其举行的第4届跨学科旅游研究会议上做分组演讲，当时在场的《旅游研究纪事》（*Annals of Tourism Research*，旅游学界最知名的国际学术期刊之一）的前主编杰夫·杰夫瑞（Jafar Jafari）曾点评道：

"只有你们(背包客研究者)才真正知道自己在做什么(因为你们本人都是背包客)。"诚然,作为背包客的研究者,除了置身现场参与观察,身份也是研究媒介的重要组成。如果没有背包客的身份,可能无法真正理解背包客的情感和言语,无法对所收集的资料进行正确的认知和分析。作为以人类学方法进行背包旅游研究的学者,随着研究者"'本地化(go native)'程度的加深,研究经验及人际关系变得独特,不能被自己及其他人复制"(郑肇祺,2018)。因此,写下自己的研究田野和故事,解读自身作为参与者的独特经历和身份,对理解研究本身来说,至关重要。

　　作为国内第一位持续致力于研究背包旅游的学者,我一直从事基于参与者观察的研究,身体力行中积累了大量无法写进个人已有论著中的一手资料。在论文的匿名评审中,曾经出现过一些即使提供了"研究方法"但也无法很好向审稿人解释的问题。比如,在撰写关于背包旅游真实性体验的一篇论文(朱璇,2018)中,审稿专家始终不理解为什么我把背包客笔下的"商业化"解读为"当地非本真的存在"。虽然我在文中强调了这是基于"长期的参与者观察"和"对其话语的了解",但这似乎并不能说服审稿人相信我的观点。其实,只要身处背包田野中一段时间,你就可以感知到他们语言的所指,这是一种一点即透的"灵犀"和理解,本无须争辩。因为"我"就是"他们"中的一分子,我也会用这种语言来表达同样的意思。"authentic"(真实与否)的概念本是一个舶来品,国人不会刻意地去用这样一个词来记录他们的感受,但这并不妨碍他们用其他更本土的概念来表达同样的意味。比如"商业化",或者"这个建筑是不是原来的"或者"以前的",大相径庭的表达,可能承载与真实性(authenticity)相同的意义。这需要的,是费孝通(2013:13-14)先生所说的"进得去"和"出得来"的能力。但如何去说明我是一个在背包旅游领域中具有了这样能力的研究者呢?不仅匿名评审制度让我有口难开、无从辩驳,即使没有这一制度,区区一万字的论文也让我根本无法在文中进行充分论证。无论是杰夫瑞教授在国际学术会议上对背包客研究者"知行合一"的研究路径给予的高度评价,还是习近平总书记指出的"要把论文写在祖国的大地上"的谆谆教导,都说明学术研究一直倡导知行合一。而学术研究中"进得去""出得来"的能力,应当是知行合一的基础,是需要长期培养和训练的。可以说,我写本书的第一个目的,就是为自己验明正身,为自己的"背包客"的身份提供充分的注解:首先得说明自己是背包旅行的行家,是"他们"中的一分子,才具备研究背包旅行的资质。

　　大费周折地去解释我为什么是背包客中的资深一员,证明我在背包研究中具备"进得去"的能力，是我想成书的一个出发点。但我又如何能证明自己"出得来"呢？我对背包旅行者群体的观察是否会因为陷入太深而无法客观观察？也即，我作为参与者的主位观点，是如何与作为研究者的客位观点结合起来的？要解决这一问题，就要深挖本人的生活史，回顾自己的背包历程，研究我是如何成长为现在这样的研究者的。参照费老对自我研究历程的回想，我的背包旅行也不是"在一个单一的参考系下面展开的"（费孝通，2013：13）。这本书所要揭示的，就是我的多种"异文化"参考体系所形成的证据：我在旅行过程中，对国内外多种民族、种族和文化中的亲身阅历和自我反思，以及受益于我的英语语言能力和自我发展能力而习得的其他社会和社会科学的关于世界各国和各民族的地方性知识。在这本书中，我要追溯曾经令我万分苦恼的"hybrid"（朋友送我的称号，我译之为"文化混血儿"）身份的演化过程，从抑郁到坦然，在中西方两种文化系统中浸润过的身份和心态实则是大大有利于"价值中立"和"保持客观"的研究立场的。在多元化的人文价值观下，无论是对背包客主体的研究，还是对背包旅游中主客关系的研究，如果都能奉行"美人之美，各美其美"（费孝通，2013）的普适审美标准，那要从研究对象中抽离出来，也并非难事了。

本书如果只是寻求为个人论著提供注脚，似乎立意太低。作为研究者，我们最常需要问自己的问题就是"那又怎样（so what）？"。本书中无论是事实还是理论的呈现，绝不仅仅是为了自娱自乐或者自说自话，而是为了帮助背包客理解背包客自身。为什么写"我"能够帮助理解"我们"呢？因为"我"作为背包旅行者的个案，既具有"代表性"，又具有"典型性"。本书的每一位读者，是否都能从本书的记录里，找到自己作为"游民"（nomad，也可译作"浪人"）的影子？抑或，是否觉得自己走得还不够远、"浪"得还不够高，希冀自己能够放飞得再彻底一些？如果本书能够对读者起到反思自我体验、深化自我意识的作用，那将是"我"作为"进入"背包世界的"我者"，对"我们"这一群体的最大现实意义。本书要呈现的，是一种"对本土观念和不同文化价值观念的尊重"，也力图展示"文化之间互译和沟通的可能性"。无论你是不是一名背包客，我希望你在并不晦涩的字里行间所能读到的，是我认为有意义的旅行观。在背包中去领悟"美美与共，天下大同"（费孝通，2013），在旅行中去构建"人类命运共同体"的意识。每位希冀踏上"浪途"的旅行者，或多或少都应当是具有人类学者情怀的个体。

我有幸在 2017 年与国际著名的应用人类学家杰瑞德·莫瑞（Gerald Murray）相识并成为忘年之交，常与这位曾执教于哥伦比亚、耶鲁和佛罗里达大学的人类学教授聊起我的背包及研究经历。他鼓励我在积累一定的研究经历以后,写作一本自传式民族志,用于记录我有趣的但无法写进论文中的田野故事。在"人类学导论"的课堂上,他告诉我们应用人类学研究的五个步骤:描述、比较、解释、评价和建议。作为一本自传式民族志,本书同样遵循这五步程序。在这本兼备旅游人类学学术性和通俗性的著作中,我试图通过对个人旅行生活史的叙事、比较、解释和评价,提出能提升背包旅游者自身技能、素养以及改善主客关系的建议。这个实用主义的目的,可以说是长久以来我坚持背包田野日志的写作、希望终有一天能结集出版的强劲动力。虽然从字面上来看,本书的叙事好像占据了主要地位,但其实比较、解释、评价和建议的过程一直穿插在叙述当中,而对自我叙事的评价和对背包者的建议,不仅贯穿在每章节的标题中,更汇总于每个论点之下的叙事故事后。这样写作的目的,无非是使读者能有共鸣,不被难解的学术术语吓跑,起到较好的启示或实施效果。而从人类学的文体来说,作为一种写作文本的民族志,就是一种建立在田野一手观察和参与之上的对社会的描述研究。通过这种描述和记录,去诠释背包旅行之于自我、之于自然、之于社会的意义,唤起更多"我们"(背包客)和"他们"(非背包客)的体悟和觉察,这是本书写作的更大抱负,也是它作为"应用"人类学的价值所在。

从应用价值上看,本书是为了帮助背包客自身和其他群体更好地理解背包客,这里的其他群体,包括背包自助旅游的开发者、设计者和管理者。自助背包旅行者,是旅游目的地的"先驱"(Pryer,1997;朱璇,2008),深入了解其需求和特点,有利于引导潮流,设计有特色的产品,打造有"意义"的地方,合理规划和引导自助背包旅游市场。从理论意义上看,本书通过自传式民族志研究背包客,与已有的背包旅行研究形成对话,对背包客的概念进行全面梳理和重新界定,在概念化背包旅行和背包客的同时,提出背包旅行研究的新趋势和新方向。

除了人类学家的支持,写作本书的另一大原因,当然是本人的兴趣和爱好。"旅行"是我一生最大的嗜好,而"背包研究"不仅是我的专业领域,也是我的个人爱好。我能找寻到这个研究方向,把科研和爱好结合起来,是幸福的。

四、怎样做关于背包客的自传式民族志?

(一)资料收集渠道和方法

自传式民族志把亲身体验和自我意识作为数据来源,以"我"的视角表达自我意识,表现自我主体性。由于"我"作为背包客的个人历史"源远流长",在历时性的研究中留下了大量的多点田野手记和回忆笔录,为本书的撰写提供了大量初涉"现场"的实时一手文本。本书的材料及撰写主要基于以下几种渠道或方法。

其一，"电子邮件时代"的电子邮件原文（译文）、个人 msn 空间的发布、即时发出的短信、途中拍摄的照片及整理和回忆，时间段从 2002 至 2010 年。由于年代"久远"，且邮件和大多空间内容主要用英语写成，而即时短信的内容过于"短小精悍"，因此本书用这部分的材料不多，主要参照原邮件和朋友的回邮，经回忆加工补录成文。数码照相机所拍摄的照片在回忆成文中发挥了重要的作用。我保持着回程后整理照片并根据拍摄地点及体验取名的习惯，而数码相机又自动记录了照片拍摄的时间，两者结合可以取得很好的补录效果。

其二，"微博时代"个人账号中的微博记录和评论、携程个人社区中的游记，时间段从 2011 至 2013 年。由于微博有每篇 140 字的字数限制，所以基于这一数据源的材料在成书中也经过了较多的合并编辑重整。

其三，"微信时代"个人账号中的微信日志和评论，时间段从 2013 年迄今。"微信民族志书写时代"（赵旭东，2017）的到来，让我真正下定决心挖掘这些长期积累的个人数据价值。自从微信田野日志的书写从手提电脑端转移到了智能手机端，对文化和日常生活的记录就变得更便捷而随手可得，所有参与性的观察和体验被随时、随处记录下来，成为"非常有价值的移动空间的第一手资料"（唐魁玉、邵力，2017）。

以上三类材料区别于传统田野笔记的另一特点是，可以保存文、图乃至视频，记录者有特定的实时阅读对象，他们会与田野记录者保持很高程度的互动，触发记录者进一步的观察或解释。因此，在使用微信民族志时，本书还保留了部分和朋友圈内朋友互动的文字，穿插了我的进一步解释，以深度刻画当时的场景，并解读、呼应读者可能最多引发的疑问和评论。除以上三类文字外，我也有过一些书写在笔记本上的日记、札记，但是由于数次搬迁，笔记本没有得到完整保存，因此本次整理暂未把这些材料考虑在内。

我的自传体文本，虽然主要赋存于网络空间，但文字原稿大多在实地田野考察过程中写成。"微信时代"之前的文本记录受场地和设备的限制，有些成文于考察返回后的短时间内，力求尽量保持细节描述、还原现场感受。但即使是"微信时代"和智能手机之前的网络文字，也有许多成文于多点背包移动的过程中，比如美国盐湖城和西雅图青年旅馆的公共电脑上，某些路遇造访的热心人家中的个人电脑上，或者容我借宿吃喝的朋友的朋友家中的个人电脑上。以上三类文本在本书录入时都标注了原始数据撰写的时间，如果文本内容是根据原始材料重整而成，则标注了该段回忆性描述实际发生的时间。在很多场景下，英文语境的反应先于中文,或因话语本身涉及的就是非中文的交往对象,或因许多英语(尤其是地名人名和专业词汇)尚无约定俗成的中文译法,因此以括号形式保留了英语,在本书正文部分则将原英语话语或专业术语转译成中文。本书中所有直接引用微信或电子邮件原文的内容,全部使用楷体;而重新整理撰写的文本为宋体。以楷体标识的文本,常有以"♯"号标记开头和结尾的一行文字,意为原微信日志或邮件抬头的题名。日志故事如按照时间顺序组团,则每篇日志的起始会标注该篇成文和记录的时间与地点,后续的日志如记录地点与上一篇相同,则不再重复标记。同一天的日志如有多篇,便在日期后以"其一""其二"区分顺序。由于"我"的背包田野记录从 2002 年开始已持续了将近 20 年,而个人的背包旅行史从 1992 年算起已进行了将近 30 年(详见:朱璇,2009),无法也无必要将所有内容呈现在一本著作中,所以本书在撰写过程中重新进行了主题梳理,务求体现背包旅行"应用"的主线及论点(见图 0 - 1)。

(二) 研究思路框架和内容

本书的研究框架大致可以图 0 - 1 的内容表达。总体结构分为绪论、背包客的生存心态、背包客游走飞丫的技能、结论四大部分。研究框图突出了四大部分的主要内容和核心观点。

绪论主要就本研究的背景、基本概念、缘起、方法、资料来源和结构流程做一概述。

本研究的主要质性资料和分析为背包客的生存心态和游、走、飞、丫的背包技能五大板块(章)。每个板块都分成 2—6 个主题(节),每个主题下由若干组团故事支撑,这些组团故事构成自传式民族志叙事,对最后的结论构成论据和论证。由于在背包行程中,"我"几乎每天都记录或者补录田野日志,形成的文字已远超本书所能承载,所以每个主题下的叙事故事只能挑选极其有限的旅程或长途旅程中的一段为代表。为了真实还原"我"在背包参与当时的体验和感受,本书大量选用了微信日志的原文,但在后期编辑每章每节时,会先说明选用这些自我叙事故事的背景和依据。在每个主题(节)的单个或系列故事之后的最末一部分,汇总简短的评价与建议。根据不同的主题,这些评价与建议不仅有针对背包客及目的地建设的应用建议,还有针对理论研究者的研究启示。

"背包客的生存心态"为第一章,围绕"如水顺应,随遇而安"的观点来组织材料。在背包旅行中,"我"的这一生存心态又体现为:①"奔跑人生,坚决意志"的外在显示和内在精神;②"心怀崇敬,足下谨慎"的内在认知和外在表现,两者统一为"有所畏有所不畏"的背包态度。

绪论

什么是自传式民族志？ | 什么是背包客？ | 为什么要展开自传式背包民族志的研究？ | 怎样做关于背包客的自传式民族志？

背包客的生存心态：如水顺应，随遇而安

奔跑人生，坚决意志 | 心怀崇敬，足下谨慎

背包客的软硬技能：游走飞丫，探险四界

遨游水界 | 行走陆地 | 飞翔天空 | 人间飞丫

遨游水界：
浮潜海洋
追逐精灵
冲浪岛国
濒死跳崖
游走海陆
漂划河海

行走陆地：
徒步，雪山之下的膜拜
骑马，山川上下的丈量
露营，日夜之间的辗转
Safari，自然陆界的游行
步行，城市之中的穿越
自驾，广阔天地的巡礼

飞翔天空：
悠悠气球
高空跳伞
最爱滑翔
多样航行

人间飞丫：
独行美东，全面告捷
再战西北，驴伴左右
滇西西南，奇遇不断

结论

背包客的物质表征 | 背包客的钢铁内核 | 背包客的精神本质

背包客的物质表征：
背包无定式，装备依行程
丈量脚当先，通勤百变宜
住房省当头，人情暖更重

背包客的钢铁内核：
穷很可游
独行最乐
带娃适游
病亦能游

背包客的精神本质：
不流浪，只是生活在各处
心无疆，终身学习常保鲜
行无界，永奔在探索之路

小结 | 小结 | 小结

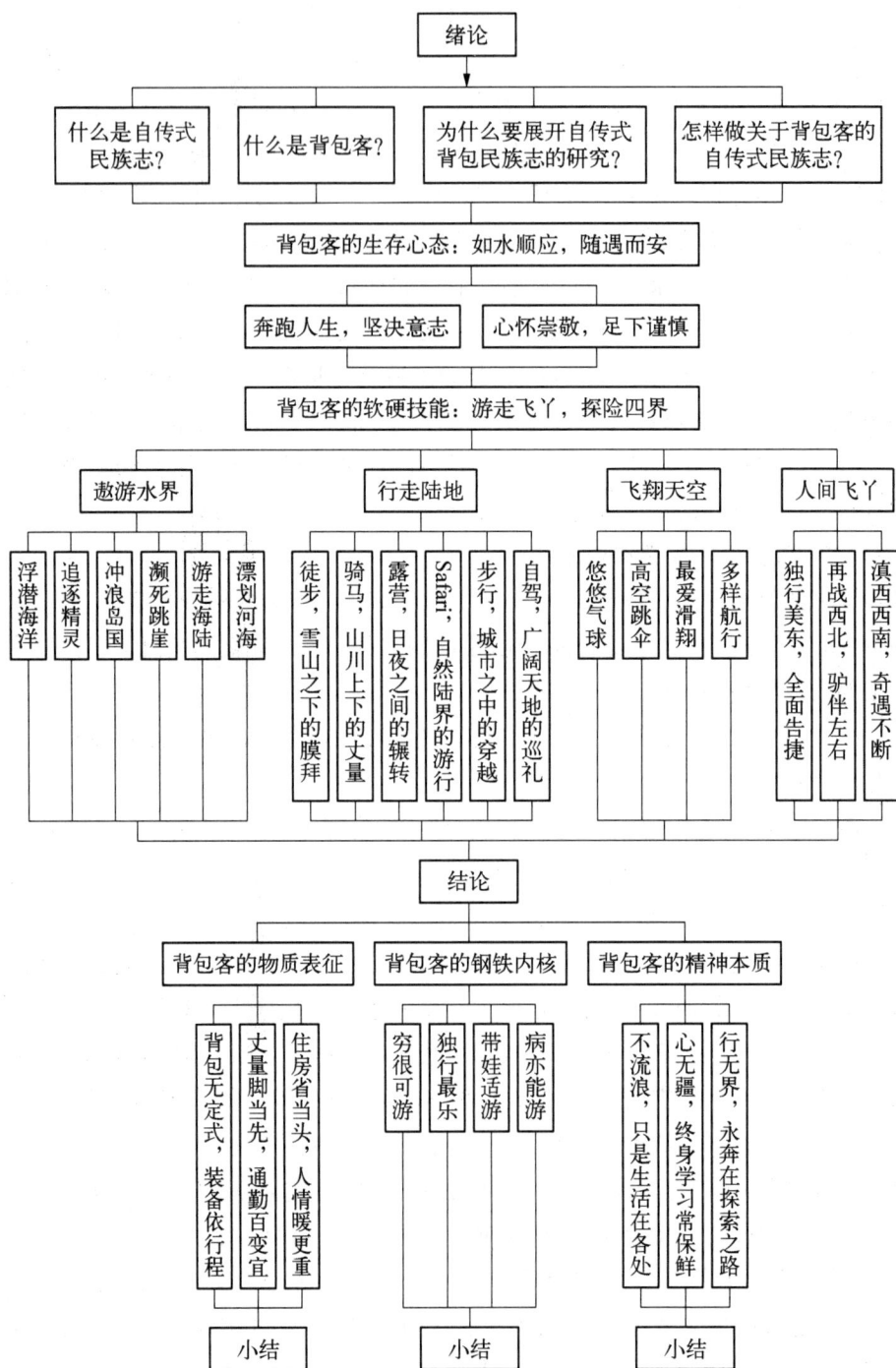

图 0-1　研究思路和内容框架

　　背包客的背包技能围绕"探险四界,游走飞丫"这一思路来组织材料,是本书的主体内容。"四界"谐音"世界",而"游走飞丫"则是"我"的微信名片,这一八字联动的观点是指"探险世界"可以通过游、走、飞、丫四种方式从水上(下)、陆地、空中等三个自然界面和人(与人)间界面共四个不同的空间进行,分别对应"遨游水界"(第二章)、"行走陆地"(第三章)、"飞翔天空"(第四章)、"人间飞丫"(第五章)这四章的内容。作为一名热爱自然的户外爱好者,我常年穿梭于海陆空进行游、走、飞的各项活动,自认为"游走飞丫"是一个最贴切的自我身份标签。"游""走""飞"以"行走"为代表,是常人对背包客参与户外的起点认知。"丫"是"呀"的谐音字,暗指"飞呀"逍遥游之理想境界,又蕴含了两层不同的意义:它不仅指涉了"我"女性背包客的身份("丫头"),更通过字形结构揭示了一个倒写的"人"字,呼应了"我"必须通过与众人之间的互相依托和支持,才能实现"游走飞呀"之自由自在的立意。因而,我把"人间飞丫"一章放在了最重要的压轴位置,因为与人结识、与人互信才是我认为最需要实现的旅行意义。本书将游、走、飞、丫于水界、陆界、空界和人界的多个组团故事串联,展现背包客以身体硬壳及硬功夫和文化资本及软技能为媒介,探险世界的立体化、多样化方式和活动。

　　最后是本书的第六章"结论",提炼这本以"我"为故事线索串联起的自传式民族志著作的意义和理论思考,对已有的背包旅行和背包客研究的概念进行了全面的梳理和重新界定,试图对背包旅行进行全方位的再概念化(reconceptualization)。

第一章　背包客的生存心态

背包旅程往往是艰苦的,它首先需要旅行者自行规划组织行程,这就意味着会有更多无法预料、风云变幻的情形出现,如水顺应、随遇而安是背包客应秉持的基本心态。紧锣密鼓、内容丰富的行程设计需要匹配旅行者很强的身体素质和心理素质:既能"跑"得快,"走"得动,又能在艰苦和变幻的环境下随时切换心态,在最大程度上接纳和享受与预想行程不同的任何变化。

第一节　奔跑人生,坚决意志

"如水顺应,随遇而安"绝不代表不需要争取达成既定的目标,而是要尽自己最大的努力克服行程中的困难,实现既定目标。因此只有树立坚决的意志,才有可能随机应变地去"顺应"环境。这里有两大主题:第一大主题里只有一段对朋友们的回应,写于从云南香格里拉县经四川稻城县到亚丁自然保护区的旅程中;第二大主题包含了我在菲律宾、土耳其、美国赶车赶船的三组故事,有喜有悲,但都反映了依靠坚定意志适应环境变化,快速制定变通方案的过程。

一、不要跟我走,因为你会哭

要跟我去旅行、让我带着他(们)去旅行,是我微信朋友圈评论区中最多的话语之一。2013 年 8 月 4 日,我从滇西北到川西南进行了为期 23 天的背包调研考察。10 天后,我在旅途中写下了如下文字,算是给艳羡并期待如我这般背包的朋友们一个统一的回复吧!

▶ **2013－8－14 四川甘孜州,稻城亚丁**

常有朋友跟我说要和我去背包旅行,我报之以傻笑。展现的风景和心态总是美好的一面,以下这些都是长途旅行的副产品。

昨天从香格里拉到稻城,360 千米,塌方路段四处,常常要等道路疏通。到乡城前多为颠簸山路,路上多大卡车,会车时一边悬崖一边擦肩,还常有滚石落下。昨日行车12小时,行车途中,我恨不得把早上防寒的全套装备脱成沙滩行头。到站,打开行李架,所有驴友齐声哗然,所有背包全部沦为同一的灰白色,已辨不出哪个是谁的。翻出背包,集体动作同为拍包,抖出几斤灰,没有夸张。

今日从稻城到亚丁,110千米,仅开到香格里拉镇就历时4小时。坐在小面包最后一排的我在被动弹跳中度过,没有车内空调的面包车在经受高原阳光沐浴的同时炙烤着我,车内乘客除了烧烤模式就是吸尘模式,两种模式的不断切换,也就成就了白发魔女造型。

早上搭车前,有从亚丁返回者询问客栈老板,正在改建中的318国道和稻城亚丁段比如何,答曰:目前的稻城康定段的318那就不叫路,437千米要开19小时,坐完第一天腰酸腹背痛,第二天五脏六腑痛!——这些,都只是车程。

每次长途背包后,我的身体就会布满各种战利品。比如,跳蚤似乎很钟情于我。这回,才到虎跳峡第二天,腿上就开始反应到现在。8月4号出门到现在十天了,总共睡眠时间大概不足24小时,不知道是不是压力和失眠成了我的高原反应。今天经过弹跳车礼和一夜无眠,到亚丁我已奄奄一息,再没有力气去爬山,决定先去客栈补觉。结果虽然停步却没有停息,洗澡洗衣晾衣服,还附带做义工把旅店乌黑邋遢的水池刷得雪白发亮!正准备给手机充电却发现充电接口坏了!坎坷的旅途,却也比不过曾经历过的九死一生。

要做背包客,这些问题只是九牛一毛,价值观是更深层次的问题。此次以后,我对很多相关现象有了更多社会反思,这是后话。对于表层问题,背包客若不能做到甘之如饴,至少要能处之泰然。当央迈勇雪峰在你面前巍然屹立,当可爱的驴友与你互相鼓励给你新鲜信息,当友善单纯的当地人朝你招手微笑输送关怀,这旅程难道不是一种收获和幸福吗?

三女神,我来了,请接受我对你们的膜拜!说到这里,还有几个人愿意现

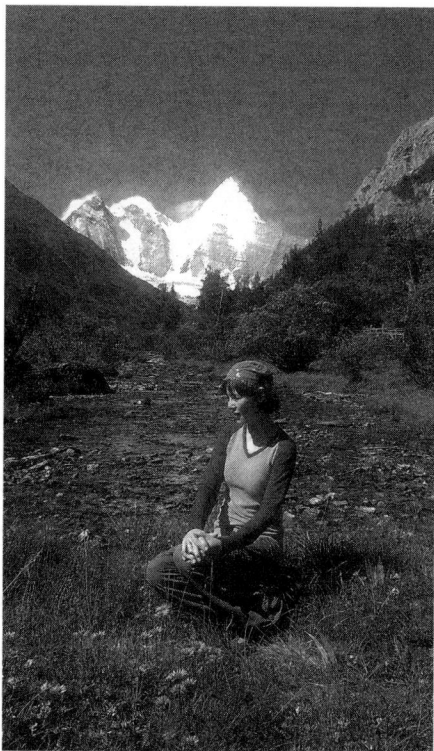

图1-1　央迈勇前的灿烂

在随我来拜呢？不要羡慕我，因为我的日常工作是在乡间土路上吃灰奔走，在藏狗疯狂的咆哮中捡块石头护身，偶尔看一眼仙乃日①，给自己吃一剂兴奋剂。当然，一路上有好人庇佑是我最大的福分。对热爱自然的人来说，亚丁是天堂；对只想来享乐的人来说，也许你仍无福消受；对颐指气使的人来说，你带给藏民的是灾难。我不知道，亚丁通航后，带来的会是什么？

　　独自去亚丁是为我的一项自然科学基金课题做田野调研，以该调研为基础写作的一篇论文发表后，我又以一首打油诗展现了自己当时挨家挨户在村里调研访谈的状态，还原了当年豪迈兼狼狈的样子。

▶ **2017 - 6 - 9**

尤记当时山路彻底颠碎了一身骨，

自动弹跳头撞车顶舞，

后箱背包滚灰抖落层层叠叠土，

每日田间地头吃灰防狗突然扑！

但是，

无所谓，新体验，比的就是以苦为乐谁更酷！

朋友圈评论：

1. 一个好的、合拍的驴伴是无价之宝。所以，有时千金难求时，不如独自行走。

2. 独行者不孤独，勇哉！

3. 看得我好心疼。也只有不辞辛苦的人，才能得到绝色美景的奖赏。谢谢你与我分享。你是我的眼，代我领略。

4. 钦佩你的冒险精神！羡慕你能有如此境界！

回复：

谢谢众亲们的心疼和赞美！我早知道这段路难走辛苦，只是没想到318从双车道改四车道，限行施工加上自然灾害，更加难走。

二、随时的战斗，72变的悟空

　　变化是自助旅行中唯一的不变，面对变化，需要拿出浑身解数，随时投入战斗。这里所描述的，就是三个突如其来的"意外"之后"看我72变"的故事。

---

　　① 仙乃日是稻城三神山的三座山峰之一，另两座为央迈勇和夏诺多吉。

（一）台风天后的赶船难民潮

2018 年 2 月在菲律宾时,经历了薄荷岛上的台风天。在全部航船停摆三天后,我需要带着两个家庭共计六人,从塔比拉兰市区的码头,渡海到对面的锡基霍尔岛上去。每天只有 10:20 一班渡船,而我们前几天都住在邦劳岛(薄荷大岛上的一个周边小岛,是滨海度假地),离塔比拉兰的码头还有一段距离,近 1 小时车程。因为台风后何时通航完全不可估计,所以旅行社不给订票,或者说,订完票如果不通航,要自己跑到市区的码头去退。当时我在邦劳岛的住宿已到期,在对岸锡基霍尔岛的住宿已全部在缤客①上预订完成不可退。以下实时日志记录的就是在这样背景下发生的故事。

▶ **2018 - 2 - 14 菲律宾,塔比拉兰(Tagbilaran)—锡基霍尔(Siquijor)**

♯战斗的一上午,秒变太阳帝国里的蝙蝠侠♯

1. 早起,8 点,按旅游服务中心的建议,准时打电话给码头,不通。向总台求助,同时我继续谷歌搜索码头电话,拨打不通。总台很给力,帮我问到已通船,我赞她们是"救命稻草",赶紧回房收拾行李吃早餐,准备离岛赶 10:20 的船前往下一目的地锡基霍尔。

2. 9 点,跑到刚开门的旅游中心,按计划买船票订车直奔码头,然而被告知不能预售时间如此之紧的船票!坑爹,意外!我已经连续来了两天,都混了个脸熟,每天都跟我说如果确定能走,开门就来买船票,不能买不会早说啊!? 不抱怨不埋怨,立即行动,订车,直抵码头买票!

3. 9:10,回酒店退房拖行李,等小巴入码头。顺路和另一家船务公司确认了一下,确实不能买到一小时以后的票,甚至去码头都不一定能买到,因为台风堵住了很多游客的出路,都需要此刻购票。我表示理解,最后笑对他说"祝我好运吧"! 行李刚刚拖出,司机到。一路上和他聊了会儿天,除了社交外,也是为了确认他是把我们带到港口(port)而不是机场(airport)。几天来常发生鸡同鸭讲的对话,让我对这里司机的英语水平心怀忐忑,而今天,分秒必争,不容有错。所幸,这位司机的英语明显优于昨日的司机,沟通顺畅。

4. 9:40,到码头,跳下车直奔售票处,蔚为壮观的排队大军,让我顿时慌了阵脚!确认了开往各个方向的游客都在两个窗口平行排队,一边排一边问司机有没有加钱代买车票的可能性,答曰无,但可以插队(符合紧急状态的人先买的

---

①　Booking 网站的中译名,booking.com 为全球酒店住宿预订网站。

当地规则），遂挥别。

5. 10:00，见排队无望，径直到窗口问售票员，我们10:20的船，能否先买？答曰直接拿护照过来！跑步拿到平行排队队友的护照，跟后面的欧洲驴友们打个招呼，他们真的很友善，告诉我他们也是同一班船，如果我是一个人就让我先买。因为我要买六个人，所以让我等在他们后面。于是等候他们买完我买。大家都是被台风折腾了的旅人，集体吐槽中表露了对彼此的同情心……然后，共同得知还要继续去排"登记"的队伍，共同疾呼"太荒谬了"，相视苦笑！喊队友赶紧过去排登记，终于等着护照一本本翻页打出了车票，心中轻松两分。

6. 10:10，继续平行排另两个登记窗口，告诉工作人员还有10分钟登船，他说"你时间足够"，我排了两分钟，心里叨叨"你开玩笑啊！怎么可能来得及！"情急之中，我就近拉住另一位工作人员，给她看票。她正要帮我去拿座，旁边一位工作人员直接坐在了打印机后，临时给到点的乘客急办，正是报着我们这班船的名字！于是顺势，我们的座位到他手上第一个办好了。

7. 10:15，事先接我指示把行李搬到行李柜台的伙伴们已在一堆无法开路的买行李票的地方等我。我满头大汗地寻思这是该去找谁付钱贴行李票。只有满地的箱子背包，一只只伸长过去的手臂，隔开老远地把后面的收钱人员团团围住！已经没有了苦笑的时间，只有一个念头：我这只手臂要尽快够到工作人员的视线范围内！在混乱无度的此时，我们还有五只被挤到后面的箱子，和披头散发、大汗淋漓、努力发功的我！不过他一声声的"放轻松"确实奏效，反正大家都是同一班船，能不能上去应该是个定数。

8. 10:20，涌到入口处，他们开门放人，突然被指票上还缺一张标签。扭头去排第四个队，这回是真脸皮厚了，我冲到窗口买这个号称离港费的小票，再冲回来杀出一条血路，拉着众人奔进入口安检！

9. 10:30，通过安检后，众人面面相觑又长舒一口气：这是我经历过的史上最混乱最无节操的购票过程，排了四次队，插了四次队，全体乘客宛如难民一样涌进候船室。妹夫说了一句很经典的话："这哪是旅游啊！简直是逃难啊！"突然，我想起了斯皮尔伯格的《太阳帝国》中落难于战俘营的少年蝙蝠侠扮演者穿梭求生的形象，我在那样的非常时刻，也许真能成为那样的人物？

10. 10:35，登船（为特地留念我狼狈不堪的样子，拍照）落座，给锡岛的酒店打电话，连续两天没间断的联系，终于可以确认我们上了船，会登岛，能入住！

11. 10:42，船开，再次打电话给酒店报告"船已离港，马上见面"！激烈跳动的心脏，在船上船下的远眺赏景中，仍未能完全恢复平静！

12. 12:05,乘坐"海洋喷气轮"(Oceanjet,船运公司名)抵达锡基霍尔。当我看到司机高举着写着我妹和我的名字的接站牌时,有一股镇静的暖流在心中涌动……

朋友圈评论:

1. 兵荒马乱啊,让我想起的是围城!

2. 跟打仗似的,强! 杂乱到无语……

3. 看得我这个心惊肉跳!

4. 你真是女强人! 太牛掰了!

回复:

绝对的,我感觉自己今天像超人一样! 时势造英雄啊!

(二)语言不通下的追车狂奔

土耳其是个说大不大、说小不小的国家,其境内自然和文化遗产散布,从一地到另一地的行车时间可能要长达8—10小时。出于节约路上通勤时间、减少白天晕车的可能性和省钱等几大目的,我把在土耳其行车时间最长的两段公交大巴旅程都安排在了晚上。从伊斯坦布尔到棉花堡,从格雷梅回伊斯坦布尔,我和女儿坐的都是夜大巴。下面记录的就是第一段车程之前发生的一段惊魂曲。

▶ **2019‒7‒4 土耳其,伊斯坦布尔**

♯凶猛的狂奔,强大的心脏♯

虽然历经过无数次狂奔,这次无疑是最凶猛的一次! 提前一个小时到达奥塔哥汽车(Otogar Coach)站,举着车票问过数个工作人员,都用土耳其语告诉我车没到,让我安心等待(大概的手势语是,手指着让我到旁边)。离开车最后五分钟,仍然静默无声。我有一种不祥的预感,问最后一个工作人员,他指着对面说是另一个方向的站台! 已在狂奔中的我脑中迅速掠过无数念头:我才从对面的地铁站下来,对面没有车站啊!

披头发足而去,再问,才发现那个地铁站不过是广场"中间",对面还有一个180°的半圆,坐拥无数站台和车站! 我只有拖着小女冲刺这一个念头! 路上,被她打开的背包,东西滚落一地! 脑中急速反应过站台号,直接冲到美车(Metro,一家客运公司的名称)公司的总台调度,报目的地名,他们也急了,一个帅哥冲出来拉着我们跑!

小女拎着小箱跟在后头,终于跑不动了,帅哥接棒继续! 我欲哭无泪,不知他要把我带往何处,举目四望,已经跑过了车站内的各种站台各种桥,四周已经没车了呀！难道要把我们带到大巴出站口？果然，出站口到了，可他还没有停止奔跑的意思！但是，我反而有稍许心定，因为隐约看到出站口密集排队的车辆外，路边有一辆大巴停着！我汗流纵横，一定是他们打手机叫停了大巴等候！呜呜呜，语言不通，我除了啄米似的道谢，已然无言！

这是在爱尔兰人之外，再次让我一路感动到哭的民族！

朋友圈评论：

1. 每次出行都有狂奔赶车的章节，真心觉得你家妞够可以！

2. 佩服的！反应迅速的头脑还有精力充沛的身体，有个这样的妈妈带着游世界，甜妞太幸福了！

3. 你的每一次旅游感觉都是惊魂记，美得惊魂，冒险得惊魂，奔波得惊魂！

4. 看得我都要哭了！语言不通好麻烦。中国的翻译器不是很厉害了吗？到这种地方旅行一定要用。

回复：

1. 今晚惊魂和奇遇太多，这一夜夜大巴的体验，除了磨炼身体，也是磨炼心智的了！突然有点感慨自己不仅胆子太大，而且心脏够强。妞可以的，这世界上肯定只有她一人能够忍受我！

2. 谢谢亲们的慰问和各种建议！不是翻译器的问题，你们都不知道车站和站台那里有多乱，很多停站的司机，却不知道该找谁问。我问过的人都看过我车票，却没有看应该看的信息吧！从头到尾每一环节我都问人的，不需要翻译器啊，直接给看车票，车票是土耳其语的啊！不过谷歌翻译器，我记下了，也会试着去用一下！

3. 夺命惊魂，有友友让我行前查攻略——不觉得攻略会写到，攻略是我（这样的人）写的……走前连夜车是否可以躺下都查不到，更别说这种具体站台信息了。我的《孤独星球》信息已经很全了，但在这一大本书上，连个车站信息也没有——也可能，这个车站和伊斯坦布尔新机场一样，是新的。

但我反思一下，自己确实大意了：站台号码是有的，因为一路都是问着旁人、被人指导着进去的，所以没有核对。去买票时，旅行社的工作人员把车票主要信息都帮我圈出来了，我也都记下的。这个360°把广场包起来的车站，其混乱的格局超出我的想象。虽然司机都穿着制服，感觉很规范，但其实每个打着不同灯光的标牌都代表着一个公交公司。方圆几千米，围绕着能有五六十家公司吧！以公司来安排站台，但每个公司却沿圆形广场的不规律位置分布着不同的点，所以除了看公司还要看方位（比方说，南或者北）、看站台号。要命的是，圆形广场中间又被长条形的地铁站阻隔,站在这半圈,何尝能知道对面那里还有半圈!要知道,提早一小时到达时,我还沿着这半边广场拍了视频,确定就一家叫"美车"的公司啊!

走遍世界,也总有第一次见的东西,不能预见也想不明白的布局!吃一堑长一智,都是一种体验和成长!

(三) 风云突变的邮轮之旅

在菲律宾赶船,在土耳其追车,两段算是凑上了一对上下联的故事。虽然夺命狂奔在我身上是经常发生的事,但好在最后结局总是好的。那我有没有历经艰难险阻后失败的时候呢? 有!

2014年8月到2015年7月,我赴美国亚利桑那州立大学访学,利用所有可用假期进行了各种长短途旅行,顺风顺水,一路快意。2015年6月底,回国在即,我和一同访学的好友索菲娅(Sophia)开赴西海岸,进行我们当时在美的最后一段长途旅行:从亚利桑那凤凰城租车,沿加利福尼亚州、俄勒冈州和华盛顿州的海岸公路直抵西雅图。7月10日,我们在西雅图接上从上海飞来与我团聚的丈夫,准备在奥林匹克国家公园游历两天后再返西雅图还车,登上去阿拉斯加的邮轮度假。7月12日,我却遭遇了个人旅行生涯上最大的滑铁卢,始料不及,仓促应战。下文为本案例发生的始末。

▶ **2015‐7‐12 美国,华盛顿州,西雅图,阿姆斯特丹(Amsterdam)邮轮登船码头**

＃史上最大的乌龙＃

订好了去阿拉斯加的邮轮却被拒登船,说是没有加拿大的签证。我从头到尾订票的过程中跟不同部门确认,包括邮轮代理商,都没有说我们需要加拿大签证。特地从机场订了一辆城市轿车(town car)去码头,没想到第一回坐豪华轿车竟碰上如此结局! 被拒登船后,我在码头给加拿大领馆、中国领馆、荷美(Holland America)公司打电话,没有一个上班接电话的! 签约时是写明由于文件不全被拒登船,船费不退! 我们从四面八方赶来,原以为西雅图是个新起点,没想到变成了终点? 这次的教训真是惨痛! 我到底该找谁算账去?

朋友圈评论1:

1. 友A(定居美国):这个真的是看邮轮的,有的时候管得不严就不看,有时候就得看……你可以问问他们到岸不下船是不是可以?

2. 友B(定居德国):我曾和家人一起去克罗地亚,以为是欧盟,我就不要签证,结果到了机场,愣是又把我签送回德,老公女儿在那儿继续假期,也是很醉……

回复1：

我：他们说经过加拿大领海，而且船上有紧急情况必须送到加拿大，所以必须有加拿大签证。我跟工作人员协商了很久，我说我们维多利亚到港可以不下去，她说到港不下船也不行！那去加勒比经过这么多国家，一个也不需要签证的！荷美公司真的很变态，以前偶尔见过有人这么写他们签证问题上很刁难，这次算是领教了！

朋友圈评论2：

1. A：加拿大签证目前是对中国最不友好的签证了，特别讨厌，主要是前几年开始的，很多转机经过加拿大的也会遇到这些麻烦。你们现在什么计划？啥时候回来？

2. B：所有人都没签证？

3. C：最后就以接受这个结果收场了吗？

回复2：

1. 我：之前有学者同样坐邮轮去过阿拉斯加，没有要求加拿大签证。加勒比邮轮我自己坐过，停巴哈马的拿骚、波多黎各、维京群岛，下岛活动，都不要签证！

2. 我回复B：所有人都没有签证！我老公特地从上海飞过来度假的，另一位学者也是跟着我同时订了四个人的同一班船，我们一共七个人购买了邮轮票。船上同样情况的还有一位中国访问学者，她是准备和朋友去度假的，结果有美国绿卡的朋友上船了，她也被留了下来。八个人都没有加拿大签证！

3. 我：船开走了，跟他们理论没有用！我在现场尽了全力，试了我能想到的所有方法！提前近3个小时到港的，我想我还有时间争取。我打电话给美国导师，他让我试试加拿大领馆，能不能加急办签证；我试了所有领馆和公司电话，今天是周末，没人接电话。

4. 我回复A：幸好被老公的一个朋友收容，只是她家离西雅图市区有点距离，没车不行。又不好意思太麻烦她，我只能先歇下来再慢慢查后续应对方法。实在太累，搞不动了！

朋友圈评论3：

1. D(定居美国)：经过领海之说不值一驳，国际飞行难道每飞过一个国家都要签证不成。碰到如此奇葩的状况，现在可能得集中精力要求他们退款及赔偿。

2. E：竟然遇到这种事！那你又得重新计划你们的旅程了，别难过，继续上路！前方说不定有更大惊喜！

3. F：邮轮代理商的责任啊！

回复3：

1. 我：是准备事后去找代理商投诉退款的。事先我的沟通全是电话，没有书面记录，电话被转过好几次，不知道是谁跟我说我文件都过关的！船上客户关系专员说他们不是第一次碰到这种情况，肯定要加拿大签证。他们当时拦下我时，我很心定的，因为确实我打电话询问过，而且又有加勒比邮轮的经验在先，不可能去个美国领土，还需要办个加拿大签证的，不合逻辑啊！

2. 我回复E：谢谢！只是我已经累得人仰马翻了，两周来的压力和疲累原来就指望到邮轮上去释放的！甜妞也挺可怜的，我们一直到下午5点才吃上东西，我又饿又累又操心，实在撑不住了！中间忙着交涉时，根本顾不上她。她坐在箱子上可怜分分地用英语跟我说："妈妈，我希望他们能改变规则！"

3. 我回复F：代理商肯定有责任。预订全程都几乎没有人员服务。我打过在线登记电话，还出了点问题。找荷美公司的人，说明我是中国的访问学者，持有有效的美国签证，但整个过程没有一个人说需要加拿大签证，不然我不会这么笃定的。

▶ **2015－7－14西雅图,朋友家中**

眼巴巴地看着船开走，我却无能为力，精神真的被打击到了谷底！在没有备用计划的情况下，这次我确实落难了！大幸被朋友收留，住进了占地一亩、苹果遍地、三文鱼回流穿溪而过的房子！连日来积累的疲累压力，瞬间漫溢，怎一个困字了得！安静之所，桃源暂避，重整旗鼓，明日待发！！以后谁若有难，我家大门永远为你敞开！！！

朋友圈评论1：

G：太阳照样升起！备用计划去哪儿啊？

回复1：

我：明天去个海岛过三天！很期待！在华盛顿州待过很多年的老美朋友说那里是天堂！

朋友圈评论2：

1. H：朱老师大道至简，随遇而安，高手！

2. I：旅游达人，否极泰来！

3. J：错有错的美，旅途最好的事情往往都源于惊喜！

4. K：你的心理好强大！

5. L：东方不亮西方亮，他们不亮自己亮！

6. M：邮轮公司没有给个说法吗？你不是和代理商确认过的呀？

回复2：

1. 我：谢谢诸位，借各位吉言！将错就错，保持乐观心态，才能勇往直前！

2. 我回复K：不强大没法活呀！哭也不能解决问题，还是要保持斗志，积极寻求出路！

3. 我回复L：对，我要永远当个电灯泡，自发光发亮！

4. 我回复M：邮轮公司就知道赚钱，一点不懂政策，也没有提前告知任何注意事项。网站上没有针对外国人的提示和说明，出了问题推卸责任。要找他们大概要做好打持久战的准备了！

▶ 2015 - 7 - 15 美国,华盛顿州,奥卡斯岛(Orcus Island)

租车，摆渡，上岛，否极泰来！终于有了我们自己的大房子，面朝大海，春暖花开，鹿群为邻，森林为伴，可以爬山出海，可以诗意宅居。可加热按摩浴缸，台球厅，烧烤炉，洗衣房，唱片机，小说集，厨房用具调料一应俱全！精神物质双丰收，脱兔处子两相宜，这下彻底腐败啦！一到这里，甜妞就说再不想离开了，感谢死党的辛勤操劳，感谢团购的工作日捡漏！奥卡斯岛，我们的新天堂！

朋友圈评论：

1. G：开走一条船，进驻一个岛！

2. N：真不错，这么短的时间内找到这么个人间天堂！

3. O：印证了那句话：当你遇到意外的时候，上天准备了另一个意外给你！当然，你积极的心态和方式还是主要的。玩得开心！

4. P：这个岛在哪里？西雅图边上吗？

回复：

1. 我花了整整一天时间查找各种优惠购，力争使不完美的假期完美一些！

2. 谢谢诸位！其实多亏老美朋友指点！邮轮没上那天晚上，我先打电话给野人爸爸求助，开始有了点方向。而后，正好好友找到了一个三晚三房的度假木屋团购，恰好在野人爸爸推荐的岛上。奥卡斯岛属于圣胡安群岛(San Juan Islands)四岛中的一岛，位于华盛顿州最西北海域，与加拿大毗邻，是夏季避暑胜地。从西雅图出发开车约两小时到海上轮渡口，再摆渡过海一小时可达！

3. 好友索菲娅在上岛的行程中功不可没，若不是因为她找到了适合我们一行人的非周末时段海边度假木屋,也不会有我们现在岛上的神仙日子。早上搭乘轮渡时看到她眼睛是肿的,问她怎么回事。她的同伴说他们全体几乎一晚没睡! 这才了解到,原来昨晚她经历的升腾跌宕的曲折情节,丝毫也不逊色于我们的邮轮故事!

昨晚,在我白天订下了奥卡斯岛所有不可取消的户外活动行程,索菲娅的好友即将从亚利桑那州飞来和我们团聚的时候,索菲娅突然发现她的度假屋订单不翼而飞了! 打电话给缤客,查询过后说没有订单,态度蛮横粗暴。打电话给酒店,晚上太晚没人应接。眼看着第二天一早就要上岛了,她急得直掉眼泪,把和她同住的另外两位都拉了起来,帮她一起重新找住宿。结果就是那么绝,整个小岛上,找不到一间空房! 她说不是因为同伴们拉着她,她当时想跳楼的心都有了! 一行人清醒了一下头脑,灵机一动,决定找缤客的中方客服查查看,因为中美有时差,当时正是中方上班的时候。中方客服听索菲娅带着哭腔,安慰她不要着急,然后就把单子给找出来了! 折腾到那时,天也就亮了。好在,心里的一块大石头总算落地了! 难为索菲娅了,这一夜的辛酸,也是让人心疼!

三、评价与建议

在去亚丁调研考察的前10天,睡眠合计不足24小时的旅程,是我背包途中"奔跑人生"的外在显示,支撑"奔跑人生"的是"坚决意志"之内在精神。以苦为乐、处之泰然的行路心态,归根结底来自对背包旅行的狂热而坚决的爱。背包旅途的跌宕起伏,正是需要这样兵来将挡、水来土掩的顺应。

"奔跑人生"是我背包旅行的常态,奋力赶车赶路,不总是因为想要掐点行路,而是时常不得不争分夺秒。菲律宾的台风停航固然不可预料,可是土耳其这趟,明明是提早很久到了车站,以为可以吃颗定心丸了优哉游哉,却不料突然又转成了末路狂奔。"强大的心脏",既是指背包客临时承受压力的能力,也蕴含面对狂奔时背包客极速奔跑的身体担当。当然,遭遇未知后"吃一堑长一智"的成长心态,也是如水顺应且能甘之如饴的独门秘笈。长途旅行过程中经常会遇上很糟心的事情,但是在逆境中如何扭转心态,走出柳暗花明,更考验背包客的心态和能力。在经过了最大抗争和努力也不能登船前往阿拉斯加后,我顶着巨大的心理压力和身体疲劳,晚上继续查找飞往阿拉斯加的机票,试图快速设计出第二第三套方案。确定改去奥卡斯岛后,我迅速调整自己的状态,第二天在朋友家一边休整,一边搜索奥卡斯岛上的行程信息,以很优惠的团购价格找到了帆船航行、海上皮划艇、观鲸等项目,使得我们最终的行程得以完满结束。这种"如水顺应，随遇而安"的背包客心态也说明了"坚决意志"另一面的平衡。我们要孜孜追求并努力实现目标，但如果我们最大限度地努力过了而没能实现目标，则须安下心来，保持良好的心态，接纳当下，享受当下。

至于投诉荷美邮轮及其后续的冗长过程，至今是我心头的一道伤疤。从美国西海岸回来之后，我打电话给当时订票的邮轮代理商聪明邮轮（Smart Cruise，公司名），居然被客服咆哮了一顿，说他们对此不负责，直接把我电话挂了。而事发第二天就打电话给代理商的索菲娅把他们骂了一顿，则被退回来九百多美元。由此可见，这其中并无道理可讲。回国后，我在猫途鹰（tripadvisor，一个主流旅行评论网站）上写了此事的经过，投诉信则一直写到了荷美公司的总裁办公室，可惜并没有获得退款补偿的结果。从这个案例我得到很多教训，也进行了一些反思，大致有如下几点：

就我个人来说，首先，事先准备还不够充分，过于自信。因为在美期间的学习生活很繁忙，而学习间隙所有的时间几乎都用作了旅行，所以我做攻略和行程的时间很少。邮轮这个行程我当时在英文网页上看一眼就订了，由于彼时已经去过了加勒比邮轮，我更没觉得去美国领土阿拉斯加州有什么问题，只是就自己的文件和身份问题打几个电话进行问询，并没有查很多资料，尤其没有查过中文资料。事后我发现，许多中文网站都提及了这个加拿大签证问题，并做了特别提醒。如果说整件事情我还能有什么可以防患于未然，这是唯一的一个遗漏点。其次，对于中美服务业的差异不够了解，过于轻信。由于之前陆续已有访学学校的好几位老师坐过阿拉斯加邮轮，并未听说过需要加拿大签证，所以自己从头到尾没有上过心，这是轻信之一。美国服务业人员一般服务态度很好，但态度好并不代表其专业水准高，过于相信他们的专业水平，这是轻信之二。事后我用英文在猫途鹰英文网站上写了一个帖子，质疑邮轮及其代理公司的工作人员对规章制度的陌生、误导及不专业时，居然底下美国消费者一边倒地评论说他们就不该专业，因为他们只是低薪的接电话人员。这些人代表的大概都是美国工会视角，其逻辑非常可笑。如果接电话人员承认自己不懂，他们完全可以让我打其他机构进行咨询，问题是电话转了好几道，转到了签证中心，确认了我的文件没有问题，如果说这个签证中心的人还不清楚业务的话，那这个邮轮公司到底谁该清楚签证和过境业务呢？如果他们只是告诉我他们不知道，我需要自己去查证，事情完全可以有机会得到反转。这大概只能归结为中美人民对服务业专业性的理解水平不同？这种服务专业性的差距，在索菲娅打电话给缤客中美方不同客服的过程中，再一次得到了体现。

就邮轮公司及其代理商来说，他们的傲慢和无厘头是不容小觑的。经过此事，我觉得所有旅行者都需要认识到邮轮公司可能是"金玉其外，败絮其中"的事实。事后向拥有美加双重国籍的美国导师戴伦(Dallen)咨询此事时，他告诉我所有这些美国主流邮轮公司注册地都在加勒比小岛国，很多方面不受美国法律管束，投诉无门、处理无路的现象不在少数。我相信受签证影响上不了船的中国人不在少数，邮轮公司却不肯在网站哪怕一个角落或预订步骤的任何一个地方做出提示。我后来投诉建议信一直写到了荷美公司总裁办公室，希望他们能够调取并提供当时我问询时的电话录音，并不仅仅是为了投诉，另一方面也是从善意出发，希望他们改善服务，对在整个过程中哪些方面可能可以做出改进提出了建议。结果他们态度傲慢，说录音涉及隐私，不能提供给我，只是单方面说他们听取了录音，没有不当之处。这也是逻辑怪异的地方。涉及隐私？谁的隐私呢？我希望听取我的隐私，哪里有问题呢？我觉得邮轮公司处理不端，结果邮轮公司自己听取了录音并做出判断，那不是既当球员又当裁判员吗？如果没有一个第三方仲裁去规制、监督邮轮公司的行为，邮轮旅游注定会让消费者踩坑。

就中国的旅行者而言，在国际主流评论网站上发声、维权的力量极为薄弱。荷美船上的客户专员也说了，遭此境遇不能上船的中国人不在少数，但是为什么这一现象并无改善呢？如果受影响的中国旅行者都进行过抗争，都能够互相声援，荷美公司还能够一直如此傲慢吗？在外旅行时，我们常在缤客等网站上订房订票，但是订房过后有没有去及时地评论和反馈呢？"前人栽树，后人乘凉"，其意义不仅在于给后人乘凉，而是前人栽树的合力，会对商家形成一股制约力，使得种树的土地——我们的消费环境变得更美好。如果中国旅行者都习惯于不写评论不发声，不对所消费的商家做出褒扬或批评，那么也不能怪商家越来越不重视中国消费者——反正我做好做差一个样啊！

就国际旅行(业)的某些政策而言，实在并无逻辑和严谨可谈，经验有时候甚至会误人。事后好几个持中国护照的朋友告诉我，去其他周边国家之前，哪怕你有所在居住国的绿卡，都要提前了解签证政策。可我这个案例的特殊性在于，我去的不是"其他国家"，仍是美国而已。正如朋友圈好几位好友指出的，经过加拿大领空领海就要办签证的说法完全不值一驳。更令人啼笑皆非的是，事发后隔了一周，我在贝灵厄姆(Bellingham，华盛顿州靠近加拿大边境的一个城市)遇到一个美国旅行社的工作人员，他说他刚刚和他的越南朋友、中国朋友一起坐从贝灵厄姆出发的轮渡，一路经停加拿大的各港口抵达的阿拉斯加，路线与我们的邮轮路线完全一致,后两人均没有美国绿卡和加拿大签证,完全畅通无阻! 是啊!
在制定事后的弥补计划时,野人爸爸曾提议我们坐轮渡去阿拉斯加,他告诉过我
路线完全一样,因为他从华盛顿州开车去了八次阿拉斯加,对沿途状况非常熟
悉。但是我已经被签证问题搞得神经崩溃了,再不敢尝试没有签证过境加拿大
的想法。从邮轮和轮渡规章的不一致可以看到,这些所谓的"旅行政策"之间,毫
无统一性和逻辑性可言,这也算是给我上了沉痛的一课吧!

第二节　心怀崇敬,足下谨慎

　　"心怀崇敬"是我对大自然和任何东道主地区所保有的内在心理认知,而"足
下谨慎"是与这种认知保持一致的外在行为表现,这种内在认知和外在表现统一
为"有所畏有所不畏"的背包旅行态度。

一、崇敬与谨慎并存

　　这里节选一组极具张力的叙事。"西藏是一种病,不去治不好,去了会大病
一场",这句话确切地描述了我对西藏的"痴恋"。从 1999 年至 2020 年,我一共
入藏四次,圣洁西藏在心理上对我的吸引神力和魔鬼高反对我身体上的深重限
制构成了我心怀崇敬、足下谨慎并存的背包心态和行为。

(一)最高峰畔的呢喃

　　1999 年,工作第一年的暑假,我就迫不及待地开启了入藏之旅。彼时青藏
铁路未通,我跟随一个大学生探险团(叫"探索"可能比"探险"恰当),从青藏公路
一路向西南,跟感冒斗争了整个行程。在沱沱河兵站过夜,我咳了整整一晚,回
到上海我继续咳了三个月,直到广东好友给我寄药服下,我才慢慢康复。时隔
17 年,2016 年再次入藏时,我已经跑遍了滇藏、川藏、甘藏、新藏等青藏高原边缘
地带,以为对高反无感的自己直接从上海经成都飞往日喀则,参加定日县的一个
旅游规划评审会。以下系列叙事是我抵达定日县后随专家团路上调研考察的纪
实日志。

▶ **2016－12－10 中国,西藏,日喀则,定日县**

　　白天还算活蹦乱跳,晚上开始狂吐不止,吐完晚饭、中饭外加苦水,总算胃里
好受很多。以为身经百战后可以克服高反,大自然还是喜欢给我点颜色看看啊!
我本想忍耐观察,但是考虑到以前头再痛也没有吐成这样,还是厚颜无耻地要来
了氧气罐! 服下散利痛,放副县长名片备急求救,安心过日落而息的生活! 白天

恢恢的几位反而好转，晚上嘴唇变紫的两位专家都没有要氧气罐。简直怀疑我这平日的锻炼效果都跑爪哇国去了。有位专家西藏 77 个县跑过 66 个，看来还是北大山鹰社的训练对症下药！不过日喀则来的司机也说头疼，稍微给我们一点心理安慰，也就再升高了 500 米呗！

朋友圈回复：

1. 我没有心理作用。拎着研究生和自己的箱子背包上了三楼，呃呃，头晕目眩……我就纳了闷了，川滇四千米以上每天徒步八小时没事啊！为什么一到西藏就来了高反？

2. 谢谢大家！始终敬畏自然，小心呵护自己，不打肿脸充胖子！睡觉睡得很好，以为到早上了，打开手机一看，怎么才睡了两小时？有意思！留念感恩致谢！继续努力睡好！

▶ 2016‐12‐12 其一 中国,西藏,日喀则,定日县

评审会开完了一个，就要上大本营了！我早早上床，本来祈祷好好休息，却一夜无眠。一位专家半夜突然支撑不住，跑来我们房间吸氧。过后，猛吠的狗和过厚的被褥彻底把睡眠情绪打乱，脑中开始狂想！前两个月在爱尔兰行程期间也是兴奋得睡不着，失眠时正儿八经地把再出一本背包著作的规划提上议事日程。今天凌晨，我在高反幻觉中竟不自主地构建了该书骨架，并突然有种壮志凌云的感觉！灵感，很多时候真像是回光返照，在越累越艰苦的时候乍现！女神佑我！

▶ 2016‐12‐12 其二 珠峰大本营

＃大本营实时发布＃

拥抱地球第三极，长出翅膀，翱翔;横卧冰川，拥吻……

白天，当身体状况非常好的时候，我还是就想依偎在女神脚下的。我只是在想，当没有了小伙伴、没有了氧气瓶的时候，那得需要一个怎样强大的自己？真希望入藏的每一刻都如此美好，女神眷顾，无风无云，活力充沛，举目灿烂！

朋友圈回复：

1. 女神很眷顾我们，领导说来了 11 次，这次是万里无云无风！诸般晴好，哭着沉醉！

2. 大本营，实时中！又有人说我打鸡血了！

3. 谢谢大家！我下午就蔫了，正在吸氧！

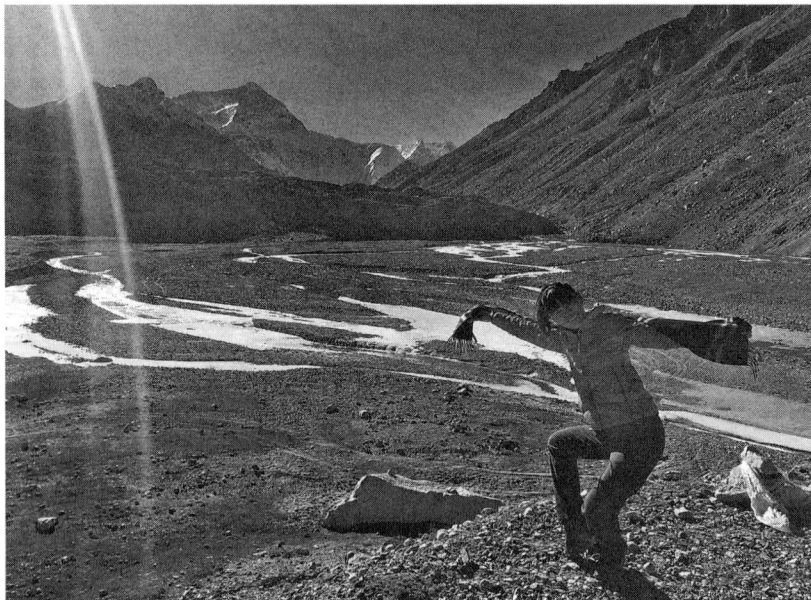

图 1-2　珠峰脚下的舞蹈

对话：

友：你不用打鸡血，鸡血都是从你身上提取的！

我：喷饭，经典！

▶ **2016－12－12 其三 定日县**

＃西藏，想说爱你不容易＃

8点的天，漆黑一片。我们在108道拐的山路中迅速上升了1 000米，隐隐浮现的喜马拉雅群山只见剪影已感巍峨苍茫。当我们抵达第一个日出观景台，四座8 000米以上的高峰连绵着一字排开，金光追逐着雪峰缓缓普照开来，金字塔般的珠峰以绝对王者的风范端坐在那里，安详坚定有力量而绝无不可一世。早间的温度瞬间将手脚冻至无感，但我却恋恋不忍移步。第二座观景台的8 000米以上高峰只有两座，希夏邦马峰和珠峰的对视却在起伏沙山的前景中更显柔情默默。在两次大气开合的场景冲击下，身体开始回暖复苏。再次停驻大本营的时候，轻而易举地爬上小山丘，开始找回感觉。但一看到山包顶上那些登山者石垒的墓碑，瞬间空气就肃穆了。大多数墓碑的年代谈不上久远，我看到的好几个是2000年后的，此时感受到的不是死亡，而是信仰的力量。这种感受，不经过高海拔对身体体验的洗礼，你是无法想象的。所以此刻我相信，哪怕最后是被夏尔巴人向导背上山顶的人,他们的信仰也是强大的。我是没有这种勇气的,上午貌似生龙活虎的亢奋在从绒布寺回程108道拐的盘山路中被消耗殆尽。我含着团友给我的有救命之恩的西洋参,抑制着呕吐强挺到县城。匆匆几口午饭后躺到床上,便做起了因缺氧而倒下的高原梦,之后迷迷糊糊醒来,还活着,就是头痛又强烈来袭!一阵阵的呕吐感让我打消了吃晚饭的念头,又只好很负疚地去申请氧气瓶。近两天进食很少,完全是靠身体老本和满腔热情在支撑着。红景天胶囊每天两粒,现在连心理安慰的作用都起不到了!从昨晚起氧气大抵替代了晚饭,晚饭只会加重呕吐,而吸氧后确实止住了呕吐。当喝水都会吐的时候,人是铁饭是钢就成了一句空话。如果还有下一次入藏,我真的会犹豫。曾经暗许要去的冈仁波齐转山,也许真的只能是个念想了吗?

▶ 2016 - 12 - 13 中国,西藏,日喀则地区

平时,这里的氧气是内地的2/3;冬季,这里的氧气是内地的1/2。一路从定日回到日喀则,捂着脑袋揉搓,想把致裂的头痛揪出来。恍惚中分不清楚是冬天还是夏天,虽然戴着墨镜,烈日还是把晕眩中的我烤得睁不开眼睛。生平第一次渴望离开在路上的状态,我要回家!

朋友圈评论:

1. 老师,抱抱!第一次听你在外面玩的时候说要回家!

2. 赶紧的,我们上次在拉萨毫不客气地送了肺气肿的同伴去成都,这个会出人命!

3. 好歹你看到了女神真容,也算没白受罪!

回复:

我没有感冒,就是每到下午头痛得无法做任何事情,生不如死!如果不吸氧,呕吐得那个凶啊!从下午到晚上身体状况急剧下降,和白天判若两人,下午起来眼睛都睁不开。这不是心理作用,真的吸二十分钟氧就好了!

▶ 2016 - 12 - 14 其一 日喀则市

从来没说过后悔,只说了想回家。刻骨铭心的高原反应,何尝不是一种高峰体验?1999年从拉萨回成都时,我坐的是军用运输机,就是在大片里看到美国空军跳伞的那种。机场内候机时,哀号哭泣声一片。我静默而暗自庆幸:人生几人能有此机会?上机,无座,席地,轰鸣。我则觉得,有趣!直到落地看到从机舱里牵出一只硕大的藏獒,震惊!趁还没有离开西藏,我想说:不是回忆让我爱

着你，你给我的痛，和给我的爱同样多！

▶ 2016‐12‐14 其二 日喀则，萨迦寺

♯西藏的力量♯

路过萨迦古城，因白土黏合建造而成的萨迦北寺依山错落，斑驳的土墙出露于红白色标志性的建筑中，诉说着花教曾经辉煌的历史。登古城制高点，寒风噎噎，举步维艰。蓝天烈日下的小城安静异常，只有飘动的经幡和费力的移动，让我感觉到她的真实存在。山下河对岸的萨迦南寺才是如今游客参观的重点。踏进已层层剥落的元朝大门，稍稍沉淀下加速的心跳。经书墙贝叶经仍在，只是萨迦法王不驻。看着信徒虔诚地为燃灯添上酥油，在灵塔殿聆听喇嘛与众人的对语，心中再次感念信仰的力量。

(二) 世界中心旁的呻吟

在经历了珠峰大本营的冬季洗礼后，我于 2019 年 10 月再去林芝，几无高反；2020 年 9—10 月，机缘巧合，我报名参加了一个瑜伽户外团，终于踏上了实现心中梦想的冈仁波齐转山之旅。这座海拔仅有 6 721 米的山峰，被印度教、藏传佛教、古耆那教、雍仲苯教四个宗教视作世界中心，是世界公认的神山。以下是转山行程即将开始前的一组日志，再次突出了我在青藏高原中心"心怀崇敬，足下谨慎"的内外表现。

▶ 2020‐10‐3 其一 中国，西藏，日喀则，萨嘎县

♯转山 Day 3♯

又是一宿没睡着……转山才进入第三天，我却已经把能经历的高反症状全部经历了一遍：失眠、头痛、呕吐、腹泻、鼻黏膜出血……外加感冒发作！早上喝口温开水都吐了出来，看见群里户外领队说她那里有药，赶紧把她请了过来！我真的没有心理作用：知道自己坐飞机过来反应可能大，我这次提前 15 天喝红景天泡黄芪枸杞，光抗高反的药就带了葡萄糖、携氧片、红景天、泡腾片，几乎天天有氧锻炼两小时，做好了充分的身体心理和物质准备。可是，目前看来这些并没有什么用。

素素(我们的户外领队)帮我量了一下含氧量(和心跳)：第一张是我的(77)，第二张是她的(91)。正常平原含氧量必须高于 90，不过这里是高原，低地区域的人来这里低于 90 也正常。她说重庆出的头痛散是目前抗高反最管用的药。为了防止吃了以后吐出来，我抓紧在房间里吃完早饭，好安心服药。可是，早饭也会吐出来，咋办？前一天晚上，我发现队友雪莉教我治疗感冒的开水疗法

能止吐,于是如法炮制,先搓揉穴位,再准备早饭。这里,不得不夸一下我神奇的室友,貌似她带来的所有东西,都是为我准备的!藕粉加牦牛奶粉冲调,蛋白质和淀粉都有了,半固半液的易消化食品,又不至于致吐。

早上黑漆漆的7点,上车吃药,打开阿咖酚散,发现这种古老的纸包粉末有种魔药的神秘气息。苦不堪言地倒下药粉一饮而尽,继续服下其他三四种药。7点半,和在餐厅吃早饭的人马陆陆续续走向洗手间,看到一轮硕大如圆盘的近月悬挂,没戴眼镜的我也分不清那是路灯还是月亮。原来,这两天没看成的中秋月亮,在这里的黎明前等着我呢!

看来这个阿咖酚散有奇效,一夜没睡的我,入藏后第一回能在颠簸的大巴上写下如此长的段落,尚有神清气爽之感,实数仙药!感恩所有的遇见……

▶ 2020-10-3 其二 萨嘎——玛旁雍错——普兰县

今日黎明即起,行车约8小时,才到达第一处玛旁雍错。一路荒漠为主,直到湖畔,岗仁波齐才第一次露出了她孑然于世的身影。孤独的雪峰,和湖对岸的喜马拉雅群山对望,传说中须弥山的空灵,也许就该是这样?

神药的疗效持续了约6小时,到下午头痛又开始发作,伴着呼呼的狂风,时刻提醒你:朝圣之路就是自虐,走向神山圣湖从无易径!

停车第二处玛旁雍错,喜马拉雅群峰更近,经幡在凛冽狂风中吹响,顶着想要把人裹挟而去的不知何方来风,抱头捂帽子裹围巾,"苟延残喘"的疯模样,会粉碎所有人要图拍美照的"企图"。西藏的"错"(湖)会令人产生审美疲劳吗?

应该不会,因为行车几百千米才能与她们相遇,而一路所经各种环境的恶劣,简直可以用寸草不生来形容。在单调的连续黄色系列中,突然出现绵延俊朗的白和深邃透彻的蓝,立刻呈现出巨大反差的雪域仙境。

一路向西,终于来到我记忆中最最艰苦的阿里。一入普兰县,"特困县""孔繁森"等字样就在脑海中浮现。当大巴停在一处"豪华"酒店门口时,我简直惊呆了!这该是普兰县最好的酒店了吧?原以为这次本人将打破个人连续不洗头最长时间的历史记录,打开房间门的那一刻,我决定调整一下策略。由于身体状况一直不好,上了高原我就没敢洗头,今晚终于没有了呕吐症状,海拔又降到了3900,是时候解决一下油头瘪胃的问题啦!出门对面就是串串,已经点好锅底的团友招呼同吃,陆续六人拼满一桌,简直是完美的一顿能量充电餐!

期待美好(少受折磨)的旅程,从今晚开启!

▶ 2020 - 10 - 3 其三 普兰县

原文：You have to go to Tibet at least once in your life time.

You may not like her, but you have to admire her.

She could be your angel torturing you like a devil.

That's how she is.

Go and feel her, though you may not even be able to touch her.

译文：一生必得去一次西藏。

爱或者不爱，你必得仰慕她。

她可能如恶魔，虐你千遍，你却把她捧在掌心，奉若天使。

她就是如此。

尽管你可能根本无法触及她的肌肤，但你还是必得要感受她的心跳！

最后这段诗歌体日志，言简意赅地表达了我在心怀崇敬的内在认知和身体折磨的外在压力对抗之下给出的建议。西藏是个神奇的地方，无论你在这里再怎么流鼻血、头疼、想吐、睡不着，等你一回家，立马又想着什么时候再来！这地方，就是让你上头、上头、再上瘾！所以，带好阿咖酚散，迈上缓慢、有力而坚定的步子，谨慎地去往朝圣之路吧！

二、无畏与胆大齐飞

2017年准备去办英国签证前，伦敦突发恐怖袭击事件，于是我随手记录了如下一段对话与感想。

▶ 2017 - 3 - 24 中国，上海

♯一个即时态度判定你是不是铁杆驴友♯

伦敦发生恐袭，驴友 X 将新闻转发某人 Y，Y 说已看到，为伦敦的朋友祈福。

X："计划英国之行如何？"

Y 曰："哦哟，还没想到两者关联！"

Y 紧接："英镑是不是又要跌了？去啊！"

不是 Y 太无知无畏，就是我们说爱旅行说得太轻巧。

看任一电视节目，主持人会问："你的爱好是？"

路人甲乙丙丁："旅行！"

你真的确定吗？以你的生命保证？

我确定，因为我就是那个 Y，我们的对话就是我的即时反应。

三、评价与建议

背包客可能逆势而行的无畏态度、对恐怖事件的相对低敏感性和对价格的高敏感性（朱璇、吕帅，2007），是背包客区别于普通旅行者的重要特征。我曾在研究中发现澳洲的背包旅行者的数量受非典等意外或恐怖事件影响不降反增（朱璇，2005），也有学者指出背包客会创造性地运用智能手机主动降低风险感知（Dayour 等，2019）。当然，有许多研究论文也曾指出，背包客越来越大众化、主流化（mainstreamed）（Larsen 等，2011）——我偏执地认为，那是因为他们的研究没有找对真正的背包客。如果只是靠在青年旅馆里发问卷来做背包客的研究，那做出来的必然是背包客大众化的结果。因为住青年旅舍和背包客之间不是个等号的关系。判定背包客群体的依据是其行为特征和心理特征，而通过质性研究进行类似的对话讨论和自我区分，才是界定概念的根本路径。

对背包客而言，探险是较为本质的心理特征，那么"逆行"自然成为和这一心理特质吻合的行为。和无知者无畏不同，我对英国恐袭的即时反应，其实是建立在科学常识判断的基础之上的，即：恐袭后国家的安全防范级别和手段措施反而会大大升级，从而与以往相比更为安全。这与地震不同，如果是地震等重大自然灾害发生后的短时间内，余震风险上升，自然是不能"逆行"的。对风险抗压能力高于普通旅游者的背包客来说，内在的理性认知、外显的无畏态度和谨慎的出行准备，在更高程度上达到了统一，这就是"有所畏有所不畏"的旅行态度。

第二章 遨 游 水 界

本章的自传式民族志叙事,对应"游走飞丫"中的"游"字;以"游"为主的旅行方式,对应"探险四界"中的"水界"。这里的水界指江河湖海等各种淡咸水区域。"遨游水界"的方式不仅包括水下区域的浮潜深潜,而且包括水上区域的漂流冲浪,还包括水陆交界的跳崖跳岛,活动多样,体验缤纷,其中尤以岛屿国家的水岸世界及其活动最为精彩纷呈。

第一节 浮 潜 海 洋

浮潜(snorkeling)是最简单而便捷地与海底世界亲近的方式。哪怕不会游泳,只要套上一件浮衣,手握一块浮板,随便怎么瞎扑腾,也保证不沉;哪怕不习惯用呼吸管(snorkel),只要戴上一副游泳眼镜,通过时不时地抬头换气,也可以看到水下百态;哪怕游得不快,装上两个蛙蹼,用力踢腿打水,保证前进速度如飞鱼。虽然我在美国和加勒比海海域都有过一些浮潜经历,但是最棒的浮潜海域体验还是来自菲律宾几个不同地区的岛屿。

一、沉船浮潜,珊瑚花园

菲律宾的科隆岛是我目前去过的最好浮潜地。后来查资料才得知它拥有全球最多种类的珊瑚礁,共600多种,超过大堡礁的400多种,理所当然地成为潜水爱好者心中的梦幻岛屿。初次同去科隆的伙伴后来又去了两次科隆,并且在那里碰上了第9次到科隆的中国驴友。这个岛的魅力,由此可见一斑。本篇日志记载的即为科隆岛的浮潜体验。

▶ **2014-1-17 菲律宾,科隆(Coron)**

跳岛游的嗨翻体验,在第八日旅行行程接近尾声时,才姗姗来迟。对于海岛的终极梦想,从来都在水上或滩边,这天现实给假想来了个彻底颠覆!不得不承认,以前的潜水,哪怕是深潜,什么巴厘岛海南岛,哪怕营销得再隆重的大堡礁,在科隆岛面前,都弱爆了!

当我把视线从海岛转移到海洋,去大洋底下探寻真正的海底世界,我突然惊叹:"前半辈子白活了!"可不是吗? 70%的地球真容,其实这回是第一次得见!

日本的二战沉船,打造了今天的海中鱼窝,进出繁忙的舰中生灵,只是拉开了当日的浮潜序曲……我以为只有在探索频道里才能看到的场景,一幕幕活生生地展现在眼皮底下:幻彩纷呈的珊瑚——飘动的、怒放的、发光的……各路快乐的鱼精灵们在珊瑚花园中穿梭着和我玩起了捉迷藏。在他们的挑逗下,我义无反顾地勇往直"追",一路踩着蛙蹼、推着甜妞,游向了海洋深远处。深远,是我后来偶一抬头回望螃蟹船时的目测,在彼时,完全沉醉不知去路。虽然用着呼吸管在浮潜面罩里自如地呼吸着,但忍不住屏息凝神地去观赏这迷离而又清晰的神奇世界,耳畔只听到自己一阵阵无法控制的"哦,天哪"的惊呼自语。在那一刻,我坚定地相信,"海的女儿"就是我,保留QQ签名不改,任它浪打风吹,也要做一条美人鱼,在海底徜徉潜游,和龙宫鱼蟹为伴!

激动难捺中,我只有一个心愿,就是让甜妞也感受到这无垠的美丽。在老妈的鼓励下,头戴泳镜的甜妞数次闷水、把头埋入水中张望,在确认她看到了成片的珊瑚和鱼群后,老妈的幸福感满溢到海里也装不下!有趣的是,甜妞看了几次后说害怕,我猛然意识到,这里高低纵横有如五岳三川的海底地形,在心理上给人以强烈的垂直落差升降恐惧!前一米,我还几乎平贴着浅处的珊瑚,战战兢兢地不敢游动,生怕碰触到那脆弱的灵动生物;后一米,我竟漂浮在深渊之上,一眼望不到头的海底悬崖,好像会吸附你坠落其间。这种灵异的感受,居然使我现在描述起来产生一种敬畏的后怕!我恍然大悟,海底的马里亚纳海沟,其高山壑谷之纷繁复杂,全然不输喜马拉雅之绵延险峻啊!但,当时所有的畏惧,都在目睹五彩斑斓的巨大惊喜中被抛诸脑后,只有看到海胆出入和水母飘移时,才会惊悚地聚拢身体,隐隐感觉到前几日踢中船锚腿伤收缩后的疼痛。

清楚记得上船后的第一句不由自主迸出的话是"哎!我这前半辈子白活了!"让因种种原因不能下水的同伙直接叫停:"你要不要这样来刺激我啊?!"

拿什么来形容你呢,我的珊瑚花园?面对翩然引逗的七彩活珊瑚,我却只能小心翼翼,裹足限行。无法描画,我的言语不能,水下相机也不能。可以信任的,只有我们的眼睛;你需亲见,才能相信!

后来再去什么岛已经不重要了。海景,以后必须要看海面以下的,才能评判这片海域的丰富离奇。至于海边的风景,加上亲情的主料,大抵都不会差到哪里去。就如我们这次的四岁四人儿童团加上看护陪同团,主打欢乐加操劳神曲,间歌播放悠闲插曲，如同迪士尼儿歌加迪斯科音乐，穿插古典加蓝调，五味杂陈，回味无穷……

朋友圈评论：

1. 雪山徒步，海底摸鱼，果然不虚此生！

2. 天，不知道的以为这是广告文案！

3. 真是美到爆的神秘缤纷世界，完全可以想象你当时的雀跃！还有我最爱的一点不丑的小丑鱼！

4. 海底世界，色彩斑斓，赞勇敢的甜妞一下！

5. 和科隆岛相比确实大堡礁和海南岛都弱爆了。好想去啊！

6. 文字和图片都让看客们感受到了什么是不虚此生啊！给你圆满的海岛行点赞！

回复：

"童鞋"们的反响比较热烈，谢谢大家！这是一段很难写的文字，昨晚焦灼了良久，太美太好的体验，文字就苍白了，言语就虚弱了！再加上要写进我自己的故事和情节，加上说明照片，就更需构思了！但码字确实让我回顾串联了许多精彩瞬间，让我小痛而大快！

附注：水下只有两张是我们自己的水下相机照的：1. 我和鱼，2. 小丑鱼；其他都借用了他人在那里的照片，因为我们的拍摄效果太差，但眼见绝不比这些照片逊色！这不算欺骗吧？

对话：

友：原来最精彩的在最后！这是浮潜还是深潜？我也要去，在塞舌尔雨后能见度不高的浮潜后，我发觉海面下的世界真是妙不可言。

我：是浮潜，深潜肯定更精彩，下回去一定天天泡在海里！这地方一定要趁早去，不然珊瑚都被踩死了！可怜的珊瑚！光线很重要，当地资深人士说一定要4月份去！

友：你说得对，去过一次回回都想往里跳！若可天天畅游海底，便可日日宛若新生啊！

二、出海追豚，断层浮潜

海底大断层就是海底的悬崖。菲律宾的巴里卡萨（Balicasag）岛周围是菲律宾最著名的潜水地之一，是一片海洋保护区，以海底的断层（submarine cliffs，也可以理解为垂直墙，vertical walls）、深水、强洋流和活珊瑚而闻名。虽然猫途鹰英文版上的西方旅行者对它褒贬不一,但更多抱怨集中在出海浮潜的各种杂乱收费和拥挤嘈杂上,对浮潜经验不多的我来说,还是翘首以盼的。本篇日志记载的是巴里卡萨一日浮潜跳岛游的经历。

▶ 2018‐2‐12 菲律宾,邦劳岛(Panglao)

半夜,狂风骤雨,旅行初期极度亢奋症患者被雨打芭蕉的声响惊醒,暗叫不妙,难道重头戏巴里卡萨大断层要在雨潜中完成?头脑照例不听几夜没睡好的身体使唤,开始快速运转,设想其他可能方案,被假想的闹铃声"骚扰"后才刚入睡,又被真实的闹铃声拖起。清晨5点半,已然雨过风歇,欢乐出海。

念叨着出发太晚,观豚八成会落空,两成好运却总能降临!然而,从心头的盼望沦落到由衷的心疼,只用了半个小时!一大帮螃蟹船追逐着成群的海豚,规模稍似围捕!与北美的几次观鲸不同,"保持生态距离"(eco-distance)一词大概还没进入这里的旅游字典:哪里有海豚出现,船只就突突地带着马达开将过去,让我们几度担心会有海豚跃出水面撞到头!海豚数量和群落其实很多,失之东隅收之桑榆,追一会守一会,也未尝不可啊!不知道是不是海不够阔、豚不得跃,豚宝们出水不高,但确幸有海豚宝宝飞起腾空,完美弧线落水,卖萌品相软化我从发丝到脚趾的每一根神经!

大断层的潜水完全出乎我的意料,不同于科隆的船只散布,巴尔卡萨岛外的潜水船扎堆聚集在离岛仅有二三十米远的水域。眼见停船处水深不过一米,我理所当然认为需要潜出去很远才能看到深不见底的海底悬崖,不明白为什么一堆堆人仅在我们身边环游。一头埋进海水,蛙蹼还没来得及甩开,我就发现已然来到了悬崖边!两边落差多少完全无法估计,只知道一边是已逝的浅海珊瑚,一边是湛蓝直下三千尺的透光深渊!

曾经被科隆几乎贴身的美妙珊瑚和瞬间黑洞洞的垂直海沟惊吓到心脏停摆,但这里温柔的深浅蓝阳光和悬崖边无尽的多元化鱼群,让我彻底释放了我预估中的惊悚,以一种诙谐的方式体验到了差异:抬头,海面上,人头和呼吸管林立;低头,水面下,借用美国国家公园之父约翰·缪尔(John Miur)的一句话,"只有我、自然和上帝!"虽然一抬头,常有小螃蟹船张牙舞爪的蟹脚从各种方向突袭,偶尔一低头,也被各种无影脚扫过,但丝毫不影响我的崖、我的鱼儿、我的海,共享安宁太平!透过面罩我听到了自己的呼吸声,几乎是那里让我镇静的唯一声响,还有那海水缓缓穿流过我耳边的声音,那是自然恬静的声音。

经常"嘲笑"别人去海边穿得太多,此番我可是龙宫宝贝悉数上阵,扫了一眼我四年前来菲潜水总结的装备攻略，除了必备潜水法宝比基尼外，混搭为备战爱尔兰跳崖冲浪而准备的潜水服（wet suit）！下水前套上我"天朝"自购所能达到最厚水平的潜水服时，我还自问是不是热带夏装混搭温带秋冬装会遭人鄙视。入水和出水后发现，让所有的鄙视都去见鬼吧！舒服才是硬道理。20多度的海水，我在我的潜水服里，被暖意包围。心情如阳光海水鱼群般灿烂。出水，冷风阵阵吹过，我就像盖了层弹性棉被，柔韧舒展。

所以，离开故作不怕冷勇士的矜持，便能有处女岛水下细沙的从容漫步和红树林的枝丫旁的摇曳弄姿！Wet suit（直译为"湿衣"，实指潜水服、冲浪服），它wet（湿）了，你就可以suit（suit有舒服、贴合的意思）了！我今天总算彻底理解了它的真义！还嫌你太wet？那就上岸，炒个海参，敲个海胆。烤摊边的炉火正旺，六个海胆100比索（13元人民币不到）的价格，注定让你不买到家就后悔！

当然，最受我们折磨的是海星，好端端地在水里躺着，偏时不时地被我们拎出来当道具！一看到它卷起边来提抗议，我们赶紧把它请下水，罪过罪过，你实在太美而静默，原来你的语言是肢体。

回程，在真真假假的台风争论中，经历了和船夫的斗智斗勇，略感心累。来菲几天，多多少少把攻略中提到的"坑"体验了一回！相对于上次来菲的一穷二白不准备（因为有其他能干伙伴准备了），那颗探索的心就可以自由放飞信任的情绪。可是今天，我也不知道是我太相信了驴友经验，还是误会了船老大金言。风平浪静中，我实在无法轻信他不能靠岸同一码头的台风警戒说，但上岸之后，预告明日台风、取消船程的通知，让我深深疑惑我有可能误会了他也许是真实的"谎言"。纠结中的自责，希望得到也许是没有说谎的船老大谅解。

朋友圈对话：

友：海水干净程度和科隆比如何？

我：海水好像更干净，但珊瑚差得远，不过这里海底的地形差异大，生物多样性好，鱼群的规模、数量、种类都很丰富。物价，主要是吃的很贵！比科隆爱妮贵多了！这家海胆虽然在出海的迷你日夜岛上，却是最便宜的。但是邦劳岛的住宿选择很多，所以住店价格就便宜了。

三、评价与建议

相比深潜（scuba diving），浮潜的技术难度较低，可谓丰俭随意。但是当我2003年第一次和一大帮子老美在佛罗里达浮潜时，人家都不穿浮衣，戴着蛙蹼来去自如，只有我一个人还需要抱着一块浮板艰难前行，那感觉还是挺糟心的。

彼时的我还不会自由泳,从小到大也还没觉得只会蛙泳有什么不便,只有在那个当下才理解了。穿上蛙蹼,脚后很重,蛙泳会使身体失去平衡。自由泳的有力打腿,不仅会很好地保持身体平衡,而且能更好地和蛙蹼配合,踩浪前进。呼吸管的使用免去了上下水面换气的麻烦,除非呼吸管或不够密合的面/眼罩进水,否则浮潜全程是不需要抬头的。所以后来我去学习了自由泳,这对热爱浮潜的旅行者来说,应该属于必备技能。

除了主体自身技能外,浮潜海域(目的地)的选择也非常重要。海底的地形是否丰富多样,海域附近是否位于热带或者有寒暖流交汇,这些直接决定了海底地貌的可看性和生物多样性,也就决定了浮潜的景观和体验的丰富度。我在菲律宾爱妮和科隆看到的鱼群和珊瑚,远胜于在巴厘岛和海南岛深潜所看到的生物。由于每次去菲都是带娃前往,所以没有尝试深潜,相信在这里深潜会看到更精彩的世界。

另外,浮潜者的生态意识也非常重要,如果同一海域的浮潜者人多且生态环保意识较差,再多的活珊瑚也经不起踢撞触碰。与生物们保持一个"尊重距离"(respectful distance),不仅是为了生物的安全,也是为了自身的安全。要知道,澳洲国宝级的人物、一生与动物打交道的"鳄鱼猎人"斯蒂文·厄文,就是在水下拍摄时被黄貂鱼刺伤而不治身亡的。所以,除非你或者带着你浮潜的向导有十足的把握,否则不要去触碰水里的任何生物。

第二节　追随精灵

海洋生物,是海底的精灵。它们本是我们水下旅行中可遇而不可求的期待。但是当我们为这种期待支付了货币,期待就被假想成了必然。我也曾满怀期待,并经历过一些期待被满足后的失落或痛心。这部分将以三种较为大型的海洋生物为例,说明我在与它们近距离接触的过程中经历的体验和反思。

一、鲸鲨同游

鲸鲨是体型最大的鲨鱼,也是世界上最大的鱼类,当我听说菲律宾有这样一个与鲸鲨同游的项目时,兴奋得不可遏制,当机立断决定二赴菲律宾,去感受与庞然大物同游的"刺激"。

▶ **2018‐2‐18 菲律宾,奥斯洛布(Oslob)**

♯一生一次的体验,直面真相♯
鲸鲨,它是我确定这次行程的唯一理由,因为不敢相信近邻国还能有这样的游程！和世界上最大的鲨鱼同游？一耳听说，两眼搜索，第三天订机票！

半小时，看十年探索频道都不能有的震撼！

鲸鲨离得太近，根本无须浮潜游泳，游过来时巨大的水流，常让人根本不听使唤地向它靠近。无论是海龟还是鲸鲨，一旦距离接近，我总是拼命做太极推，不是怕伤了自己，实在是怕伤到它们。早几次它们几乎是贴身而过，我用力把住螃蟹船上竹腿，蜷缩全身不让自己碰到它们。只有一次，它游远了一些，我才游着跟了几十秒：看到上有浮船，旁有游泳，下有深潜，我才真正理解这种生态旅游其实一点都不生态！

一生一次，因为确实不会再去第二次。但是没有这个第一次，可能我很难切身读懂它温柔的眼神和美丽的花纹。当我一下水它就张着大嘴庞然而来时，我在面罩里仍然听到了自己不可遏制的"天哪"的惊呼！没有恐惧，只有怜惜！它嘴的张合是缓慢而柔软的，透过它腮纹的波动，我甚至触到了它的呼吸！之前听说，因为（岛民的）喂食（以达到吸引游人的目的），这种世上最大的鲨鱼伤痕累累。今天这种情形，我是信了。螃蟹船布满了水面，虽然对游客的规定很多，但我相信最大的伤害可能还是来自螃蟹船自身。几次看到鲸鲨钻到螃蟹船底下，什么样的肉身能经得起这样的碰撞呢？

成群结队的观鲨者络绎不绝，每天从清晨到中午，被一批一批运下水。说起来很矫情，但我确实心疼。旅游者更矫情的（或者说本能的生理反应）是，其实受不了那个味。某人说，上船后鲸鲨到水面上冲船的方向张了一下嘴，他差点直接呕吐出来！可恶的旅游者，站在鲸鲨的角度上来看，我觉得他们（包括我自己在内）真的很可气！你们不觉得自己很粗鲁吗？

如果没有那个承受力，那么还是在画着鲸鲨的游泳池里，看着探索频道发发呆算了，探索什么海洋世界？你以为海洋世界很浪漫吗？固然，表面是如此。可是看看我这几天天天泡在海里全身各处撞出的乌青块，不真爱大海的就可以打住了。且不论完全干枯打结的一头乱发，光自动脱落的指甲盖的惨状就可以吓退很多人吧！所以，照片没有真相，照片后敢于直面自己的叙事，才有部分真相。两个小时大轮渡被四面来风吹得七荤八素的情节才有真相。天天整理湿衣装备，尽心竭力预订下第二天各种跳岛游行程的时候（即没有拍照片的时候），才有真相。有一个铁打的身体、坚定的玩心、求真的追求，才有可能接近旅行的真相吧！

朋友圈评论：

1. 你行你的万里路，我看你的万卷书，就行了！

2. 鲨鱼没有攻击性?

3. 生态? 我一想到这个项目,就觉得不可能,从前面发的对待海豚的表现来推断,就可想而知。生态方面还是发达国家做得好些。

4. 写得真好,旅游的文明礼仪是多角度的,对很多人来说都是盲区。

回复:

1. 谢谢亲们! 奥斯洛布的鲸鲨是半人工喂养的,水很浑,味道很大。鲸鲨很温柔,完全没有攻击性。这里的问题是:与鲨同游太容易了,船只太多了。澳洲也有和鲨鱼同游的项目,但是人少得多,而且需要深潜入水。

2. 大众游和生态游这两个词本来就是不沾边的:要么吃得起常人吃不了的苦,要么出得起常人出不了的钱,要么管理水平提高,求以上两者的平衡,但生态游的核心之一必须是小众的。

二、邂逅海龟

每次一到寒假就想去热带地区暖和一下,所以结果往往就是在旅行途中给亲朋好友们各种夹带活动的花式拜年。可能是因为海龟代表着健康长寿,又是无害温顺的动物,所以无论是跟海龟浮潜,还是抚触海龟的活动,都能收到特别多的艳羡。根据现场的观察来看,相比鲸鲨,国人还是更青睐与海龟同游。

(一) 菲律宾的海龟浮潜

虽然一开始是为了鲸鲨才预订的菲国二度游,但后来我经过资料的分析研究,把这条线拉长为四个主岛的跳岛行程,即包括薄荷岛(包括塔比拉兰市和邦劳岛)、锡基霍尔、宿务和杜马盖地(Dumaguete),分别覆盖了巴里卡萨大断层浮潜、薄荷岛巧克力山眼镜猴陆游、阿波(Apo)岛海龟浮潜、奥斯洛布鲸鲨浮潜、苏米龙(Sumilon)岛浮潜和杜马盖地温泉浴等丰富多样的活动。这是我的原创规划路线,为此我颇为得意。与其他经常性的原创路线不同,这次为期不算太长的假期要走完这个行程设想,对沿途船舶交通衔接的要求很高,而出发之前,各岛之间是否有航船线路直达,如何能去各项位于海中或岛上的活动,这些信息都是未知的。比如阿波岛的海龟浮潜,与大多数攻略提到的相反,我们并非从杜马盖地出发而从锡基霍尔出发。我下船后打听到整个锡基霍尔只有一家度假村可以预订开往那里的行程,赶紧去那儿预订了第二天的行程。所以,旅程中每一个预定目标的实现,对我而言既是一种奖赏,也是一种激励,是保持我自始至终的旅行兴奋度的一剂良方吧!

▶ 2018 - 2 - 16 其一 菲律宾,阿波岛,锡基霍尔—杜马盖地海域

＃大年初一,与海龟浮潜,有多酷？＃

我是真心想发一段海龟自在觅食的水中视频给大家拜年,可惜两次浮潜稀有景观时,防水套中的手机要么完全黑屏,要么不听使唤,连照片都没能拍出一张！妹夫忘带了千里迢迢租来的水下相机,紧接着防水套漏水,新购华为 M10 牺牲,而后外甥下水后不见踪影,最后被发现孤独地游到沙滩上等候,真是一波三折！

然而,先后与五六只野生海龟邂逅同游的幸福,还是冲淡了这种深切的忧伤。在蓝绿色异彩分层(此处不是错别字)的海水里,有数不尽的海星、海蛇、海参、海鱼、海葵、海胆,在飘动的珊瑚里若隐若现,让你一头扎进去就不想抬起来⋯⋯

做不成海的女儿,何妨做条飞鱼或者海鸟？抱歉,我很想报个学名,可惜除了知道它们的形态动作,都能跃水出水,以及一个是鱼一个是鸟外,对其他一无所知,它们的共同特点是体形小巧,动作迅速,姿态优美,自由自在。

末了奉上甜妞的自创“沙画”,寄语新年,祝福无限！

▶ 2018 - 2 - 16 其二

因为今天是农历新年第一天,我没敢在公开发表的圈内写下其他感想,怕坏了大家过年的兴致,私发一段给闺蜜看。

下水浮潜之前,向导一再告诉我们要离海龟远一些,不要靠得太近。但真当见到大海龟时,大家立刻把海龟团团围住,我看到有位国人游得离海龟太近,一腿踢中了海龟头部,海龟一甩头,把我给心疼得！

我问了我们酒店里的司机,春节期间,这里几乎被中国人包场了。之前看到猫途鹰上有老外写负面评论时会说“那是靠大批的中国游客快速赚取比索的地方”。这当然不是一次两次了,和世界各地的“当地人”聊天时,我都会听到关于国人的各种奇葩事,也见识过国人的各种奇葩举动。如果我们不希望“中国人”总是和“负面旅游者”这个概念联系起来,我们确实要做点什么了！“生态”和“自然”旅游不是个噱头,而是有起码的行为规范和责任要求的！

(二)斯里兰卡的海龟沙滩

和菲律宾看海龟的方式不同,我在斯里兰卡看到的野生海龟是在海岸边,而且还给它喂食了海草,如此零距离接触,纯属意外之喜！不过找海龟的过程颇有点曲折,原因只不过是因为我想少“挨点刀”,坐公交去海滩而已⋯⋯

▶ 2020－2－3 其一 斯里兰卡,黑卡杜瓦(Hikkaduwa)

斯里兰卡有很多美丽的沙滩,每个沙滩都有很多的推荐,去哪个不去哪个就颇费踌躇。贪多嚼不烂,对于海滩这种同一区域观赏性差异不大的地方,只要选择一个躺下来,安安静静、悠悠闲闲地过一天就好!

幸好行前加了在斯里兰卡开店的雅思的微信。和尼泊尔的米糕一样,他们都是在当地开店的中国女孩。米糕做旅行社,雅思经营的则是客栈。在当地的时间长了,玩过的地方多了,他们也会写"攻略",这种攻略就比普通游客写得要深入,因为他们只会着重描写自己所生活的一块地区,且拥有游客和居民的双重视角。

雅思把她写的关于加勒附近几个海滩比较的文章发给了我,认真拜读以后,我决定选择位于黑卡杜瓦的海滩,主要原因是:那里有个海龟沙滩(Turtle Beach)!她说在那里应该是会经常遇见海龟的,于是我们经她的指导,坐上了去黑卡的公交。

这是比较奇怪的一个点,为什么我不找酒店老板问交通方式呢? 因为,他会推荐我们打车或者坐突突车走,而他找来的车价格当然是虚高的。在斯里兰卡已经被坑怕了,当他听说我们要坐公交去黑卡时有点吃惊的表情,我就知道不必问他了。虽然我是个很实在的人,可这时候就要"演"一下了:我做出对线路了然于心的样子出门了! 所以,他知道我可不傻不好诓……老板其实是个挺好的人,他还指望我给他缤客上写好评呢! 他早餐做得确实好,可是在斯里兰卡这种坑旅游者成风的环境下,也不能免俗吧! 最后,跑到路边没有任何指示的地方等车,已然是我们新摸索出来的搭公交的方法了。只是具体的站点和方向在哪头,还是需要找路人鸡同鸭讲地"对话"确认一下。我们的语言虽然不同,但地名的发音差别总是不大的,而指点方向的手势更是全球通用!

我们找寻海龟的过程中还有个小插曲。每天出门前,店老板都会问我们今天去哪里,听说我们要去找海龟,就推荐了马路对面的一家海龟"保育中心"。这又是一个比较有趣的环节! 因为在设计行程的时候,我问向我推荐斯里兰卡的黄河奶爸,怎么才能到达这些海龟保育中心,好让这个"亲子"游程更多培养孩子的爱心和自然体验。可惜因为他是带团来的,他并不能给我一个定点或者一家店名,只是说加勒—科伦坡那一带公路沿途有好几家。为此,我只好放弃了这一设想。当然,还有一个原因,是我看到许多老外评论这里不是真正的保育中心,把那些小海龟拎进拎出纯属折磨它们! 这下可好,店老板主动推荐近在咫尺的海龟中心呢! 看他一脸真诚,我就决定过去探个究竟。临行前,他又塞给我一张

43

小卡片，说凭着这张卡，到了对面说是他家店的客人，可以打折。我当时就乐了！您知道在您面前的这位女士，在1990年代末的中国也是做过兼职英语导游的吗？您这是打折卡还是回扣号码卡啊？不过他跟我说的价格好像也并不贵，为了避免错怪店主的一片好心，我们还是找到了这家海龟中心。没想到一进门我们问价，居然要收一人1000卢比的门票，比老板跟我们说的价格还贵了一倍！还说凭卡没有优惠，一脸蛮横地把我们赶了出来。哦哟，看这旅游者把他们给宠得！

总之，在海龟中心弄得一身晦气，跑到外面晒晒就没了……等车的时候在路边摊和卖西瓜的"聊"了几句，一脸的纯真和友善……这地方搞旅游的和不搞旅游的民众，差别就是那么大！难怪行前看到一个帖子，满腹牢骚地说这辈子再也不要来斯里兰卡了，说"穷山恶水出刁民"。哥们，你错了，你不要光跟搞旅游的人打交道不就好了，本地人还是善良的占大多数啊！

所以事先能够有雅思这样"干净"的朋友还是很好的。我和她并无深交，甚至连面都没见一次，她只是在微信上回答着我的问题。疫情来了，为了保险起见，她的客栈暂停营业了，我们也没能住上她的客栈。

公交总算来了，还是开了蛮久，一到黑卡的时候，马路两侧马上就热闹了起来。只是这个海滩很长，我们不知道在哪里下车，跟售票员讲"Turtle Beach"（海龟沙滩）他没懂，乘客也没懂。所以我们随便估摸着下车了，到了沙滩上再找听得懂这几个英文单词的人，一路问过去，简直是磨破嘴皮的问路之旅！

好在皇天不负有心人。刚走到海龟沙滩就看到围了一大堆人，知道有好事发生！果然，一只大海龟正慢慢腾挪，周边一群人拿着自拍杆围着它拍照。就听有个卖水草的人说，"Don't touch, don't touch（不要摸不要摸）！"原来，我们自己是不能摸的，买了他的海草就可以喂海龟了，这个性价比太高了！我们可以又摸又喂，还是自然环境，才300卢比，比所谓的海龟保育中心强100倍！

我后来寻思，这地方的海龟确实是野生的，只是因为常有人来喂食，它们也就习惯了到这个固定的位置来找更"容易"得到的食物。这也是改变了它们的生活习惯和觅食习惯的，说不上有多"生态"、多"自然"；但如果动物和当地人长期就是以这种方式和谐共处的，也说不上来有多糟糕——毕竟，当地人本身也是生态系统的一部分，他们才是最熟悉这片海洋及其生物的！

▶ **2020-2-3 其二**

包了艘小单侧螃蟹船，出近海的岛礁浮潜，看到二十几种五彩海鱼，海水非常温暖,舒适度好于菲律宾,唯一的遗憾是少量机动船喷出的黑烟油味呛死人。我一下水就弄掉了我的呼吸管,船老大一个劲地喊着要我赔！幸好另一个他的哥们后来把呼吸管捞到还给了我,感恩大半程有它,几乎围着岛礁畅游了一圈。后来到岸,船老大"brother"(兄弟)长"brother"短地说他"兄弟"(其实当然不是他亲兄弟,人家也没有把呼吸管还给他,而是直接还给了我)如何厉害地找到了呼吸管,明目张胆地索要小费,哎,我也不是不会给,就是这里的人"吃相"太难看,要求他们有点"节操"好难啊！再说了,我要给小费也该给他"兄弟"不是?

某人在潜水时又一次看到了海龟,还跟着游了一段,因此兴奋了一整天！我和妞没有追踪到海龟。我浮潜看到最大的一条鱼,可能有八分之一的海龟那么大吧！黑卡杜瓦的海滩内容很丰富,想想以前可从来没有如此容易地与野生海龟这样近距离的接触,划船十分钟就能到优质浮潜点。虽然没看到活珊瑚,但鱼群数量和种类真不少！挖沙捉鱼追海龟,小友说时间不够用,就该15天都待在这里！

看来大象和猎豹的吸引力远没有海龟和沙滩大。但从演化论的时间顺序上来说,森林与人的亲密程度不是该比海洋更近吗?

三、三地观鲸

我曾先后在加拿大托菲诺(Tofino,2012年)、美国奥卡斯岛(Orcas Island,2015年)和斯里兰卡米瑞莎(Mirissa,2020年)三地观鲸,体验很不相同,看的鲸鱼也不一样。托菲诺观灰鲸,船最小,是只能坐八人的快艇;奥卡斯岛观虎鲸,船最大,分上下两层;米瑞莎观蓝鲸,和奥卡斯岛的船体型相似,但乘客装得较满。虽然在这三地看到的鲸鱼与我的距离是越来越近的,但观鲸体验却依次下降。为什么会出现这样的情况呢? 这里我将一探究竟。

(一)加拿大托菲诺

2012年10月,我在加拿大的埃德蒙顿(Edmonton)访学,利用秋假背包前往大不列颠哥伦比亚省(British Columbia),在温哥华岛(Vancouver Island)的托菲诺第一次参加观鲸之旅。

托菲诺在加拿大可能并不是一个特别有名的地方,我之所以会去托菲诺是因为我加拿大房东大卫(David)的推荐。大卫是个非常善良而偏保守的加拿大人,他自己并没有去过托菲诺。但当听说我要一个人去加拿大西海岸(主要是温哥华市和温哥华岛)旅行时,他就去问了一个也是以公交方式游过温岛的女性朋友,后者隆重推荐了托菲诺,最重要的原因竟然是:公交可达;那里有个很好的青年旅舍。我觉得非常可笑，头一回听说旅行不是因为目的地的吸引物，而是因为目的地的基础设施。但大卫说这位加拿大女性和我很像，言下之意，她喜欢的我肯定也喜欢。我在网上搜索了一下这家青年旅馆，简直是一边倒的至高评价，这更激发了我无尽的好奇心：不就是一家青年旅舍吗？能有多好呢？我很信任大卫，虽然这个推荐理由很奇怪，但我还是决定听从大卫的建议。大卫帮我从这位女性朋友那里借来了大背包，我则去埃德蒙顿的图书馆随便翻阅了一堆旅行指南。比较下来后，我带着一本《月亮》(Moon，一个旅行指南书的品牌)上路了！根据《月亮》这本哥伦比亚省专辑的全区地图、精华推荐和我有限的时间，我规划了 11 天的大致路线，但是，直到上了温哥华去温哥华岛的大轮渡，我才在船上的一堆传单广告中，确定了我在温哥华岛上必做的一个项目：观鲸。

根据我当时收集到的各种信息，印象中对几处观鲸地的游客评价基本是这样的：在温哥华市观鲸的，是普通大众旅游者；在温哥华岛上的维多利亚观鲸的，是普通自助旅游者；在温哥华岛上的托菲诺观鲸的，是生态旅游者或小众旅行者。我一下就来了兴致，拿了好几页托菲诺观鲸的广告单，准备到了那里再以连找带打电话的方式，货比三家后确定要订哪家。

从哥伦比亚省的首府维多利亚市到托菲诺的车是一趟专线车，空调中巴，车况和路况都非常好，司机是位极其幽默的男士，也是我迄今为止遇到过的最风趣的司机。只要他一拿起话筒介绍，我的笑点就到了，简直一路听脱口秀的感觉！快到托菲诺时，他平稳而镇定的男中音又起："如果你们还没有预订住宿，我推荐大家去住海角捕鲸者(Whalers on the Point)旅店。我妈来这里玩时，我就给她订了这家旅店。可不是因为我抠门，我很爱我妈的，所以我才把她送到了那里！"哈哈哈！又一次推荐！这家客栈到底是有多好啊，值得人人推荐？我自然是早早预订了这家旅馆。一到他家门口，我就知道为什么大家都会推荐它了！Point 的意思，是它位于一个海岬的顶点上，应了海子的那句话，"面朝大海，春暖花开"，满足了我们所有推窗看海的区位梦想！Whalers 的意思，应该就是指从它那里就可以看到海上游过的鲸鱼了。及至推门进房间，我就更乐了。这是我住过的最大四人间了，房间透亮宽敞，一位长者正在打太极拳！最超出期待的，是它一楼的桑拿房，当大家都穿着泳衣裹着浴巾去那里蒸芬兰浴时，我敢说那是这个青旅的高光时刻。

和妈妈级的加拿大室友切磋了一下太极拳的拳法，我赶紧出门找观鲸之旅。托菲诺不是一个很大的镇子，但由于背包自助游客不少，所以为旅行者服务的旅行社也比较多。经过实地考察和电话询价，我找了一家最便宜的，因为几乎每一家都会说"保证能看到鲸鱼",而且行程的时间长度都一样。

第二天一早吃完早饭,我就雄赳赳气昂昂地出门了!跑到旅行社的第一件事,居然是换装!原来这里观鲸不能穿自己的衣服,要统一换上防水防风连体的厚厚的红色观鲸服。好专业啊!观个鲸又不下水,还要换衣服!赶紧跑厕所清空自己,好套上那个巨大的连体服。同船人高马大的智利船友,套上衣服还显修长,我穿上则活脱脱像一个充了气的气球!不过感谢这套观鲸服,后来在船上遇到各种大风大浪,都没有影响怕冷的我欣赏沿途风光!

刚开出海湾时,海面风平浪静。印第安向导并不急着带我们去看鲸鱼,而是开到很远的海面带我们去看海豹。这时候的风浪已经很大了,大大小小的海豹或趴或躺在大小不一的岛屿和露出海面的石头上,偶尔此起彼伏地叫几声,或者跳到水里游泳。我们的船围绕着有海豹的岛礁慢慢开了一圈,这是我记忆中离野生海豹最近的一次,却不像在旧金山去海豹岛时感受到的那么吵、味道那么熏人。可能这里的海豹居住环境比较好吧,旧金山的海豹居住密度太大、聚居区太集中,所以"噪声大""污染重",我这样解释着。或者,可能是这里惊涛拍岸的声音更大,削弱了我对海豹声音和气味的敏感性。我看到了一只死海豹,头尾鳍状肢都没有了,白肚朝上飘着,好可怜哪!大自然的弱肉强食就是这么残酷!

开出海豹的"居住区",我们的司机兼向导开始玩起了极限快艇游戏。小船乘风破浪,以极快的速度嘣嘣嘣地弹跳于海面之上,在岛屿中穿梭雀跃。我们被甩得像坐在电椅上的人一样,除了没有触电没有痛苦,其形状动态从第三方视角看过去,大概是类似的,只是,把我们往空中抛的高度更高。我们大声尖叫着,享受着这游戏带来的感官刺激。前座俩英国女孩喊得最响,我很多时候则和旁边的智利船友撞作一团。船身以上下弹动为主,左右摇晃为辅,手握前方把杆根本拽不住失控的身体。不过,这是我玩过的最好玩的快船游戏了,咸咸的海水打在脸上,冰凉的海风可能是携带着大量的负氧离子,让身心放开到像这个海面一样大,目光所及,越过岛礁,直达天边!所以,有人说主题公园的虚拟现实可以替代真实自然的体验,我是不会相信的;或者说,两者并不是同一类型的体验。

快艇终于驶到了观鲸的区域。事先听人说过,观鲸和想象的差距很大,一是因为离鲸鱼很远,二是因为几乎看不到壮观的鲸鱼浮出水面高喷水的情景。因为有了这种思想准备,真正看到鲸鱼时,我并没有太失望。我们距离鲸鱼确实是比较远的,以当时的相机,我把镜头推近,才能相对清楚地看到它微微露出的背脊。每次鲸鱼浮出水面时,也确实都有喷水,不过水柱挺小,与其说像喷泉,不如说像烟雾,模糊了一下画面就消散了。令人惊喜的是,向导告诉我们其实有一公一母两条灰鲸，它们最近处于交配季，一直在附近嬉戏，所以所有的行程基本上都能保证看到灰鲸。"它们要在这里待多久呢?"我问向导。"大概四个月，现在差不多已是尾声了，就快往南游了，过冬去了。"伟大的鲸鱼，每年漂洋过海，来回迁徙!

向导带着我们远远守候，并且让引擎熄火，说道："让我们给它们一些空间!"快艇在海上漂浮着，我屏息静观，发现果然有两条灰鲸，它们几乎是并排游水，经常看到的是它们的背脊，偶尔它们还会甩起尾巴，留给我们一个漂亮的微型背影。这种时候，总觉得试图用相机去捕捉它们身形的努力有些徒劳，因为它们爱跟你玩捉迷藏，与其举着相机苦苦等待，不如放下相机，安静观赏它们的自在舞蹈。

两个小时后，当我们回到出发站的时候，我的心是充盈而满足的。岸边奔跑的浣熊甚至给了我们一个小小的欢迎仪式。我和我邻座的智利帅哥在船上多有交流，就一起拉着我们的印第安向导留了一张合影。帅哥一行从温哥华市一路租车开到了这里，不是因为他们一车五人已满，我真想求搭车，下午去一个国家公园。五人出行还是有很多优势，租车吃饭住酒店，单价算下来其实都比我一个人住青旅坐公交还要便宜得多! 不过一个人出行优势也很大，一圈快艇下来，就属我和向导、船友最熟!

图 2-1 观鲸船边的欢乐驴友

（二）美国奥卡斯岛

▶ **2015－7－17 美国,华盛顿州,奥卡斯岛**

奥卡斯岛被誉为圣胡安群岛四岛中的宝石或绿宝石,安静怡然,环岛皆州立风景道。气候比大陆受暖流影响更甚,冬暖夏凉,冬季几乎无雪,夏季均温比西雅图低5—10华氏度。

今天我们出海一天,体验了一场完美的海岛生活。在西雅图的朋友家中休整时,我充分发挥专业玩家的购物才能,在团购网上找到帆船和观鲸的超值项目。由于团购观鲸需要提前预订的时间较长,我实际上并没有买到观鲸的团购产品。但是在订票时,我跟工作人员提到了这个团购的促销价,他说可以同价给我。当时她要我给她看该团购的网页价格,最终因为我的手机没有信号,上不了网而作罢,但是她仍然以团购价格将产品卖给了我。帆船项目一艘船,六位乘客三小时,不含小费159刀[①];而观鲸最后以每人含税63刀的价格给了我。

于是我们上午出海进行帆船航行,轮流掌舵扬帆,由沃德(Ward)船长负责换帆,同时指导我们掌舵的方向并发现、观赏周边的野生动物。当然,在帆船上并没有看到鲸鱼。下午,赶场转战观鲸之旅,十几条观鲸船由一条虎鲸领跑,但船长们都很有默契地将船各自散开,船与船之间形成较大空间,总能给虎鲸留下一大块通道。几乎所有的人都跑上了二楼的甲板,听着船员的最新播报,试图一睹虎鲸的身姿。

虎鲸应该是人们最熟悉的鲸了,它属于鲸目—海豚科,是海豚科中体型最大的物种。虎鲸又叫"逆戟鲸",英文俗称 killer whale(杀人鲸),听上去就是很凶狠的杀手级生物。虽然它的体型大于其他海豚科的动物,却远小于海豚以外的其他鲸类,所以身手非常灵活,而且由于虎鲸非常聪明,所以它是大型海洋公园被用作表演的王牌海洋动物。虎鲸身上清晰的黑白两色相间的纹样,使我们能够相对容易地找到虎鲸——循着船上指示的方向,聚精会神地看着水面,基本可以跟踪虎鲸在水面上的起落。一只刚好在周边划行的皮划艇,看到海面这里被一堆观鲸船围着,也意识到了他们可能和虎鲸相逢。在看到虎鲸的最近一次起水后,两位划手疯一样地往目击虎鲸的方向游去。我曾一度担心他们要是被虎鲸突然顶起来了可怎么办。这一情况并没有发生,取而代之的是:极速赶来的划艇与虎鲸擦肩而过,划手举起桨,无比自豪地和我们招手,羡慕得我流了一地

---

① 刀,即"dollor",美元的俚语译法。

的哈喇子！

朋友圈评论：

1. 好爽啊，居然能弄条帆船开开！还居然比千岛湖便宜！

2. 从哪里团购的呀？

3. 太棒了！你们真能玩啊！

回复：

花小钱办大事呗！这是我作为资深玩家最擅长做的事了！高朋（Groupon）和活跃（Living Social）[①]上团购的，有兴趣的可以经常搜搜看，能找到很多东西的！

（三）斯里兰卡米瑞莎

▶ **2020‑2‑1 斯里兰卡，米瑞莎**

观了那么多次鲸，这是和鲸鱼距离最近的一次，居然还拍到了四秒钟的视频，没有调焦，就是那么近！

米瑞莎附近水域，是地球上现存最大的哺乳动物蓝鲸的最佳观赏地，经常聚集的蓝鲸数量为世界之最。每年12月至次年4月，是蓝鲸出没的高峰期。因此在斯里兰卡西南面，这个季节是观鲸的最佳时机。据《孤独星球》上介绍，全岛东北部的亭可马里（Trincomalee）也是世界上最适合观蓝鲸的地方，但其季节正好和米瑞莎的季节相反，是2—11月观鲸，除了蓝鲸，那里还会有抹香鲸出现。看来蓝鲸是喜欢绕着这座印度洋的岛屿环游了！

早上6点开始的观鲸之旅，5点一刻突突车就来接了。早饭是上船以后提供的简餐，有面包、香蕉和水。某娃有些作孽，应该是起太早缺觉加吃东西的关系，从船开没多久就病恹恹的，最终还是吐了……幸好，没有错过船两边最近时的蓝鲸！船的两头各有一个船员如猿猴般在船一二层之间的栏杆上爬来跳去，像侦查员一样追踪蓝鲸。我观察了一阵子后学乖了，紧紧跟着这位"侦查员"，放弃自己盲目的搜寻。自己和他的眼力观察劲儿不是一个级别的，大概相差一幢楼的高度吧！毕竟，人家天天靠这个吃饭，海面上一个风吹草动，就能及时捕捉到。我举目望去都是茫茫一片，连他指着的地方，我经常是看半天也没看出个鲸鱼泡泡来，颇为懊恼。好在最后在船舷边时蓝鲸恰好就来了，令我欣喜欲狂！

目测了一下，周边有12到16艘双层甲板船。除了排出的呛人浓黑烟外，还

---

① 文中相当多英文表达国内尚无统一中文译法，均为作者自译，根据上下文场景，有时音译有时意译，特此说明。此处"活跃"为意译。

是给了蓝鲸一些空间的,没有围合得太紧,但船与船之间还是挨得很近,有些几乎是靠着的。蓝鲸移动速度很快,虽然它看着很慢,但船只追鲸时真的有神出鬼没的感觉,令人感慨大自然之中海洋和海洋动物的神奇! 在鲸鱼忽左忽右的风波隐没中,有时感到这根本就不是一条鲸鱼,应该能有好几条吧,不然怎么会没差多久就在完全不是一个方向、相隔很远的地方出现呢? 庆幸它虽然离船近却没有撞到我们的船! 总之,我的十万个为什么问题得不到解答,只能憋在肚子里了。船上没有讲解,船员也不会英语,我不想为难他们了,但总归有些遗憾吧!

在米瑞莎观鲸还心有不甘的是,没有找到更便宜的行程。到米瑞莎时我一路旅行社问过来,和酒店老板给的价格全部一样,也不能还价——就是均一给外国旅游者的虚高价。因为不知道到哪里去找直接经营的船家,所以明明知道这个价格水分很大,也没有挤压成功,是为憾也!

四、评价与建议

人们常把"背包旅游"与"生态旅游"相提并论,但是从浮潜、浮游和观鲸这三种活动,都可以看到是否"生态",完全取决于目的地的组织与管理。美加的观鲸组织、解说和给鲸留空间的生态管理理念和措施,要远远好于斯里兰卡。斯里兰卡观蓝鲸观海龟与菲律宾观海豚游鲸鲨的思路类似,几乎对它们形成了围追堵截的包围圈,而且机油尾气排出的气味浓烈呛人,实在跟"生态旅游"的概念相去甚远。2008 年在澳洲课堂时我也看到了与鲨鱼同游的项目,它被当时澳洲旅游局的宣传片列为在澳最推荐的旅游活动。当然,这一活动是以向导带领的小团队方式参与的,和奥斯洛布近海处的放羊式下水也有本质区别。所以,虽然背包客追求旅行的经济性,但性价比和生态道德也是选择旅行活动时应该给予重点考量的因素。

从性价比上来说,有了加拿大快艇上与浪花共舞的观鲸观海豹的刺激和潇洒,就很难再去享受南非开普敦风雨交加的露天甲板上毫无安全保障的海豹之舟。由于发达国家会有各种旅行代理和网络销售的渠道,使旅游市场更加完善,竞争更加完全,有的时候项目的价格未必比发展中国家贵,而服务水平和体验感要胜出很多。以斯里兰卡的旅游项目和门票为例,它给外国游客的价格基本是本国人的 20 倍以上(据观察一般为 20—50 倍),仅从专项产品价格上来看,已经人为提升成近乎发达国家观鲸的价格水平,经济性方面也并没有太大优势。

从生态道德上来说,蓝鲸和鲸鲨确实壮观,但和保全它们的美丽与安全相比,一切非生态的旅行诉求都不值一提。如果菲方能把船只的数量减少一半,同游空间的半径放大一倍,相信鲸鲨都不会是现在的处境。如果能实行事先预约的制度,也将大大有利于现场的管控和分流。就目前的管理水平,要与鲸鲨同游,只能是一生一次且最多一次的体验。要使自己能够挤得上早上两三小时"这个趟",减少漫长无序的排队时间,最好提早一天住到奥斯洛布观鲨点附近,并一定找人交钱预订好这个行程。许多人住在杜马盖地,其实还是比较失误。杜马盖地是个城市,两头坐车中间坐船辗转到奥斯洛布还要一段时间,而不算排队换装备,观鲸鲨前后只有半小时。住到观鲨点附近,可以赶上活动头几波,活动结束还可以去苏米龙岛浮潜半天,下午再回杜马盖地,时间节奏都可以把控得很好。当然,这又是另一个建议和话题了:要查攻略不要尽信攻略,因为很多攻略不准,或者写手本人也并没有结合目的地和活动做到最好安排。关键技能是,一定要自己看地图琢磨行程。当然,据我观察,能否赶上头波鲨游,其中还有一个不定因素,就是找谁预订,预订的人是否靠谱。即使5点钟到达码头,泱泱长队也会让人绝望。我们通过住宿店家找来的代理拿到的号很靠前,各种突突车接应也很给力,鲨游、早饭、上岛无缝衔接。有张当地电话卡,有沟通无阻的英语,基本可以打通现场的各个环节。

与菲律宾相比,斯里兰卡"千语千寻"①觅得海龟的经历更累心一些。有时候可能反倒需要跳过讲英语的人,多和不说英语或者不从事旅游业的当地人接触,免得你接触不到真实的当地世界。在努沃勒埃利耶(Nuwara Eliya)和霍顿平原(Horton Plains)徒步的时候,我们都碰到了英语讲得很好的斯里兰卡国内旅游者,我们一起讨论比较了一下斯里兰卡对外国人"挥刀而去"的门票价格,他们的同情好歹也给了我们很多安慰!

第三节　冲浪岛国

我的冲浪情结,起源于加拿大的温哥华岛,发轫于爱尔兰的探险旅游会议,成长于冲浪理想国斯里兰卡。2012年8—11月,我在加拿大的艾尔伯特大学访学培训,想利用秋假独自去西海岸背包游。但加拿大实在太大了,利用公交出行要花很长时间,遂跟老师请假。其中一位老师说:"我需要你尽快回来。"无法,为了不至于耽误上她的课,尽管我在托菲诺看到了令我无限心动的半天和全天冲浪课程,我还是放弃报名赶了回来。但"Surfing Class"(冲浪课程)的字样就一

①　谐音"千与千寻",日本著名动画片。这里指经"千语"(一路问询)"千寻"(反复寻找),在语言不通、容易"掉坑"(挨宰)的情况下终于抵达海龟沙滩的曲折过程。

直深深镌刻在我的脑海里,想起以前在加州看到的风筝冲浪者的帅模样,心中又向往又懊恼。终于,机会来了! 我在2016年前往爱尔兰参加国际探险旅游会议时,主办方提早发给了我们会议的户外工作坊活动选择,每位参会者可以选择两天各一项活动。我第一个勾选的,当然就是我心心念念的冲浪。

一、牛刀小试翡翠岛

从来没想过自己的冲浪梦想会在爱尔兰实现,因为如果给我一个想象的机会,我肯定认为到爱尔兰第一个要学习的是踢踏舞! 报名参加探险旅游会议时,纯粹是因为它和我的研究领域直接相关。虽然一早知道它会有一些工作坊之类的议程内活动,但并不知道那些活动到底是什么。所以,当收到会议日程表告知我要准备的东西时,我简直有些"大惊失色"!

(一) 起因

▶ **2016‐10‐12 中国,上海家中**

收到探险旅游会议的日程安排,真有点要疯的感觉! 我这是去开学术会议还是参加极限运动会呢? 两天的会前活动、两天的会议讨论,会议讨论两个上午在室内,两个下午的后半程组织户外活动工作坊(outdoor adventure workshop)。看看这个神奇的工作坊都有哪些选项: 户外烹饪;狂野水域探险;蓝色海洋之魅(看解释属于蓝色星球户外教育之旅);调整型探险(看说明是指如何调整探险活动使得残疾人参与);海上皮划艇;自然重建和徒步道开发;冲浪和心理学。

一接到通知,我赶紧上手机淘宝购买专业装备。搜索了半天,要搞明白这个会议上所要求的 wet suit(潜水服)到底是个啥? 等这个探险旅游会议结束,我的装备有望向海陆空四季全天候看齐! 只是看这个会议日程本身,对我来说就已经是会前探险旅程了! 老天,希望我能活着回来!

朋友圈对话:

友: 什么会啊? 以后会要是这么开,大家都有动力参加了!

我: 这个国际探险旅游会议属于户外行业协会、探险组织和学术界共同参与的会议,不能光坐而论道吧! 研究探险的人首先必须自己以真身肉身探险才行!

(二) 经过

▶ **2016‐10‐21 爱尔兰,凯里郡**

上午,从四岁起练冲浪的美女教授伊斯科·布雷特(Easkey Britton)彻底唤起我用自传式民族志做研究的勇气,也让所有参加冲浪和心理学工作坊的伙伴们打满鸡血,跃跃欲试！再低头看看我们这次会议的手工名牌,是个什么？哇！不正是块木制的微型冲浪板吗？不得不佩服组织者的匠心,原来冲浪才是探险的标志！以"狂野大西洋之路"为旅游特色而闻名的爱尔兰,自然要把大海和探险联系在一起,没有什么比冲浪板更好的象征物了吧？

冲浪肯定具有神奇的魔力,下午冲浪换装时,我跟教练聊天,他说他夏季这半年住在爱尔兰,冬季那半年住到热带国家,这样就可以全年冲浪了。全年冲浪,魔性运动啊！他也告诉我说10月是这里海上活动的最后季节,他马上就会搬到菲律宾去住。哦,菲律宾,那里确实浪大,台风还多,我曾经在爱妮岛的纳普坎沙滩(Napcan Beach)看到一个人在台风天冲浪,看不清楚是当地人还是白人,不过能驾驭得了那种滔天巨浪的,一定是高手！只是当时我并没有在那里看到有冲浪课。我问他哪些东南亚国家冲浪好,他见我是中国人,就立马聊起了海南岛。说他们冲浪圈常交流,会有新探索出来的地方,海南岛最近有人去。我有些狐疑,我怎么不知道海南岛还有冲浪胜地,还聚集了候鸟式冲浪社群呢？不过随后想想也释然,一个社群有一个社群的共同语言,探索冲浪新目的地,他们是专业的,我连业余都还算不上,先锋圈子说的肯定没错！

当我们这支队伍汇齐时,我就觉得自己过于"菜鸟"。这些学者大多有着户外强项和兼职,除了昨天跳崖的那对德国帆船板搭档外,印象最深的莫过于一位挪威美女。会议上她早就以其靓丽的外表吸引了我的注意力,而今天得知她是滑雪教练和救生员时,我隐隐有些膜拜的意思了。一群人围坐在教练周边,先上岸上课程。首先教练让我们熟悉了冲浪板,然后教习了我们冲浪的基本动作——划水、上板及起承转合,其中上板的站位尤其重要。岸上课程快结束时,恰好会务组的摄影师来拍照,我们便假假地摆好了动作让他拍。

终于可以下水了！平卧、看浪、浪来、奋力划水……一次次尝试从平卧到站起的动作不太成功。我看滑雪女孩没有按照教练的要求,而是直接从跪到站,心想虽然不是规范动作,也可以试一下,至少能站起来,感受一下上板的感觉。各种姿势上板尝试后,确实站起来了好几次。站在冲浪板上的感觉太好了！站起来的几次都可以一路顺漂到沙滩。就是那个撑起站立的环节无法一气呵成,大概没有手臂力量吧？应该需要很多练习的！我无法一次站到位,但平衡能力好,貌似可以把两脚慢慢挪到对的位子上。用手滑水也很有趣,但是几次大浪把板直接掀翻打到我身上,最后一浪的击打和手撑海底沙地的猛烈冲撞使我半边手掌都肿了起来！练到夕阳西下,大家就是没啥上岸的意思。终于我还是禁不起冻,从水里爬了出来。要知道我可是穿了两件据说是五毫米厚的冲浪服!可是上岸还是手冻得不听使唤,没有知觉,连潜水袜都脱不开!此时突发奇想:"退休后我要搬到热带有大风大浪的海边居住,天天冲浪加潜水!"搬到热带就不怕海水冷啦!

就在今天,首次踏浪后,冲浪毫无悬念地冲上我最爱的户外运动榜首。我老早就知道我会爱它如斯啦!

朋友圈对话:

友:弄潮儿向涛头立,手把红旗旗不湿。

我:张老师我没有那么厉害,试水而已!

(三)结果

▶ **2017‐9‐22 中国,上海家中**

哈哈哈!探险旅游国际会议竟然把我们去年在爱尔兰的这张冲浪工作坊的照片作为招募明年会议(论文)的封面照!!踉踉踉!!!

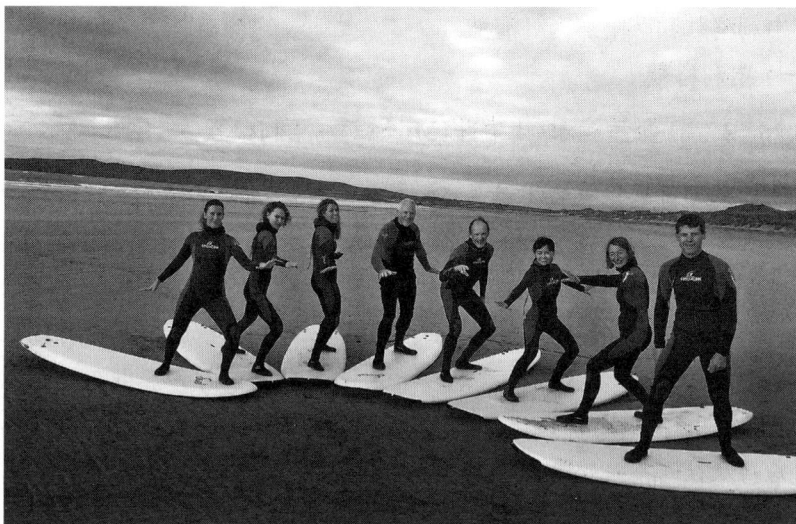

图2-2 冲浪工作坊之"八国联军"

朋友圈评论:

1. 除了你,其他都是白人!

2. 好帅!五体投地!

回复:

1. 整个亚洲就去了我一个,还有两张中国面孔,一个是从美国跟着导师去的,一个从法国去的硕士,不过她们都没有参加这样疯狂的探险项目(冲浪和高崖跳水)!

2.谢谢大家!我光顾着看封面模特了,激动得文字也没细看!人家是召集再下一届(2019—2020 年)的举办方和提案呢!明年会议是 1 月 30 日—2 月 2 日在西班牙召开,今天提交论文摘要截止(就那么巧)!还有好几个小时的时间,因为欧洲和我们有时差哈!要去的抓紧投了,具体见:www.atra.global。

二、全家爱上印度洋

在爱尔兰的浪尖翻滚过后,我知道我不会放过以后旅行中任何一次的冲浪机会。所以,确定去斯里兰卡后,我一直琢磨着怎么尽可能多地去练习冲浪。或者说,斯里兰卡是冲浪胜地的这一事实,推进了我前往"印度洋"的这滴"眼泪"里一试身手的行动。不同于翡翠国的是,这次我们是一家三口同冲同"浪",对于另两位初体验者来说,仍然是以培养兴趣为主。我的兴趣虽然有了,但技术水平一样从零起步,兴奋与忐忑并存。在钻研了行程路线,比较了各个冲浪海岸后,我选择了韦利格默和萨哈那两处海滩。

(一)韦利格默

▶ **2020‐1‐31 斯里兰卡,米瑞莎(Mirissa)—韦利格默(Weligama)**

斯里兰卡拥有世界级的冲浪点,学习冲浪也成为我们这次主要的使命。在适合初学者冲浪的韦利格默报了冲浪学校的一个课程,一家三口一起上学!

下午 4 点多,从米瑞莎坐着突突车来到韦利格默,原来这两地相隔很近!斯里兰卡所谓的城市,其实规模真的很小。除了科伦坡这样的大城市,其他地方的城市和乡村都挨着,难以区分。米瑞莎就是沿海滨分布的一条街及其后几个街区,韦利格默也是如此。海滩上冲浪学校和租借冲浪板设施的小店一家挨着一家。我后悔从住店老板那里直接订了行程。就这密度,我应该自己打突突过来随便找啊!

我们三人被安排了一位教练,仍然先教习我们岸上动作。我感觉我在爱尔兰学习过的动作又被纠正了。过了好几年,是我把基础要领都记错了,还是动作规范又改过了?重新回炉,好好学习,天天向上!

跃跃欲试地扛着冲浪板下水,我们三人分享了两位教练。其中一位主要分管小友,免得她被浪冲得找不着北。另一位分管我和大友的教练,会轮流推送我们一把。可以专心练习而不用管娃可真好啊!我们大概在水里待了两个小时,

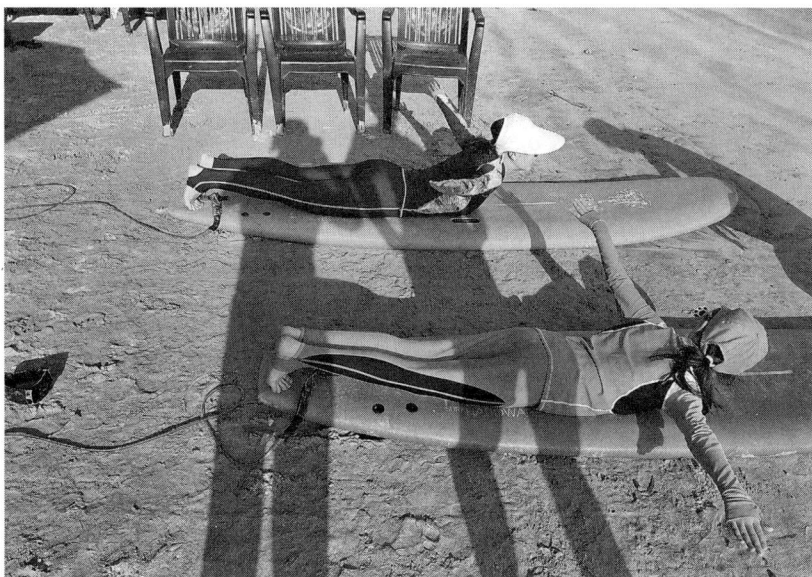

图 2-3 岸上的学习和预热

劈波斩浪的感觉大快我心啊！我被海浪裹挟着的冲浪板重击两次,一次感觉手掌骨折,一次像上吊(正中喉咙)！冲浪归来,晚上走楼梯感觉腿略残疾……

某娃在水中就是不肯站起来,一波一波被推着走,才是既不费力又有成就感的游戏吧！不对,严格来说,她那是愉悦感,只是好玩！我的才是成就感！学习冲浪就是在挫败中不断求胜的挑战过程。只有当站上浪板,踩浪阵阵,踏浪前行时,才有那最后一刻的成就感和畅爽感！

(二) 加勒

▶ **2020-2-2 斯里兰卡,加勒(Gala),萨哈那(Sahana)海滩**

制定斯里兰卡环岛游之前,从前期资料上反复比较了几个冲浪点:哪些是既适合初学者又能结合到线路里来的。孤独星球固然推荐了好多个点,位置遍布全岛,但是并没有从冲浪专业者的角度去比较它们的差异。后来找到一篇英文帖,详细分析了各点的"浪情"以及适合的冲浪者的级别(初学者/熟练者),如获至宝,最后在自己研发的线路上列出了好几个选择项,以备随时植入。

所以,萨哈那海滩是那位号称自己并非很专业的博主最喜欢的斯里兰卡的世界级冲浪地了,原文翻译过来大概是这样的:有清楚节奏的浪间歇,海水清澈,海岸遮阳状况良好。好吧！他居然说是"有清楚节奏的浪间歇"！太难了,我这回一次也没站起来！做好准备时浪半天不来,一下浪板浪就连续走好几波。

因为在韦利格默已经上过一次学习班了，所以今天就直接租了两块板，三人轮流。冲浪板不如前天的好使，浪其实真心不错！虽然百折不挠，但是没能站起来一路到岸，还是有些气馁！

我反思了一下，在课程班水中练习时，上板前教练都会从后面推一把。看来有教练推一把和自己看浪，还是天差地别啊！早知道前天怎么也要照几张，几乎次次能站啊！遗憾了！

小家伙全程自己占着一块板，依旧是俯卧着，试也不肯试站姿。我们两个先后练习，岸上那个时不时要监控一下水中情况，顺便看看别人的冲浪姿势，琢磨一下优秀生是怎样上板并保持稳定的。最开心的绝对是小家伙，浪着浪着就跑成了视线里的一个点。最后千呼万唤始出来，还需要她爸提溜着自己的板去把她连人带板拉回来。

我发现原来热带国家冲浪确实是不怕冷，新的问题又出来了：怕热怕晒！为了躲开正午和下午的高温和阳光，我们特地等到4点多才出门。这次我也买好了从脖子包到半脚的冲浪服，当然是薄款的，因为主要目的是防晒而不是抗寒。冷热变化也是有的，当日暮西山后，从水里捞上来，那一阵阵海风吹得，也是有层层凉意。不过我们无疑是一群冲浪人中包裹得最严实的，当地教练和其他老外基本是一条沙滩裤，女性就是比基尼。想来有点不好意思，但是省去了很多涂防晒霜的麻烦，确实实用啊！

因为4点多才开始冲浪，到7点左右太阳下山后不久也就不得不收工。套用小学作文用滥的一个词，真的是"恋恋不舍"——没有人想从水里爬上来，只是因为光线暗了。人就是那么挑剔的动物，太亮太暗太冷太热都不行！只有神奇的地球才能提供给我们那么多的选择，满足我们那么多的要求！

三、评价与建议

中国背包客最早进入大众的视野，是因为他们从事的旅行都和户外活动相关。户外活动是背包旅行沉浸于自然环境之中的最佳方式。但一旦涉及户外活动，就进入了"体育和运动"的世界，需要有相对专业的识别和训练。从我对冲浪课程的学习探索和对冲浪目的地的前期调研，都可以管窥到这种进入背包实践的路径。背包之中户外活动的魅力，一在于人寻找到了和自然之间的连接，存在于主体和客体之间；二在于这种"深度休闲"（serious leisure，也叫"严肃休闲"）给主体自身带来的挑战感、愉悦感和自我实现感，它只关乎主体自己的身体、心理状态。所以，探险旅游会议把冲浪工作坊的主题设为"冲浪与心理学"很有深意。在国外尤其是北美的高校及相关研究中，游憩和旅游专业常被放置于体育和肢体运动（kinesthetics）相关的院系下，不仅研究动作和运动本身，更关注由此带来的身体、心灵康复和心理治愈功能。许多人不理解背包客"找虐"的行为，其实这很容易从自我实现层面来解释。背包户外活动容易上瘾，一在于它所依托背景/客体的宏阔和美丽，二在于主体在涉入其中时体验到的不断提升和成长，迎难而上、失败千遍成功一回后的狂喜。

Csikzentmihalyi（1988）的畅爽（flow）理论及其后续研究指出，自带目的性的（autotelic）活动，其最佳畅爽感来自活动本身带来的挑战和活动者自身技能的完全匹配，而且这种匹配必须是超过一定门槛值的匹配。如果只是在低水平上的匹配，那么产生的是"不感兴趣"（apathy）而非"畅爽"。如果能把旅行者"学习技能和追求挑战的动机"与从事专项活动"技能水平的增长和提高"作为户外目的地考量的主要维度，那么无论是从背包客自身对目的地的选择和项目涉入，还是目的地自身的开发、建设和管理上来讲，都大有裨益。说通俗点，就是当背包客准备从事某项专业性较高的户外活动（如：这里提到的冲浪）时，首先要做好目的地的调研（如：我查找了资料，选择了适合自身技能水平的目的地），其次要在这一目的地主动投入技能的学习和训练（如：我们在冲浪学校的学习和自我训练），这样才能达到活动体验的极大愉悦感和满意度。与此相应，专项户外活动目的地要配备专门的训练装备和师资，帮助提高参与者的活动水平。

Bandura（1977）的自我效能理论也很能解释类似冲浪、潜水、滑雪、攀岩等户外活动者（或其他深度休闲活动参与者）的心理。自我效能是指基于自己过去的成功或看到别人的成功而暗示自己"我可以做到"的心理状态。对该活动自我效能感越高的人，越倾向于制定高目标，从而更投入该项活动。所以，对热爱和坚持体育运动的人来说，从事相关的背包户外活动也就更容易获得较高水平的体验，并投入持续的热情。我酷爱背包和各种户外运动，与自己从小一直热爱体育并长期坚持锻炼直接相关。所以，背包客要想上天入地，还重在养成平时的运动习惯，从体能和心理两方面保持自信。

第四节　濒 死 跳 崖

我只有两次海上跳崖的经历，第一次在爱尔兰，第二次在菲律宾。菲律宾的跳崖属于毫无准备和防护的"高台"自由跳水，跳得我鼻子酸脑袋疼，眼泪鼻涕一大把。爱尔兰的跳崖活动也被称为沿海岸探索（coasteering）或者狂野水域探险（wide water adventure），属于旅游探险培训活动的另一个工作坊，内容和层次丰富，因而此处以爱尔兰跳崖体验为例，从前、中、后三个不同的剖面进行展示。

一、序曲

"沿海岸探索"是我抵达爱尔兰后才临时更改的活动，因为我原来报名参加的是划艇（kayaking）活动，但由于会前活动的变更，我提前划过了海上皮艇，因而才决定挑战七项会议户外活动列表中看上去难度最大最疯狂的狂野水域探险活动。

▶ 2016‐10‐19 爱尔兰，特拉利（Tralee）

如果你喜欢过我这样拼了命累成狗的生活，那我剖析一下真相是这样的：参加国际探险旅游会议，20多小时无眠，辗转飞行经停两个国际城市，5小时中转两回汽车抵达目的地。

第一天骑行7小时，访谈做笔记，兼体验丛林湖泊户外探险，腿脚多处乌青，回酒店整理笔记，睡3小时，吃了一两顿饭，均为打包的冷食。

第二天上午，海上单人皮划艇4小时，在冰冷的海水中拖行皮划艇，饥寒交迫中还要当大力水手，逆风破浪返航。下午，野性大西洋路上考古蜂巢式史前人类遗址，在狂风中远眺沉睡巨人和星战齿石。晚上回程没有吃晚饭，直接整装出发参加步行之旅，在酒吧喝了一大杯冰凉的喜力（参会同伴帮我买的，我属于陪酒），继续到画廊梦游。坐在餐厅陪聊开始出现幻听，只能偶尔低头发微信保持清醒。好不容易到了最后的看电影环节，熬到系列极限探险体验纪录片的终了，居然还说有个中场休息！欲哭无泪的我还要含笑点头，搞到午夜散场大家拼车回店！

如果还嫌手脚巨残不够折腾，更劲爆的在后面：我明天下午的工作坊改成了新式的沿海岸探险（美其名曰"狂野水域探险"），英语为母语的学者们基本也不知其意，我了解了一下，其简单解释就是沿海岸边行走，在没路的地方从悬崖上跳下去再游上来，所谓野游是也！10℃以下跳崖并在毫无防护的大海中游泳，如果你敢的话，就来羡慕我的生活吧！

不轻言羡慕，户外从来不轻松，只有挑战区，没有舒适区，更有学习区，体脑并用，疯子才行！菜鸟如我，唯勇者入！

朋友圈回复：

亲们不要误会，不是我不喜欢，我非常热爱爱尔兰，热爱探险旅游，并执着追求这样的生活。我的仙丹可能是他人的毒药，我只是把可能有毒的那面展现出来而已！有七项工作坊活动可选,是我自己选择了疯狂项！明天还需要做我的学术讲座,不是开户外运动会,是开学术会议,顺带合上"探险旅游"主旨的会议活动！

二、进行曲

第一天下午的狂野水域探险工作坊,是会议举办期间所有工作坊中参加人数最少的一场,当然这是百余人的会议结束后我才了解到的,对个个都"身怀绝技"的探险旅游研究者来说,这个活动参与者的比例之低,是我事先完全没有预料到的。

▶ 2016-10-20 爱尔兰,特拉利

直到今天这一刻,我才知道我有多无畏！100多位欧洲学者为主的参会者中,我是唯一一位从亚洲直飞的参会者;而参加狂野水域游泳工作坊的总共只有4位参会者:两德、一爱、一中。陪伴我们同游的,有1位教练2位助教和1位会议主办方学生助教。也就是说,我们有1比1的师资/培训生队伍。听主教练约翰(John)说,10月是沿海岸探索活动的最末季节,因为此时的爱尔兰端大西洋太冷了,10月底所有海上户外活动收官！是啊！真冷！我套了两件厚厚的冲浪服,才不至于在岸上就开始打哆嗦。

套上装备,我们这一小团伙就开始往海边走。起初,我不是走在训练生中最前面的,研究骑行的爱尔兰女孩才是。可是从教练示范教完第一跳开始时,她退却了,我冲前了！自此以后,我成为每一悬崖跳的始发,从低到高,从企鹅俯冲(penguin dive)到铅笔式(pencil)到抱团翻转(flip),我后悔没先进体操房练下空翻再来开跳。

跳崖的活动是从矮岩到高岩逐步递进的。起初的企鹅式倒栽葱,虽然姿势很吓人,但岩石几乎没有高差。铅笔式虽然石头有了高差,但是姿势最为简单。等到抱团翻转,技术技巧难度就大了,我们应该都是以不忍目睹之花式入水的。但是最后这块大石头就恐怖了,当时跳上跳下、游来爬去的时候,并没有来得及去观测它到底有多高。总之,此起彼伏的身影和阵阵掌声过后,感觉这场爬高探低的软探险(soft adventure)渐渐变成了水里来、风里去的硬探险(hard adventure)！

应该说,跳这块大石没有技术难度,可以任何姿势入水。毋庸置疑,跳的方式必须是使自己垂直下水的,不然可能会"死"得很难看——水花大得"拍死"你！

当助教1给我们示范完了纵深一跃之后，队友们顶多挪步往下探了探头，没有跟进的势头。站在了最高悬崖之上，约翰却说可以不跳。大约是没人想跳，我看了他一眼，说我想感受一下。其实我想跳，因为我内心掂量了一下，如果我这次不跳，我一定会后悔无数次。站上悬崖，底下一片超高清，还能清晰听到海浪拍打礁石的巨响。我开始了漫长的思想斗争，问约翰我会不会死，双腿也开始发抖。其实我知道我能跳，但是约翰教练太温柔了，丝毫没有催促我的意思，而我纠结越久反而越打退堂鼓……大概一两分钟的悬崖边缘站后，我突然看到一旁举着我手机一直准备为我录像的助理2好辛苦，就闭眼一跳………

入水的姿势应该不是趴着的，因为我一下子就潜了下去又浮了上来，呛和模糊都是一瞬，戴着头盔的我被保护得很好，新鲜的刺激让我有些兴奋。接下来，就抬头看到爱尔兰女孩准备试跳。然而，她显然犹豫的时间比我还长，在水中等待的我应该是被冻得嘴唇发紫，海浪翻滚，我可能呛了几口咸涩冰冷的海水，冰冻终于使我不能自持地呕吐了几口。我跟一直在水中泡着的助理1说我要游回去，他点头示意我们一起游向岸边。10月最末跳崖季的海水可真汹涌真瘆人啊！我的蛙泳变成了徒劳，只能跟着浪头上下起伏，完全没有往前推进半步。当然不能任自己在原地漂浮，所以虽然被冻得没有了力气，还是竭尽所能以自由泳泳姿对抗着海浪，前游了几米或者十几米。悬崖渐远了，岸边却没见近，但是我的力气用完了。我感觉自己快被冻死了，被冰冷强大的海水所裹挟，我体验到了被它席卷而走的那种死亡恐惧。说来奇怪，因为没有了气力，就不会有拼命挣扎，所以当时的感觉，特别平静……我想起电影《泰坦尼克号》中杰克和露丝的那种被冻僵后的睡着，心想，原来最后走的时候竟会是那样的："就这样去吧，无所谓了……"这是类似濒死的体验，仰望天空时的真实想法。一回头，看到助理1正在离我不远处的地方看着我，我很清醒地认识到自己绝对不会死去——他正在鼓励着我呢！只是又要让他久等了。如果我游不了了，他随时会来拖我的吧？不行，我不能让他拖我，我要再努一把力！

看着我挣扎的样子，他示意我用仰泳的泳姿往后蹬，我翻转了一下身体，居然有效！使出吃奶的力气，在离岸边可能还有一米远的地方，先游到岸的他把我拽了上去。终于上岸了，我冻得手指全然失去了知觉，连头盔和救生衣都解不开，全部要靠助理的帮忙。最后的浪漫记忆，是独自一人在海边的换装——瑟瑟发抖状，穷途末路感——虽然其实毫无浪漫可言，却让我想起很久以前在西双版纳遇到的人类学家跟我描述的傣女入浴。

荒诞的是，当助理2最终把手机交还给我时，那助推我入水的视频拍摄却空无一物! 原来手机内存已满,帅哥每次都按,但是其实并没有按进录制……坐到车上,等另一组冲浪工作坊回来的小伙伴一同回城。一位学者询问我跳崖的是哪块石头,我指了指远处最高的那块,他问我:"你疯了吗?"突然认真加一句:"你以前跳过吧?"我说:"没有!"他确认道:"好吧! 你确实挺疯!"其实,后来约翰告诉我,那块石头可能也就7.5米左右。但是,如果我告诉他我行前问过教练这里有没有鲨鱼而教练说有,他是不是会认为我更疯? 不过教练说了,如果我们在水下看到什么以为是鲨鱼的东西……那一定是……海豚! 哈哈哈,可惜没有看到! 顶着一头湿发,我打了很多喷嚏,继续烧烤之"晚宴"……

图2-4 跳崖之后

朋友圈评论:

1. 你跳是意料中的,不然以后也会再来一次把它跳完。

2. 看来是无知者无畏了。真为你捏把汗。有的时候,不要逞强,也要尊重生命。

回复:

1. 不是啊! 四个人跳,一位教练两个助理,容不得你无知。每个动作都有指导,高崖也是助理先跳并在水中保护的! 我跟教练絮叨的一两分钟也是在问他有没有意外发生过。我耳朵疼马上就问他了,他告诉我为什么及怎样处理。这一切都需要自己体验并摸索经验的啊!

2. 起初当然有这自信,高空跳伞都没恐惧过,怎么会怕跳崖呢? 站上去就不一样了,毕竟能看到下面波涛澎湃,一犹豫就迟疑了! 真心我跳下来就没自豪过,一直责怪自己犹豫了太久,不是我的风格! 同伴们说我对自己太苛责了! 好吧,听劝,高兴一点,为自己骄傲!

3. 谢谢大家! 我喜欢,知道不跳我会后悔,其实不是因为跳让身体难受,是因为浸泡冷水中太久。跳崖本身确实是一种对意志的锻炼,迈出那一步需要的是勇气,而不是蛮力。勇者无畏,与大家共勉!

三、回旋曲

第一天下午的狂野水域探险工作坊结束后，我们直奔特拉利加入了全体与会者参加的烧烤晚宴，激响了我跳崖篇章的回旋之音。

▶ **2016－10－20 特拉利**

直到这时我才和今天同行的三位伙伴好好地聊上了天。后跳的爱尔兰女孩说我是她的偶像和精神激励，没有我那一跳，绝对不会跟着往下跳！德国的两位同伴告诉我说他们平时的户外爱好（专业）是水上航行和帆船板，所以对水怀有敬畏，就没准备从这么高的地方往下跳。说实在的，这个逻辑我有点没听懂。也就是说，航行致力于水上，而非水下？那为什么要报名这个活动呢？而且，为什么前三跳都跳了呢？

兴冲冲地见到了今天上午的大会主题演讲者，大名鼎鼎的蒂姆·安德森（Tim Edensor）教授，因为昨天的皮划艇之缘，今晚再见特别亲切，居然跟我行了个亲吻（额头）礼！听我说完了沿海岸探索是怎么回事后，他闭着眼睛拍着额头，边摇头边说我不可思议！然后就遇见了德瓦尔德（Dewald），昨天带着我们去划皮划艇的导游，声情并茂地嘘了一下两德国人，夸赞本宝宝生猛。他俩实在是太甜了，明明知道我昨天是表现最菜的那一个！

快开烤前，终于碰到了我们的跳崖教练约翰。他一见我就给了个大大的拥抱，说今天我们跳得真爽表现真好！自然啊！总共才四位队员，还不得在每块石头上来回多练几把啊？直到这时，我才知道，原来沿海岸探索的初始者，是没几个人敢从那块最高的悬崖往下跳的！约翰对我的鼓励赞赏让我血脉偾张，于是在烧烤宴会上，我四处和人攀谈，大肆鼓吹跳崖的激动人心，狠狠为约翰明日的工作坊开张造势宣传。我还和约翰聊起了我在海中的濒死体验，突然觉得，这个主题太值得研究了。如果我能开拓探险旅游这一内容的研究，绝对是前无古人！我有点被自己兴奋到了，转念一想，这个似乎更适合在此长住的人选题，否则，到哪里去找那么多曾有过濒死体验的人呢？哎！先把自己烧开又给浇了一盆冷水。但如果真的具有研究的可进入性，这确确实实会是个很好的选题啊！探险旅游，不就是想要涉险而不死吗？

话说第二天分组活动后的晚上，我又碰到了约翰，他继续热情地拥抱了我，然后告诉我那天的跳崖比之前一天是"逊色好多。"原来，不知道是不是我的煽动起了效果，原来报名最为冷僻的户外项目，一下去了十一二个人，而教练数不变，这可不是不好玩了吗？本来我们每人每块石头不紧不慢跳三回，那他们现在只能每人匆匆忙忙跳一回了啊！所以，要吃螃蟹都要趁早，都知道了螃蟹好吃，你不就吃不到螃蟹了吗？

四、评价与建议

背包客常有"向死而生"的勇气和行为，所以背包旅行会被很多国家和文化等同于"探险旅游"。这次户外跳崖，推动我去反思探险旅游产品的本质到底是什么。简而言之，就是"寻死"而绝不能死。只有把"危"和"安"这对极致矛盾妥妥地放在一处，探险旅游可能才具备它的核心竞争力。回头来看，在冰冷的大西洋中经历了一场"安全"但完全的濒死体验，何尝不是一场生命的巅峰体验？但这场难忘的濒死体验，却是在我明明知道非常安全的时候发生的。头盔、救生衣、海岸边缘、非涨潮、近在咫尺的教练和每跳必示范必指导的教法，为我们把"硬探险"逐步转向"软探险"提供了很好的借鉴和启示。而背包客自身的勇气而非蛮力，是实现探险体验的基石。

Cary(2004)提出"旅游瞬间"(tourist moment)的概念，表达一种忠于自我、与他人之间毫无芥蒂、在共同归属中达到极致的感觉。Turner(1979)称类似的状态为"共睦态"(communitas)体验。王宁(Wang,1999)提出"存在真实性"概念，认为它由旅游活动(譬如这里的跳崖)所引致，可以与旅游客体的真实性毫不相干。存在真实性包括内省真实性(intra-personal authenticity)和人际真实性(interpersonal authenticity)两个面向。前者针对个人，指身体主观(body-subject)或感官的正面体验(如这里的挑战、刺激等)，以及自我塑造与自我认同的积极体验；后者针对群体，指一种反结构的、类似朝圣的体验，和"共睦态"的概念比较接近。共睦态、存在真实性和旅游瞬间，都可以解释户外背包探险旅行者所追求的一种体验状态：从个体层面来看，内省真实性从结果上回应了人之为自我、身处快乐有何意义这样的哲学命题(赵红梅等，2012)；从集体层面来看，人际真实性强调一种平等相处、息息相通的情感。两者共同塑造了一种"真正活着"的感觉。所以，任何旅游目的地，都要从提高旅行者的个人技能、缔造有共同话题和归属感的集体文化两方面设计和开展工作，如举办类似的工作坊、课程和训练营等线下活动，构筑网络社区和虚拟论坛等线上互动，使得探险和另类旅行者既享受旅行及活动本身所带来的个人身体和心灵的积极体验，又获得有意义的同伴关系，在同一文化"圈子"中放大个人价值，达到共同的极致体验。

第五节　游　走　海　陆

跳岛游,是游走于海陆之间的活动。跳岛行程既有水上活动,也有水下活动;既有海陆边界、海滩之畔的活动,又有岛屿之上、山石之间的攀爬。它介于"游""走"之间,是以船为媒、时海时陆的跳跃(hopping)之旅。

一、菲律宾的跳岛

我有过很多次海岛跳岛游(island hopping)的经历,但其中最经典的,还是在菲律宾。我于 2014 年、2018 年、2019 年的寒假三次去往菲律宾,每次旅程都在半个月左右,不仅跳跃于不同省份的大岛,而且每个主岛的行程也基本围绕主岛,每天坐船跳跃穿梭于不同的小岛之间,频繁地在海陆之间切换。这里将着重对比 2014 年和 2019 年两次前往爱妮岛(El Nido),围绕主岛进行跳岛游的经历,兼及描写以旅游业为主的岛屿型目的地的阶段性变化。

(一)爱妮一漂

2014 年第一次前往爱妮岛时,我们是爱妮岛—科隆岛的主岛行程,所以只在爱妮岛待了五天。

▶ **2014 - 1 - 12 菲律宾,巴拉望省,爱妮岛**

经过近四十小时无眠的准备、采购、转机转车,终于来到期待了八个月的爱妮岛。在历经了马尼拉机场美食广场世界各国难吃的料理后,我们对菲律宾餐饮的期望很低,始料不及的是,随着路途的愈发辛苦,地点的愈发深入,褒奖我们的不仅有引发哇哇乱叫的风景,还有水准大幅提高的烹饪和物价逐步降低的海鲜。大快朵颐和一夜重整后,终于可以在绿景度假村(Greenviews Resort)院子的椅子上,面对山海,就着不太强的免费 WIFI 涂鸦两笔。

入菲后,一路典型的东南亚海岛农村风光,在平整的山路盘旋中晕晕乎乎进入我时醒时休的大脑皮层,我唯一清醒感觉到的,是当地人的质朴闲适。准备了一些未及细看的攻略,但只要有当地人的热情推荐,任何攻略都可省略。在日落时分抵达我们的小木屋,很有效率地完成了进镇预订跳岛游行程的工作,享受现场音乐海鲜大餐。虽然几经艰难才完成细小水帘的热水沐浴,有点挨冻哆嗦地休息了一夜,但当起伏的鸡鸣之声唤醒了海岛的早晨,潮湿的海风、氤氲的海景、韵动的涛声还是让我像打了鸡血一样兴奋!早安,爱妮岛!我来啦!

▶ **2014 - 1 - 13 爱妮岛跳岛 D 线**（写于 2014 - 1 - 27）

在爱妮岛的第一天本是完美的一天，晴朗的天，细白的沙，层次错落的海，私人定制的滩。岛上的岩溶地貌造型出海上桂林，在随处可见的潟湖中透露着大自然的鬼斧匠心。第一次浮潜就遭遇带鱼，激动忘形地响应着队友的召唤一心向前冲，却全然不记得了螃蟹船深扎的船锚，一腿撞个正着，哎哟！全身立马下沉完全站不起来，被某人抱到岸上检视，左腿中弹：出血加大面积瘀紫——呜呼哀哉！今后几天的潜水泡汤！

最糟糕的还不在此，当我流着口水看着向导安杰罗（Angelo）直接从水下捞出海星时，袋里的手机终于按捺不住，直接跃动跳海，未待主人发现，径自砸在潜友头上，弹出后被旁边的某人一把捞起。整个过程手机主人完全没有知觉，因为心思全都扑在了未知的海底世界。直到机子被交回手中，吸取日前掉马桶的前车之鉴，急忙釜底抽薪卸电板，在庆幸几无进水后侥幸心理十足，却不料晚上经电吹风数度抢救后也还魂无术。我的每日旅行日志刷新打了水漂，还因为这突然的人间蒸发给朋友圈诸位平添了几多忧心，在此一并谢罪！此番跳岛游艰辛劳累程度不在高原行之下，但精彩奇异之处也为平生之所仅见，且留待下回分解！

朋友圈回复：

菲律宾老有台风，是怕大家担心我被卷跑了！我在想，是手机掉马桶伟大，还是掉海更伟大呢？能在一周之内不慎让手机既掉马桶又跳海的人，估计应该很奇葩伟大吧？

▶ **2014 - 1 - 13**（写于 2014 - 1 - 27）

现在回想起来，除了诸多意外，出海第一天真是完美的一天。为了等隔天才到的另两家亲子团同走爱妮精华跳岛路线，我们先选择了最冷僻的 D 线，这一路跳了四个岛，始终只有我们这一条螃蟹船两家六口人。私密的海滩，白沙细软，密密搭起真正属于我们自己的城堡，精挑最特别的珊瑚和贝壳，虽说带不走，但至少曾经拥有，存留一份美好的岛主记忆。

第一天的船很宽敞，让我们误以为只要是这家旅行社，每天都会是这样的船，当然这理解第二天就证伪了。安杰罗和船老大烹制的午饭看上去颇有色香味俱全的感觉，尤其在这么原生态的岛屿上，还有人伺候烧烤摆盘收拾餐具，贵族般的感受油然而生！

安杰罗很聪明，一看我就是个管事，采了长草给我编了一顶花草鱼虫帽，能工巧匠不表，仅论其速度之快，令人瞠目。为了把这珍贵的惊喜带回上海，一路没少费周折，最安全的地方无疑是头上，当然一路没有少赚眼球，和"漂亮帽子"的表扬。奇怪的是，离开爱妮后，从科隆到马尼拉，机场人员似乎并不多见这宝物，更让我珍惜拥有。不离不弃固然是因为它的精巧，更是因为答应了安杰罗要把它带回上海，看着它从新鲜青色转为成熟褐色。

▶ 2014-1-14/15 爱妮岛，绿景度假村（写于 2014-1-28）

好奇心是很可贵的人类财富，为鼓励童鞋①们保有初心，特为我的花鸟鱼虫帽多角度现拍，仅甄选其一，虽不如原形精巧，蚱蜢掉了个可活动的小脚，燕子凤凰找不见长长的吊草，但大意仍参差可见，由青转褐的渐变也正在进行中。

再续前日，终于迎来了另两家的大团聚。海蜗牛（Sea Slugs，一家餐厅名）一顿心满意足的海鲜西餐后，踌躇满志地等待翌日最期盼的跳岛C线。不料早起风云已变，能否出海都成变数。在忐忑等待的不确定中登上前往镇上的突突车，被告知只能走A线。还未及登船，一场大雨就突如其来，在风雨中蹚水上船，没走几步就被一个大浪浇得冰凉透心，从头灌顶，全身俱湿。

接下来在风浪中颠簸且船况大不如昨的小舟，开始给了我们一点颜色瞧瞧。从第二停靠点伊始，我就开始眩晕肠鸣，受凉反应立竿见影。之后的一泻千里，真乃往事不堪回首。随身备着的黄连素此时竟没有发挥神器效用，只好任着发挥失常的身体在时晴时雨的天气中挨饿受冻。吃不能吃，泻不能泻，一登陆就要在没有厕所的纯洁岛屿上找厕所的经历和负罪，只有体验过的人才能懂！

在自己都不能相信的最差身体状态下走完了全程，虽然中途多次萌发打退堂鼓的想法。末了，竟还有心思开玩笑说另外一家人中有雨神，一到爱妮就风起云涌。此话一出又不幸言中：隔天，狂风大浪，所有船只停摆。祸兮福所倚，我的福在于：幸好第二天停滞休整了。从日出到日暮，我衰弱到几乎无法下床，卫生间必须在几步之遥的范围内，在加大剂量的药效下，胃又开始持续痉挛，但好在腹泻总算初见控制。暮色间，终得扶墙而出，在《孤独星球》所推荐的这家度假屋中转转，在露台上坐坐，嗅嗅花花草草，听听虫鸣鸟啼！

细想起来，这也不失长途劳顿中一次必要的休养生息。最奇异的是坐在门廊上，听到一种叫声很响的虫子，某妞说是一种玩具按压后发出的声音，深以为

---

① 童鞋：网络用语，谐音"同学"。

然,我似乎就坐在它身边,听着它聒噪,但完全找不到它在哪里。

▶ 2014－1－16 其一 爱妮岛,纳普坎沙滩(Napcan Beach)(写于2014－2－1)

抵达爱妮岛的第五天,病体稍复,台风未歇。候至日上三竿,也只等到所有游线停航的消息。爱妮是由四十五个小岛组成的城市,船是跳岛游的唯一交通工具。既然船只停摆,只能临时在地图、攻略和打听中确定本岛/主岛的行程。经打探比较,纳普坎是爱妮最美的沙滩。但时近中午,所有的面包车都已被定租一空,倾城出动去了。好在我们的"御用"突突车司机帕特里克(Patrick)帮我们召集了一群三轮车,车队在磨磨蹭蹭地采购和加油后,浩浩荡荡地驶往我们的梦想沙滩!

一路小颠簸,却第一次有机会亲密接触真实的菲律宾乡村:没有隔着车玻璃,没有闷着冷空调,吹拂着热带"最凉天"田间山野的清风和尘土,倾听着帕特里克给我们讲解菲的风土人情。在最清静和最好客的船长沙滩(Captain beach)处停留下来,再不想挪窝。

玩沙,冲浪,挖寄居蟹,喝椰子汁……椰汁清甜,但光喝觉得不过瘾,心心念着要看现采椰子。"船长"很爽快地答应了我的要求,叫了个当地人过来嗖嗖两下直达树顶,激起林下咔咔声一片。几份午餐拼盘,青口贝最受欢迎,可惜供货不足,只能让几位食客意犹未尽地舔着餐盘。海滩曲线迷人悠长,白沙椰林组合完美,狂风掀起层层巨浪,把自然沙滩的多样性推上极致。

如果说第四天是修整,这第五天是真正的休闲。一直在替这片沙滩惋惜的是,没有冲浪的配套。这海浪这沙滩,不会比里约热内卢差啊!

▶ 2014－1－16 其二 (写于2014－2－2)

如果不相信我说的纳普坎沙滩应该能成为冲浪天堂,那么请看这几张排山倒海的剧情照。注意留心后面的背景浪墙,还有我招展的纱巾,那可没有鼓风机在旁边吹!这里的沙滩虽然不是白沙,但质地细密柔软,海岸线蜿蜒迷人,加之物价低廉,民风淳朴,物种多样,游人稀少,绝对丛生曾经沧海难为滩的感慨!暗下决心,下次学会冲浪,一定自己带好全套装备到这里来练武!话说某人看人挑担不吃力,兀自往椰树上爬,没到半途就而废了,想学汉克斯大哥荒岛求生?吾辈火候还不止相差十万八千里啊!

(二) 爱妮二漂

因为太喜欢爱妮岛,而第一次由于台风原因,导致多岛未跳,于是2019年,四家亲子团经协商一致,再次前往爱妮岛。

▶ **2019‑2‑9 中国,上海—菲律宾,马尼拉—公主港—爱妮岛**

♯爱妮岛,想说爱你不容易♯

坐宿务航空的夜眼航班经马尼拉入境转公主港,已近中午,忍饥挨饿坐上据说马上出发、错过要等到下午3点的中巴,绕着市区机场兜了半小时才正式驶上五小时的急转九九八十一弯的路。相较于五年前初次来时的满面尘灰呕吐色,如今的路况和车况大为改善,车上不仅装上了空调,沿途除了桥路接面,基本也没有大的颠簸起伏,甚至还在乡村小店吃到了极浓郁可口的芒果冰沙。尽管如此,一路艳阳带来的各种味、汗、热和小家伙对我的各种拱、压、碾以及不断的车辆急转加速还是让人恶心难捱。前排俄罗斯妹妹不断刷着微信视频,中排六人队伍陷入时而迷糊但昏睡不着的状态,幸好有后排美国小哥随时看着手机地图,及时叫下了停车。就是那么巧,我们住同一家酒店!

路远地自偏,所以爱妮有了诸如“海上世外桃源”的美誉。五年的变化真不小,同一家酒店换了老板,门口多了许多的青年旅舍,吃喝玩乐行宿却依然各种涨价。全岛可能仍然缺少淡水,因而酒店的淋浴还是如琼脂玉液般珍贵,丝丝细线花洒如前,不断重复着从冷到烫的循环,只是不再只有冷水并限时供应。夕阳更美了,沙子不知是否经过了一些人工处理,酒店前的沙滩细腻多了,还多出了许多晒日光浴的西方人,我们依旧是唯一的几个中国人。除了没有晒黑的爱好,还喜欢捉螃蟹、看它装死、拍照!

循着记忆坐着突突车出门吃饭,回来才发现家门口隔壁就是一条爱妮岛老外街,我们就像发现新大陆一般,先新奇惊叹,而后又懊恼了自己的舍近求远。好生怀念当初日日深谈的突突车司机帕特里克,这次回来寻他,门口却不见他熟悉的身影,有些落寞。本心心念念想为他写个专篇,一个耽搁,终究没能完成。希望有个偶遇,他的样貌和当年对我们的关照,我实在记得很牢。

一个日夜,我又启动了我的短时记忆遗忘症,转机时率先掉了一个新杯子,临睡前莫名其妙被擦掉了存在手机外存卡上的所有照片!再看非我所摄的夕阳无限好,兴奋都被哀伤取代了……

看来爱妮对我的手机总有意见,第一次让它跳海,第二次让我半年所拍的照片消失。只能爱你,不能给你现场写真吗?

▶ **2019‑2‑10 菲律宾,爱妮岛,绿景度假村**

清晨退潮的海滩,留下此起彼伏的动物粪便波纹土壤。怀着好多小惌惌的螃蟹依旧玩着装死游戏，乐此不疲！在面对无敌海景的小木屋二楼享受了一顿热带水果大餐，孩子们已经捉来了一堆蟹。发现附近新"开发"了很多探险活动，就搭上突突先把主岛新推荐的山头海滩浪一遍！

坐上海上滑索，呼啸着飞跃两岸喀斯特。下山涉海，直抵独亭草藤逍遥床。拉斯卡巴纳斯沙滩度假村（Las Cabanas Beach Resort，酒店名）的水果冰沙菲鸡汤，让鸟巢（Bird Nest，另一大酒店名）无边泳池的稀释冰沙相形见绌。玛丽玛格玛格（Marimegmeg）海滩试水新入的浮潜装备，邂逅浅滩鱼群几簇。

图 2-5　溜索母女

抓过螃蟹捡完贝壳的孩子们开始堆沙、埋人、塑堡行动，总算弥补了妞爱尔兰路游中总也玩不够沙的遗憾。猫途鹰上有人推荐的爱妮最美日落人头攒动，让我瞠目结舌于他们不是要求太低，就是眼见太少。明明群岛挡住了落日，哪有我们度假村门口珂融珂融沙滩（Corong Corong Beach）的日暮好看？写了那么多英文名字，有没有发现岛国人民爱用重叠词的规律？晚上坐食再点一份哈罗哈罗（halo halo，一种冰沙名），满天繁星闪烁好似在呼应你好你好（hello hello，谐音"哈罗"）！

我欣喜地发现昨晚消失的照片又回来了！而且时隐时现分布在各处……赶紧趁能找到的时候补上一组，放哪儿都不如放自己的云相册靠谱好找！今天最大的遗憾是没有以超人的姿势俯冲滑索，小妞非得跟我绑着一起飞！这个疯妞在山上发怵地说不敢坐，滑下来又吵着说还要上去坐。我嫌天太热爬山太辛苦，关键爬到山上飞下来后，还要踩着崎岖硌人的沙石、蹚过海水才能回到沙滩，这好一阵"征程"呢！接下来几天有机会再去找找超人飞着拯救地球的感觉吧！那些喀斯特美景犹如海上盆景，一屁股坐在躺椅上，赏着盆景喝着饮料，运动细胞就被浑身的懒劲冲走了！

朋友圈对话：

友：人多吗？

我：爱妮岛是目前我去过菲国岛屿中中国人最少的地方，昨天在那里逗留的只有我们这一波，西方人多，当然也没多到哪里去，毕竟比较远。没有飞机直达也是件好事，景色保留得质朴原始一些。

▶ 2019 - 2 - 11 其一 爱妮岛跳岛 B 线

跳岛 B 线是上次唯一没去的一条跳岛路线。这次只逗留在爱妮，不做攻略，随便问问当地人就是攻略。周转时发现网传 BD 跳岛路线是鸡肋。好在并不太相信所谓的攻略。B 线光是一个蛇岛(Snake Island)，就是一处独一无二的地方，原鸡精华还差不多！

未近泊船，远远看见一群人稀稀落落行走海上，大惊失色为铁掌水上漂！直至停稳，才发现苍茫蓝海中蜿蜒浮出一座蛇形白沙桥，连接着左右两岛，游人踏浪小狗撒欢，在自然造物主的庇佑下轻松练就海中漂移神功！在赞叹不已中，我直播了一段微信视频，及至看到伙伴们留言，才发现录成了反转自拍，气恼不已！

登高俯瞰"海蛇桥"全景，只是还没踩够浪花，导游克里斯(Chris)就喊我们吃饭了。克里斯的伙伴们为我们准备的船餐着实让我大吃一惊！我跟他说五年前我们每次船餐都只吃到海鲜烧烤，怎么现在变得如此精美？各种雕花和摆盘，简直鸟枪换炮！

克里斯说五年前，这餐桌上的东西他没有一样会做。而如今，他坐在船沿上听着西方流行音乐而摇摆编成的椰叶飞鸟鱼虫却是栩栩如生。早知道船餐早已不限于鱼虾大烤，我这个刚确诊的甲亢病人也不用千里迢迢拉一箱零食过来准备自助了。

小不拉子喜滋滋地提着克里斯巧手织就的一条丑鱼和一只蝈蝈，声称要把椰叶鱼放到海里看看会不会招来其他鱼儿与它同游。正合我意，明天浮潜你可多了一个好好下水的理由啦！

▶ 2019 - 2 - 11 其二

＃浪迹＊跳岛 B 线＃

一天跳海上船不下五次，比基尼、裹裙、浴巾、防晒快干衣裤、防晒霜是标配，最合理最方便最具功能性，没有之一，随脱卸，每层都有各自功用。即使如此防护，一天海游下来也已接近当地人肤色。某娃新学一词"双色冰激凌"，自鸣得意得厉害。

一天的跳岛游，浮潜游泳踩沙爬山攀洞，一个都没少。怪只怪我们的螃蟹船太大，没有一处可以靠近岸边，只能跳海游往目的地。第一站浮潜，我志得意满，终于可以不用被强制穿救生衣下船了。纵身一穿,尽兴与万千银鱼同游! 得意了没两分钟,觉察海面看似风平浪静,其实暗波汹涌,呼吸管进水,呛到了咸水,顿时阵脚大乱,心慌急躁,不能立马取下呼吸管,浪打得人游都游不稳了!

承认自己胆怯和体力不支的当下,立刻回游去拿救生衣,最菜的是:扒着船舷也死活穿不上救生衣! 一阵阵波浪推着人走,只能穿进一只手臂。狼狈地爬到梯子上,终究套上了黄马甲。之后,它就在我起劲地饱览珊瑚鱼群秀色时骚扰我,成功地在来回波浪的涌动中蹭破了我的胳肢窝。

近石灰岩岛的浅水动植物和几米开外的深水区有着明显的分野。一边除了阳光海水小银鱼,什么也没看见;另一边却是斑斓丰富,每一处植丛都有各色鱼儿忙进忙出。虽然时不时需要倒腾一下呼吸管,革命乐观主义者上船后还是宣称:今天用海水里里外外彻底清洗了鼻子。绝对杀菌消毒,利于对鼻炎的抑制!

石灰岩岛屿的喀斯特地貌崎岖,海上洞穴的发育也很丰富。B线的两大洞穴:一个只能观光,眼见燕子翻飞,一片天变成一线天再变回大岩石,而哥斯达黎加船友在船头的摆拍不停,遗憾错过拍下各种石钟乳石和燕子窝的时机;另一处溶洞,与其说是溶洞好看,不如说是进出溶洞的方式奇特。初极狭,人通过也有困难,所以人要从垫着几件救生衣的缝隙中滚过。不幸我还是被鬼形四凸的岩石刮伤了小腿,在之后椰林小岛猛烈的海风中,被四起纷飞的细微白沙吹进伤口,烈烈作疼。所谓伤口上撒盐,大概就是这种感觉吧!

话说那椰林小岛上的椰子,被像孙猴子一样的老外敲得差不多了。眼见着他们拿着重杆打椰子,对着岩石猛砸椰子,喝了两口就扔掉,我总感觉他们是来健身的,孙猴子搅散王母娘娘蟠桃会的行为……旁边也有两人想去学样,结果……举不起杆子! 小岛的另一侧,两娃在用小石头敲我认为像化石一样的东西,结果弄下来很多类似小鲍鱼的贝类,作孽! 这个人类中心主义者,完全把在美国国家公园时的宣誓抛诸脑后了! 生态友好,只听不做的吗?

刚刚好的时间回到我们"村",洗完澡正逢酒店的"欢乐时光"(happy hour,指酒吧的打折时段),抿着鸡尾酒,闲坐沙滩看日落。红二方面军(指晚我们一天到的另两家人)此时与红一方面军(指我们先到的两家人)顺利会合,以大快朵颐的方式来庆祝我们的爱妮岛二度游。

▶ **2019-2-12 爱妮岛跳岛 C 线**

#浪迹之乘风破浪#

晚上只听得风声大作,C线跳岛出海,第一站就见宛若水晶的水体排山倒海似的涌来。我想感受一下在透明水域乘风破浪的身体冲浪（body wave surfing），遂入水奋力向岸边游去，此时要是能踩上一块冲浪板该有多刺激！

五年前爱妮岛的三位小伙伴终于团聚了！时过境迁，长大了，唯友情不变！他们齐心合力将克里斯埋进沙子变成一条美人鱼，连我手捧世上最好吃的椰子向他们献殷勤都置之不理。鲜嫩无比的椰肉让我萌生扛回船上给留守人士分享的念头。克里斯爽快地答应了我的请求，带着孩子们和椰子摆渡回螃蟹船。不料刚刚把"货品"悉数装船，一波大浪挺进，划艇被掀了个底朝天！所有行李以及孩子们都成了落水狗，眼镜拖鞋四处逃窜，只有一傻妞乐得疯狂乱笑，全然不知眼镜帽子已不见踪影。我也笑得稀里哗啦直不起腰，被某人谴责不知及时抢救四处逃逸的百宝物品。他倒确实手快，一个箭步冲上去，随同克里斯捞人捞物。只是傻妞泡在水中，并没有想爬出来的意思！两个小男孩却被吓得不轻，重整旗鼓再度出发时，一言不发待在皮划艇上，努力保持着平衡。

午饭过后船驶入开阔海域，海面便掀起了惊涛骇浪。我强忍不适缓慢地准备好塑料袋，终于在其他人讨论恐惧和返航时按捺不住，狂吐不止——守着垃圾篮为伴，不能发一语。同伴要求返航，孤零零的螃蟹船在大浪飘摇中激起我们不见陆地的恐惧，不经历的人也许不能懂。唯一所幸的是我们的船大，克里斯很有信心地说马上将驶入有遮蔽的平静海域，而返航会行走另一路线。我们心稍安，果不其然，被喀斯特岛礁环抱的水面宛如另一天地。

克里斯宣称这次停站将是爱妮最好的浮潜水域，属于自然保护区。我第一个站起来换衣服准备下水，可能令众人颇有些意外。经过刚刚的恶心惊魂，大家还没缓过神来吧。其实我大吐之后还算神清气爽，下水当仁不让！结果，数不清的水母、海葵、珊瑚、海鱼以热情的姿态迎接了我！海边悬崖的落差大概为十米，海水颜色分成绿色和蓝色。绿色的浅域布满了珊瑚群、鱼、贝壳，阳光下分外清晰明媚、色彩丰富。刺豚滚圆的身体像是充了气的皮球，最为可爱。贝壳的边沿美得宛如各色花边，一有风吹草动就马上闭合，好像速动的花开花合！海葵的触手柔软地飘动，我好想去抚摸一下，但还是忍住了选择做一个安分守己的生态旅游者！悬崖边的光线很亮，应该是物质养分交换最活跃的地方，从最深三米处突然下降到十几米，有了以前的经验和光线的抚慰，我并没有觉得害怕。心满意足地上船，替没有下水的九人抱憾。总想带着甜妞畅游海底世界，可女大不随娘也强迫不来了。

某位同学带着钓具而来，心心念念要去海钓。克里斯做了鱼钩弄了鱼饵摇着划艇带他私钓，半小时后收获小鱼一条，现烤现吃，喷香异常！感慨于岛民们的十项全能、吃苦耐劳，海草舞、筑沙雕、烹美食、摆造型、开航船、捕捞鱼，个个身体健硕、欢快开朗，他们的质朴才是爱妮的镇岛之宝！

朋友圈回复：

吸取上次来没多给安杰罗小费的遗憾，这次给克里斯的小费还是充足的。君子爱财，取之有道。我们要挂钩好服务与好酬劳之间的因果关系，鼓励正大光明地赚钱，缔造皆大欢喜的主客关系。克里斯每天见我们都很高兴，每天都有陪玩的好心情和期待。对我们而言，两家一小船，四家一大船，合摊下来的费用很划算。

▶ 2019-2-13 爱妮岛主岛，库娜酒店（Cuna Hotel）

从面朝大海、繁花锦簇的度假小屋转到背山面海、空调宜人的现代酒店，有人欢喜有人愁。欢喜的人说终于不会临时断电，随时打开充足热水，更有无边泳池对望山海，温润淡水游泳发呆，再不缺电视、冰柜、吹风机、书桌、饮料、电水壶。发愁的人说离大海远了，不能早出晚归地海边捉蟹；离风景远了，不能坐在自家露台上看日落星闪；离自然远了，不能听鸟鸣鸡叫自然苏醒。人就是疙瘩，到了乡村要享受城市，到了城市要向往乡村。

El Nido 的市中心离新酒店仅几步之遥，"商业化""飞地化"脚步之快，很值得做时间轴上的纵向研究。一条街没走几十米远，已见日泰墨美法意中东各国料理，街道上除了旅行社就是餐厅酒吧甜品铺，各种肤色的旅游者游来荡去，俨然一处旅游者飞地，哪里看得出是爱妮岛的市中心呢？连满街的法式薄饼，都像极了丽江，有各种外来混合文化而没有当地文化的影子。而我一开始走错方向的酒店另一头，完全还是乡村的模样，没有喧嚣没有餐厅，一路寂寥到有些令人发慌，终于我找到一家小店卖冰激凌，总算回归我认为相对合理的当地价格。我常担忧这样的地方，本地人怎样生活。低收入高消费，不是听一两个菲律宾人抱怨过。正因为如此，加之岛国资源匮乏，可能才导致菲律宾成为世界上出名的劳务输出国吧！

越是原始的地方，房价越贵，车费越高，不管用什么网络，WIFI 和手机信号都差。等到再开发，竞争加剧，房价降低，餐费上升。这是在菲律宾待过好些岛后初步有的一些印象，还有待实证检验。其实如果有条件，做一些横向的比较研究倒是极好的。记得之前看一篇研究泰国南北旅游者差异的论文，特别有意思，因为南边的岛屿和北方的丛林，旅游者行为的差别很大。看来再来三次，大概我也可以写论文了。

▶ 2019－2－14 其一 爱妮岛主岛

"树冠行走和筑梦之网"的活动项目(Canopy Walking & Dream-catcher)，行走其上，发现这是一个玛丽尕亚(Maligaya)镇上眺望爱妮湾的独特视角。尖仄石灰岩间的树冠行走和海岸悬崖徒步，我谓之为亲子项目：某牛娃克服了自己的恐惧、一步步迈出了坚定的步伐，另某两娃则在持续争夺领头羊的位次，不及回头。四娃一台戏，有互相示范的作用。跳岛游只属于身体强壮的爸爸妈妈，前后呕吐腹泻胃痛六人，两爸妈今天已经无法参加爱妮小分队的活动。吐了一宿的我睡了大概三小时，起床继续"指挥战斗"。轻伤不下火线，旅行放慢节奏。休整半天养好身体，期待大家的活力情人节！

▶ 2019－2－14 其二

＃无处不在的情人节＃

温馨的酒店把巧克力贺卡摆上床铺，热闹的餐馆用爱心气球装点四壁，喧嚣的酒吧由乐队和搞怪的情侣撑起气氛，无时无刻不用仪式感提醒你：今天就是情人节！于是，我们用两条东星斑庆祝了大家的节日。

▶ 2019－2－15 爱妮岛，丽欧沙滩(Lio Beach)

爱妮岛第六天，同行的小伙伴们病得再也无力跳岛，直接搭酒店门口的免费班车到丽欧沙滩。对孩子们来说，有个海边的沙滩就省掉了所有游乐设施，喊他们吃东西都顾不上，一过去补涂防晒霜，就大叫："大人来了，灾难来了！"

椰林沙滩大太阳底下睡觉，对我来说极其无聊，直到我看见了远处别人在玩的站立划板(stand up paddling)。眼睛顿时发亮！跑去租赁处租器材，问我是不是第一次玩，我用力点点头，直接拖着划船板到海滩，器材出租人员简单示范了一下站在哪里，如何站立换手，我就下水啦！

岸边浪大，我站上划板就翻了两次，吃了两口咸水，发狠再爬上划板，先躺后立，稳稳地站住了中间位置！接下来顺风顺水，很快就划出了安全区域。玩得起劲时，回头一看，海滩已经离得很远！暗觉不妙，有些着慌，转舵回旋，却发现风向大得已远不如近海好控制。来回试了几次不成，我只好跳海游泳把船头扳向去岸方向，可是刚刚上板开始站直划水，方向又变成了离岸！几次三番跳水推船，累得我够呛。这期间有个螃蟹船驶过，翻起的水花又把我推下了水，还冲我示意要我回到近海去！我心中叫苦不迭，我这不是也想回去吗？来回折腾试验几次后,我终于发现,坐着划更省力,也更好把控方向。于是我坐着把直立划船板变成了皮划艇,一直顺利划到堤桥内才站起身来,呼呼直奔岸边而来!

图 2-6 站立划板的平衡

高兴之余,信心满满地去喊孩子们,划船板可以用作大的冲浪板,他们坐上去冲浪肯定可以玩到嗨爆!果然,"诸葛亮"料事如神,一帮人从骑到站,玩得水花浪花如笑声一样打翻一波又一波!一个半小时还不过瘾,又续租一小时,一直浪到日落西山!

"硕硕战果"就是,我头一回全身开始脱皮,从肩头到手掌,手臂黑得发亮像泥鳅!前一阵子上海阴雨捂出来的湿气,从里到晚都蒸腾出去,准备让我脱胎换骨了吧!

朋友圈回复:

谢谢大家点赞!这个站立划桨是很好玩,稳住就好了,平衡(浪板)和力量(划桨)都需要有!和风、浪做朋友!划板当冲浪板很宽大,正好供孩子们当"浪上坐骑"!有趣着呢!

▶ **2019-2-16 爱妮岛-公主港**

#萤火虫,一闪一闪小星星(twinkle twinkle little star)#

在围着爱妮岛的各大旅馆绕了九九八十一圈后,我们终于比预定时间晚了一个多小时驶离了主岛。没有时间概念一向是各不发达地区的传统，只是订了公主港傍晚萤火虫之旅的我们难免心急如焚。五小时东甩西晃的车程让不会晕车的同志们个个想吐，提前吃了晕车药的我这次总算明智了一回。

风尘仆仆赶到公主港的酒店，几乎是放下了行李就接到了司机接车的电话。接到一家乡村餐厅吃自助餐，旁边正好有十岁女孩的生日宴会，卡拉OK的伴奏热闹非凡。

5点半从酒店出发，一直到等到8点才坐上我们的小船。静静的伊瓦希河（Iwahig River）上除了我们的桨声，没有一丝声响。明月当空，星星闪烁，河上飞舞的萤火虫看得有些隐约。上船前安全员的介绍把我们逗得哈哈大笑："别拍它们，它们会死；别吃它们，否则你会死！"幽默似乎是这个社区的风格，船夫秉承了这一风格，一会用普通话一会用英语一会用当地话给我们指引一闪一闪如圣诞彩灯的萤火虫；唱着歌一会用如柱的明亮手电指星星，从火星讲到天狼猎户；一会如数家珍地盘点萤火虫的栖居生态，从红树林讲到雌雄分异。淡咸水的河流中密布的红树林成为萤火虫最热爱的巢穴，一丛丛的火树银花上忽隐忽现的明亮点点，其实是雄萤火虫吸引雌萤火虫的绝技。漆黑的夜，幽幽的河，缓缓的桨，轻轻的语，明灭的灯，构成一种无法拍摄的美丽画面，深深镌刻在这一夜，还有以后无数夜的脑海里……

朋友圈回复：

以后知道了，不订旅行社的萤火虫之旅了，直接包车去上船点买萤火虫船票，才900比索一艘船（可以坐3到4人）。心痛付掉了一人1500比索的旅程，社区人民如此辛苦，其实只是赚了个小头啊！攻略，还是要靠我自己写才行。

▶ 2019-2-17 菲律宾,巴拉望省,公主港

最后一天的公主港，睡到自然醒，吃个饱饱的自助餐，到大教堂正逢周日礼拜和孩童们的洗礼。神父很和蔼很平和的样子，感慨宗教带给人内心的安宁。外面贴着"禁止人流"（与天主教信仰相关）的牌子，对面是150位美军战俘被日军焚烧而死的纪念地。屠杀中跳海游泳逃出11位美军士兵，他们作为英雄被迎回家乡，并用自己的真身向世界控诉了日军的暴行。此地日本游客稀少，中韩游人众多，不知道和这段日军海军基地的黑暗历史是否有关。

公主港最出名的其实是它作为世界遗产的地下河，也是世界上第二大可航行的地下河。说实话，在中国见过太多溶洞的我实在没有兴趣，因此错过也并不遗憾。也许，以后还有机会再来吧！到时候留一个整天的时间再去这处世界

遗产。

到机场才总算把这段写完,离别在即。爱妮爱你,后会有期!

二、土耳其的船游

尽管叫法不同,土耳其的船游(boat tour)和菲律宾的跳岛游有异曲同工之处,两者都借助船只出海,既包括在海上从事的水上水下活动,又包括登陆岛屿进行的陆上活动。所不同的是,菲律宾是个热带岛屿国家,因此围绕主岛进行跳岛,海上活动以浮潜为主,上岛活动以沙滩椰林休闲为主;土耳其是个温带半岛国家,且历史文化源流长而复杂,船游以某个滨海城市为出发地,周行于海上各个小岛之间,海上活动以游泳为主,水下活动以古城潜水为主(很多已被禁止),上岛活动则兼具自然文化考察。

我在土耳其的费特希耶(Fethiye)和卡什(Kas)两个滨海城市分别以五十人左右的大船和十五人以内的小船体验了它们的船游,这里将船游前后包括预订的经历一并放在此处,以揭示自助旅行行程会随时调整变化,行程预订(tour)可能是"从天而降"的特点。

(一)费特希耶

1. 不期而遇

▶ **2019 - 7 - 10 土耳其,费特希耶**

#今日奇遇#

据说是 20 分钟能到沙滩的路,我们硬是走了三个多小时。一路我们都被费特希耶的滨海城市游憩规划和设施感动到:巨无霸的海岸城市公园兼儿童游乐场;360°无死角海景观赏步道、自行车道、座椅、躺椅、吊床、蹦床、出水平台、坡道桥……我们总结:不住酒店直接在海边躺椅上过夜,也是一种切实可行的选择(如果旁边有储存柜放行李的话)。我突然有点懊悔昨天为什么只订了两晚,娃说可以一直待在这里……

当我们终于走到卡利斯沙滩(Calis Beach)时已是夜晚,不忍剥夺娃堆砌沙滩碎石堡的权利,遂留她一个人在海滩。我开始寻找旅行社的"万里长征路"!东游西荡了很久,对飞翔和徒步的执念,让快被夹趾拖磨出血泡的双脚支撑了下来!好不容易找到的旅行社,不仅滑翔几乎全部订满,连徒步道信息也不肯告诉我,只说太危险。连找两家旅行社未果后,我惦记着小妞往回走,准备把她从海滩上拖回来问问她意见。一听我说要从当地的死海上飞,她就来了精神。正讨论着推迟离开时间的决策，突然看到一家"漏网之鱼"，两大美女当值，赶紧上前询问已有飞行预订的空档时间。所幸他们的合作商与之前的旅行社不同，时间算来也还不错，我马上愉快地订了下来。

敲定大宗买卖后，我开始缠着美女问徒步路线。要知道，号称世界十大长距离徒步道之一的利西亚之路(Lycian Way)才是我来费特希耶的主要目的。女孩把我引到了一位大胡子大叔跟前，这位一口美国口音的伊斯坦布尔人是位徒步爱好者。他先说："这季节没人去，会死的。"在我的死缠硬磨下，他还是在谷歌地球上跟我讲解了车辆、入口、地形等信息；中间，旅行社老板又进门来，诧异于我要在这个季节且不请向导的情况下，独自带着年轻的女娃去徒步……其实，这件事情本是稀松平常的(至少对我们是如此)，可是，被他们如此渲染，我开始打起了退堂鼓！我说你们可真会吓人！"美国"大叔说，现在夏季不仅热得出奇，沿途偶有陡峭几无阴翳，而且毒蛇蝎子出没，叫我要远离石头，千万不要去拨动沿途大石……还说，你一个人就算了，指着旁边玩猫的小主"小孩可不是开玩笑的"！好吧！你赢了，我放弃！呜呜呜，我的利西亚之路的徒步梦想啊！我其实就想预留一天来走个六七小时而已啊！不过想想小主在炎热天气中的一贯表现，让我觉得我还是做出了英明决定。计划大反转，果断在他家改订明天的海上船游路线！

此时，生日快乐歌突然响起，星星点点的蛋糕被托举到之前一直在和我亲切交谈的小美女身边，哇，今天居然是她17岁生日！我立马加入唱歌队伍，再三对她及她老爹表达了祝福，准备带着喊饿的小主去觅食。老板兼老爹突然叫住我们去吃生日蛋糕，呃……我感觉天上又掉馅饼了，赶紧接了一下！返回去吃蛋糕的那一刻，我才意识到：我聊得投入，已经全然忘记了放在里面的双肩包！哦哟，这一顿蛋糕馅饼之后，我摸遍了背包也没找到一件可以送她的礼物，只好给了两个大大的拥抱！青春靓女，快乐老爹，还有一旁的帅哥美女朋友满心欢喜地看着她拆礼物，暗暗觉得，这是今天最美的际遇了！

朋友圈对话：

友1：你绝对要听当地人的建议，不要拿生命开玩笑。

友2：请两位很精神的女"神经"接受我的膝盖吧，太强了！"没心没肺"干啥事应该都可以成功的吧！

我：没能去徒步这条线路还是很遗憾，主要月份不对！

友1：功课没做好。

我：其实我功课还是做了一些的。竭力推荐土耳其的黄河奶爸就是夏天来的。我还特地问了他这一段，但是他记不清细节了，就说问当地人。当然，利西亚之路很长，他走的也只是其中一段。后来他都是带他自己组织的亲子团去的，所以包车直接到了那里，怎么坐车怎么回来、具体停留在哪些点就更记不清楚了。我总是觉得没有像当地人说的那么可怕，可能他们比较保守，总觉得我带着小孩单独徒步不安全吧！听他们的也好，塞翁失马焉知非福。

2. 老板司机

▶ 2019‑7‑11 其一 死海船游 (Oludeniz Boat Trip)

发现一早来接我们的司机又帅又有风度，英语还很好，到站才发现他是本地最大旅行批发商蓝海(Blue Sea，旅行社名)的老板！因为旺季太忙，他又顺路，就和儿子到酒店接上了我们！什么运气啊！海边的店面布置得宛如苹果专卖店，我一点没夸张地表扬这是我看到过的土耳其最棒的旅行社。他说苹果的设计概念是抄他的！哈哈哈！

看着旅行社各种行程的介绍，突然有点后悔，有太多有趣的跟团游了！原来我要找的"探索周边"的信息都在这里！门口飘扬着无数降落伞，但是作为"飞呀"的"专飞人士"，我很遗憾地指出空气能见度不好，问雾气何时能散开……令人吃惊的是，这个笼罩上空的"雾气"是真的火灾烟雾！昨天沿海岸行走时，我们就看到非常明显的从一座岛上冒出的很大一股浓烟，甚至遮蔽了太阳！我很肯定地和妞说，那是森林大火！无意中这点在今天被证实了！所幸的是，火灾今早已被扑灭，但是我的心情有点低落。如果这股浓烟不散，我们明天的伞上海景之旅，"山海之景"又要落空打水漂了。

登船开始，突然意识到我今天的着装还真是和深蓝的完美匹配！各位"半裸大仙"们为了晒船上日光浴，已在露天船舷上摆好了阵势。我们欣赏完隔壁几艘海盗船后，赶紧躲进了阴凉里！话说不敢来这里穿泳衣度假的，你们真的多虑了！但凡中国人，来这里都是瘦子！

3. 跳岛跳海

▶ 2019‑7‑11 其二

今天船游秒变土耳其跳岛游！邻座俩面容姣好的洋娃娃作陪，在深蓝如钻的地中海畅游。相比菲律宾跳岛游，这里的跳岛跳海内容显然要丰富许多。

船游的两项"跳岛"项目，是上岛徒步：一条蝴蝶谷(Butterfly Valley)的瀑布徒步——沿大陆海岸山谷徒步，可仰山观蝶，可鞠水蹚瀑；一条圣尼古拉斯岛(St. Nicholas Islands)的遗址徒步——沿岛屿山脊线的教堂遗址徒步，可登高看

图 2-7　圣尼古拉斯岛上的徒步

海，可凭吊古城。除了不是利西亚古道，其他徒步要素都更趋完美，一个半小时的路程，高低水陆，海城交错，阴凉中偶露阳光，虽有游人相随，却常常入无人之境。

在蝴蝶谷的徒步山谷中，顶上那座山其实就是利西亚古道的一部分，只不过我曾经想象的徒步道是在山上，现在却徒步在山下，真是乾坤大挪移啊！我在利西亚古道下方遥望了一下山势，顿觉少了很多遗憾！还是山谷徒步舒适。想象一下这顶上的阳光灼人吧！

圣尼古拉斯岛的徒步我们则跑到了山上，沿山脊线而行，岛上遍布着各时期的教堂遗址。圣尼古拉斯，基督教中的圣人，就是北欧圣诞老人的原型，传说当时他经常攀爬人家的窗户去投掷硬币。公元 4 世纪的时候，他住在这个岛上，从此教堂的兴建就是一波接一波。沿着遗址穿行，到了开阔之处，就可以看见蓝钻般的大海了！遗址、树林、碧海夹着海风，极大地激励了我们的斗志，两人穿着泳衣、裙子、夹趾拖（这徒步装备我也是醉了，只此一家，别无重样），一路走到一船乘客的最前面！待到不能不回的最后一刻，我俩下山就开始在山脊线上飞奔。大船最大的优点就是价格便宜，最大的缺点就是规定了集合时间，不能自由变通、拉长更想玩的项目的时间。不过，作为最后上船的两名乘客，我们在古城遗址上走得最远，从高处鸟瞰视角欣赏了地中海，总算很大程度上弥补了不能去利西亚古道徒步的遗憾！圣尼古拉斯岛不仅攫取了土耳其 4 到 6 世纪遗址的精华，而且纳入了地中海自然景致的精髓。可以想象为什么拥有从爱琴海到地中海广阔海岸线的土耳其，会把这里的日落纳入土耳其全境最美的日落之一！

船游的两个"跳海"游泳项目，一个蓝洞（Blue cave），一个冷泉（Cold spring），我能分出水洞却分不出冷泉，跳进去的时候都冰冷刺骨，导致某妞第一次入海除了尖叫就是赖皮，总想往岩石上爬，使得腿上划破了皮。随着烈日的照耀，游兴的升腾，水似乎变得没那么冷了，一次次再潜变得轻松许多。这里的大海下自然是没有什么珊瑚礁可看的，就有些大大小小的鱼。在蓝海旅行社看到

有海底深潜活动，不知能看到些什么。其他海洋跟团游还包括潜水看水下遗址，
到海岸看海龟（孵蛋）……好玩的跟团行程看得我眼花缭乱，可都来不及参加了，
下次再来吧！

第一次有了传说中"老母亲"的感觉，因为每次小主入水，都要叫我驮着她，
我这一路大海龟当的，都成精了！终于在最后一站，她似乎游出了品格，在我的
一转身之隔的近距离鼓励下，顺利班师回船。海水的那种能吸引你掉下去的蓝，
超出了我的语言表述能力！土耳其"蓝绿海岸"这一命名，简直就是天造地设般
地贴切！

但是，这里的海滩就无力吐槽了，只能说，这不是我所理解的沙滩。我要么
会叫它卵石滩要么索性就是海岸，和菲律宾的白沙滩没有可比性！纵然如此，小
主可以一"身"挚爱，管你往她身上抹什么挂什么，只要让她坐下堆沙石堡，她的
脚下手上眼中不需要一粒沙子！

隔壁两艘"海盗船"几乎和我们走的同一线路、前后脚时间，因而他们船头的
各种跳海跳舞节目，就像是为我们这艘船的观众们表演的。只要每次船一靠岸，
它们的"喜剧"表演就开始了，船上表演人员爬上桅杆，翻滚跳跃，把我们乐得前
仰后合！我们这艘大概属于"静船"，除了二楼平台上尽量脱光衣服晒太阳的人
群，没有任何其他"表演"。

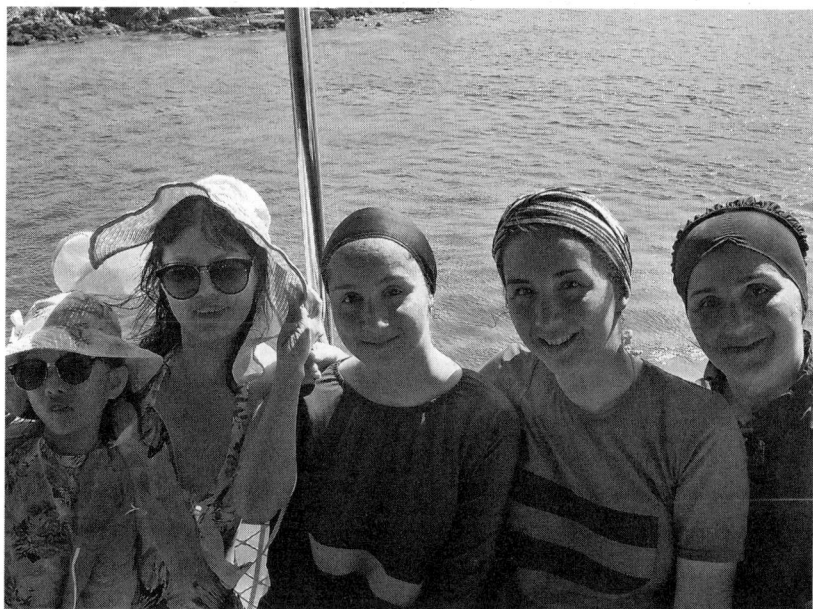

图 2-8　芭比娃娃一家的女眷

船行驶海上的时候，手机地标一度显示了博德鲁姆海域，让我想起了我此行本来的一大计划是要沿蓝绿海岸一路坐船航行几天的，这也是土耳其最有特色的行程之一。还是时间不够，留待下次吧！但是像现在这样，把利比亚古道徒步和蓝绿海岸航行的类似体验都压缩在了一天之内，似乎也是浓缩的精华呢！

除了游程本身的多样资源和体验设计，船游最大的好处是近距离接触土耳其帅哥美女。今天和一大家子出来度假的土耳其人士交情甚好，临别情深。虽然有了谷歌翻译和谷歌地图，我还是更热衷于传统交流方式和纸质地图＋口头问路。我发现人家除了对我们本身感兴趣，也对练英语感兴趣，那我干嘛不陪人练练呢？小芭比娃娃的妈妈非常活泼有进取心，艰难但很执着地表达着倾听着，最后还加了我为脸书好友，期待更多进步和友谊。一家美丽无比的人，非让我俩比较小芭比像爸爸还是像妈妈，他俩那一刻的竞争对手表情，童心是爆棚哒！

朋友圈对话：

友：这个貌似是更好的安排，什么都没落下。

我：是的，今天我真心这么觉得，还收获了朋友！

（二）卡什

▶ **2019－7－13 其一 卡什，凯考瓦之旅（Kekova Tour）**

卡什是土耳其的水下探险中心，也是地中海潜水运动中心。由于携未成年少年的关系，所有另类运动我只好统统舍弃。行前粗翻《孤独星球》，探索凯考瓦水下古城就成为最吸引我而又不落俗套的探险活动之一。

无限遗憾的是，出于保护的需要，我所期待能有的浮潜游泳一概不能在沉没的古城水域展开！我期望水下一窥古城样貌的愿望落空。但是，蓝绿海岸的绿、柔、静、温，都在沉没城市之旅（sunken city tour）的每个游泳点被视觉、触觉、动觉、味觉深深铭记了！土耳其玉色（turquoise blue）的海水好像加拿大班夫湖里含特殊成分的冰川融水，但在太阳的照射下却那么暖而滑。水深虽然有四五米，却透亮见底，成群银鱼皆若空游无所依，停泊至此的船舶，好像悬在一块从底下打绿光的透明玻璃之上，着实神奇！

第一个古城遗址停靠点，我的登陆方式也很奇特。穿着泳衣，两手拎着两双拖鞋，背上还要驮着一个小人从海里穿过去，到岸换上拖鞋，走在崎岖的山石上去摸索遗址和海岸。今天双肩包的装备之全，除了忘带一个充电宝，其他什么都有了！

早上气定神闲地收拾东西，摊了一床，出房间撞上总台的土耳其妹妹，她一

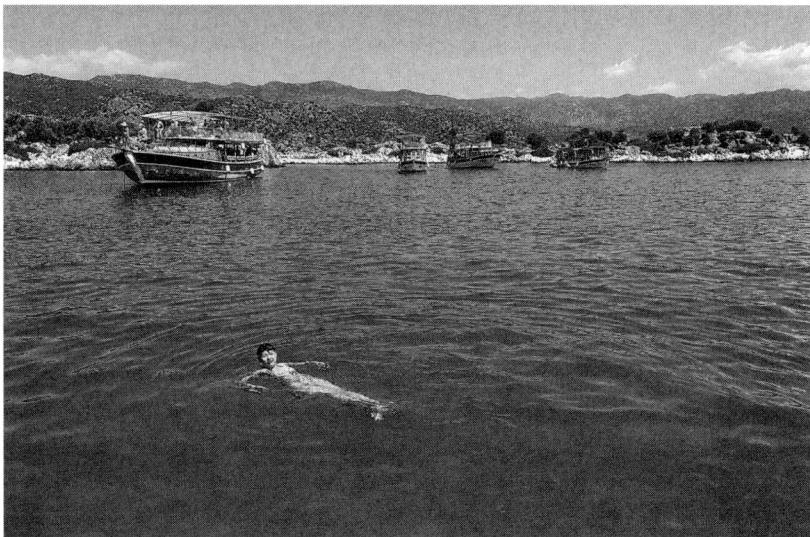

图 2-9 恍若空游无所依

脸诧异问我为什么还在。我不解地说还有 15 分钟去等车,她抬手看表说:"是 9:15,你还有 2 分钟,我写在单子上的。"我立马拎出还在刷牙的妞,把所有床上东西一骨碌搂进书包,冲出旅馆还不忘拿上两块早饭!妹妹真好,追出来帮我包早饭,还叫我下山注意安全!唉,每次都有这种乌龙,9 点半接车叫了半天,却是让 9:15 去等车,习惯了单子上都是土耳其语,我哪会去认真看单子?

朋友圈对话:

友:船好像悬在玻璃上,我当年在班夫一个湖上就完全是这种感觉。

我:嗯,湖水雪山还是班夫最美,这里海的颜色和清澈度最好,菲律宾沙滩好海水也好,但没有这里这样海水表面的颜色分层。

▶ 2019-7-13 其二 凯考瓦古城

因公元 2 世纪的一系列地震而被部分震入海底的凯考瓦古城,除了能看到水下曾经的层层大台阶外,其他在船上基本看不出来。也许现在唯一能被允许更近距离看水下部分的就是皮划艇之旅了,真想戴个潜水镜贴水面去看一眼,一眼也好啊!

船贴着古城遗址开过时,船上导游会有一大堆土耳其语解说,配合一小段英语解说。今天我突然注意到:去英语国家,我最听不懂的就是各种地名人名,其他都挺懂;但在一大堆土耳其语中,我唯一能听懂的,都是地名!有点不理解为什么我们在中国和菲律宾看到的海上石灰岩（溶洞）都是黑的，这里的却仍然这么白呢？取名叫海盗洞（Pirates' cave），其实里面都只住着蝙蝠而已啊！

▶ **2019－7－13 其三**

出来前朋友推荐卡什的船游是土耳其地中海地区最好的船＋游体验。其实我并不知道我的沉没古城之旅，是不是和他的推荐属于同一线路，但我确实认同今天游泳体验最佳，餐饮体验最佳！游泳的海水比费特希耶暖和很多，更别提博德鲁姆了！船上饮食有欢迎茶水、自助午餐、下午茶，还有西瓜盛宴！难怪小船价格贵些，除了更私密、空间更宽松，服务确实也更好了！

这里的海湾之静美妖娆，海岸之深邃柔婉，海岛之白净细腻，和去年爱尔兰北大西洋之路的汹涌澎湃、惊涛拍岸形成鲜明的对比，但，同样美得惊世骇俗！思米娜村（Simena village），是隐藏在城堡之城（Kalekoy）半岛上的一座安逸质朴的村庄。耸立于村内最高处的思米娜城堡清扬孤桀，爬上山丘城堡遗址的顶端，环顾周围蓝绿海岸的绝对视觉震撼，仍能让深更半夜还在敲打手机的我心灵颤抖。深深迷恋着岛上的小径——连着所有人家的那些台阶石板路，通海连山，却隐逸悄然。实在是一小时的时间太短！我们登上了城堡，饱览了岛礁海岸和断壁残垣，却错过了利西亚石棺，错过了多品尝几种家庭自制冰激凌的怡然时

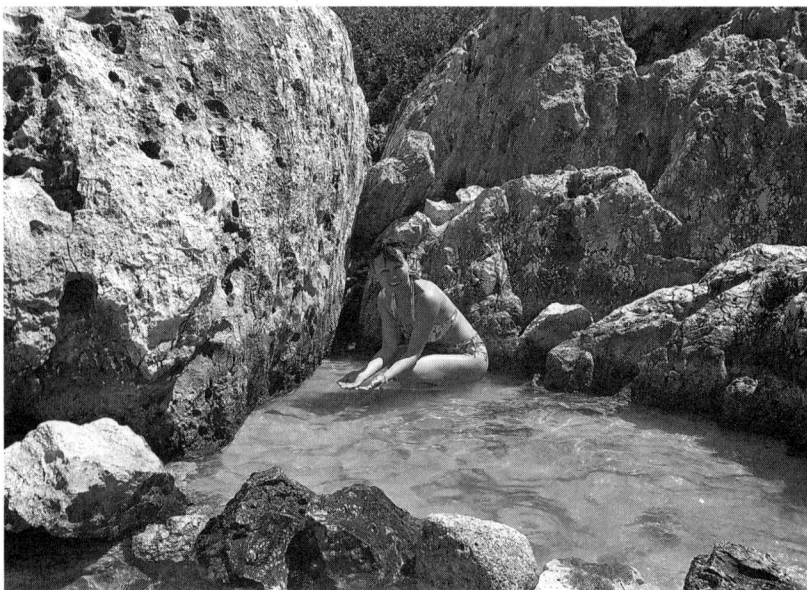

图 2 - 10　用身体感受温海中的冷泉

光。幸好,船上的悠闲时光对这次航行的遗憾做了些许弥补。船夫兼做厨师,在船舷边烹制我们的主菜烤鸡翅,溢得满船留香。导游手托剩饭餐盘上岛喂山羊的慈善之举,颇具仪式感,连山羊都为他砰砰地顶角打架呢!

照例做了那个一个点不落、每个点都要去到最远的那个人!因为全船只有我一个人驮着小人游到了冷泉,在一股淡水寒流中用身体去领略了地下泉水汇入海水中所影响的"势力范围"。是真冷真酷啊!

三、跳岛游之终极装备

在第一次菲律宾跳岛游后,我回家写成了一篇女士赴海岛游的装备总结,今天看来也还颇具指导意义。

▶ **2015－2－15 中国,上海家中**

＃跳岛游装备篇总结＃

此番沧海过后,再经大海大洋就有经验了!

两三套比基尼,两三条浴巾,几条外裹连衣裙,适用于喜欢拍照的美眉。但也需要携带快干非全棉的衣裙、速干衣裤、防水套包外加雨衣、沙滩、潜水鞋,装备兹可搞定!

其实说实在的,到了海上根本无暇拍照,玩还来不及!速干衣裤、T恤外套,我们倒是备齐的,异常实用;可惜雨衣带得太薄,行船时风浪大,即使热带人也"擘勿牢"(上海话,"受不了"的意思)的,可以携带厚实的而非一次性的雨衣。纵然晴天出海,也吃不准它啥时东边日出西边雨的,雨衣一定要随身备!

潜水装备除了浮潜面罩、呼吸管,一定要带上蛙蹼,蛙蹼是感受美人鱼的速度和视野,见他人之所未见、嬉戏于海底众生间的"独门武器"!当然,美人鱼也分人种,我们的体质比不得白人,这一点不要羞于承认。人家白人可以像出水芙蓉般全身湿漉漉地倚在船头,随风飘逸,你可不要像团毛线球样浑身抖霍霍地迎立风口坐卧站立,没有招展美感不说,马上感冒拉稀给你点颜色瞧瞧!我们就要敢于挑战白人诧异的眼光,把浴巾牢牢地包裹在被海水宠爱过的身上,不让海风占便宜!

这次跳岛游,还让我深刻理解了比基尼原来真心不是用来秀身材的,是真枪实弹要派用场的。内衣外穿、外衣内穿(对此句的理解,取决于你对比基尼是内衣还是外衣的认知差异),潜水、游泳、玩沙,上上下下船只,出出入入海水,全靠有它!

特别提醒：不想每天穿着湿内衣进出的，比基尼两套以上必备是真理。我还带了一些衣架、夹子和洗衣液，酒店真的没有洗衣机或洗衣服务，这些玩意能帮手动洗衣减负啊！

四、评价与建议

海岛自助游，是最适合亲子背包的形式。背包的真谛，并不在于背包这一形式，而在于行程是否自由弹性、费用是否节约或性价比是否最高。结伴出游因其规模效应增大而使得分摊下来的成本低廉，而亲子、家庭共同的兴趣偏好和自助出行的方式，使得行程非常自由并兼具弹性，因此亲子自由行完全可以是背包游。我们在爱妮岛的全程是开放而未经事先规划的，行前只订了来回的机票和主岛的酒店。舟车劳顿、晕船病痛、熬夜换洗、打听消息、设计行程……所有在独行背包中遇到的坎坷和辛劳，一样也没少，对主事的我来说，甚至是加重的，因为人多了，要思虑和准备的事情也就更多了。

攻略更多是需要在当地边走边问边做的。所谓货比三家，信息对称，才能拿到公道合理的价格。有的时候，预订太满，找很多家都未必能订上自己心仪的行程，我们在土耳其预订滑翔伞和热气球都碰到了类似的情况。而又有很多时候，因为时间的衔接根本无法预估，所以只能求取保险方案而非最优方案。比如从爱妮到公主港，我心下清楚肯定是抵达首府后再去打听萤火虫之旅会便宜很多，但是因为无法估计当天抵达公主港的时间，而对菲律宾长途交通的时间效率保持警惕，因而还是在爱妮岛上时就订下了隔天公主港的行程，留下了联系电话，基本可以保证我们在菲的最后一晚能够看上萤火虫。事实果真如此，尽管订了最早离开爱妮岛的车，但是乱哄哄的车站和想尽量满载才离岛的私人承包公交，带着我们绕来绕去，结果是"风尘仆仆赶到公主港的酒店，几乎是放下了行李就接到了司机接车的电话"。保险方案确实多花了很多钱，但其优点就在于"保险"。

打探消息时"多问"的渠道也非常重要。比如，我第二次到爱妮岛当晚，就去转了一圈大街上的旅行社，经讨价还价，应该是拿到了旅行社的最低价。但是我犯了一个低级错误，我们住在海边，我更应该直接到海边去溜达，直接找船老大包船，跳过中间商赚差价的环节，这才更像勤俭持家的背包客的风格。其实，2018年在菲律宾的邦劳岛时，我就是这样到街上去找船家的。怎么过了一年智力水平下降了……好在，还算有点常识的我只订了一天的游程，隔天下船前，我就跟克里斯商定了第二天的包船价格，自然便宜很多。在土耳其费特希耶不期而遇的船游，也是在各种信息的交汇和比较中拾得的。

在自由行中,活动的安排和节奏把控很重要。既然病痛可能在所难免,就要做到劳逸结合。前一章提到深度休闲属于自带目的性(autotelic)的活动,而Apter(1982)则区分了目的性(telic)和非目的性(paratelic)两类活动。同样是利用划板的水上活动,当我努力地要在划板上站立划桨、掌握方向、保持平衡时,我不自觉地就进入了目的性的状态;而某妞想也没想过要在划板上站起来,只是单纯享受着坐在板上被浪带着冲的快乐,对她而言划板冲浪属于非目的性——以娱乐为导向的活动。无论亲子游还是背包游,把目的性和非目的性的活动结合起来,就是劳逸结合的行程。强壮如西方背包客,跳岛游的许多时间,也是在躺着晒太阳的时光中度过的。

第六节　漂划河海

以江河湖海为依托可以从事的水上活动有很多。在英语中,有一个词叫"water-based activity",指的就是以水面为基础的各项户外体育活动,大致包括如下一些:帆船板(sailing)、赛艇划艇(rowing)、漂流(rafting)、划独木舟(canoeing)、划皮划艇(kayaking)、划船(boating)、钓鱼(fishing)。这些活动有的是奥运赛事的体育竞技项目,但对于普通的西方民众来说,它们更是常见的户外游憩活动。包括本章前几部分提到的冲浪、身体冲浪、浮潜、深潜、站立划桨等水上/下运动,也可归入以水面为基础的活动。在东南亚等地旅游,还常见为旅游者所设立的水上摩托艇(jet skiing)、海上降落伞(parasailing)、飞鱼(flying fish,类似于被快艇飞速拖过水面的气垫床)等游乐项目;而在欧美,还有更为小众的户外活动爱好者从事的风筝冲浪(kite-diving)、水上飞板(flyboarding)等水上运动。本部分将这一类活动,乃至通勤和住店本身都可以带来"非凡"水上体验的经历,统一归入"漂划河海"的内容。

一、生无可恋的大海航船

2014年菲律宾之行,我们只在爱妮岛待了五天,后半段从爱妮岛大岛又航行到了科隆岛,这一段航程,可以用刻骨铭心来形容。

▶ **2014-1-17 菲律宾,爱妮岛—科隆岛**(写于2014-2-4)

＃抵菲第六天＃

梦魇炼狱式的一天,希望直接删除掉的一段旅程。从巴拉望省南端的爱妮穿越到北端的科隆,停航两天后终于重新开通。我们提前一小时第一批到达启航点，在漫长无谓的等待中度过了两个多小时。其间唯一的美好记忆就是我们的爱妮岛最优质三轮车司机帕特里克对我们的殷殷关切和恋恋不舍。

碰到帕特里克的第一晚，我请他送我们去一个攻略上推荐的餐厅，他却推荐了另一家餐厅。我有一秒钟的迟疑，他见状马上说，这两家餐厅在对门，如果我看了菜单觉得不好，可以回到我想去的那家。我立马拍拍他说："没问题，我相信你！"此后，这句话带来的力量是无穷的！在爱妮岛的这几天，他每天上午都在绿景门口等候着我们，在我们有困难的时候召集他的兄弟们给予我们帮助，在路况颠簸的时候驾驶得特别小心翼翼，甚至专门停车问我们之中有没有怀孕的准妈妈。我和他讨论民生和政治、旅游和生活。他说我是他遇见过的最好的中国人，其原因，应该正是我给予了他百分之百的信任。他说他所看到的中国人，很少和当地人接触，自我保护倾向严重，对别人说什么都持有怀疑态度。是啊！我看了看刚刚码头碰到的另两位中国人，他们背着大包，只跟我们说话，然后，背着包独自待着去了。大概像我这样天天喜欢拉着当地人问东问西的，也属于中国人中的另类了！

自码头开始，我的花草飞鸟鱼虫帽在我菲律宾后半程的一路中，博得了100%的回头率。很庆幸经过后来昏天黑地的一天，我仍然记得下船前把它戴在了头上。

如果说之前的无奈等待是这段艰难航程的预兆，我上船前的种种调研不足、准备不周，严重加剧了这一段的艰难指数。首先，出发前只看过一两个帖子，它们并没有突出强调航程的极端不适反应。我本以为凭我们的身体底子和旅行经验，晕船晕车此等小儿科反应不足挂齿。第二，购买船票花了两百多人民币，这对当地公交来说，无疑是笔巨款，以为船况会比较好，心理预期过高。攻略中预估航行时间为七小时以上，我脑中直接省去了"以上"二字，开船前还嬉笑着跟同伴们说，以当地惯常的拖沓办事效率，攻略中这等待的两小时大概也计入航行时间内，心理准备明显不足。第三，候船时无聊，便使劲吃早点，从前一晚打包的比萨到各种曲奇，咸甜酸辣都齐了，为事后的呕吐预备了"殷实的物质基础"。行前唯一没来得及购入的晕船药、晕船贴，在同伴中出现严重短缺。我们安慰自己，有清凉油"老鼠屎"（一种酸甜味的小粒含服零食）替代备用，当无大碍。但事实证明，在大风大浪和破船航行面前，这些玩意都弱爆了！头一回，老驴"驴行"的物质准备出现短板。最后，我们乘船的经历可想而知，那是一败"吐"地，肝胆俱废！

此番船行有两大从未有过的感触：第一个感受是，白人黄人生理结构绝对不同。所有白人平板和书本齐飞，盒饭和面包同享，悠闲自在，如履平地。船开一小时，我彻底感到自己是死人一枚，想到还有六小时才到陆地，想死的心、怕死的心都有了。心想：让我这样再过六小时，那真是生不如死啊！

女儿平躺在我的膝盖上,很安静地默默呕吐,不是她告诉我她的第一次呕吐,不省人事的我压根没有感觉到自己的裤子已经完全被她吐成湿漉漉一片了!无奈的我被迫起来找东西擦拭,在跌宕起伏的船舱内摇晃盲摸,手握塑料袋才坐定几秒,忽闻隔壁某人大呼"我不行了!"速递上塑料袋,只听叽哩哇啦一片,从此刻到船行靠岸,此人再无声响,只是向后抬头靠椅背,绝无动弹。可怜的我忍受着眩晕,低头为妞擦拭,但每次一低头,就拉开自己新一轮的呕吐。在猛烈的海风吹拂和日光暴晒的夹击下,身着厚实救生衣的我时冷时热,精神恍惚。偶尔睁眼一看,四下深陷茫茫的黑蓝,不见片土星屿。

惊生感触之二是,海洋之下隐藏的,原来是无垠的恐惧。这时的海已经不是深蓝色的了,它仿佛深黑色,滚滚抬升至小船两侧,犹如抛物线的两端,要把沉入抛物线底的小船吸进它巨大的墙壁里!我在悔恨和惊恐中慎重决定,回来第一件事,是把QQ上"海的女儿"的签名改掉——我无缘承受这签名之重!在昏沉的颠行中,我们扳着手指,绝望地倒计时数着着陆的时间。最终,历经8个多小时的折磨,我们抵达科隆岛。

回首再多看一眼那对我们施行集中营式酷刑的怪物,瞬间明白了船名为何叫胜利者(Overcomer,也叫"克服者")!登上陆地,我们就成了大海航行后起死回生的胜利者!

大地啊,甜蜜的大地!感谢苍天让我们重回大地,重拾生命!陆地上那美丽的水上屋,竟然是我们晚上的安寝之地啦!乌拉!终于我们胜利了⋯⋯英雄归来!

朋友圈评论:

1. 明明是炼狱般的经历,为啥我读起来有畅快淋漓的感受呐,这可是我认真拜读以至于图片都忽略掉的游记,虽然图片也美爆了!

2. 这船太小了,颠簸厉害。我们这次从西班牙的一个岛到另一个岛也是坐船,船够大了,但是当天风浪大,我又有晕车体质,刚吃了晕车药就吐了,乐乐也吐了,不过乐爸倒没事。好在就大规模地吐了一次,便昏睡了。想起那次在波士顿坐船出海看鲸鱼,比较惨烈,压根忘了晕船的事,船体又不够大,结果是一路吐,基本没看上鲸鱼。

3. 回想当年PP岛之快艇呕吐,黄白种人的确差异很大,同情!

4. 想起好多年前去大堡礁也和你们差不多的遭遇!

5. 这写得也太生动了!你勾起了我曾经的回忆!

回复:

晕船一段,激起大家吐槽无数,地点覆盖欧亚澳洲北美,其实在中国、塞班、澳洲、南非，我坐过不少段海轮，都没有如此狼狈。加拿大出海观鲸是七人座，在浪尖跳跃起舞，是非常惊心动魄但令人愉悦的，所以才义无反顾地把QQ名字改成"海的女儿"。没想到此番这么原形毕露，彻底打碎了我所有对海洋的浪漫幻想。但当我们被打回原形，还能卑微屏弱地说我们还要再去的时候，我们就是真正的勇者和行者！

对话 1：

A：哈哈，这帽子太拉风了！赞！

B：这才看见，以为顶了个菠萝！

A回B：博主要伤心了！

我回A：这帽子见证了我前一秒的嘚瑟、后一秒的悲催！

我回B：帽子作为陈列品比作为穿戴品好看。帽子到了船上就被甩到了一边，我已无暇顾及了！

对话 2：

友：这么小的船，航行八个小时，下次有经验了吧！可以验证晕车船药效力的时候，你验证呕吐极限了。不过看到下船的笑容和美丽的水上屋，有柳暗花明又一村的"赶脚"。

我：我登陆了就感觉可以活了，有希望了所以笑了吧？我也不知道为什么会笑，总之船快到时好多了！

友：忘了赞咱妞儿，坚强的小淑女。妞儿特有举重若轻的范儿。

我：呵呵，甜妞是很棒的，比她爸表现好。最后一小时风浪平稳些后，我们还吃了些东西，饿死了！

二、户外全享的海趣酒店

经过台风天后难民潮般的渡船，我们从塔比拉兰来到了锡基霍尔，入住了一家乍看起来其貌不扬、细品风格突出的酒店。

▶ **2018－2－14 菲律宾,锡基霍尔**

♯D5 上午炼狱下午天堂♯

经历过炼狱一般台风过后的赶船之旅，来到一处人迹少至的纯良小岛。热带幻境(Tropical Fun-ta-Sea,酒店名)，直到入住之时，才体会到了它英文名中双关的玄妙！老板出乎我的意料，是菲律宾本国人！要知道，我这些天接触到的旅游服务业各业态的业主，从酒店旅行社到饭店，多为外国人。我们的酒店面朝大海,水清沙白,椰林摇曳,夕阳无限! 之前一直不理解它为什么不叫旅馆(lodge)或者度假屋(resort)。今日一见,恍然大悟!

酒店将所有的户外玩耍设备一网打尽,皮划艇、沙滩秋千和门口的拖船,住店客人一律免费享用,连出海浮潜、深潜,都有专业的装备和行程供人选择,称为奇幻海租赁屋(fun ta sea rentals),自然比海边旅馆(sea lodge)更合题意! 这是一家以水上体育和户外运动为特色的酒店,住宿和器材租赁、出海探险并重的多栖酒店啊!

图 2-11　海边秋千任你荡

梦魇一般的赶船行程后,没有什么比在越荡越高的秋千上喊叫更能释放压力了! 在海上皮划艇的桨声欸乃中,在海胆遍地碧绿盈盈的波光晚霞里,遥祝天下有情人,情人节快乐!

朋友圈对话:

友:一打眼,先觉出名字里有范特西(fantasy)的意思。又去查了"ta"的意思,居然是"thanks",fun thanks sea①,名字很是用心。有猜对吗?

我:你厉害的。我在接车司机念名字的时候只发现了 fantasy 的谐音而已! Fun, sea 是明摆着的意思,我又查了一下:ta,thank you,是受丹麦语影响逐渐演变成的英式英语中的一个俚语表达。

_____

① 详见下一篇对该店名起名艺术的"解密"。

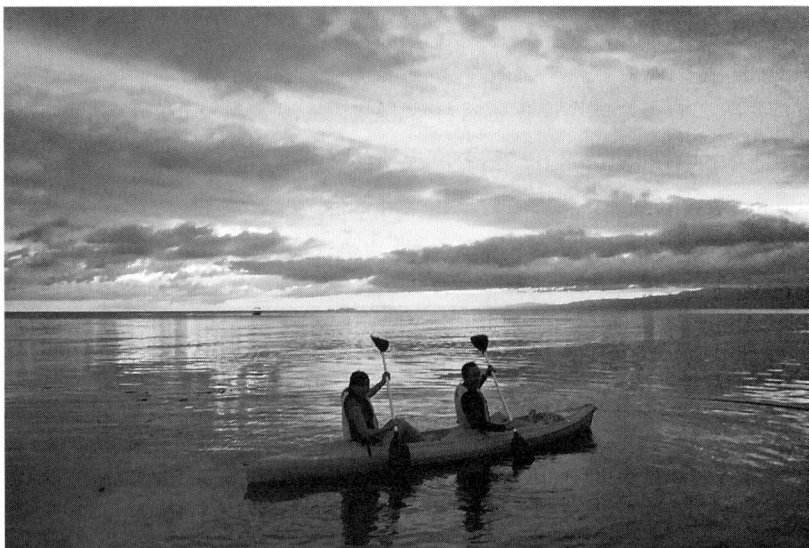

图 2-12　店里皮艇随意划

▶ **2018 - 2 - 16**

#靠海吃海#

一大早,在当地人指导下学习"贝尔",在酒店门口的白沙滩和海域上,现捡

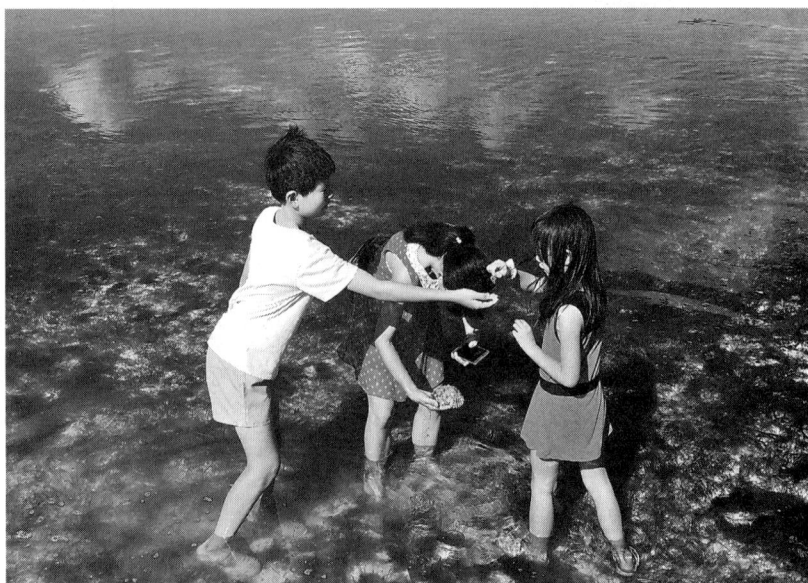

图 2-13　荒岛求生不是梦

现吃:海参像白石,伪装高手;海参卵像粉丝,淡咸味鲜;软毛海胆,敲开即食;装死的海蜇,通透柔软。海蜈蚣无毒,海蜇也不都蜇人,但确实质感像果冻!跟着渔民混,荒岛求生不是梦!

▶ **2018 - 2 - 17**

　　海龟浮潜和环岛陆游花掉了我们整整两天时间。直到今天上午,我们才又发现了这个酒店的其他宝贝!在其他旅游地抢手的水上摩托,安安静静地停在他家门口。"这我们可以坐吗?""当然啦!就是租给客人坐的!"相见恨晚啊!每个人轮流上车,各种高速行驶加大转弯,骑了一个小时。疾驰浪尖的感觉可真好啊!小家伙坐在我后面一个劲地尖叫:"快点,再快一点,不够刺激!"把骑手都刺激坏了,就是乘客还找不到感觉呗?

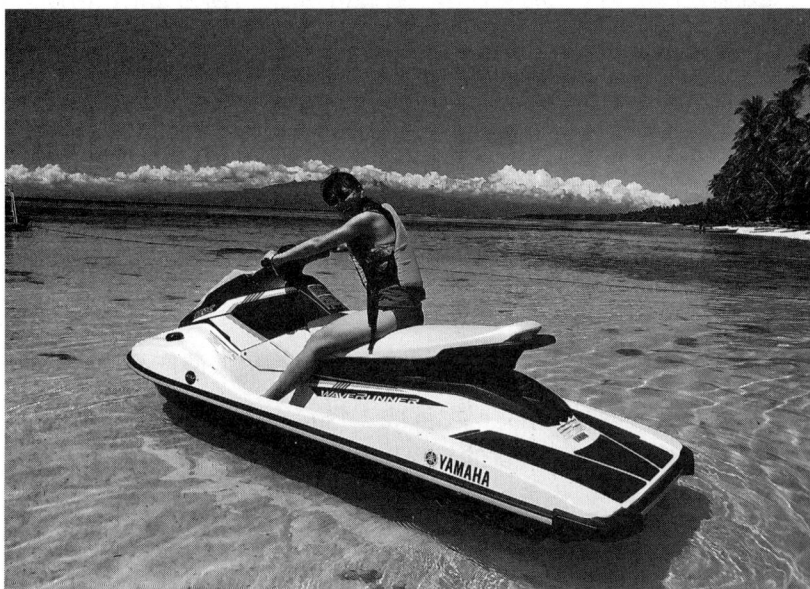

图 2 - 14　摩托艇上欢乐多

　　感谢"Tropical Fun-Ta-Sea"!奇幻热带,归因大海,确实让我们在此间尽享乐趣!在此顺便揭晓前两天猜店名游戏的谜底。"Tropical Fun-Ta-Sea"店名的玄机隐含在它双关的词义里。tropical,热带,并无异议。fun-Ta-Sea,谐音fantasy,意为"引人入胜,奇幻,梦境"。但 Fun-Ta-Sea 这一词又可以分拆为这三个词:fun,乐趣;ta,来自"thanks"一词,意为感谢;sea,大海。所以,店主命名的匠心在于:要感谢大海给我们带来的乐趣,创造了我们这个奇幻世界!用这样一个"生造"出来的词，完美再现了这个酒店想要为我们营造出来的所有意境和欢乐！

即将驶离锡基霍尔，令人梦醉神迷的小岛。在"Fun-Ta-Sea"这片神奇的天然白沙滩上，椰子在我们面前咚咚咚连掉三个，开摩托艇飞到砰砰砰水花四溅，被小鱼咔咔咔啄到嗷嗷乱叫，荡秋千腾腾腾玩到双手起茧……这样全栖的户外水上运动酒店，匹配美如梦境的碧海、蓝天、白沙，怎能忍心和你说再见？

朋友圈对话：

友：看你的朋友圈对英语要求太高了！

我：呵呵，这点都看不懂还怎么出来跑世界啊？

三、海河皆乐的皮艇活动

划皮划艇是欧美国家最常见的水上游憩活动之一，因为无论江河湖海，静水湍流，都可以进行皮划艇活动，类似于我们的划船。小艇两头尖尖，分多人艇、双人艇和单人艇，对平衡的要求可能比划船要求高些，桨一般是碳素纤维（carbon fiber）做材料，比木桨轻得多，相对容易掌握，所以小孩也可以划得起来。皮划艇使用双叶桨，划艇者均面朝前方的同一方向，这也是皮划艇和独木舟（canoeing）的主要区别。这里分别选择海上皮划艇和河流皮划艇两种地域环境，来比较淡咸水中的不同划艇体验。

（一）山谷河的激缓间划

我在亚利桑那时经常可以团购到一些非常划算的旅游产品，连我的美国导师都惊异于我七野八浪的能力：他一奇怪于我怎么认识的那些户外达人，二诧异于我怎么总能找到便宜又好玩的旅程！其实也没什么诀窍，就是当常用的团购网站跳出来"探险"之类的字样时，多看一眼就行啊！维德河之旅（Verde River Tour）的活动，就是我这么买下的。看到这条河流离塞多纳（Sedona，美国一个著名的自然旅游地，因其能量场被许多人奉为地球中心）很近，于是找了个美国纪念日的小长假，连着塞多纳爬山捎带上了维德河划艇。

▶ **2015－5－24 美国，亚利桑那，塞多纳**

开到维德河的路据称是一条导航上找不到的路，在僻静迂回的山路上第一次感受到了中国江南的风光：从来没有见过亚利桑那这么苍翠欲滴、繁茂葳蕤的绿——不是仙人掌也不是任何其他沙漠植物，而是树林葱茏——多雨之年带来的礼物吧！我们那么欣然地接受了似乎不属于这里的绿意盎然，转眼又经过屋舍相连的"牧场上的家"(home，home on the ranch，一首著名的美国儿歌)，一见此情此景，顷刻跃入脑海的竟然是这首歌！这才是农场的世外桃源——隐居山中，却得草原之广袤、森林之连绵、牛羊之恣意悠悠——不正是作家笔下的田园牧歌吗？

怡人山景不厌人，驶到终点却不见河，我们心生狐疑。直到拨开郁郁葱葱的绿往下俯视，才看到实在不怎么清澈见底的维德河！团队的司机把刚刚聚拢的14人又拉到了划皮划艇的起点。在此，教练简单地指导了一下我们如何用桨、如何前进后退，我们就各自登上皮划艇开始了独立的皮划艇之旅！

虽然在加勒比地区，我们已经在海上划过了皮划艇，可毕竟当时是要求和教练同船的。这次我和甜妞两人一艇，我提前做好了打持久战的心理准备。果然，一下水我俩就"保持"了持续殿后的态势，小家伙以为自己很卖力地在划，其实当然……不能告诉她，她在帮倒忙……大多数河段并不深，水流也相对平稳，但还是需要给予持续前行的动力才能滑行。在经过了几番观察和摸索后，我们的速度开始提升，最神奇的是：赶上大部队的分水岭出现在我和男领队聊天之后，之前和女领队的聊天就没有显现这种"魔力"，看来还真是男女搭配，干活不累啊！我在很轻松的氛围下不知不觉赶超了好几个划艇，难道是他用桨推我不成？

维德河划艇的愉悦之处当然不仅仅在于技巧和蛮力，还在于它的旅程中不断有激流出现，水流或急或缓，或长或短，给予顽童足够刺激但又不至于惊吓过度，是家庭旅游非常适合的一项产品。对我现场造成一定刺激的一次是我们划艇时的"触礁"。死撑几次发现自家划艇只是在原地不动后，我毅然跳水推舟去了！幸好之前触礁时，男领队推过我一回，瞬时领会革命精神！下水后才发现，我们的整个划艇悬空在了最高的那块大礁石上，不下去推船，它是根本下不来的！几十秒钟的功夫，可让我紧张到肌肉绷紧。水流湍急的情况下把艇推下河道，万一自己没有顺利跳上划艇或者推行时侧翻，甜妞可就要遭殃成"事故落汤鸡"啦！

好在一切顺利，于是乎，这一跳一推就成为安吉拉(Angela)[①]小小探险的一部分啦！经历过这一幕，皮划艇之旅就更好玩啦！总之，"有惊无险"是对这一项目相当客观的一句评价，我就准备把这句评价挂到网上去。沿河划行5英里，遇到各种划船和钓鱼的户外爱好者，人数稀少但异常友善。所以，评语还可以再加一句：一段令人激动而友好的行程，可以遇见许多其他的河流户外爱好者！

---

① 安吉拉(Angela)是本书作者的英文名字。

朋友圈对话 1：

友：有惊无险是玩得很好的境界。怎么你们一行都是长衣长裤,老美清一色短袖短裤?

我：我在巴哈马的时候穿着比基尼去划的,结果中间大雨,把我们冻惨了!昨天下水前又开始下雨,我怕历史重演,所以宁愿多穿,还带了背包!结果后来没下雨,划得出汗,从外套脱到 T 恤,反正上岸都要换衣服,长裤防晒!

对话 2：

友：有点像密西西比河的风光。

我：是条小河,不过今年雨多,司机也开玩笑说成了密西西比了!

（二）丁格湾的两栖拖划

丁格湾(Dingle Bay)是位于爱尔兰凯里郡的一个美丽海湾,是爱尔兰本岛最西的位置点之一,丁格镇也是北大西洋狂野之路上的一个停留点。我在丁格海湾的皮划艇活动属于 2016 年探险旅游会议的会前热身活动。但是可能由于参会代表以欧洲学者为主,对类似风光或者活动已经司空见惯,所以报名会前活动者寥寥。我本来报名参加了另一项活动,但因为那项活动根本没人报名,所以被"调剂"到了这项活动。

▶ 2016 - 10 - 19 爱尔兰,凯里郡

＃单人皮划艇之初体验,狂野大西洋路之丁格尔海湾＃

参加会前活动,我这一团队的学者来自 5 个不同国家：英国、美国、波兰、挪威和中国。我欣喜地发现我与大名鼎鼎的会议主讲人之一蒂姆·安德森教授一组!蒂姆是我偶像,英国著名社会学家约翰·厄里(John Urry)的博士生,也是《旅游者研究》(Tourist Studies)这本学术期刊的前主编。我读过蒂姆本人发表过的很多高质量研究,所以见到他我特别兴奋,还把自己拜读过的他的文章的名字告诉了他。5 位学者中,另 3 位女士是要去山间徒步的,只有我和蒂姆报名参加了皮划艇。所以我们下车后,就和 3 位女士分道扬镳了。我们和负责会务业务的旅行社领队德瓦尔德走在一起。德瓦尔德是荷兰裔南非人,但已经在爱尔兰工作了十几年。他的英语特别可爱,是混合着南非、荷兰、爱尔兰口音的英语,很难得听见。他带着我们去找教练,我们都换上了潜水服穿上了救生衣,在这已经有点天寒而又天生阴冷的爱尔兰,掉到水里去可不是闹着玩的!

波兰教练彼得(Peter)领着我们来到码头选艇。德瓦尔德问我和蒂姆要双人艇还是单人艇。我毫不犹豫地选择要单人艇。其实他们俩都想要双人艇。蒂

姆下水前才跟我说,他已经十几年没划过皮划艇了,想想一个人下海还有点害怕。作为唯一的一位女士,我吵着要一个人划一个艇,两位男士自然不敢说什么,肯定要以我为主,绅士风度必得保持。德瓦尔德说了:"以女士说的为准!"嗯嗯,多人、双人皮艇我都划过了,就是想体验一下不同的东西呗!当时有一念闪过:"我殿后了咋办?海上浪大会不会翻船?"

未及细想,他们已经出发了,我就跟着赶紧下水。哈哈,后来的事实证明,是我想多了!我不是"殿后"的问题,是落后太多的问题。他们三个划出去没多久就不见影子了,只剩我还在那里琢磨这么"有波浪"(wavy)的水,他们还管它叫"微风微波"(breeze)啊!抬头看看前面有峡谷一样的通道,心想:可能他们刚穿过峡谷吧,这样的海面不开阔,是不容易看到人,也许他们还离我不远呢!我一边拼命划,一边纳闷:蒂姆不是说他十几年没划了吗?不过他说他青少年时候还是经常划的,看来年轻时候打的底子最重要!自己两三次"玩票"的技术根本不起什么作用啊!

所幸,虽然风过波起时有过一阵惊慌,船没翻,还挺稳。彼得总算回来找我了!他为我鼓励加油后,大概见我还是进展太慢,最终把一根绳子绑在了我的皮艇上,拖着我往前划。哎哟,实在是很丢人哪!吵着要划单艇的人,最后却要靠人拉。想着要划双人艇的人,其实都很厉害呀!当我出现在蒂姆和德瓦尔德面前时,两人都为我欢呼鼓掌,说我很勇敢……呃……我汗滴额下海……太甜太会鼓励人了,令后进分子实在汗颜!

图2-15　丁格湾的划艇三剑客

直到我们在海湾停下休息的时候，我才有心思好好环顾四周。这海湾可真美啊！此时，一边陡峭的悬崖如一面墙把风挡在了外面，海面比较平静，另三面开敞的地方，却让我第一次领略到爱尔兰与众不同的美丽。海岸上都是崎岖而高耸的山，所谓崎岖，是指他们贴着海边的这一侧，全是垂直的悬崖，齐刷刷地坠落。而山顶却是平而阔的，直直地延伸向四面，上面是湿润的牧草，养育着牛羊点点。这于我是很新鲜的体验，翡翠岛，原来是这个样子的！只有从海中看才能感受到这样的视角！这实际才是我到爱尔兰的第三天呢！我终于看清了爱尔兰海陆特有的样子。

往回划的时候，不知怎的，我们到了一个很出乎意料的地方。皮划艇在海中登陆了！原来海里有一大片出露的低地，我们"触礁"了，不能再划了，需要把艇拖过去。我下船试着用力拖，人家勉强动弹了一下，我却已举步维艰了。哦哟，今天要啥啥不行，力气最末名！德瓦尔德见状赶紧过来帮我，我看他轻轻松松拖着两个皮艇往前走的时候，怎么觉得我俩拖的，不是同一个艇！算了，今天我就弱者扮到底了，就帮他们扛扛桨吧，好歹也让我有点事儿干！

回到丁格镇，我自认为我的划艇技术应该是得到了明显提高，因为手臂开始酸疼，肚子饿到贴着后背。作为唯一一名交费参加这一活动的参与者，我觉得今天的团员确实只有我一个，其他都是我的教练！

四、动静相宜的江河漂流

漂流（rafting）应该是我们比较熟悉的旅游项目，国内很多景区景点都有漂流项目。竹筏静漂，是最有中国风情的漂流。武夷山的丹霞碧水、九曲绕溪，全仗这一揽竹排，兜住那一帘幽梦；遇龙河的岩溶山水、错愕屏息，只借那一张竹筏，笼得你出窍的灵魂。

有时候，我会一跃水中，或只为一亲芳泽，投入它温润如玉的身体；或只为避开酷暑，洗去烈日当头的焦渴无味。写下这些文字时，那一帧帧的画面就从我眼前飘过：从 1997 年，和研究生导师及同门在张家界做规划时的茅岩河暴晒漂流跳水，到 2000 年贵州洪水过后，在水位高涨的不知名河流中的瀑布冲刷跳水；从 2004 年，在新疆喀什河和七名漂工共享的十一人橡皮筏白水漂流，到 2015 年在浙江天目山半人工河道的亲子水战漂流；从 2013 年武夷山的曲水流觞、竹排漂流，到 2020 年阳朔的蜿蜒流转、竹筏漂流——动静之美，山水之异，都可以在一席流水的东西漂荡之中网获。

这些漂流或者有筏上漂工护驾，全程保航；或者有河流阀门控制，沿途监管。

我唯一漂过一次既无船上漂工也无沿途监控的漂流,是在长白山西坡下的一处河流。

(一)长白山下的全家首漂

2012 年 7 月,我到吉林长春开一个旅游学术会议。会议结束后,丈夫带着女儿从上海飞到长春,我们一家三口启动了女儿的第一次长途旅行。我们报名参加了会后自费的长白山西坡行程,然后在西坡返程途中离团,从西坡坐火车到北坡,沿鸭绿江到高句丽遗址,经沈阳返沪。以下"野漂"的故事,发生在我们三人旅途的伊始,原文为我在携程社区中写下的游记。在游记原文中我写道:"这次一周环行,是有了宝宝以后第一次带娃自助游,宝宝不满三岁,特作此篇,也是为有小宝宝的驴友们打气,不要因为有了孩子就放下出游的脚步,只要安排合理,体力充沛,宝宝同样可以是精彩旅途的一部分!"这句记录,在今天看来仍有意义,也是我把这次漂流放入本书的原因。

▶ **2012－7－16 吉林,松江河镇**

从长春到松江河镇有 6—7 小时车程,快到松江河镇前有几处漂流,不在景区内,但管理漂流的地方看上去很混乱,救生衣很脏,厕所更脏。下午 2 点左右,我们开始漂流。先在一个售票处买票,拿救生衣,标价 180 元每人。拿完救生衣,我们上车,被带到另一处河流的中段。从这个漂流起点,我们开始了完全自助的服务。周围没有工作人员,我们自己在树林空隙处找桨,找橡皮筏,拖船下水。进了橡皮筏子,我才发现里面又湿又平,穿着裙子的宝宝一时不知该往哪里坐。幸好我们临时让岸上的游人丢了一块泡沫塑料下来,暂且给宝宝垫着屁屁。

漂流伊始,一切诗情画意。水流平缓,林中幽深,外面烈日当头,河流和筏子有森林的庇佑,一点不觉日晒。虽然有水流偶尔打进筏子,弄湿衣衫,但也算小有情趣,是慢板中偶有变化的插曲。甜妞很开心,我们和其他筏子上的同伴之间间或游离,但也常首尾相望,还能互相拍照。行程过半,终于看到两个工作人员,以为要拖我们上岸了。没想到他们没有来拉我们,而是提醒我们抓紧筏子两边的绳子。但觉一阵猛浪,瞬时水就狂扑到筏子里,鞋子等船内之物开始漂浮。在这股猛浪的强烈冲击波下,之前还在享受的宝贝开始大哭。从这里开始到结束,她一直喊着"不玩了"。筏子被激流撞得稀里哗啦,来回猛击河道两岸,仿佛在河中划 Z 字。河道两岸都是灌木加乔木森林,自由生长的高大树木和浓密杂草无人修剪,粗丫细软全部延伸到河流空间。我把甜妞紧紧夹在两腿中间,一边要注意撑杆顶岸,一边还要避让遮挡随时扑面而来的大树枝蔓。几次大浪来袭,我整

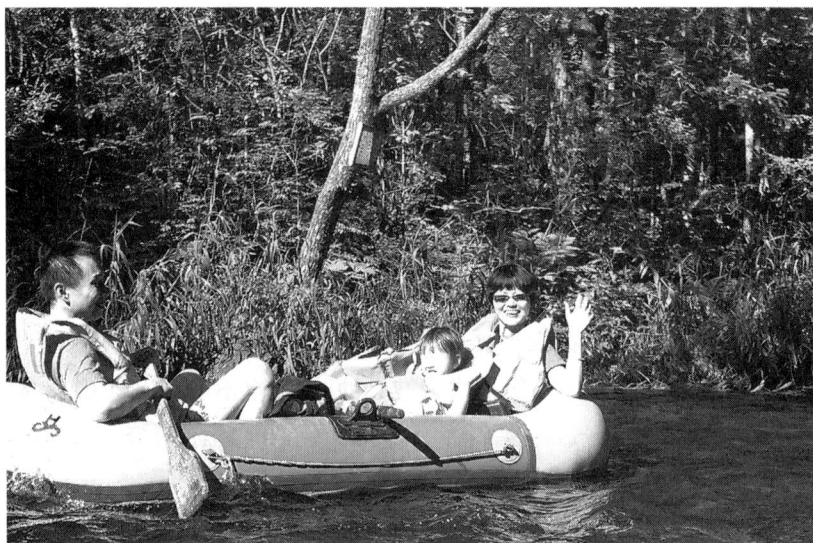

图 2-16　长白山下的一家首漂

个手臂都被树枝刮拉得火辣辣、脏兮兮的。我和妞爸坐着的下半身底部全部泡在水里，还要努力架起宝宝，尽量不让她的脚浸到水里。

　　本来，漂流湿身在南方根本不是问题，原来我想过，湿了跳进河里一游也无妨。问题的关键是，河水冰凉，仿佛是从高山上刚刚融化而流下的雪水。我的脚马上就冻得失去了知觉。虽然我尽最大努力护着甜妞，但是接二连三的大浪还是把她都浇湿了。她的屁股和腿也浸在了冰水里，又惊又冷中，她大哭着："我尿尿了！"可怜的小家伙，真的受到了很大惊吓！一开始有浪来袭时，我还笑着鼓励她说这就是漂流的刺激。现在，我也希望这遭罪的漂流快点结束！对着甜妞，我心里自言自语："尿尿了又有什么关系，反正筏子里面都是汪洋了，湿脏冷都已经占全了，也不怕再多你那一点！"嘴里却道："没事宝贝，很快结束了，就快上岸了！"

　　丛林遮蔽下的河流既没有很多阳光，温度也不高，总算被拖上岸的我们觉得就要感冒了。幸好上岸后的太阳还很大，我们找了一块没有林子遮蔽的间隙，在太阳下赤脚晒了很久，总算缓过劲来。甜妞甚至找到了一棵蒲公英，在阳光下吹了起来。她的裙子最薄，穿在身上很快就晒干了。

　　不幸的是，我们团里有两人的筏子翻了，老太据说差点没命。后面有人拔刀相助，跳下水去救，水虽然不深但是很急，三个人好不容易爬上来，鞋和筏子都顺水漂掉了。更绝的是，后来上岸的人一到岸就告诉了工作人员，竟然从头到尾没人去施救,这三人瑟瑟发抖了半天,决定自救,自己从山路走上公路回来的。据说后面一团的漂流者,又有三人掉下水去,而且还受伤送医院了!这乱象可以想见!

客观来说,这段漂流的自然条件是不错的。河流的上半段下半段各有千秋,前缓后急,景物和水流变化张弛有度,有赏景段,有刺激段。但是它太原生态了,又缺乏安保人员,安全隐患非常大。事实上,我们所经历的已经不是安全隐患了,就是发生了安全事故。漂流管理方除了收钱、提供筏子,基本没有什么作为。更蹊跷的是,漂流上岸后,团里的导游告诉我们,漂流管理方说我们带的两岁宝宝也要收钱。他说本来五岁以下的宝宝是不让漂流的,但是可能是拖我们上岸的工作人员看到了我们带着宝宝,事后又要求加钱。旅行社事先也不知情,在对方的坚持下,只好先垫付了,而且说收费比成人还高,因为保险费更高。导游要我们再付一百块,妞爸怒了,说让他们找人把保单送过来,要看看是哪家保险公司承保的,否则拒绝付钱。漂流管理方胡诌,买票、拿救生衣到上车的全过程,也没人不让我们带宝宝上船。漂流始发处没有任何注意事项和安全说明。旅行社的导游没什么经验,也吃哑巴亏了。

本来预计4点半漂流完就吃饭,让众人早点休息的,结果一众人"颠沛流离",折腾到8点多才吃完晚饭,各种气愤不表。

（二）莫干山里的激情水战

同样是亲子漂流,莫干山山谷里的激流漂流由于其合理的规划设计和有效的监管控制,带给了我们很高的安全感和很好的亲子体验。反法西斯战争胜利70周年纪念日那日,全国公休一天。我们和另外一家人凑足两天,开往浙江的山清水秀处玩耍。

▶ **2015－9－3 浙江,德清,莫干山漂流起点附近**

今天真正应验了何谓"塞翁失马焉知非福"!车开到漂流售票处后,只看了一眼神龙见首不见尾的长队,就预估我们很晚才能排上漂流。给提前预订好的县城酒店打电话,想推迟入住时间,却被告知没有收到携程订单。打电话给携程,跟我说抱歉,可他们也找不到附近的酒店。小长假,周边酒店全部客满,这是江浙节假日旅游的出行常态!

无奈在漂流点附近先找了个尚有空房的农家乐,回头再央求售票处让我们今日取票开漂。漂流者当真是乌压压的一大片,苦等两小时,目测每次同批下水的漂流筏近百。漂流道的高潮激流点为人工围砌,每过一闸都有人引导控制,保证一筏一过，因此不会出现漂流筏蜂拥堵道的场面。虽然过闸前我拍出的照片情形拥挤，其实那是因为人少浪大的时候，我没法拍照，两个手都抓着绳子呢，保命要紧！

漂流河道每隔五到十分钟有一个急流下坡的刺激，游客心无旁骛，早对拥挤度失去了感知。陡崖下坠俯冲时，浪打河水，直接从头入背、浇灌全身，纵然夏末的河水已温不凉，但日薄西山后的降温和山风，还是让人寒意顿生。漫长等候排队过程中去买了两支水枪，但设想中的"漂流大战"只能点到为止，不然四周没有"备战"的乘客们可能会脸色铁青。激情水仗主要在两个小朋友之间展开，大人们陪战，举手抱头抵御从天而降的水柱，点头哈腰，东躲西闪……

虽然不算是纯正的野漂，本次漂流的惊险程度倒也不次于野漂，其性质类似天然河流中的主题公园漂流。我们看到了河边洗衣石旁用棒槌洗衣的浣娘，我甚至还在层跌落水的场景中，联想到了金庸先生笔下渔樵耕读四人所居的飞泉流瀑之所！也正因为是天然河道，所以一路还是有几只筏子过激流时侧翻，好在工作人员能马上前去解围，人员安然无恙！我们都穿上了救生衣，我还给手机戴上了防水套。我们的船也差点侧翻，不过我后来想，即使侧翻，也就是多一个落汤鸡形象出镜吧！漂流管理方和我们自己的安全防护措施都是做得不错的。

经过一个多小时漂流，漂完上岸后很快天黑，我在瑟瑟发抖中庆幸：首先，我们能在天明时漂完全程；其次，好在我们"被取消"了县城的酒店，可以直接去村里的农家乐洗热水澡、更衣、吃饭，解决饥寒交迫的生存问题。吃完晚饭，甜妞居然问我："妈妈，你喜欢这个酒店吗？"我心里暗自嘀咕："宝贝，这哪里是个酒店哪！连老板娘都说这里太破，十一过完马上要推楼、翻新、扩建，做成真正的酒店呢！"我只好反问道："你呢，你喜欢吗？""我很喜欢啊！因为这河里有很多大鱼"（其实是农家隔了一段私溪养殖了供客人食用的鱼在里面），"而且，我们住在森林里"（因为旁边有大片竹林）！好吧！老妈没白白激发你热爱自然的天性，居然可以完全忽略房间里的简陋条件，迅速挖掘这里的闪光点！顿时对你爱意升腾！两个小家伙更吵着明早要再漂一次，大人们八目对视，面面相觑。有那么好玩吗？看来群众的眼睛是雪亮的，驴妈妈上的高分一致好评很有道理！

五、评价与建议

每次在国外参加皮划艇之旅，给我最大的感受就是：专业。不管参与者的水平有多"初级"，教练和装备总是"高级"的，而且会努力地帮助初级的参与者提高自己的专业水平。我在美国奥卡斯岛上也报名了一个海上皮划艇。因为甜妞的年龄不够,我好说歹说,教练也不让她参加,和教练待在一个艇上都不行。这恰恰体现了户外游憩发展的专业性体育运动的思路(有门槛要求,有技能提升要求),也体现了安全第一的户外探险旅游的管理方式。

在欧美划皮划艇给我的第二大感受是:别人的水平都比我高。划艇是一项普及性很高的活动,在欧美具有很好的群众基础。而在国内,我印象中只在西湖看到过皮划艇的划手,他们是从事该体育赛事的专业运动员。偶尔还见到一些团队或学校进行拓展运动,会开展划艇的活动。为什么在江河湖海各个水域上都可以很好展开的户外游憩项目,却没能在中国推广开来呢?这些体育专业运动员退役后,是否还在利用他们的专业技能在社会上谋求生存和发展呢?这可能是我们未来从事体育旅游研究的学者需要探求的应用性课题。

激流漂流也是一种兼具"软探险"性质的户外活动,但既然是一种"探险",就该有相应的配套设施和安全管理。从两组案例的对比来看,同样是无漂工的自漂,无论从前期规划和预警提示,还是从现场管控和人员防护来看,不同地区的漂流项目有天壤之别。长白山下的野漂,自然条件优越,但是管理乱象丛生,惊险频发;而莫干山谷的半人工漂流,虽然人流密集,但是管理有序,使得漂流全程趣味盎然。如果能够避开人流,选择一清早去河漂,相信我们更能体验鸟语花香、山林空旷的幽静。作为自助旅行者,事先做好预调研,可以最大可能地规避项目带来的风险。智能手机的出现,更有利于我们实现这一目的,查阅活动项目说明和网上评价变得触手可及。2012 年东北行时,我还没用上智能手机,不能随时翻看项目信息;而 2013 年有了智能手机和无线互联网后,在国内旅游要打破信息不对称,变得容易很多。这也是我鼓励大家多写评论的原因——每个人都可以为信息的公正和透明,贡献自己的一份力量,尤其当有价值的信息还很少的时候。

相对于白水激浪漂流(white-water rafting),静水漂流多在平静的湖面和河面展开,因而安全性要高得多。漂流筏本身不是一种"探险"的工具,而是一种"赏景"的方式,如前文提到的阳朔和武夷山的竹筏,均属于此类。它们不仅不惊险,而且还很悠闲——有人给你撑篙打伞,讲解风物。印象中我在国外的旅行中,只在剑桥的康河里,享受过此待遇,但是人家不管这个叫"漂流",而称为"平底船之旅"(punt tour)。

国外的"漂流"主要还是指带有户外运动性质的自漂活动,很多未必是"景区型"(不属于旅游,tourism)而就是"家门口型"(属于户外游憩,outdoor recreation)的,符合距离近、出行便捷、操作简单、容易普及和便于组织普通大众作为团队活动等特征。2002 年我在美国印第安纳州参加的漂流，就是在某个大农场边的河流里自漂，2012 年在加拿大离家不远的国家公园湖上划独木舟的活动，也有类似特征，都是学校或者相关团队组织的、在周边为大家的聚会而设立的户外活动，甚至会和烧烤、百家餐（potluck，一人带一个菜的饭局）结合在一起。这又是文化差异下产生的、对同一词的不同理解及其所带来的不同活动方式的体现。

第三章 行 走 陆 地

本章的自传式民族志叙事,对应"游走飞丫"中的"走"字;以"行"和"走"为主的旅行方式,对应"探险四界"中的"陆界"。这是所有旅行中最常见的方式,也发生在旅行中最常见的空间。本章聚焦探索自然和城市的六种不同陆地旅行方式,是所有背包旅行叙事中内容最多最厚重的一章。

第一节 徒步,雪山之下的膜拜

背包生涯中有过无数次山区徒步,选择哪些行程录入本书让我特别纠结。思忖良久,我决定还是选择我最爱的雪山作为目的地,以喜马拉雅山南北麓的各一次行走,去描述我对雪山的膜拜之情。

一、喜马拉雅山脉南麓的呼唤

我去尼泊尔的决定来得很突然,是因为读到一篇飞翔于喜马拉雅山区的公众号软文。因为长期研究背包旅行,所以认识一些业内人士,主要是老外,他们或组织国外青年旅游者到中国来旅行,或组织在中国工作的老外去国内外旅行,其开发的线路都比较小众而另类。这一公众号就是其中一家公司的集结宣传海报,"在喜马拉雅山上空飞翔"的广告语以迅雷不及掩耳之势席卷了我的全部注意力。我当时的第一反应是这一活动在西藏,觉得匪夷所思。西藏怎么还会有滑翔呢?不太符合常识啊!第二眼定睛一看,我才发现滑翔是在尼泊尔,当下蠢蠢欲动,想去报名这个团。第三眼再一思量,感觉这个团的费用偏高、时间太短、不够尽兴,于是我就开始初步调研自己前往尼泊尔的可行性。这一调研就好像发现了宝藏,不仅开辟了雪山徒步环线,而且发现了适合孩子的丛林项目——那我就带着孩子去拉练吧!就这样,我的想法经历了从参团到独行再到举家出游的变化,并研了加德满都—博卡拉—奇特旺—蓝毗尼—巴德岗—纳加阔特—帕坦—加德满都的 16 日环线。有趣的是,当我去尼泊尔驻沪领馆办签证时,发现了窗口外贴着的一张图,非常实在地把尼泊尔的亮点都标了出来,最终很顺利地让我自我肯定了一下。领馆图上是这样写的："加德满都——七大世界文化遗产保护地；博卡拉——雪山湖泊，亚洲瑞士；蓝毗尼——佛祖释迦牟尼诞生地，寻觅前世今生；奇特旺——世界自然遗产保护区；纳加阔特——喜马拉雅山最佳观景台，尽览雪峰胜景。"行程规划大致完成后，我还拉了一个朋友阿斌同行，并通过淘宝和朋友介绍等渠道，找到一些在尼泊尔的旅行产品卖家，确定了部分大巴的行程。更重要的是，确定了小孩也可以独自滑翔。这里记录的主要是尼泊尔行程中的雪山徒步部分。

▶ 2017-1-29 尼泊尔，加德满都—博卡拉

#D2 从加德满都抵达博卡拉#

喜马拉雅山的南麓，如果不是沿途的雪峰提醒我，单从植被来看，简直以为自己在印度尼西亚或是菲律宾。说好的冰雪王国只在远处。抵达博卡拉时正值下午3点，已经脱成了T恤单衫，十足的海南岛减湿版体感。住进了朋友的朋友投资合作的酒店，精致盎然的花园充溢着SPA精油淡淡的清香。美丽无边的露台聚拢了费瓦湖的清澈、鱼尾峰的袅娜和滑翔伞的漫天飘逸，突然有从加德满都的嘈杂市井荣登瑞士雪山湖泊之巅的连升三级之感！趁斜阳余晖，泛舟湖上，再次这山望着那山高地对湖上皮划艇的活动心动起来！

▶ 2017-1-30 尼泊尔，布恩山(Poon Hill)小环线徒步

#D3 在病体中拉开徒步帷幕#

在史上最差的状态下开始布恩山的徒步。可能因为在费瓦河泛舟时吹风着凉了，甜妞一晚吐了三次，把大床上能吐的地方都吐完了，让老爸老妈三更半夜起来拆床单拆被套，手洗各种大宗衣物，最后两小时只得三人挤在一张小床上，老妈几乎一夜未睡。

甜妞早起又一泻千里，东西吃不进，可怜兮兮，精神恹恹。问她还能不能徒步，她却点头说可以，在去徒步道的路途上，默默地流着泪、吃着药。徒步前半段，她时而闹着要爸爸背，到午饭时则躺在椅子上直接睡着了！我大概是因为睡眠不足加劳累过度，从中午便开始呕吐……向导超卓(Chatra)和背夫喜马(Him)非常担心，善解人意的他们为我们分摊了原计划自己要背的行李，好让妞爸腾出手来背娃。出来前就怕少带了衣服，徒步时可谓悔青了肠子。我身着户外加绒内衣走在路上，简直热疯！我汗流浃背地迈不开步，中午减装后又天气转阴，忽冷忽热。

我第一次使用登山杖,徒步由下肢运动转化成了四肢运动,虽然膝盖受力减轻,手臂、肩膀和背部却很吃力。由于一路背着背包,一直很好用的户外T恤第一次让我感觉排汗不畅,冷风一吹,寒意顿起,到晚上我肠鸣呕吐,被汗捂湿又拖降体温的各种不适完全显现。

甜妞午后却异军突起,虽然仍然拖着病体,食物少进,但在一路上坡中她表现勇猛,坚持从1 200米上升到了近2 000米的海拔。今天,真的为她感到自豪!毫无悬念,以后旅行最牛的达人是她,五岁不到出门爬庐山的勇猛已经吓怕众人,想要索要签名的,赶紧啦!

——虚脱中的妈妈苦中作一乐!

▶ 2017-1-31 布恩山(Poon Hill)小环线(写于2017-2-2)

♯D4 病死他乡的恐惧,冰火两重天的考验♯

布恩山小环线徒步的第一晚,入住冈杜克(Ghandruk)的西蒙客栈(Simon Guesthouse),据超卓说这是山区条件非常不错的一家,有独立的卫生间和太阳能热水,手机信号也很好。安娜普纳山脉共有五座主峰,其中安娜普纳一峰海拔8 000米以上,是世界第十座高峰。客栈开阔的露台正对安娜普纳南峰(Annapurna South),早上足不出户就可以欣赏日照金山的壮美景色。当然这些都是后话。

其实那天大半夜,我在冰冷的床铺和马桶之间反复徘徊、又吐又泄并伴随着生平头一次出现的剧烈腹绞痛的时候,突然产生了我可能会客死他乡的可怕念头。同时我脑中飞转的是:隔天是不是只能打道回博卡拉了?每半分钟出现一次的腹绞痛,让虽然盖着鸭绒睡袋的我直冒冷汗,丝毫感受不到被窝的暖意。凌晨1点多,实在无计可施的我想到了百度求自救,在排除了需要靠药品和热水等无法触及的资源等诸多方案后,想到了用热贴捂肚子的点子。我找到临走前收纳的、从未用过、已经过期的热贴,敷上热贴后不久,极度疲惫的身体好似感受到了它慢慢释放出的热量,手脚、睡袋都逐渐有了温度,大概两三点,我昏睡了过去。

晨起,耗尽了所有水分的我,觉得腿脚是虚软无力的,但日照金山的光芒和回看朋友圈得到的鼓励带来的力量还是惊人的。虽然一天十小时的徒步对此时的我显得有些遥不可及,但没有退路,只能前行。

甜妞这时精神已经恢复大半,但我知道这天将是自顾不暇,仅求自保:超卓和妞爸尚能偶尔背负甜妞,但绝无可能背我上山。当持续上行走完第一个两小时的时候,我直奔进了路边的卫生间。腹泻仍没有止住,体力完全跟不上,我深刻焦虑自己的状态。我努力跟上大家的进度，完全凭意念和斗志在和一路回旋的肠鸣和屏弱的四肢做对抗，保持表面上的镇定。

午饭时分，刚从山上下行走顺时针环线的驴友看到我们略微担心，说前面的路相当难走，还问我们有没有带头灯。我心下很着急，虽然带着头灯，可这个季节走夜路实在是最下策。可能是本能激发的反应，午饭后我开始加快速度，连甜妞都在叫妈妈为什么走那么快！可是没走几步，开始意识到驴友所说的难走冰路是什么了！踏上完全冰封的陡峭台阶，身体不由自主地下滑！第一时间喊停超卓，告诉他我们必须取装备(gears)。也许他没有见过什么冰上装备，或者他不认为情况有多严重，他没有马上停下。我回头拦住喜马，取下节前淘宝停止发货前购置的最后一项装备：冰爪。三个大人套上冰爪，爆发出强大的冰上战斗力！一路碰到的唯一一个大团在下山过程中战战兢兢尖叫着，让我暗自感慨这最后一眼瞟到攻略的幸运！其实网上攻略更新多不及时，和实情相差甚远，比如唯一一篇提到需要冰爪的攻略所说的一个多小时的冰路，在我们上山途中就变成了三到五小时。各人所到的季节、温度差异很大，判断和经验都很重要。我和小伙伴们说，下山后，一定要把冰爪送给超卓和喜马，让他们首先在保障自身安全的情况下去救助他人。

画风突变中，亚热带的喜马拉雅山区景观一下子真正进入了冰雪王国！从1 900米上升到3 180米，一路上愁云惨淡，阴风阵阵，我再度担心降雪，裹紧的

图3-1　我们的雪山向导和背夫

羽绒和外套仿佛抵御不了这种寒冷,唯有拼命移动才能保持热度。甜妞彻底跟不上了,她徒步以来进食很少,体力和身体也没恢复,开始哭泣。妞爸这时候显示出威武,背上甜妞断续攀爬。超卓则拿上了他的背包。虽然到达当天最高海拔时,我们什么也没有看到,其实我内心还是庆幸当时没有大雾乃至更糟的天气,使我们最终在6点天黑前抵达了戈瑞帕尼(Ghorepani)。

超卓应该是很贴心地为我们订好了村里在路边的第一间客栈,虽然,当时,在那样昏黑而停电的场景下,那很像一家黑店。但从楼底辗转入三楼同样昏暗的炉火旁、看到围坐炉边烤火的"八国联军"驴友时,才恍然大悟这里果然有人住! 没有信号,没有电,只有发烫而闪烁的炉火,在为我们这天的表现叫好吧!

朋友圈评论:

1. 这是拿生命在旅行啊! 祝愿你和甜妞快快好起来! 妞爸棒棒哒!

2. 太强悍了! 看得惊心动魄啊! 早点恢复,注意安全啊!

3. 你这真是为了理想奋不顾身啊! 看得胆战心惊,双腿发软!

4. 腹绞痛是不是胃空了引起的? 多保重啊!

5. 那里太脏了,拉肚子是比较常见的,尤其体质虚弱的儿童真不适合去这种地方。

6. 什么样的信念支撑着你,太危险了,还带着甜妞一起冒险!

7. 有过这次经历的甜妞肯定成长收获不少,也许是隐形的,但对未来肯定帮助很大,这个比考一百分重要多了。还有亲情的升华,趴在爸爸背上走完那段对孩子来说是很温暖美好的回忆,更不用说还是在处境困难时。

回复:

1. D4数据回顾:10小时行走23千米路程,海拔从1900米上升到3180米,然后再下降到2800米,包括近一半路程是冰雪路,80%以上的路是较陡台阶,我在前所未有的羸弱身体状态下完成,绝不希望有下一次! 我恨台阶路!

2. 强烈感谢大家的慰问! 这是前天的情形。前天晚上信号和充电都没有,还需要第二天一早就起来看日出,是绝无可能写下这长段文字的! 现在大家都平安,并且经过前天一天的剧烈折腾后,昨天居然都快恢复了。不是西藏那样的高反,如果是高反,我肯定止步了,克服不了。再次感谢大家,这也是一种不会再有的体验,至少,希望不要再有了!

3. 不知道啊! 当时真是很恐惧,还在想谁能把我抬下去,抬下去估计也太晚了……生病时就会胡思乱想,实在是没有热水瓶,也没有带保温杯,身体脱水,口渴得要命,又冷又痛又拉肚子,总之,各种难受。

4. 本来不病不会这么狼狈，可是偏偏在身体这么差的情况下碰到强度和难度最大的一天！布恩山环线其实还挺大众化的。就是想带甜妞去锻炼一下，希望她能强大，以后带着我玩！

5. 真不是因为吃东西，两人都是因为肠胃受了风寒，冷热变化大、风大、出汗，极易受凉。甜妞体质可以的，2013 年 7 月以来几乎连感冒都没有过，只在今年年初发过一次小烧。今天这里过来一个中国冬令儿童团，全部要去走那条线的。

▶ 2017 - 2 - 1 其一 布恩山峰顶（写于 2017 - 2 - 2）

说好了的看大片不知何时变成了惊悚片，其实这真是一条大众徒步旅行路线，不信看看我第五天登顶布恩山的日出复活照吧！扯来尼泊尔驴友的国旗，与世界第七高峰道拉吉里来个亲密接触！

图 3-2　道拉吉里雪山前

朋友圈评论：
满血复活啦！

回复：
没有满血复活，当时只是复活而已，不然腿还能抬高升平点吧？看完日出下山，回到当天的客栈，第一次在环山以来感觉到了饿！凄惨的是，才吃饱了两顿，胃病又犯了，正捧着垃圾桶吐……大概是在山里顿顿吃汤面的后果。可是他们的汤面都是方便面，而我生病时除了汤面啥也吃不下。

▶ **2017 - 2 - 1 其二**（写于 2017 - 2 - 3）

♯D5 日出布恩山♯

前一天晚上没电没信号，终于过上了质朴"原始人"的生活，去顶楼的餐厅集聚烤火，热乎了以后再回房间睡觉。带来的便携式洗脚盆总算派上了用场，在踩得咯吱作响的房间地板上来回接水泡了个脚。山里房间的被子总是潮乎乎的，又厚又重，铺在说不清是大床还是通铺的地方，很有古老年代感的样子。甜妞说："妈妈，我不喜欢这家酒店……"我哑然失笑："这不是酒店，宝贝！这是家客栈！"好在我们有睡袋还有睡袋内胆，喜马背了一路，每天都发挥着它的价值。睡下时候已经不早了，因为所有住店的驴友都是要去看日出的，也不怕第二天早上起不来，这木头房子的隔音全能透出脚步声，就是为了当闹钟用的吧！

早上自然是黑天起床，甜妞的病体尚未痊愈，加上又没睡醒，自然是爬不动的。妞爸经过昨天一天的折腾，也背不动她爬山了。超卓这次真是掏心掏肺地好，这一路上坡，见妞爸撑不住了，背了甜妞大半程。我们的男同伴阿斌也很有担当，一直都着我们背包。本来向导是不管行李的，更别说背孩子了。向导只负责带路和聊天，因为他会讲英语，算是有专业水平的。挑夫喜马也很好，只是他靠体力吃饭，完全不会英语。喜马是蒙古族人，很有力气，据超卓解释，喜马（Him，也有"他"的意思）是喜马拉雅（Himalaya）的缩写，无论简写还是缩写，都是很有意思的名字！喜马看日出时并不上来，因为我们看完日出还是要回旅店的，不需要背行李直接走。我们一行五人离得很近，即使离得不近，也能知道怎么走，因为一路上都是往那里爬的驴友。我的状态好多了，虽然仅限于照顾自己，也不需要背包，但是更多的时候走在了前面。

我们大概爬了一个多小时，终于走到山顶时，那里早已集结了大队人马。好在这里的山顶很开阔，所以并不显拥挤。它不是一个平台，而有点类似于一条山脊线被拉宽了的样子，一头可以看日出，一头可以看朝霞。最让我惊喜的是，发现这山顶居然有小卖部，而且出售热巧克力！赶紧给五人每人买了一杯，提神去寒气！甜妞还是病恹恹的样子，她这两天没怎么吃饭，也是又拉又吐，对看日出完全提不起兴趣；加上她是被背着上来的，没有运动，总是叫冷。幸好我们背了羽绒睡袋上来，就把睡袋披在她身上，把她裹了起来。她坐在一个凳子上，手里端着热巧克力，蜷缩在睡袋里可怜分分的样子，又像一尊小佛，看着很是让人怜惜。

山顶人群有骚动时，就知道太阳要出来了，于是我们来回奔跑，仿佛要把日

113

照环绕周围360°雪山的样子都刻进脑海里。所有的人都很兴奋，是啊！这可是喜马拉雅山脉群中的日出啊！我此刻好像经历了西游记中唐僧的九九八十一难，终于取得了真经！往来各种跳跃自嗨，留下疯照一箩筐！

▶ 2017-2-1 其三 布恩山小环线（经留言和回忆整理）

看完日出回到旅店后，我们很好地吃了一顿早饭，感觉元气在慢慢恢复。布恩山是小环线的最高峰，在这个点以后，主要的路线转为下行方向。虽然台阶仍然时上时下，但整体行程还是轻松一些，行走速度也快了起来。路上没有了积雪，天气晴好，沿途一路分布着村庄，可以随时喝茶、吃饭、休息。下山由于膝盖受力更多，除超卓外，我们四个大人（包括喜马）都用上了两根登山杖。事实上，这是我第一次全程使用登山杖，而且是全程用两根登山杖去爬山。以前，我从来认为登山杖是个负累，只有这次真正觉得登山杖帮上了大忙。甜妞的精神也恢复了很多，这日早饭后全部都靠着自己走，还用上了一根登山杖。

习惯了北美徒步道的土路，我们俩都讨厌爬台阶路。我叨叨着说："早知道这里都是台阶路为主，我就不来徒步了！"曾经想过这次只是个小拉练，如果以后能有机会，再转个ABC环线①。这条环线需要15天，而我们这次尼泊尔行程总共只有17天。但一看布恩山沿途都是这样的路，我觉得这个远大抱负可以直接放弃了！自从2003年在梅里雪山徒步三天时伤了膝盖，我对台阶山，尤其是下山路，都有些敬而远之。虽然我仍然可以爬，但是内心已经不太喜欢了。反正五岳三山、四大佛教名山基本都已走过，张家界也住了二十多天，好像也没有特别需要去爬的台阶山了。我跟甜妞说："下次你可以自己来走ABC线，妈妈就不陪你啦！"她当时有没有回答我、怎么回答我，我已经忘了。但是我心下还是很肯定她以后还会来的。如果说这小妞有什么特长是我一手培养的话，那对徒步的爱好和吃苦耐劳的本事，可以算作确凿的一项。

这一天的行程比较宽松，也可能是起太早的缘故。傍晚前我们就到达了旅店，洗洗弄弄，还有时间让甜妞写下了日记。她依旧不喜欢这里简陋的山间"酒店"，问我回到博卡拉以后，我们是不是还住来时的那个酒店——就是被她吐满床的酒店。得到我肯定的答复后，她总算安心了。说实话，小家伙的要求并不

---

① ABC全称为Annapurna Base Camp，指安娜普纳大本营徒步大环线，是尼泊尔喜马拉雅雪山地区最为著名和受欢迎的徒步线路之一。

高,她还没从词义上区分出"酒店"和"旅店"的差别来呢! 此时已有了信号,提醒她赶紧给最爱的语文和英语老师发拜年微信。在喜马拉雅山区,用尼泊尔语给语言老师发语音问候微信,也是很有趣而有意义的事情呢!

▶ 2017-2-2 博卡拉

♯D6 爬回我们的洞穴♯

做了四天野人后回到我们的"旅游者飞地"(tourist enclave),写不动也爬不动了。唯一能想到的是:爬进中道(Middle Path,我们的酒店名)去做个按摩,在这样甜蜜的"家外之家"……

朋友圈回复:

人还是城市化的动物啊! 一路上,回来住这个酒店成为鼓励甜妞前行的动力。小家伙头一次写了满满三页的日记,断续写了三天,曾看了第一页,什么冰雪王国、亲近自然,通通没有看到! 第一次看到她写出了内心感受:除了困就是累……

此后在尼的行程,有丛林,有城市,有宗教圣地,只在中后段又一次回到了雪山群峰之中,主要为观景,而非徒步,此处摘录两小段,仅供与徒步段雪山体验作一对比:

▶ 2017-2-8 巴德岗—纳加阔特(Nagarkot)

♯D12 纳加阔特的日落♯

纳加阔特,据说是世界上唯一一处可以看到八座八千米以上雪峰的地方。仔细对照了一下示意图,应该是五座,包括世界最高峰珠穆朗玛峰。只是雪峰有些遥远,手机拍摄无法企及目视效果之十分之一。对照前些天的布恩山山顶,纳加阔特和喜马拉雅的亲近程度,还是无法与徒步后的胜利果实等量齐观的。但穿着汗衫、脚踩亚热带、远离高原反应找到的平视世界屋脊的感觉,世界上没有哪个国家比尼泊尔更有优势了!

朋友圈对话:

友:居然看到了! 我去的时候阴天,什么都没看到! 纳加阔特、本迪卜尔都去了,但体验不好!

我:全凭运气(人品)。看雪山受天气影响很大,我们徒步回到博卡拉就看不到鱼尾峰了,一直多雾(霾)! 看天吃饭的观景,总会有遗憾! 再来吧! 北坡远看喜马拉雅更壮观,雪线低。有机会ABC走起啊!

二、神山冈仁波齐的朝拜

如果说去尼泊尔的决定是灵光乍现，那么朝拜冈仁波齐则是我一直以来的夙愿。转山之前，我常想，如果这世界只有一座山我可以去膜拜的话，那一定是冈仁波齐。2020年8月一个偶然的机会，一起练习瑜伽的一位伽友告诉我，她要参加国庆期间的冈仁波齐转山团，我如获至宝！因为疫情的关系，我还大费周折地提早向单位请示和报备，终于在2020年9月29日，踏上了前往圣山的旅途。我的12天阿里南线加转山行程为：拉萨市—羊卓雍措—日喀则市—佩枯措—萨嘎县—玛旁雍错—普兰县—札达土林—古格王朝遗址—札达县—托林寺—塔钦县—冈仁波齐转山—塔钦县—萨嘎县—日喀则市—扎什伦布寺—拉萨市。本部分只选取了跟徒步转山直接相关的三日行程，以展现雪山朝圣之酸甜苦辣。

▶ 2020-10-1 中国，西藏，日喀则

#永生难忘的双节#

羊湖和卡若拉冰川后，我在车上把能吐的都吐掉了，直到酸水苦水并出，我扛不住了，向组团方领队飘驴申请了一小罐氧气。刚刚吸完，恰好到了酒店，我连提行李背包的力气都没有，勉强支撑到房间，啥也不想干了。队友们都出去约饭了，我的愿望就是能够喝下一包藕粉，然后不要再吐出来，可以接着服下专业户外队友游牧人支援给我的白加黑。我深感愧疚，全团年纪最大的室友凤梅，反而需要来照顾平时一贯"女汉子"而此刻无限屏弱的我！泡上一杯她带来的藕粉，想起给团友若水发微信，告诉她我要去拿药。正在药店购物的她，帮我捎回微信圈友嘱咐我需要加购的阿司匹林和助眠药物。片刻，正在和室友吃饭的团友雪莉发微信来，说要来看我，传授了我用开水加穴位按摩刺激、迅速治疗感冒的秘方。神奇了，埋头在开水杯内两次，按着鼻腔深吸长呼后，喝下藕粉后的我，一直想吐的感觉没有了。这是一个能人众多的团队，经验丰富的瑜伽导师和户外领队简直肩负起了半个医疗队的职责，让我在如此凄惨的中秋，不看月亮也感受到了圆月的温暖和力量。

今天过边防站时，我是全团唯一一个因"体温异常"被截下的人。我坐在座位上苦笑，身体的不适令我有些胡思乱想了。21位队友的温暖，让我再次感受到雪域高原的纯净明媚。高原上的太阳是火辣的，人间的温暖却是刚刚好的！今晚，我要睡个好觉，做个好梦。

▶ 2020‑10‑6 其一 中国,西藏,阿里,塔钦

#D6 转山,圣山之行正式拉开帷幕#

早起为我的新战马(徒步鞋)洗漱,这些天,我努力地在和她建立感情,希望她能助我完成两天22+33千米的转山行程。这是我一个崇高的人生理想,也会是异常艰苦的一段。最大挑战来自它的海拔:4 700—5 600米(也有人称最高点过6 000米)。陆续上车的团友们背着背包东倒西歪,每个人都有同一个疑问:已经精简不能再精简了,怎么还是那么重?瑜伽美女领队说得形象:"哦哟妈呀!背上这包我就高反了!"带上我曾上过喜马拉雅山南坡的登山杖,又一夜没睡(着)的我,将借勇气而上!

▶ 2020‑10‑6 其二 冈仁波齐转山之路

#实时,报平安#

抵达第一站:经幡广场!神山知道我心诚,等了20年,走得很轻松。与高山协作第一位一同抵达经幡广场!撤下背包,浑身轻松,感觉快飞起来啦!

▶ 2020‑10‑6 其三 冈仁波齐转山之路,止热寺

#D6 转山第一天22千米#

虽然知道今天不是最累的一天,但是负重高海拔行走还是把我走残了,肩膀、脖颈完全不属于自己,最后不得不经常放包下来休息,顺便做笔记。

风很大,只要一没快速切换头巾,头就开始痛得不行。打开头疼散,被风吹走了一半!喝了五小瓶葡萄糖,含了五片西洋参含片,吞服两片携氧片、两片红景天胶囊,然而,依旧没什么用……

除了黄土石子还是黄沙荒漠,路总在远处,看不到尽头,走路时只敢看着脚下,看着看着眼睛都发花了!

最有用的激励疗法,是抬头看看冈仁波齐。尽管有时我并不能看到它,但是看得到的时候,它都离得很近,仿佛可以徒手攀爬上去一样!记得在玛旁雍错旁,终于得见其真容时,它就是一直以来"读你千遍"的照片中的模样。而我在现实中发现最为奇特的是,对面的喜马拉雅群山雪峰连绵,遥相呼应的冈底斯山脉则似荒山相连,只有第二主峰冈仁波齐雪峰突显,威风凛凛,与周围的山峰迥然不同。如今近在眼前,冈仁波齐的圆冠金字塔样貌,无形中提醒着众人,它就是宇宙的中心,如群峰拱日一般,地位不可动摇。

偶尔我下到河谷去洗手，冰川水清冽但冻手，可以使我嗡嗡嗡的头脑清醒一下。信徒们的三步一磕依然是最令人动容的，常常路过时对他们说一声"扎西德勒"，算是自己能对他们表达的唯一慰问和敬意了！

今天最有趣的事，是路遇一匹狼。偶遇的别团藏族司机指给我们看的时候，我仍熟视无睹，跟石块一个颜色啊！看清楚以后第二件事，我紧张地问："它会不会穿过河来呢？"保命重要啊！

我应该是全团唯一看到且拍到狼的人。22人进山，2人退出，整个队伍拉得很长，总之走到后面，我是"前不见古人后不见来者"，想指给我们团的人看狼，可等半天，狼都跑了，也没等到我们团的人。全队一共有两位藏族高山协作领队、两位户外专业领队，还有两位从沪杭抵藏、具有户外领队资质的专业驴友。但是，自经幡广场以后，我却一个也没看到！好在，一路上都有磕长头的转山藏民，除了陪伴，他们带给我的更多是心灵的震颤！

等望见河对岸红色寺庙的时候，我知道是止热寺到了，终于有了盼头，脚下步伐却更沉重了……

今晚希望能够睡个好觉吧，不然明早5点爬山翻垭口的33千米可怎么走啊！

朋友圈评论：

1. 朝圣的路，每一步都算数。

2. 人因信仰而伟大！想起了电影《冈仁波齐》。

3. 太挑战了，咋觉得是甲方乙方再现，进入梦境了！

4. 那头真的不是狐狸吗？

5. 不包车吗？你们这样太虐了吧？

回复：

1. 是狼不是狐狸。因为我找人访谈，边聊边走。两位藏族司机指给我看的，我自己也看不到。我身后几步之遥，一个人一直向着对岸拍照，结果她说她不知道有狼……一般当地人眼尖、敏感才能看到，跟石头一个颜色，谁能知道啊，只能说我运气好！

2. 包车干嘛，就是过来徒步转山的啊，这是多年来的夙愿了！

▶ 2020-10-6 其四 止热寺对岸招待所

#抵达止热寺#

转山行程中标识着夜宿止热寺，其实我们入住的，并不是止热寺，应该算是止热寺对面的招待所，虽然它也没挂牌。条件比想象得好，居然是四人间而不是通铺。只是旱厕在室外很远的地方,房间很冷,大家都到公共大间的炉边取火。想起徒步时看到的帐篷,不知道露营的是谁,如何忍受这巨大的昼夜温差呢?

团友有几个走到河对岸的止热寺去了,多走了两三小时的山路,累垮了……一肚子的怨气。也是啊! 出发时没人跟我们说过住宿的具体地点,不是在路口正好碰到要回去接应的阿肯,我肯定也要想办法走到河对岸的止热寺去!

房间是冰冷的,于是大家都到烧开水兼餐厅的地方烤火取暖。围坐取火的时候,发现这里的经营者,藏族同胞,听不懂汉语却能听懂英语。这是怎么回事呢? 户外领队说,往年这里尼泊尔、印度过来转山的人多,所以能听懂英语……逗我玩呢! 难道印度人转山的比汉族人还多?

我讲话时,脑袋都能听到自己的回音,喉咙开始痛了起来。西藏的自然条件实在太恶劣了,和四五千米青藏高原边缘的徒步全然不是一回事。别的地方是看山、看水、看森林冰川,这里是看土、看沙、看冰雪。所以一位受访者说,来这里的人如果没有信仰,就是身体和精神的双重折磨!

由于招待所里除了烧开的滚水,没有其他可用的水,我一边烤火一边用小棉片沾着三合一的卸妆水和湿纸巾洗脸。当然,并非因为我化了任何妆,而是脸上防晒霜涂了一层又一层。当我干洗完脸开始用开塞露(甘油)擦脸时,一直和我聊着天的薇薇安突然眼前一亮,问我还有没有多带,"要新的,你懂吗? 我不用来擦脸涂手,我已经几天没敢好好吃东西了……"好吧! 我懂的! 可是我带的东西都只够用一晚的,确实没有! 这种地方旅行可不是一般的遭罪,你什么情况都要考虑到啊! 看到她带了一大包化妆袋,除了多余的重量却没有几样实用的东西,我只得摇头叹气……

朋友圈对话 1:

友:经历这个之后应该看开了吧,啥都不是事儿了!

我:是啊,不一样,这朝圣就是来自虐的,不是来看风景的。

朋友圈对话 2:

友:你太牛了!

我:你的意思是自虐很牛?

友:不是谁都有资格以这种方式自虐的。

▶ 2020-10-7 其一 冈仁波齐转山之路

4点多就被同屋的各种袋子整理和徒步鞋反复踢床脚的声音给弄醒了,起来吧! 说好 5 点半出发,闹钟本来调到了 5 点起床。因为没水,也没啥可洗漱的,起来只是整理了一下睡袋和行李。看看外面没有我团人员的踪影,又用一点点热水刷了刷牙。来回进出了好几遍，5点就看到"游侠客"的团出发，然后眼睁睁看着其他团队陆续出发，我们却还在原地……急！

等到我们团的人凑齐，领队浪子如昨日出发时一样，带着大家做了下拉伸预热。做完，我赶紧让他再检查了一下我的登山杖和背包，重温了一遍昨天他跟我说过的登山杖的使用细节。我太紧张了！一方面是因为即将到来的挑战，另一方面也是因为昨天这背包拉得我肩颈周围都紧张疼痛。

飘驴昨晚在转山确认群里发了公告，说明了今天的详细线路，里面写到过垭口的这段路，也被当地人称为"死亡之谷""地狱之路"，所以请大家务必考虑清楚，想放弃的，可以直接坐车返程。5:45分走出大门前，我听到一位男团友对另一女团友说，现在如果有人拼车一起回经幡广场，他就不想走了……我内心各种汗如雨下……

朋友圈对话：

友：感觉这是做生死抉择！

我：呵呵，是的！

▶ **2020-10-7 其二**

图3-3　和喜马拉雅小精灵的邂逅

＃无数奇遇的一天＃

第一次睡在了海拔5 200米的地方，第一次和藏族大哥、小弟翻越5 640米的垭口，第一次和一位出家法师深聊了1/3的行程，第一次吃压缩饼干和冰川河冰，第一次抚摸土拨鼠、拍摄它们的洞口，第一次指导小帅哥野外徒步……遇到许多非常有个性的受访者，还拍下了很多纪录片片段！（我唯一遗憾的是手机不停报告内存已满，微信无法使用。）

冈仁波齐转山，太幸福而神奇的一段经历，大概需要动用今后两天车上所有醒着的时间，去写这两天的故事！

朋友圈评论：

你就是一架逆风而上的战斗机，

不服谁就服你!

回复:

谢谢大家!凌晨睡下,什么药也没吃,一口气睡到 8 点 20,到车上才来得及看到那么多赞!统一回复:土拨鼠当然是野生的,学名旱獭(可能叫这个名字大家更能接受一点),有些比较警惕,比如我前面视频拍到的三只。照片上这只和人特别亲近。我们是看到藏民都在喂它,它还巴巴地拜着,我们才过去喂它吃东西的。确实可爱得像家养的宠物一样!我也就去"多揩了点油"(上海话,意为"多占了点便宜"),但没去碰触它的嘴和牙齿的地方,只是摸摸它柔软的皮毛!地上到处都是它们的洞,还看到了兔鼠,个头小得多。

朋友圈对话:

友:旱獭身上的跳蚤是某些传染病的传播途径⋯⋯所以不仅仅是嘴和牙齿,连皮毛都碰不得的!它们只是看着健康,疾病的传播风险还是很高的⋯⋯建议做好消毒!

我:谢谢亲,刚刚跟全车人播报了你的友情提醒哈!不过已经晚了,都摸过了⋯⋯

▶ **2020‐10‐7 其三**(补录于 10‐8)

#D7 冈仁波齐转山,此行的目的,幸福的一天(1)#

5 点三刻,我团队伍陆续出发,见我的第三小分队领队迟迟没有动静,我就跟着已离开的大部队走了。事后我才知道,浪子是负责压阵保护几名垫底队友的,小分队实则不是行动队伍。总之,走出去之后,距离马上会拉很开,即使刻意走在一起,体能的差距也会自然形成距离差距。一迈开步子,靠的就只能是自己的头灯和脚下的两三步可见路。偶尔想看清楚行进的方向,才抬头照远。漆黑中,后有星星雪峰,前有土路或乱石岗,依稀光线中,会超过两三人,也辨不清楚是谁。有时看到远处有头灯打出的光线在闪烁,才知道自己不是独行者。

我的背包一直把我摇动得像企鹅一样晃来晃去,土路好走的时候,我干脆闭上眼睛,感受自己企鹅式的行走,静听自己的登山杖和徒步鞋节律性地和大地连接的声音,这些规律性的动作和声音能给我力量——此时它们就是我的亲密战友,我闭着眼睛可依靠的朋友。

独自行走一段后,我发现了一位修行的师傅,前一天我便看到了她,但犹豫着怕出家人有什么忌讳,没有主动和她打招呼。这时我回头和她问候,结果发现她很随和,于是我便试着问了她一些问题。虽然上坡很累,但是她也尽量在回答

121

着我。于是我们一路走到了第一个休息站，喝了点我的红糖热姜茶，便继续前行。

心亮师傅让我先走，于是我慢慢走上了坡度更大、风速更猛的那一段。此时日出开始，我不停地想掏出手机来做些记录，但每一次掏手机都是历练：手是冻得发僵的，要绕开腰负很紧的背包带，从 1/2 的冲锋衣侧袋中拉出手机，然后解开手套，把不听使唤的手调整按压到想拍摄的角度，然后再按次放回，每一次都不是一件易事。所以，今天听有的团友说，他们全程几乎没有拍照，手机满格电，因为没有力气和精神拍照。

我在屡次停下的过程中，慢慢被一位藏族大哥赶上。我见他汉语不错，决定跟着他走（访谈）上一段。大哥单纯而友善，耐心地表达、回应着我的十万个为什么。我看他给磕长头的人布施，便也如法炮制，解下背包，艰难地从内袋里去找我的现金。可能是这一举动拉近了我们的距离，上垭口的过程中，大哥一直对我不离不弃。我教他如何用手机帮我拍照，几次三番，直到他的手指没有再出现在镜头里。连续乱石上坡，我气喘得厉害。他从口袋里掏出一把类似植物根块的东西，让我拿一块含在嘴里翻山。我毫不犹豫地丢了一块在嘴里，硬邦邦的，但它随着嘴里的温度而软化，很快泛出一丝很微弱的甜味。始终不知道那是什么，这块"灵芝"有点罗汉果的味道，一直到下午7点半彻底走出转山路，我才把它完全咀嚼干净、吞咽了下去。

并不是每位转山的藏民都磕长头，但基本不磕头的藏民都比汉人走得快。除了补给站，我也几乎看不到他们在路边休息。虽然上坡气喘，但是我坚信只要没了高反，我的耐力不是问题。大哥给的"灵芝"好像真的缓解了我的头疼——是被风吹坏了的那种头疼。

整个过垭口的过程中，我并没有觉得累，很习惯于这种爬山的感觉。唯一的痛点，是刺骨的冷。手脚完全失去知觉，我一度觉得我的脚趾快要冻掉了。此刻，我完全理解了为什么爬珠峰时，很多人会因冻伤而截去手指脚趾。因为徒步时移动速度不可能很快，事实上，是很缓慢持续的行走，人自身运动产生的热量不足以抵御雪域日出前的低温。正对着的就是永久冰川，我根本感觉不到高帮徒步鞋和厚羊毛袜带给双脚的呵护，我觉得自己的鞋里就像冰窖。我一点不敢停也不想停，怕一停自己就成了《冰山上的来客》里的那位冰冻战士。原本准备过卓玛拉垭口用的氧气瓶，完全成了摆设，虽然遇见的队友吸氧的场景提醒了我那罐氧气的存在，我却没有一丝一毫打开它的欲望。

冰冻之行，在见到经幡阳光的那一刻，一下子被化开了！除了那温暖的太阳融化了所有的不适,我甚至要反复和周遭其他不认识的驴友确定这就是最高点了!一位驴友的手机显示 5 640 米。除了冷,这段号称"死亡之路"的徒步段比我想象的要容易走得多啊!我看到这里悬挂祈福的经幡四处飘扬,而面前的两位藏族姑娘开始挂经幡,确认无疑,到了平坦的垭口制高点了!恰遇另一上来的团友,最好的时机,互拍了几张留影剪影,迎着日出,标志着最艰难的旅程暂告一段落!

我准备涂防晒霜、绑护膝、调登山杖长度,在一系列的拍照和下行准备中,便遗失了藏族大哥。打开湿纸巾,想消毒双手、擦防晒霜,却发现湿纸巾

图 3-4 冈仁波齐转山路上的最高点

已经结成了冰块!而消毒液变成了固体,挤不出来!罢了,怪不得藏民套上衣护,只露出两只眼睛,我可以借鉴学习!一路的鼻涕眼泪,我的围脖手套都已经湿了,因为来不及拿餐巾纸,有什么流出来的,都直接就近一抹,直接擦在了围脖(还有手套)上,正好拉出来挡脸,让太阳把它晒干吧!

▶ **2020-10-7 其四**(补录于 10-9)

♯D7,冈仁波齐转山,此行的目的,幸福的一天(2)♯

垭口下山有些陡,我因为在垭口顶上耽搁了很长时间(拍摄抖音视频),所以一下坡又碰上了心亮师傅。我大喜过望,再也没想和她分开。我们一路谈哲学、谈宗教、谈佛法、谈藏区、谈她的游历,哪里像徒步,分明是在山中漫步!

面向河谷有一段土路陡坡,我的徒步鞋的防滑功能都不能避免双脚的顺势下滑。有时候,脚上连续下滑两三颗石子都刹不住车,内心便有些惊惧,那是我记忆中唯一没有和她交谈的一段。等下到平坦冰川 U 形谷路段,我憋了一路、饿了一路的情绪释放,在看不到任何休息站踪影的情况下,我先去大石头后面"减负释放",再跟她絮叨了一阵子"我好想吃方便面"的念想。抵抗不了饥饿感,我们终于坐下来消耗自背食品,于是有了我人生中的第一块压缩饼干。一直想当然地以为那会是一个不太好吃的东西,结果却发现它是人生美味。吃了一半

才想起来给它拍照,逗得饼干主人哈哈大笑!

因为吃饭,我们又讨论起来了过午不食和她经历的十七年出家修行、个人限制和解放等一系列话题。总之,等到了山下第一个补给站,我们因为脑体兼修,彻底需要午饭"加持"了。我们愉快地一人点了一碗方便拉面,和旁边娃娃脸的小帅哥分享了一壶酥油茶。聊天之下,发现娃娃脸小何也来自上海,和我的住所相隔不到 3 千米。于是,三人饭后继续结伴,时有时无地走在了一起。

午后阳光更烈,风力虽不及山口,但仍然持久。路好走得多,可当听说还有 22 千米才到出口时,我们都表示不敢相信! 总以为艰难已过,其实,持久战才刚刚拉响!

小何怕天黑出不了山,走到了前面,我和心亮继续悠闲地漫步。她突然说要去河边取冰,我不解其意,以为她童心勃发,玩冰而已。结果她拿着冰川融水河边的凿冰回来,把一大块冰直接往嘴里塞,说这是最纯净的冰激凌! 我想了一下,觉得好像有点道理,便试了试她递给我的冰块一角。哇,那种滋味,是慢慢沁入口舌、心灵的纯净水冰甜味。我后来想,如果把天然矿泉水冻住取食,也许就是这样的味道? 我陆续吃了好几口,以至于后来,我一直想自己再去凿冰饮冰,却因为温度渐高、溪流渐远,再也没有寻到机会! 再遇小何时,他指给我们看几只憨态可掬的土拨鼠,结果,却是一而再、再而三地发现了不仅有谨慎的土拨鼠,还有亲人的土拨鼠,生生地像杂技团里的表演者一样,和人讨要食物,可爱至极!

边玩边走,发现已到下午三四点时,开始有些担心这样的速度在天黑前走不到出口。于是我告别心亮师傅,和脚力更快的小何先走。小伙子最近开始痴迷户外,自己离团一天半,独自来转山,走得一会快、一会慢地总想休息! 不知路之远近,我的水喝完了,再到补给站时,我去打了一壶开水,才发现加开水居然不要钱? 还是藏族老板不收我钱? 不得而知,总之,当询问出来还有 12 千米才到出口时,我觉得需要慎重对待,不能再晃晃悠悠走路了。于是洗手,擦防晒霜,拉紧肩腰带,重整装备,认真开始徒步!

怎知,认真走路才开始,小何就受不了了,他一爬完坡就想休息。其中一次,他嘟囔着:"我已经忍了很久了!" 呵呵呵! 我一边走一边和他传授经验:"走路就是休息啊! 只要调整好步速和节奏、呼吸和脚步,走路其实可以不累,两个脚不是轮流在休息吗? 你可以一直走,哪怕慢,但速度是可以保持匀速的! 休息? 不需要的,景观好的地方拍照喝水,自然就是休息了!" 不知道这样的调教对他有没有用,反正我是以身示范啦! 在离出口据说还有 5 千米的时候,我们好好欣赏了一下河谷、峡光、雪峰,然后他拍下了他认为此行最震撼心灵的几张照片——

藏族信徒对圣山和玛尼堆磕长头的照片。在最后一个休息站、小卖部兼坐车点，我们听说出口还有 4 千米，简直惊呆了！这路是不断自己长出来的吗？罢了，必须自己走完！面前有连绵雪山、河谷美景可赏，还怕最后这 4 千米吗？

不得不说，我愉快的行走在最后变得有些不太愉快了。因为雪峰、河谷一转弯就不见了，取而代之的是远处的塔钦人家；冈仁波齐也看不到了，只有一马平川的土路，却发现……无限远！不是因为有吃火锅的期盼，我的郁闷可能更要升级！

今天和车上团友回顾旅程，大家不约而同地发现，所有人最绝望的，居然都是这最后遥望而不可即的四五千米！原来真是英雄所见略同啊！

幸好，没有什么事情是一顿火锅不能解决的。一同出山的几位驴友走在了一起，我又寻到了一日内完成转山的驴友，尽管没能约上一同吃锅，但是最后来同涮的驴友，又是一位搭车奇人！我的访谈样本的多样性还是相当可以的啊！

当饱食一顿回到酒店时，室友已经筋疲力尽地回到房间。我费了一番周折取回行李箱，还不知疲倦地洗裤子、洗头、洗澡。裤子，已然成灰；头发，则成精了！洗完躺下，补上一条凌晨 1 点发出的速写朋友圈，衣服箱子摊了一床一地……

神山有魔力，什么药也没有吃，我居然安然一觉睡到了 D8 早上的 8 点 20……

朋友圈评论：

1. 在这么超限消耗体力的艰苦条件下，你依然孜孜不倦坚持写下这么长这么生动细致的转山纪实，唯有一个答案：是信仰的力量和专业的力量加持！愿神山保佑女神！

2. 可喜可贺，完成了人生的一件大事。请再次收下我的膝盖！

3. 感觉你是仗着神力相助，敢这么折腾！

回复：

1. 谢谢友友们！昨晚真的写得累趴了，天天起早贪黑，累死累活，还写到凌晨 1 点！本来还有两篇要写的……

2. 谢谢亲，是非常有意义，实现了自己的一个人生理想！

3. 不是的，我就是来仰慕神山，折腾自己的！我对自己有信心！有坚强的信念都可以完成！

▶ **2020 - 10 - 9 中国，西藏，日喀则**

#冈仁波齐大转山之攻略装备总结#

朋友们好奇我大背包里究竟装了些什么，我在本篇一并回答。想来转山的朋友们可做参考，下文不局限于转山装备，还包括我的转山经验反思和总结。

1. 两种策略选择

（1）体力极好的朋友，可以考虑一天内把55千米走完。路上遇见驴友凌晨3点出发，晚8点走完。以现在的日落条件，8点半前到最后一个坐车点（也即出口4千米处）是安全的。因为此后全是平路，打头灯照走，而之前会有一个峡谷，窄土路、贴河谷，易滑，天黑不能行走。总之，计划17—20小时可以完成大转山。

这样走的优势：背负轻，纯徒步，基本不需要负重，带水壶和其他身上防护即可，每段补给点可以喝奶茶、吃方便面，省力许多。

（2）一天半到两天完成转山。需要在止热寺对面的招待所住宿，海拔4 900米，不容易睡好。室外旱厕很远，四人间只有晚上有烧水，是仅供饮用的开水。旺季晚到可能没有床位，可以电话预订，但即使预订了，也是先到先得。根据各人身体条件（负重能力）和对睡眠质量的要求，背包内容差异较大。

2. 我的背包内容

（1）登山用：护膝（下山用）、登山杖（上山调短下山调长，与手腕支撑用力保持90°）、头灯、户外雨披、保温水壶。

（2）清洁用：湿纸巾2包（各种洗脸清洁必备，除了溪水，没有水洗漱）；洗漱包内装甘油（1.2元的开塞露，小管神器，全身全脸包括鼻腔嘴唇可用，保湿、防干、减轻鼻血）、1—5 ml精华、1 ml保湿霜（记得平时买护肤要小样赠品）、牙刷小牙膏（最多晚上干刷一次牙）、小梳子、清洁爽肤合一的化妆水5—10 ml和棉片1（卸防晒霜用，可以略过，直接用湿巾替代）、润唇膏；护垫若干；纸巾2袋，小瓶消毒液挂包外，垃圾袋几个。

（3）睡觉用：羽绒睡袋；暖贴（2片贴脚，房间很冷，无法洗脚，贴足贴容易睡好；几片多余备用，哪里冷贴哪里，比如，护腰护胃）；替换羊毛袜1双；两罐氧气（一瓶睡前、一瓶上垭口备用）；眼罩、耳塞（晚上睡觉互相干扰太大，虽然通电时间只有2小时）；酒店一次性拖鞋1双。

（4）食用：巧克力、牛肉干、饼干；抗高反、防感冒的保健品和药品（红景天胶囊、携氧片、多种维生素、西洋参含片、VC泡腾片、红糖姜茶1块、葡萄糖10管、白加黑、头疼散若干包）。

（5）其他：充电宝及电线；现金、身份证、边防证。

3. 对所带行李的反思

（1）睡袋最重，由于睡前我先吸氧一罐，又贴了两个暖贴在脚底，所以在9点半睡下后，第一次在这么高海拔下睡得较好，直到4点被吵醒。半夜中间曾因鼻塞不通气而醒来,只好改用口呼吸。但睡袋无必要携带,被子很厚,担心卫生问题,可直接带睡袋内胆,轻。

(2)暖贴不仅要带,而且要多带。足贴晚上睡前 2 片,凌晨爬山前也要用 2 片。从没有人提醒过这一点,事实上,上垭口最没有知觉的是双脚,容易失温,需要重点保护。

尼泊尔半夜腹泻、抽搐近死的经验告诉我,在没有热水捂热身体的地方,一定要多带暖贴,腰疼、胃疼和各处受寒,都可以有便捷热水袋的功能。

(3)雨衣是多余的,因为这个季节高原天晴不下雨,但多年在高原边缘和山区的经验,使得我不带雨披就没有安全感,多少次惨痛的教训让我从来不相信山里的天气预报,所以我要带。但其实高原中心的气压相对边缘稳定(没有太大垂直地带性),不是雨季的话,确实不需要带雨披。

(4)食物:我带得太多了,完全没有吃掉。

补给点的价格很公道:方便面 10 元一碗,奶茶或酥油茶 25 元/壶,可以几人分享。沿途共约 10 个补给点,完全可以加水吃饭,没有必要自己多带。第一天之所以爬得累,和第一个补给站吃得太多有关,建议少吃,不要吃太饱,可以爬得更快。

(5)保温水壶:一定要用户外水壶,很轻,不过等它凉也是个问题。我的户外水壶是挪威(朋友送)的,冷热保温效果都好。高原开水隔夜还好,但第二天路上我新灌的开水,保温效果太好的壶,总让我喝不到水,每次只能抿,可以考虑外挂一个不锈钢小凉杯或乐扣轻便非保温杯,漱口凉水用,吃面时先晾上一杯。

(6)手机:建议带华为,不仅电量持久而且冷热皆耐受,据携带苹果的驴友称,所有苹果产品过垭口都打不开,包括 go-Pro 等苹果产品,估计是"水土不服"。

4. 我的身上衣物装备

(1)头上:太阳镜、贴身薄围脖(防晒、防风、护脖、护脸)、厚围头围脖(防风、防寒、防晒)、太阳帽(如果白天气温升高,围头戴不住,可以换成贝雷帽,但我徒步这个季节一直风挺大,好像拿不走围头)。

(2)身上:手套;多层脱卸衣物,包括内穿的快干棉毛衫裤(也可方便钻入睡袋或内胆)、羽绒背心(晚上睡觉我也穿上了)、抓绒衣、羽绒服、冲锋衣,均可多层叠穿,随卸随穿,大小要能互相套叠;抓绒冲锋裤;徒步羊毛袜。

(3)脚上:高帮徒步鞋,有保暖功能更佳。我今天才发现,我的皮肤在高帮鞋脚踝的连接处被勒出了两道红印圈,很深。不过整体上,这次新鞋还是很给力,临行前我努力和它们磨合过了。

（4）附件：近视眼镜、手机，随时放在最外层衣服的侧袋。不能放裤袋，极度影响行走。高倍防晒霜、润唇膏、很小管护手霜，随身携带随用，因为那里异常干、异常晒。当然，转山过程中没空涂防晒霜，如果有太阳镜加护头套，基本把脸全部防护住了，只有温度升高、风力变小后，脸才有机会露出来。创可贴几片备用。

5.对负重徒步的反思

背包里带了羽绒服配套袋等，可以方便收纳随时脱卸下来的衣物，收紧背包。背包的收紧和肩带腰带的调节非常重要。第一天我觉得我的背包始终和我是分离的，第二天一方面经过前一天的历练，肩颈有些习惯了，另一方面，我慢慢学会了去调整背包，它越来越和我的身体成为一个整体，行走也就轻松多了！

圣山大转山13圈，才有资格走小转山。我沿途听说了很多奇人奇事：比如，曾有（汉）人每天转山一圈，休息一天再转，每次17小时，连续在塔钦住40多天，背送物资去寻找山上需要帮助的当地人。

总之，我相信神山的魔力，转山第二天时，我服过1次头疼散，当然也尽量喝完了所有的葡萄糖。此后，我再没有了高反，几乎恢复了往常的生龙活虎。除了每天整理笔记和微信写到大半夜导致的睡眠不足或可能产生的轻微头疼，其他一切都很美好。转山的时候，经常看看神山，她会赐予你力量。同行的同伴，更让人觉得世间的美好和信仰的可贵！涤荡灵魂的变化，值得我们好好期待！

三、评价与建议

如果一定要坚持以背包为行囊的自助出行才算背包游，那尼泊尔拖家带口的喜马拉雅之行，绝对算得上是亲子背包游了。带娃出行，不仅考验孩童的身心，更考验父母的身心。我家的甜妞，从三岁不到便被我（们）带着做国内外的自助游，对旅途中的各种风云突变，可以说已经习以为常，忍受力很强。她尤其喜欢徒步（土路），最近两年（短时）爬山的能力，甚至可能比我还强。所以，带娃的背包旅行完全可行，有条件的话，背包客就该从小培养。

山间徒步，温差是个大杀手。虽然做好了层层叠加的衣物准备，随穿随脱的速度往往赶不上变幻莫测的冷风日照，加之旅行本就鞍马劳顿，上吐下泻，几乎成为防不胜防的常态。倘若在高原徒步，雪上加霜的高反，简直就是旅行的休止符。当睡觉吃饭都没法正常进行的时候，保持体能就成了一句空谈。我对转山之行的准备自认为是很充分的，但也只带了平时对自己防感冒有效的维C泡腾片和平原徒步所需的高能食物，而自己购置的应对高反的药物基本没有见效。

我对高反呕吐、肠胃虚弱等导致的不能进食准备不周，幸好是跟着物资、经验都较为丰富的户外团队前往，有了领队和团友们的帮助，才可以使得自己全程由弱转强，渐入高潮。所以，徒步前期要做好充分的物资准备和心理建设，而徒步过程一定要劳逸结合，量力而行。而且，物资准备也须因人而异，同样的行程，我的肠胃反应是"一泻千里"（这是我的惯常旅行病），而薇薇安却是截然相反的症状。此外，虽然走路人人都会，但是长距离、高强度的徒步本身也有技巧。登山杖的使用、背包的紧实贴合、帽子和头巾防护的完美配合，直到这次转山我才可以说是得到了较好的运用。这得益于领队浪子对我的辅导，也需要自己在实践中去摸索和体会。作为一名成熟的背包客，确有必要向专业领队学习基本的户外技巧。2012年在四川四姑娘山做规划时，我和专业高山向导走过一段，当时也学习了很多户外知识。由于我的背包旅行很少跟团进行，基本属于散兵游勇式，因而徒步技巧的补足可谓姗姗来迟，但亡羊补牢为时未晚。有了这些徒步经验，相信每个人都可以在徒步路上愈战愈勇！

第二节　骑马，山川上下的丈量

我和马之间同涉山川的游历虽不多，却次次起伏跌宕。它们发生在我早先的背包旅程中，因此只能通过照片和记忆的拼凑来回复当时的原貌。好在由于故事过于曲折，且跟学生们复述过多次，对情节的记忆还相当准确。之所以选择雨崩村和喀纳斯这两个故事作为本部分的自述，是因为这两段旅程均为骑马进、骑马出——至少，行程的开始和结尾都是租马的，虽然中间还穿插着大量徒步。骑马是叙事的重要部分，但为了保持故事本身的完整性，叙事不仅仅局限于骑马，还包括其中的前因后果和由此而产生的其他经历和体验。

一、雨崩村，骑马出入的九死一生

（一）前奏

2003年暑假前，我刚从美国访学回到中国，经历了美国本土30多州的自助游巡礼，心野得刹不住车，加之刚刚回到国内，又要重新适应再次产生的文化差异，心情有些抑郁，很想逃逸一段时间去放飞自我。正好，学院暑期组织了前往云南的集体活动，给了我一个很好的逃离借口。彩云之南一直是我向往的地方，这次可以趁机逾期不归，实现我的大环游计划。于是，在跟着组织团游了五天大理丽江后，我自行"滞留"在了丽江。在完全没有攻略和行程计划的情况下，准备开始我历时两个月的云南首度漂。

当时丽江的大研古镇已经有了很多的酒吧和餐厅，那些酒吧餐厅的外来老板可以说是探索云南的先锋。在丽江盘桓并和他们聊天的过程中，我知道了"雨崩村"的存在，便毅然决定前往。跟团的最后一天，在我们从上虎跳回丽江的路上，我发现了一个老外背包客，便和他攀谈了起来。由于我当时已经产生了研究背包客的念头，于是一有机会就要找中外背包客聊上几句。这是一个夹杂在一群当地人中、乘坐当地中巴、捧着一本书看的老外，在当时这个环境下显得特别醒目。交谈之下，我了解到了他叫斯蒂夫(Steve)，刚刚在美国本科毕业，已预录金融学的硕士。由于中间有一段较长的时间空当(大概三个多月)，他就跑到东南亚进行背包旅行。他本想从老挝到柬埔寨，却发现柬埔寨签证费用太高，临时决定来到中国。他的旅行没有特别的安排，在西双版纳住了一段时间后，听说丽江这里好玩，就坐着公交一路过来了。他绝对属于老美当中胆大的，在一句中文不会的情况下走到了这么远。听说我之后要去梅里雪山(虽然他也并没有概念这个地方在哪里)，他就要求结伴同行。就这样，我在半路"捡"了个驴友，从我离团开始"滇漂"，我们就一路从中甸(后来县城改名为"香格里拉")到德钦，拜松赞林寺，游碧塔海、属都湖，爬明永冰川，看飞来寺的太子十三峰的日出，直到抵达徒步骑马的起点西当村。

(二) 进山

从德钦县开到西当村的中巴限坐可能是 16 或者 19 人，在我们车上密密麻麻吊了有 40 多人——我是一个个人头数过来的，因为我和斯蒂夫就被挤在中巴的靠近门口处，我一直可以透过窗户看到底下奔腾的澜沧江。总感觉我们是贴着路沿开的，司机稍不留神，车就可能翻入峡谷，众人绝无生还可能。当然，当时是没有这种惊惧的，我觉得这个沿途景观极好——雪山夹峡谷，河水浪滔滔；斯蒂夫还在乐滋滋地跟同车的当地人进行眼神交流。一位在他身边的老乡，大概是从来没见过老外，又好奇又谨慎地想去触碰他长长的汗毛。斯蒂夫大方地让他摸，还自豪地跟我说，他特别骄傲于自己可能是这一地区的许多老乡最早看到的一位老外这一事实。确实，雨崩村那时还鲜有旅行者进入，后来我们在雨崩转山三天也没碰到过一个旅行者。虽然沿途转山的民众很多，但全是藏族同胞。要知道梅里雪山是藏区八大神山之首，而 2003 年是藏历羊年，也是梅里雪山卡瓦博格的本命年，转山一圈可以增加一轮 12 倍的功德，一圈相当于常年的 13 圈。我多年后在虎跳峡徒步路线调研时碰到一位户外驴友，听说我 2003 年就到过雨崩村转山，直呼我为"大神"！这些当然都是后话，能做"开路先锋"，自然要付出异于常人的代价。当颠簸的中巴终于抵达西当村时，我们总算掀开了我们的山脉翻越之路。

　　不知道是不是因为我当时毫无准备的关系，总之，穿着牛仔裤、T恤衫、运动鞋的我，刚开始徒步就被西当村的小童"盯"上了，他说山路很长、海拔很高、翻越辛苦，推荐我们骑马。我们迟疑了一会，问了一下价格，180元！这对背包客来说可是一笔巨款！和斯蒂夫商量之后，我们决定两人合租一匹马，这样可以轮流换骑，不至于太累，又可以分摊费用，不至于太贵。我们的另一隐忧其实是，因为没做什么攻略，不知道路有多长、要走多久，也不知道这条山路的徒步难度有多大，所以骑马是相对稳妥的进山方式。十五六岁的少年

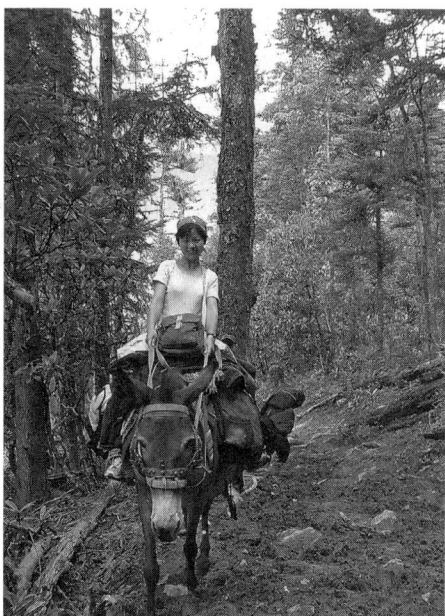

图3-5　西当雨崩的滇马驿道

愉快地接受了我们两人一匹马的条件，一路牵着马，陪我们换骑到了山顶。原来，西当村和雨崩村以垭口为界，垭口这头的生意归西当，那头归雨崩，赚得的跑马费也是双方平摊的。换马也很顺利，因为我们轮休了两次，当中还有停顿用餐的人马休整，所以整个徒步过程比较轻松，丝毫没有在海拔三四千米的高原徒步的疲惫感。整条驿道森林植被茂密，屏蔽了周围大多开阔的景色，骑在驿道上没有任何紧张感。滇马体型较小，擅爬山路但走得不快，所以也没有任何初次长骑马上的不适。缓缓的下坡途中，突然峰回路转，眼前豁然开朗，庞大的雪山跳出密林，惊现眼前，真有武陵人乱入桃花源的骤然心跳！

　　（三）入村

　　事先听丽江餐厅的老板说过，雨崩村是一个实行原始共产主义制度的社会，外来的客人，一个个会被轮流安排到各家接待，一家住满，后面的人再到下一家住，价格统一，没有竞争和漫天要价。抱着对这样一种社会的美好期待，我们就任由着马夫牵引，把我们带到应该接待我们住宿的那一家。每个床位是20元，房间很小，都是木头的，自然都是没有卫生间的，野外露天处就是天然的"卫生间"。这对藏民来说都不是个事儿，对要起夜的我来说就比较痛苦，因为夏天的雨崩入夜也很冷，而且漆黑一团的什么也看不见。说实话，我只记得回程西当村那里可怕的户外如厕开阔凹地，完全不记得我在雨崩村住宿时是如何解决起夜

这个毛病的。我的大脑就有一些神奇的功能，可以自然屏蔽、忘却一些不太愉快又不太重要的细节。我对徒步路上的房间要求很低，能睡、不冷就行。同样的房间床铺，转山的藏民是10元一晚。这些都是约定俗成的规定，因为藏民是信徒不是游客吧，所以对他们的收费就低。

落实好住宿后，我们想到村里去转一圈。这家有位二十来岁的藏族姑娘，说自己闲来无事，要和我们一起去玩。也不知是谁陪谁玩，反正我们就由卓玛带着，闲散地溜达了上雨崩村和下雨崩村。雨崩村是一个包围在美丽雪山中的谷地，谷地中地势平坦，我看到农家有种植的青稞，还有少许农牧业，印象最深刻的是散养的、在泥浆里打滚的猪，可能是惊奇于这个海拔还能养猪吧！这应该就是传说中的"藏香猪"了！

晚上我们都到一楼的大屋子去烤火，围坐着和藏族女孩聊天。虽然屋里有很多人，但是会汉语或者汉语好的却没几个，所以两个年轻的藏族女孩成了我主要的聊天对象。我看到炉子上在烧水，就折腾了半天想洗把脸。结果小姑娘见我洗脸，好奇地问："你们汉族人晚上也洗脸吗？""啊！难道藏族人晚上不洗脸啊？""不洗，我们只有早上才洗。""那你们去哪里洗澡呢？""夏天才洗，在河里洗！"我总算理解了为什么以前听说藏族人一生只洗两次澡。夏天的河里！那是冰川融水啊！她们的夏天也很冷，水更是冰凉刺骨！我又一次顿悟了文化之间为什么一定要交流，为什么有所谓的地理环境决定论，为什么对待异质文化不应有歧视和偏见。所有地域民俗文化的形成，必然有其物质层面的原因。没有防晒霜、保湿霜可用的她们，自然要少洗脸；只能高原农牧、冰河沐浴的民族，哪有条件经常洗澡呢？

（四）上山

之前经道听途说，我只计划到了雨崩后，要去梅里雪山登山大本营和神瀑，但并不知道怎样才能去到。卓玛说这段时间她都没事，而且她也很久没去大本营了，要陪我们同去。我有些过意不去了，这算是我们向导了吧？我就问她怎么收费，她说不要紧，随便给，她就是想出去玩。于是，我们三人上午出发往山上走，经过曲水独桥、婉转明媚，也经过密林幽闭、崎岖难走。我有些担心卓玛，因为她脚有些微跛，我生怕累着她。结果，人家走得一点不比我慢。一路上，我们又聊了很多，因为我是"十万个为什么"呗！在路上积攒了那么多的疑惑，总算可以找个人问清楚了！

"你们藏族人真的到现在还一妻多夫吗？"

"有，这里周边还有好几家兄弟俩一个妻子的。"

"果然有啊！我们坐车来时，听车上司机说他和他哥哥同一个妻子，我们都不敢相信呢!"

"是有的,哥哥在外面打工,弟弟在家里种地放牧,平时弟弟和妻子住。哥哥回来了,弟弟搬出去,哥哥和妻子住。妻子负责照顾老人孩子,干家务活,也干农活。这里穷,兄弟两个都在家养不活(一大家子)。"

"那这样合法吗?"

"合法,这里不一样。"

我把我觉得最匪夷所思的问题提了出来,得到了非常合理的解释。独生子女和一夫一妻的政策或制度,在老少边穷地区都可能有例外,因为其物质环境的艰苦程度超过想象。既然一夫一妻不好养家,一妻多夫至少保证了"肥水不流外人田",兄弟俩的财产和妻子是同一的,减少家庭内耗,共同减贫致富。

两三个小时的山路,我沿途看到了无数的小石头房子。卓玛告诉我这是信徒转山时祈福搭建的,祈祷来世能够住到神山脚下,永沐福泽。多么简单纯净的愿望,每次到藏区,都能感受到心灵的涤荡。

(五)冰湖

我们终于抵达大本营时,天地又换了一个样子。大气开合的雪山,包围着平坦如席的草甸,两座木屋安然坐立于草甸中央。放牧的木屋主人应是许久未见外人了,兴高采烈地跑了出来! 当我询问很难企及的冰湖时,两人兴致高昂,说他们认识路,要带我们三人前往。我自然是难掩兴奋,来时只想着能抵达大本营已心满意足,没想到还能有运气直上冰湖。据说冰湖没有路,好在,我们有两位常驻大本营的小向导! 他俩的汉语很好,我猜,可能是大本营常有登山队伍上来的缘故。

向冰湖出发,走过一段还算平坦的草甸后,我们真的开始了"爬山"!我说的,是手脚并用、坡度70度以上的"山"!我没有搞清楚是怎么会"爬"上这么一座山的。我只记得跟着他们走,慢慢地越来越难走,后来

图 3-6 生死历险之大本营冰湖

133

就发现坡度怎么就快要变成了垂直。我爬不上去了，当然，更退不回去。没有退路，硬着头皮也要往上，但是，能力不足。更小的那位牧童在上面拉我，更大的那位牧童在下面托着我的身体把我往上送。紧张和惜命让我顾不得想其他，唯有努力配合。我不知道卓玛和斯蒂夫是怎么上去的，当我们最后抵达冰湖时，累得、吓得好一阵子没说话。我内心哭着问那位十七岁的小牧童："这路是你们平时上来的路啊？""不是，我们都是第一次走"，他有些不好意思地笑了，不知怎的，我竟从他腼腆的笑容中，读出了一丝狡黠的味道！"呜呜呜……这你们也敢啊？这是带着我们送命啊！小哥，你们这是兴奋过头了吗？到底知不知道路啊！"这是我的内心独白，当然，都没有说出口。

湖面平静，我们的心绪也慢慢安定了下来，甚至还拍了几张照。山川美好，时光安逸，小牧童在湖边弹了几颗石子，激起了几圈涟漪。过了一会，天空开始飘起了细雨，温度也慢慢降了下来，我们赶紧回撤，只是我嘱咐他们，万万不能走来时的那条路了。两个人小鸡啄米似的点着头，说回去的路好走。

回程我们走得很快，但没想到雨势比我们走得更快！及至走到一个悬崖边时，雨大到能让溪流把人直接冲走的程度！该怎样形容那个悬崖呢？可以把它比作一个小型的尼亚加拉大瀑布的上源。去过尼亚加拉大瀑布的人都知道，在美国这头，你是要先跑到瀑布跌落之前的尼亚加拉河去看源头的。尼亚加拉河的水流冲下悬崖就形成了尼亚加拉大瀑布，演绎出世界上最狂野的漩涡急流。而我们当时，就是站在这样一个悬崖的上面，需要跨过那条"尼亚加拉河"，才能去往那条下至大本营的路。因为大雨如浇，而溪流汹涌，水下乱石众多，人一不小心就会被冲走。水不算太深，大概到膝盖的样子，但牧童说必须一个个把我们背过去。我估摸的原因之一应该是两个人的重量大，不容易被急流冲走，其二是他们对河流水下的地形更熟悉，背我们蹚过去更安全。我想我体重最轻，于是让牧童背斯蒂夫和卓玛先过去——他俩比我重得多，牧童背人过河的话，越到后面体力越差，最后背我最合适。他们一前一后小心翼翼地背上斯蒂夫和卓玛，在河中摸索着行走着，每一秒都扣紧了我的心弦，时间仿佛很漫长。等到他们终于落地，这不算宽的一条河流好像穿越了一个世纪……小牧童慢慢地回转，蹚水过来接我了，这时我却听到了身后的山里……

山里是轰隆隆的巨响，我知道那既不是雷，也不是雨……是……雪崩了！小牧童回来了，我平静的语气完全取代了内心的震惊："那是什么声音？"我知道这是明知故问，但又忍不住想问，心里根本也没有预想过得到什么样的答案才是好的。"是山里的龙在吼，"小牧童背起我并回答着我。我的内心泛起极其苦涩的笑意，"没事，它还到不了我们这里，应该还远着呢！"我这样安慰着自己。雨大得已经模糊了视线，小牧童只走到了河面的1/3，我看见对面的大牧童一直对着神山在磕长头——我知道情况很不妙。小牧童不敢走了，水流太急，他说要退回去。我的内心不知道哪来的勇气，"不行，你一定要走过去，不能退，"我用特别镇定而特别坚决的语气对他说，不容置疑。这种决绝应该是会传导的，小牧童不再踌躇不前，虽然脚步还在水中探路，但是他的方向和步伐是坚定的。等到我们最终抵达彼岸时，大牧童赶紧过来扶我下来，我们仨应该是拥抱在了一起。没有泪水，只有胜利和庆祝的狂喜！

走回到大本营的路上，雨停了！我们从头到脚湿光，瑟瑟发抖。回到营地，他们赶紧生火，让大家烤火取暖，并在小木屋里烧起酥油茶。历经生死，我觉得非常之饿，极度渴望吃肉。可是，山上的条件是如此艰苦，竟然连牧羊人都没肉可吃！我翻包倒衣，摸出几小包猪肉脯和牛肉干就饭，虽然解不了饥，却也聊胜于无。好在徒步时穿的衣服不多，贴着火总算把衣服烤干了。趁着天还亮，我们准备赶紧下山回村。牧童们有些黯然神伤，我们也有几多不舍，但是日光不等人，没带手电、头灯的我们无法再做逗留。

回村的路比较"惨烈"，密林幽径在大雨后全部被浇得稀巴烂，我们踩进黑泥就一脚一脚地陷下去。我才在美国买回来的一双新的阿迪达斯，完全从本白变为墨黑，和泥浆搅在了一块，步步沉重。深一脚浅一脚回到"家里"，赶紧到火塘边烤火烤鞋。卓玛去跟奶奶汇报今天发生的故事，而后，她跑回来跟我们说："奶奶说下面一滴雨也没有下过。奶奶说他（们）不该往圣湖里投石子，是神灵生气了才会下雨的！"哦，我的神啊！罪过罪过！小牧童怎么会不知道呢？出神之间，闻到一股浓重的焦煳味，低头一看，我的天哪！我的阿迪达斯被烤焦了……

（六）神瀑

经过前一天的各种历险和折腾，斯蒂夫已经走不动了。由于他在版纳被狗追而后被狗咬，他不得不每隔三天就去打一针预防狂犬病的针。这种针剂当时至少要在县级以上行政单位的医院或者卫生所才能打，因此我原先预计的三晚雨崩之行被迫缩短到两晚。第三天，我们需要骑马返回西当村，然后坐车再返回德钦县城。从西当村回德钦的车是下午一点左右的，但是上午我仍然想去朝拜神瀑。我估计如果仍然租马回西当的话，只要我路上走快一点，还是可以赶上班车的。斯蒂夫说他想上午休整，等我去完神瀑回来，他就先上路，把马让给我骑，直到我在回西当的路上追上他，再换给他骑。我觉得这样的计划可行，我俩都各得其所。一早，我便和卓玛一同出发，去往神瀑。

神瀑的水不大，但是和冰川 U 型谷与丛林雪山融为一体，甚为美丽。对于转山的藏民来说，它的宗教意味重大，属于内转山的必经之地。

因为来回神瀑的时间太紧张，和卓玛回村时，我连跑带奔，把卓玛远远甩在了后面。斯蒂夫已经在路边摊上吃好了中饭，正在休息，见我回奔，就整装出发了，好让我有更多的时间骑马。我让他把包留给我，反正有马，他空手走会轻松很多。我急匆匆地吃完饭，还顺便跟摊主聊上了几句。我问他有没有旅行者来这里，他说有，很少，有老外，是专门来拍照的。我猜测可能是类似国家地理杂志的摄影师和探险家吧！

雨崩的条件艰苦，不仅在于翻山越岭的路，还在于由于交通闭塞带来的物资匮乏。我的午饭依然没有吃到肉，如果有肉，这里的肉也是风干的吧，属于珍贵之物。善良的卓玛帮我找来了马夫，就这样吧！朋友再见！我准备骑马翻山返程啦！

（七）惊马

时至中午，村里的马已经悉数出动，驮着体力稍差、年纪稍长的转山藏民返还了。我的马夫是当天村里能用的最后一个。原始共产主义吗，没问题，反正是轮换的，均一价，轮到谁就是谁。马夫面相并不是太友好，一看到我带着两个包，开口要 200。我很生气，不是均一价吗？怎么原始共产主义社会还有欺客宰客呢？我们的大包都寄存在德钦县城里，带出来的转山包都是不到 30 升的小背包，而且我一个瘦人，你不减价还加钱呢？我和他据理力争，他却面色铁青，毫不松口。在狭窄驿道的路边，我们互不相让。我觉得这不是钱的问题，是理的问题。在美国坚持原则惯了，我相信规则的力量和制约，不相信一个人的信口开河能够大过村规。正在相持不下的时候，山道迎面不知道怎的突然冲过来一匹马，还没等我反应过来，先撞倒了在我前面走着的一位背着小孩的藏族阿婆，紧接着把我撞到了山路的悬崖边。我摸爬着站起来，看着脚下的悬崖、面前乘人之危的马夫、两个背包和举目无支援的驿道，生平第一次、也是唯一一次在山路上哭了！

马夫的妻子牵回了惊马，她也劝丈夫不要再坚持了，让我赶紧上马。她这丈夫简直像头驴，就是倔得不肯让步。我的情绪跌落到谷底，别无他法，只能接受。上马后，马夫把一个背包背在了自己身上，马上只留了我和另一个背包。其他不论，这马夫原来是真心惜马的。也许是他的马年纪大了或者身体不好吧，我的心里稍微好受了一些。我也是爱马之人，我懂他的怜惜。一路上，我没有再跟他说话，他只专心带马走路，就这样到了垭口，我付了钱，再次换马。

（八）饿马

西当村这头的马夫又是个小孩，也是十六七岁的样子，汉语似乎并没有比雨崩村那头的藏族人好多少。我向他说明了我们必须快一点,因为我有旅伴在前面等我,而且我还要赶车。经过了前面的惊马和讨价还价事件,我担心斯蒂夫快要走到终点了。我不知道小马夫到底有没有听懂,听懂了多少。总之他并没有加快脚步,而这匹马总是东一头西一头地扎到地上,不停地啃着路边草。我很着急,他却说这马饿了,要让它吃草。于是乎,我们停下休息,他就带马吃草去了。我心想你刚刚在山上那么久,为什么不把它喂饱再来载人呢? 好不容易等他来了,没走多久,到一休息站,他又说要喂马去了! 苍天啊! 我已经无法形容: 这到底是一匹饿马还是一匹馋马?

我在前面等了一会,不见马的踪影,就去后面催促小马夫。他好像没怎么听到似的,依然我行我素地按照自己的节拍行事。两次催促过后,我实在忍无可忍! 咬咬牙,我拿走了我的包,一前一后背起,开始了我自力更生的徒步回程。

(九)"马上"

我知道我已经落后了斯蒂夫太多,而且此时早过了班车开车时间,没希望赶上班车了! 我此刻的任务,只剩下能带着两个背包回到西当村而已。转山回程的藏民络绎不绝,所以路上并不缺旅伴,也不存在不认得路的问题。我和一波藏民走到了一起,他们应该是凌晨3点从西当出发、内转山经神瀑后返程的。他们非常友好,尽管他们听不懂我说的话,我却能听得懂他们说的话。除了藏语,当地藏民还说他们地方上的云南话,他们说的云南话,我能听懂。

这回程的一路不顺,让我身心俱疲。而此时背着两个背包,连续三天、每天三四千米海拔、每天徒步十小时以上的我,已是强弩之末。小马夫这时候还牵马追上了我,一路问我要钱。我该怎么给他钱呢? 他的马根本就没法骑,还害得我一地鸡毛。最后给了他四十块,免得他一路"追杀"。我不停地问同行的藏友们,"还有多久能到?"得到的答复总是"马上"。看着没有尽头的路,我的肩腿都感觉无力支撑。我只好怯生生地问旁边的藏族大哥:"你能帮我背包吗? 就背到山下,一个包十块钱!"我指指自己,又指指背包。这次他听懂了,接过了背包,背到了自己身上。谢天谢地! 我至少减负了很多!

对于这批当日转山来回的藏民,我心里涌起无限的敬佩。走在这条路上,我一直在想,以后谁再告诉我谁谁谁徒步厉害,我就拉你来和藏民比一比。没有装备、没有条件,人家随时碾压你! 徒步第一名,当年翻雪山过草地、没吃没喝、缺衣少觉、随时战斗的红军;徒步第二名,布鞋、解放鞋、随便什么鞋做高原转山的藏民。我这样分散自己注意力的大脑活动没有持续太久,因为我的左膝盖已经明显不对劲了,我能听到它的响声,感觉到它受伤了的疼痛。但是我没办法停下来,因为我得和他们以及我的背包一起走。我继续问着"什么时候能到",而他们回答着"马上"的时候,我几乎绝望了。我意识到,他们的"马上"只是安慰,实际是"不知道,且走着",和小马夫的喂马处于同一个时间概念体系中……

得到最后一个"马上"的回答、几近崩溃时,我看到了一个路的拐弯,然后,是西当村四处散乱的样子……斯蒂夫也奔了过来,问我:"发生了什么?"我完全丧失了说话的力气和兴趣,应该是精疲力竭、面无人色的样子。斯蒂夫看出来了,他跟我解释他试图让司机晚些发车,但是一车人等到了4点,我还没有出现,车只好开走了。

(十) 尾声

既然没有了车,我们只能在西当村暂住一晚。来时我们曾在这里最大的一家帐篷住宿的地方吃饭拍照,这家女主人是汉族人,她丈夫是藏族人(可能外出了,没见着),他们生了三个可爱的孩子。女主人看上去干净而勤劳,理所当然就在她家隔壁的帐篷里住下了。转山人多,帐篷看着很牢,里面是简陋的大通铺,可以睡20多个人。值得庆幸的是,听女主人说西当村有天然温泉,公共浴室几块钱就可以洗淋浴,龙头流出来的就是温泉水。哇!经过长途跋涉后,居然在这么个地方能洗上淋浴温泉,不得不说喜出望外!

吃过晚饭,我们就去洗澡了。淋浴的水非常大、非常热,完全超出了我的预期,而且女淋浴间从头到尾就我一个人。洗完我心情大好,看着一堆湿衣脏鞋,见外头月光正亮,想着要不把衣服晾晾吧,兴许能干。于是我穿着睡衣和拖鞋,把其他衣服连着背包都平铺或者悬挂,晾在了帐篷外面。当晚,我和20个藏民睡在了大木板床的通铺上,突然听到外面一场大雨……

翌日,我穿着拖鞋和睡衣,背着湿背包和外挂的各种衣服和鞋,坐上了去德钦县城的班车。在从车站回旅店的路上,我觉得自己的身形特别伟大,被光线拉长的离奇背影投射到地面上,是我这辈子永志难忘的光辉形象!经历一场雨崩探险,不仅折损了我一双新鞋,连我从美国带回来的数码相机出村后也彻底歇菜了!而睡通铺的后遗症是,我遇袭了跳蚤,之后身上皮肤瘙痒了三个月,被抓红印此起彼伏、布满全身……和佛罗里达大沼泽地国家公园狂轰滥炸的蚊子一样,每次伟大的旅行,小生物们总要留给我为期三个月的随身"纪念品"……

二、喀纳斯,最美骑马徒步路线

2004年7—8月,我环游新疆40多天。行前我唯一仔细搜索过的信息就是这条"喀纳斯骑马探险路线",找到一篇写得非常详细的攻略,把这条人迹罕至路线的沿途主要行程和注意事项写得清清楚楚。不同于大众旅游者所去的喀纳斯湖区,这条需要三天两晚的翻山越岭才能最后抵达湖区的路,除了中间的禾木村外,几无人烟。但正是这一点吸引了我,为了安全地骑完全程,我做了充分的准备,还找来了志同道合的朋友和朋友的朋友。初入新疆时我们一共有四人,后来随着驴友们各自有限休假日的结束,一个个都先后返沪了。凯文(Kevin)是这其中唯一一个跟着户外俱乐部走过较多徒步路线的人,跟他商量之后,我最终还是放下了我为了此行特地购置的帐篷睡袋,因为我很确定第一天晚上有一户牧民家可住,当然,也是唯一的一家。7 月 13 日,我们从乌鲁木齐一下飞机就坐夜车直奔布尔津,第二天一早从贾登峪租马进入阿尔泰山区,开始了绝色的喀纳斯穿越之旅。

(一) 惊马惊马

贾登峪是租马的起点,汇集了一批邻村的马和马夫。我们人多,所以很好商谈价格,很快我们便谈妥了四匹马,加上哈萨克族的马夫兼向导赛里格的马,一共五人五匹。上午 11 点左右,我们准备出发。找马的当下,并没有看到其他旅行者,内心基本可以确定这是一条真正的探险者“先锋”路线。

赛里格从丛林中把马牵到比较开阔的草原上,简单跟我们聊了几句。他会的汉语可能也相对有限,并没有跟我们交代很多注意事项。他带着三匹马和三个同伴很快就骑上了马走到了前面,我这匹马装完行李后落在了最后。我想先跟马建立一下感情吧,摸摸马鬃,抚摸一下马背,不紧不慢地跟在后面。第一次进入“亚洲瑞士”的地界,眼见高山草甸被和缓的丛林群山所环抱,心情无比舒畅。怡然自得间,准备上马。正当我一只脚套进马镫子的时候,不知发生了什么,马突然往前跑了起来!我只听到赛里格大声地冲我喊:“赶紧下马!”我眼睛往前一瞟,他们的马也都飞奔了出去!

我的一只徒步鞋已经套在了马镫里,徒步鞋大,急忙抽离很可能会被卡住抽不出来,万一不能拔离而我又想下马,其结果可能是我会仰面一跤,被马拖行至“壮烈牺牲”。这当然都是我后来的分析,当时也许这些念头只是闪过,只有一秒不到的判断时间,来不及思考,本能经验的反应迫使我迅速翻身上马!马开始狂奔,我完全还摸不着头脑!虽然在雨崩和马相处了两天,但是滇马体型很小,驮着我时是走的,骑马跟骑驴一样。而伊犁马个头高大强健,力速兼备,这一跑起来风驰电掣,我唯一能想到的,就是拉住缰绳,不让自己从马上摔下来。这时从风中飘来赛里格的声音:“使劲拉缰绳!”我使出了吃奶的劲儿,用力把缰绳往自己身体的方向拉,马往前狂飙突进的力量使得拉缰绳完全成为一桩力气活,我的力量和它激烈地对抗着，最终，马慢慢地停了下来！赛里格策马跑了过来，把我的马牵着，和他们的马会合到了一处。

这究竟是怎么一回事啊？近视眼的我对整个过程完全还未及看清，所有的关注点都在我这匹马身的方寸之间，求生反应垄断了我所有的感官。我听前面的三个小伙伴讲，原来从前面山上突然冲下来一匹惊马，把我们这几匹马全部带着疯跑了起来。所谓"惊马惊马"，并不是我犯了口吃，而是一匹"惊马""惊"动了一群"马"的缘故！赛里格他们一行前后距离很近，所以他很快弄停了前面四匹马。只有我因为落后，他完全顾不过来，只能靠我自救。但是他们四人也被这匹马吓坏了！因为惊马发足狂奔冲下山的时候，后面一直拖着一个很大的东西，他们远远地看上去以为是个人，惊惧之极，心想那个人必死无疑！直到马跑近了，他们才看清，那匹马拖着的，是一个大背包。背包已经被"打开"，里面的东西四散滚落了一路。不幸中之万幸，那不是个人，而我们最终也都安然无恙！

当我们爬坡进入山内森林时，第一次也是唯一的一次遇到这段"马路"上同行的驴友。一男一女两位看上去已经休整了很长时间，交谈之下才了解到，原来刚刚那匹惊马就是他们在贾登峪租的马，两人合租了一匹马，只是为了驮行李。不料上山后马不知道发了什么疯，突然狂跑出去。他们的马夫去追马了，男子所有的胶卷和很多行李都被拖散了，全部报废，甚为痛心！我们把遇到他们那匹惊马的情节也和盘托出，只能安慰他们节哀顺变。

（二）禾木河的瑰艳摄人

阿尔泰山脉寒温带森林的植被景观连绵，让我觉得很美，很有诗意，却让在新疆生长过几年的奥立弗（Olive）觉得有些疲累乏味。她开始想念三岁的儿子，有些抱怨，念叨着早知如此，不该出来，想飞回儿子身边云云。奥立弗是我此行最早找到的一位好友，我俩相识于 1999 年的西藏之行，她对旅行的热情很高，而且之前来过喀纳斯湖区。当听我说要来喀纳斯时，她立即积极响应。但喀纳斯骑行路线是我查到并竭力推荐的，她的哀怨可能是无意的，却让我情绪颇有些低落。凯文和马丁（Martin）跑来安慰了我俩，我们各自消化了一下郁结的心情，继续上路。

山势渐高，爬坡而上，奥立弗认为的景物单调终于随着禾木河的出现发生了戏剧性的转变。峰回路转间，禾木河由点变线，由虚线变实线，由实线变成优美的抛物线地带。她的形状，既宛若哈萨克少女柔软的腰肢，又恰似图瓦女孩跌宕的长发，令人怦然心动。如果只有形状的变化，禾木河远不能让人如此痴迷。禾木河的美，更在于她的色泽。从上而下俯视时，那种彻头彻尾的纯净蓝，把人的心完全涤荡,完全融化。在贪恋她远观之下的秀色时,我们又迫不及待地想知道,如果走到她跟前,与她肌肤相亲,又是怎样的体验?

下到禾木河边时,已近下午 4 点。但是新疆当地时间的普遍算法,是以北京时间减去 2 小时,如此算来,当时正值最热的时候,因此尽管冰川融水极凉,我们还是纷纷脱袜卷裤,踏入禾木河的怀抱。凯文、马丁和赛里格更是"泳装"上阵,直接在河里蹚来蹚去,好似要在清水里摸鱼一般。我在河边发着行吟诗人的呆,也不知凯文何时跑到了河流上源的乱石滩。别看这家伙表面很斯文很书生、外加乖乖林志颖的样子,除了不吃虫子,身心的狂野大概可以和贝爷①相媲美。当然,这是我后面才分析出来的。彼时我和他尚不算熟悉,我们只在出行之前见过一面,他是奥立弗介绍给我的新朋友。

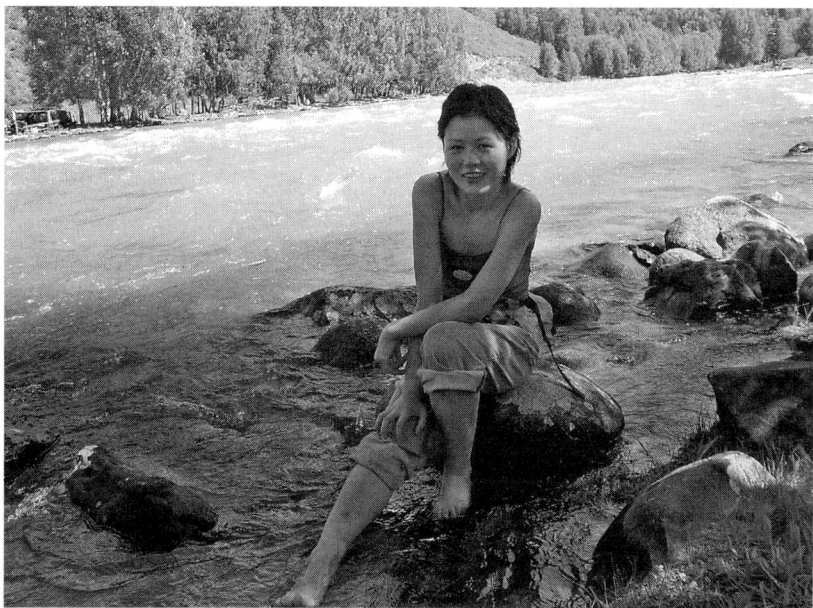

图 3-7 禾木河雪水沐足

奥立弗和我对禾木河都是又敬又爱——想深入其间却慑于它的冰温,继而仅止步于用雪水洗脸沐足。正当我俩准备穿袜上岸时,突然看到凯文的身体从上游被水流冲刷而下,完全失去控制地被浪花卷席而去!"凯文!"我们失声尖叫!我的心一下凉到南极冰盖的温度,"这怎么可能!在我们的眼皮子底下,我们的朋友……他就这样走了?"这一下子的闷棍让我的情绪濒临崩溃,其惊吓程

---

① 指探索频道《荒野求生》系列的主持人贝尔·格里尔斯(Bear Grylls),著名探险家。

度远远大于之前的惊马。因为惊马的当时，至少本能感觉自身可控，而当下的情景，完全无能为力——根本不可能拉也不可能救，就是嗖地一下，他就从你面前漂过消失了！我记得我快要哭了，但是目光并没有离开过河面，只看到倏忽一下漂走的凯文，怎么突然从河里爬了出来，还湿淋淋地冲我们走了过来？"凯文！你怎么啦？你还好吧？"我们如同冰雕被忽然解冻，但是脑回路还没有反应过来。"没事没事，"他笑嘻嘻地说，"我只是想尝试一下完全放手，被激流冲刷的感觉！"哇！我内心再次崩溃了："你这是要吓死人啊！我要是心脏稍微脆弱一点，这就直接心脏病发作了！""没事的，刚刚我看过的，我觉得这个（河流的速度和流量）是在我可承受和可控制的范围之内的！"我的内心旁白再起："你知道，我们不知道啊！"

好不容易渐渐平复受惊的心灵，我们跨上马背继续前行。这期间，我和奥立弗为了补涂防晒霜，还特地要求在湖边休息，洗手抹脸，被凯文数落我们"太城市化"。我当时颇为奇怪，在强烈日晒下补涂防晒霜不是户外常识吗？何来"城市化"之说！怎么经常户外活动的凯文会不知道？这念头也只是一闪而过，我并没有和他争辩。事实证明，不"城市化"的结果，就是第二天他们被晒伤后痛得低呻浅叫。后来凯文和马丁都学乖了，每天都会问我们要防晒霜来涂，虽然这对晒伤后止疼修复并没有什么作用。

（三）牧民家的万物有灵

晚上 10 点多，在和日光角逐脚力的过程中，我们终于天黑前抵达了第一夜唯一可住的一个地方：一户哈萨克牧民的家。很累很疲也很晚了，我们没吃什么东西，稍做洗漱，就两人一卧，挤在了狭小的床上。原来这户牧民家就多余两张单人床，凑合着住吧！正如凯文事先所说，再差的房子也好过住帐篷。这一夜我战战兢兢地不敢翻身，好在我和奥立弗都属于身形瘦小之人，这一夜安然度过。不过事后我想吐槽一句，这么狭小的床，每人收 50 元，这还真敢收！话又说回来，只此一家别无二选，随他坐地起价吧！

清晨 7 点不到，我早早起床，在牧民家四处晃荡。羊圈里的羊群似乎还没睡醒，被捕获而圈养起来的马鹿反倒过来要东西吃。马儿经过早晨清新空气和阳光的洗礼，显得格外精神，边甩尾边蹦跳，很高兴的样子。牧民家的两个娃，可能也就 10 岁左右，已经起来劈柴了！我去院子里找香皂洗手，却怎么也找不到我昨晚才新拆封的一整块香皂。我问主人香皂放哪儿了，他跟我说他家狗子最爱吃香皂，吃掉过很多客人的香皂，它肯定又是把一整块香皂吃下去了！我觉得这是一只可以去申请吉尼斯世界纪录的狗，能把这么大一块香皂吞下去而不被噎住的狗，大概可以用魔幻来形容了？当时我是相信了，虽然现在想想总觉蹊跷。

找不到香皂洗手,那就直接用水洗脸吧!我拿着脸盘正要去倒水,忽然一只公鸡飞起,以迅雷不及掩耳之势俯冲向我袭来,我只得端着脸盆落荒而逃!这也太凶狠了!主人家,你这山区养的都是些什么生灵啊?爱吃香皂的狗,替狗看门的鸡,还能不能有点正常的动物啊?看来勤劳的我起太早了,是不是惊醒了它的梦?没见它打鸣报晓,仗势欺人的本事倒是不小!

早起的我可是为了给大家做饭的啊!我事先准备了很多干粮,其中还包括一袋燕麦片和冰糖。自带了一个可放在火上煮的带柄饭盒,以最简单的火上烧的方式,出锅了一碗碗美味可口的燕麦粥!看到队友们觉得难以置信又吃得心满意足的样子,心里很是欣慰!

如果说待在这牧民家还有什么事情感动了我们,那就是它屋檐下的燕子。我们吃完饭正好看到母燕飞回,嗷嗷待哺的小燕子拼命张大了嘴去接母燕衔回的食物,被我的相机逮了个正着。

(四)禾木村的如歌行板

奔腾浅唱的禾木河时有时无地陪伴着我们上上下下的山路,时而山花烂漫,草甸舒展,时而山谷青翠,溪流欢溅。能在山林谷地休憩是一件美好的事情,奥立弗爱坐在树林溪畔沉思,我则更喜在鸣涧石块间蹦跶。骑马的效应完全显现,腰酸背痛,大腿内侧僵硬,屁股更是重灾区,不抓紧休息时间活动弹跳,我不知道如何撑过这余下时间的马背之旅。在骑行到禾木村之前,我已经没办法在马上待着了。一天半来左摇右晃的马背脊梁骨,尽管隔着马鞍子,也已经把我们的屁股都磨得快要皮开肉绽。我央求着下马……这时候没有什么比脚踩大地、迈步行走更解脱的事了!虽然,因为屁股疼痛,我高一脚、低一脚、深一脚、浅一脚,在崎岖的山路上走得趔趄。

终见禾木村时,我们难掩激动。又饿、又累、又热的我们后来听当地图瓦人说,这是20年来喀纳斯最热的时候,白天最高温度达到了40℃——这个温度在高纬度且相对高海拔的地区确属罕见。赛里格说我们只能在禾木村吃个午饭、做下简单休整,奥立弗却怎么也不肯往前走了,坚持要留在这里过夜。赛里格还想劝说什么,但奥立弗心意已决,我们也没有再说什么。现在回想起来,这是略显任性的奥立弗非常正确的一个决策。当时的禾木村是一处远离尘嚣的居所,多少人镜头下经典的童话村落,确实值得我们一晚的逗留。确定住在禾木村后,我和奥立弗当即决定要洗澡。可是怎么洗呢?当地人都是下河去洗的,但那样的冰水,我们嬉戏一下都会哆嗦,更别提洗澡了。而且,下河洗澡的应该都是男人和小孩吧?我们没有放弃,仍然积极探索洗澡的方法,终于发现入住的村民家中有只可站一人的大木盆！我们问他们又借来了水瓢和水桶。于是，午饭过后，我和奥立弗两人互帮互助，以一人蹲坐木盆、一人在侧旁、一瓢一瓢浇水的方式，饶有创意地完成了我们的沐浴。

折腾完这一复杂的工程，我们迫切需要休息。跑到主人家开敞的木屋营帐里，我们在看上去挺阴凉的大通铺上倒头便睡。也不知睡了多久，我感觉脚底心痒痒的，就迷迷糊糊地醒了。顺着脚底的方向一看，我乐了！是一头大黄牛，正在舔舐并碰蹭着我的脚，把我叫醒了！弄醒我后，它倒是慢悠悠地躺了下去，深情地凝望着我……哈哈！这地方确实是万物有灵，看来它没把我当外人啊，和我如此亲密无间！

既然已被牛拱醒，我和奥立弗就准备到村庄周围的林子中去逛逛，顺便方便一下。不知道后来如何，当时的禾木村，夏季在户外如厕是当地人的常态。一起在西藏同游过近 20 天的我俩，结伴户外如厕也是一种为了确保安全的常态。跑进一片密林中，我刚开始宽衣解带，就看到林中的黑蚂蚁像吹响了号角似的，挨个往我两条腿上爬，不一会儿，我的两条裤腿上的蚁群就密密麻麻，场面惊悚之极！我被吓坏了，方便完了又跳又叫，一边试图把它们全部抖落下来，一边告诉奥立弗这里的蚂蚁不仅会上人身，还移动迅速！我庆幸自己出来徒步从来穿的都是长裤，实在不敢想象光着腿被蚂蚁群"攻陷"的后果！人就是那么有应激反应力的高等动物，骑马路上的三天，我身体的大解功能自动关闭，应该是被蚂蚁吓傻了后的功能失调。

在图瓦村落各处转悠过后，正遇夕阳，只见炊烟袅袅，云霭暮色，禾木村笼罩在一片祥和宁静而又充满人间烟火味的气韵之中。吃完晚饭，天色暗了下来，我们循着声音去找寻河流。禾木河和喀纳斯河在禾木村外交汇为布尔津河，水势更大而湍急，即使是在光线不太好的情况下，依旧可以看到白浪翻滚。布尔津河是额尔齐斯河最大的支流，而额尔齐斯河是中国唯一一条流入北冰洋的河流。想到这一点，我的内心就激昂起来——我和遥远的北冰洋就此建立了联系。之后回到布尔津，我一个人特地清晨五六点起床去看额尔齐斯河，再次感受想象之中逆流而上的北冰洋之风！

经过禾木村的休整，我们重又恢复生机。第三天早上 8 点多，我们依依惜别禾木，再次踏上爬坡之路。当没有灌木树林遮挡的时候，在马背上不经意间一瞥，又见山谷中禾木村的木屋群，恰似"蓦然回首，那人却在灯火阑珊处"！

（五）牧区的万种风情

七八月是草原最美的季节，一路的野花怒放，人和马宛若行走在花朵织就的厚毯之上，又仿佛嵌入了绿底花斑斓的软垫之中。马丁骑上的是一匹贪吃的马，此时无疑是老鼠掉进了米缸里，东啃啃西嚼嚼，总也赖着不肯走——一路上它总是垫后。我很爱我的马，可它有个很大的缺点，就是放屁成性。坐在马上，我就能感觉到它排气时带出的颤动，一阵阵的，频率极高。这下可苦了马丁。他的馋马慢马总在后面，他不得不一路闻臭，苦不堪言。我也表示很无奈，这匹爱放屁的马并不贪吃，那匹贪吃的马却也不见放屁。马有千秋，消化方式不同吧！这匹"味道"很大的马不仅爱放屁，还爱出汗。离开喀纳斯湖区后，我发觉我的背包沾上了一股浓重呛人的酸臭味。尽管回到布尔津时，大家都累得人仰马翻，我还是忍无可忍，把背包扔进浴缸里，大洗大刷了一番！我的那些"马友"们看我洗得起劲，不由得纷纷被带动，也把他们浸渍着马汗味的背包泡洗了。

　　既有斑斓肥沃的高山牧场，就有逐梦牧场的哈萨克人家。同为哈萨克族的赛里格，带着我们拜访了好几户牧区人家。我们遇见了正在挤羊奶的哈萨克女孩，还看到了层层围坐在一起晒太阳的骆驼全家。最最可爱的，是一只出生刚一周的羊羔，我和奥立弗轮流抱起它，抚摸它，对它无限怜惜。我突然摸到一棵像枯树枝一样的东西，喃喃道："哎呀，怎么羊毛里还夹了一根小树枝！"我努力地想把它拂去，结果却很徒然。周围的"马友"们已笑成一团，我这才意识到我又犯了一个低级错误，"小树枝"其实是小羊身体的一部分，只好尴尬地把它交还给主人。

　　离开牧民家，又骑了好一阵子，我们来到溪边野餐。赛里格指着我们头上的大树，跟我们说那是野栗子树，秋天能打到很多栗子，不大但很香。奥立弗当场表示要赛里格帮她打栗子，并给了他一百块钱，也把自己的地址给了他，说今年秋天打下来后，帮忙寄到上海，一百块含邮费，能买多少就买多少。赛里格笑着说："那我不给你怎么办啊？"其实我也有同样的疑惑。奥立弗说："我相信你啊！"这种信任是极宝贵的，不知道赛里格有没有掂出其中的分量。回上海以后过了很久，我想起这事来问奥立弗结果如何。很遗憾，赛里格还是没能履行承诺。也许他把地址弄丢了吧？就像有时我答应会把照片寄给旅途中遇到的照片主人公，结果冲印出来要邮寄的时候，却找不见地址……

　　赛里格说，喀纳斯这条路线最美的是秋天，但是季节很短，10月上旬可能就会下第一场雪，所以推荐我们下回九月中下旬再去。我猜他说的是秋日里层林尽染的森林，而不是枯黄稀疏的草原。我们几个相约一定要争取秋天时再来一次，顺便去一趟离喀纳斯不远的白哈巴村……当然，现在看来，17年前的约定只能是个念想了。2007年夏天，我在四川的四姑娘山穿越海子沟时，跟驴友推荐了这条路线。驴友当即于同年下半年前往。难以置信的是，她说她 2007 年走这条喀纳斯徒步骑马路线时，需要戴口罩，因为人马太多，扬尘剧烈！哇哦！往日的寂静山林一去不返，我们的桃花源还能到哪里去寻觅呢？

（六）黑湖的烟雨胜景

喀纳斯湖地区是中国唯一的南西伯利亚区系动植物分布区，森林植被很有特色。我估计我们第三天所经之地的海拔在一两千米之间，因为这一带主要是森林-草甸带，我们骑过了白桦林、云杉林、各种松林、间隙灌木丛、大量野花争荣的草甸和后来少量苔原垫状草甸，分布广袤而坡度平缓。第三天也是景观最为丰富、变化最为多样的一天，除了再没有出现禾木河这样的蓝水大河，其他重量级景观轮番上场。雪山、冰川、U 型谷、冰碛湖、高山湿地和季节性河流交错出现，美到了极致。

黑湖就在这样纵横捭阖的茫茫宏阔中出现了，集明净和朦胧于一身，若隐若现地出没在飘渺的雨烟里。在户外，我最害怕下雨。爬山时下雨，不仅会模糊、遮蔽所有的景观，还可能会导致淋湿、感冒、带低徒步者体温，进而引起一系列的连锁后果。但这时的雨下得恰到好处，好像是要让我们领略山色空蒙雨亦奇的另一番景象。一天之内地形的垂直变化和气象的干湿变化，让草原的水草更丰美，雪线更降低，天地更润泽。雨并没有下太长时间，可能就是一块云飘过带来

图 3-8 马上的赛里格和我

的水汽。但赛里格兴奋了起来,这个"骑在马背上的民族"中的一员,开始来回策马飞奔,突然腾空跃起,如雕塑一般在空中摆成一个定格,向我们完美展示了他的高超骑术。

我们从黑湖侧旁走过,如同一路在激赏牛羊的巡礼游行。回眸来时路,雨云不知何时又飘到了我们身后,在黑湖之上形成了一个环状,犹如飞碟升空,在湖面上方投影下奇异的光束,冷艳神秘而令人遐想连篇。我跟"马友"们感慨这条路线上除了海洋,什么景观都齐备,梦境里的所有想象,尽存于这如油画般的生境之中!

(七)悍狗的良驹克星

骑马路线就是反复在高山丘陵和草甸草原中切换,随着温暖阳光草甸的再次出现,草原上开始出现浩如烟海的牛羊和寥若晨星的帐篷,这是骏马最好的奔跑幕景。赛里格在前带路,马儿们开始撒欢。赛里格很有节制,他知道我们尚不擅骑马,并没有让马跑得太快。只有凯文经过两天的练习,信心倍增,大胆尝试纵马疾驰,居然跑出了飒爽英姿!后来我才得知,他至今户籍上的民族一栏仍然写着"蒙古族",而每次外出只要有机会骑马,他都要跑上两圈。从外形上,我完全不能看出凯文还有多少蒙古族血统;但从他驾马驰骋的样子,多少有点让我相信他是图瓦人的近亲了!

大概是自我感觉太好了,凯文的贝爷基因又发作了。他主动去引逗帐篷前的狗,狗被激怒了,对着他穷追猛吠!这可是草原上的牧羊犬看门狗啊!对于狗,我一直敬而远之。自从知道斯蒂文在没有招惹狗的情况下,在西双版纳被狗又追又咬,我更是对狗退避三舍。在云南一人独行时,因为常听到犬吠,心中害怕,所以我任何时候都要带柄小伞,雨来挡雨,阳来遮光,狗来打狗。凯文这家伙现在把狗惹毛了,就看到狗围着他的马绕圈子,乱叫一气。他好像还很高兴似的,远看上去似乎在挑衅:"你追不到我,追不到我!"被狗一阵围追堵截后,凯文不再绕圈子,径直往前奔去。狗的奔跑速度还是没马快,渐渐地它也就只得放弃了追逐。

温煦的绵绵草原把我的心灵涂抹得无比畅意,翻过每一座山,发现它们都有不同的样貌。小跑的马既不惊扰牛羊驼群,也不打扰我欣赏风物。我们从牧人的营帐旁经过,本也轻轻地没什么声响。不知怎的,突然从后面冲出一只狗,气势汹汹地朝我们追了过来。我本来以为它只是闲得无聊,撒个狗疯,没想到它越追越近,没有停下的势头。我在马上努力保持着平衡,极其不淡定地用余光扫了一下,天啊!它正朝着我的这匹马狂奔而来!我脑中转过好些念头,第一个是:

"我穿的徒步鞋和牛仔裤之间有段皮肤留白,它会不会蹿上来咬下一口?"听到它汪汪汪地扑将过来,我差点要从马上跌落下来!说到迟,那时快,只感到我那匹淡定的马扬起了后足右蹄,轻巧地一踢!接下来,我"马友"们的"好"字喝彩和悍狗哎呜哎呜的声音几乎同时发出!被踢飞很远的狗总算识趣了,灰溜溜地跑回了它的营地。我对本人坐骑简直可以用感恩戴德、敬重如山来形容,它却那么波澜不惊,那么举重若轻,好像什么都没发生过似的,继续往前踱步。难怪我天生这么爱马,就是喜欢它的叱咤万里又从容不迫,历经千帆而又云淡风轻!乌拉!我的骏马万岁!

(八) 喀村的温柔呼唤

我们的最后一段骑程,是穿过密密的树林。因为我们沿途的"奇遇"太多,骑程有些落后,所以最后这段密林骑行赶得有些辛苦。我又一次坐不住了,坚持起来瘸步行走。我的臀部被彻底"震碎"了,有点血肉模糊的感觉。8点半进入树林,大概穿行了一个多小时,我们终于遥遥看到了喀纳斯村和湖区的身影。奥立弗一屁股坐在了地上,表示再也走不动了,让我们先走。我知道她后半截一直肚子痛,坚持到现在很不容易,就让她坐在原地休整。我们先带着行李到喀纳斯村去找住宿,保持手机联系。

这一路的"曾经沧海",到了真正的湖区后,我们都很难再心潮澎湃。喀纳斯村的一切都是嘈杂而有序的:嘈杂,源于游人众多,耳根不得清净;有序,因为旅店众多,再不用风餐露宿,解手树林。可是,旅途真正的乐趣正在于奔波的路途,而非抵达的终点。帮我们卸下行李后,赛里格说他要连夜赶回他的村庄去。要知道这最后一天,我们已经骑行了近15个小时!我满腹疑惑又略带怜惜:"我们的屁股都裂了,怎么你的屁股还好着呢?这夜路回去还安全吗?要几点才能到?""没有,我的屁股也全破了!"我听后虽然心疼,但也算有了个安慰:原来不是我们太娇嫩啊!"可能要到后半夜,3点多才能到了!"可怜的人啊!"你就不能住一晚吗?""不用,我们习惯了!"顽强的人啊!摇篮就安在马背上的民族,当然不比我们的娇气!别了,我们的朋友,夜行安全,一切好运!

三、评价与建议

曾经有国外用深度参与法研究背包旅行的青年学者建议我尝试"断网旅行"(digital-free travel),我当时想说:"姐早年的旅行全是断网旅行。"我的云南首度漂是在没有查过任何资料的情形下发生的,且行且问,没有攻略,没有行程,更没有社交网络,作为目的地的雨崩村和驴友斯蒂夫,都是我路上"捡"来的。新疆之行,除了喀纳斯一段是我事先通过网络查询过的,其他路线全是我根据一本写新疆的书和一本新疆地图册初步规划而成的。我在喀纳斯的"马友"是通过熟人圈子约起的,也与网络无关。

"断网"和"断电"给研究造成的问题是,没有办法保存田野的电子文档记录。相比于日记本式的田野日志,我一直更习惯在电脑端和手机端记录文字,这可能一源于我的书写过于"狗爬",二源于我对电子文档更安全、更易于携带和保存的认知。这种可能是不良的"书写"习惯,给我这两段"年代久远"的叙事带来了不少困难。尽管对故事的各种情节记忆深刻,但无法精准把握细节。好在,当时我有旅程回来及时整理照片的"勤劳"的习惯。把每张数码照片按照地点、日期归入相应的文件夹,并以简短"作文"的形式重新命名。这样的习惯在这次写作中发挥了巨大的作用:由于数码相机拍摄的时间被精确地记录到分钟,行程的先后、经历的故事就可以被自然排序,保证回忆补录的准确性。这一部分自传式民族志的写法,也让我反思:从方法论上来说,也许我们对照片的挖掘和利用还远远不够。对旅游者的访谈,如果每次都能够结合其所拍摄的照片来进行,质性数据的广度和精度、数量和质量,应该都能大幅提高。数码照片因其成本低、数量大、时间记录准确,无疑能成为研究者可以依赖的"福音"。虽然目前照片引谈法(photo-elicitation interview)也有使用,但就这一方法在旅游研究领域的潜力来说,仍大有可为。

补录这两段故事时,结合旅游和背包旅游的研究文献,我也产生许多反思。背包旅行者现在被指责为越来越"大众化"(mainstreamed),但早年他们被视为一个目的地的"先锋"旅行者(pioneers)。当一批人类学家哀婉一个曾经"原始""纯真"的目的地不复存在时,"先锋"背包旅行者也会发出同样的感慨。在禾木村时,我的某位"马友"曾提道:"希望这个地方永远都不要'被你们开发',不要通车通路,一直保留现在的样子"。我的心当时被刺到了。扪心自问:"这是他们(禾木村的村民)希望有的样子吗? 难道他们不希望通路吗? 难道他们不希望发展吗? 我们有什么权力把我们的需求凌驾于他们的需求之上?"虽然"开发"并不意味着"发展",我们所谓的"开发"也并不一定代表着"他们"的民意,但这只是手段和路径的差异,从目的和趋势来说,"发展"是必然的。当地社会的进步和民生的改善,也是我们心之所向。绪论中提到的莫瑞教授,就是这样一位既清晰洞察当地文化,又致力于以当地居民所拥护和得利的方式推动当地社区进步和发展的典范。他在海地主持的植树项目,推动了几万农民种植了上百万棵树木并从中获利,这一项目也获得了国际"人类学实践大奖"(Anthropological Praxis

149

Award）。提起这个例子，也是想提醒"先锋"背包旅行者，不要误解"开发"，更不要反对"发展"。有很多失败的"开发"案例，也有很多成功的"开发"和"发展"案例，如何培养自身的利他意识并在目的地的发展中起到正向的推动作用，才是背包客要思考和行动的问题。无论是雨崩村历险前让乘客摸汗毛的斯蒂夫，还是喀纳斯骑马中给予赛里格以充分信任的奥立弗，都体现了这样正面的"先锋"意识——以最大的善意与当地人平等相待，他们是目的地建立理想主客关系的旅游"大使"。

要充当"先锋"旅行者，必须具备超出常人的非凡耐受力和身体素质。要追逐"原始""纯真"的风光，一定要具备探险者的勇气和毅力。最简单地讲，吃喝拉撒条件一定都是最初级最艰苦的（比如吃不到鲜肉、上不到厕所），还有相当的安全风险。无论是雨崩村的雪崩，还是喀纳斯的惊马，都完全不可预知。千钧一发之际，如何保持冷静和镇定，在最短时间内做出最有效的反应，非常考验背包客的身体、心智和经验。如果不是因为从小热爱体育活动，惊马时我极有可能从马上掉下来，也不会具备不听马夫下马之言而翻身上马的逆行反应。身体平衡能力和快速反应、判断能力都是通过长期体育运动培养起来的，是我从事背包探险活动的本底。

虽然我们崇尚探险，但绝不提倡冒险。无论是冰湖的攀爬还是喀纳斯的骑行，我事先都做好了充分准备。如果没有当地的向导和常驻大本营的牧羊人，我不会自己去攀爬冰湖；如果没有查找到详细的骑马路线，请不到专业的马夫和向导，我也不会贸然进入喀纳斯探险路线。当然，事情的发展超出了预期（比如兴奋的小牧童瞎带路），但这并不在我的可控范围之内。我已经做了我能做到的安全防范，其他方面，就只能交给应急事件处理能力了。至于碰上（听到）雪崩，这种情况完全不能预估。从道理上来讲，每座雪山都可能发生雪崩，但是我从来没有想过要去攀登卡瓦博格峰，对只是想去徒步大本营的我来说，没有防备是正常的。从另一方面讲，我也从来不认为"人定胜天"意味着我们要去"征服"每一座雪峰。卡瓦博格是藏民的信仰，我们崇拜观瞻即可，何必要去冒犯他们的神山？在林芝新措时，我也曾遇见穿越鲁朗的徒步团，他们同样是做了充分准备的专业户外团，通过"两步路"等 APP 下载离线地图地形图，实时比照、指导行进路线。这样的探险从来不是冒险。

骑马需要身体技术，也需要防范意外发生，但这种骑行所带来的惊喜也常是意想不到的。我们在四姑娘山尝试穿越海子沟时，出现了一些特殊情况，不得不中间折返。当时我们也租了四匹马。骑马上路后，我才发现我那匹坐骑是刚生完小马驹不久的母马。整个骑行过程中,小马驹一直跟在我们后面,母马时不时地会呼唤一声,听到小马答应了,才会继续前行。更惊喜的是,小马驹中间还跑了过来喝奶,我在马上轻轻翘起了双脚,好让他们独享这片刻的温馨时光,心中充溢着被母爱感动的欢乐和幸福。各人经历的"马上"幸福可能不同,但享受和愉悦的心流是一样的。

背包圈里有一句经典语录:眼睛在天堂,身体在地狱,灵魂回故乡。对于"身体在地狱"这一句,我有不同的理解。对于"先锋"背包客而言,也许追求的正是这种所谓的"炼狱"体验,能甘之如饴者,自然不会是"大众化"的背包客。而背包客之所以会被"大众化",是因为便利化的交通,尤其是便利化的目的地设施和条件,但是,仍然会有大量的未被探索的地区存在。所以,不要哀叹"原始""纯真"不存,只要你能够对任何未知坦然面对,你就仍然可以去往这些地区,做那里的"先锋"背包客。

第三节 露营,日夜之间的辗转

背大背包徒步而后扎营于天地之间,是北美和中国在内的许多国家文化话语体系下,对"背包行走"(backpacking)最早的理解。虽然国际旅游学术圈今天所说的"背包旅行"更多指涉的是"自助旅行"(independent travel),但不可否认,真正在自然界中的自助旅行,很有可能会涉及"露营"(camping)。我的美国同学一听说我是"背包旅游"研究者,第一反应都是:"哦! 你是个露营专家!"好吧! 你们完全错了! 我每次都得跟他们费劲解释半天,"我是研究自助旅行的学者"。

我的露营技能,完全不能跟从小举家在野外过周末的美国小伙伴们同日而语,按行话,属于"菜鸟"级别。因此,和我经常性的背包独行不同,我每次露营都要拉着"大神"级别的伙伴或者跟着有丰富户外经验的团队,结伴前往。我在美国佛罗里达基韦斯特(Key West)的沙滩营地、印第安纳州的野生保护区(wilderness area)、中国四川四姑娘山的海子沟等地都有过露营体验,但是这里要回顾的,是我在美国去得最频繁的一个国家公园——大峡谷国家公园(Grand Canyon National Park)的露营故事。这两次露营,一次在大峡谷的南缘,一次在大峡谷的北缘;一次跟着我所选修的国家公园课程的师生团队前往,另一次拖着野外生存经验丰富的"野人爸爸"同行。与许多中国户外俱乐部所组织的露营不同,我这两次露营都带着当时只有五岁的女儿,而她第一次露营以后,就一直嚷嚷着还要进行下一次露营。可见,露营老少皆宜。

一、大峡谷南缘的班级露营

▶ **2015/3/31 美国,亚利桑那州,大峡谷国家公园**

＃大峡谷之课程考察旅行 ＃

从开学以来便翘首以盼的大峡谷露营之旅终于在过去的这个周末拉开帷幕,作为甜妞的首次露营和我课程的田野考察之旅,对它一直饱含期待。在大峡谷南缘的露营地和诸位小伙伴重新会合后,我和同伙马上投入日落余光前安营扎寨的紧张工作中。两顶帐篷顺利顶起,我们浩浩汤汤地以蚂蚁搬家之气势,把气垫床、充气睡垫、睡袋依次扛入帐内,甜妞便怡然自得地端坐蓬内小憩。

看着她安乐享受的样子,为娘当然心生爱怜,一边顺势近路折回帐篷,一边目不转睛流连她身,急步中忽然膝下受阻,只感觉一道绳索将我的前进动力反弹,来不及反应中,人已腾空跃起,从空中飞落地上,砰的一声,闷重闷重的——土地感觉到了空中重力加速度的力量,我则在抛物线形的飞翔中彻底蒙了！下意识地侧过了脸,此时只能感觉到全脸的火辣辣和满嘴的泥土芬芳,同时清醒地放弃了想要爬起来的种种欲望,只想躺在地上静待身体各处恢复知觉！

最令人伤心欲绝的是,在整个我有思想意识的过程中,我的眼睛都没有离开过甜妞,可是她的身体竟然没有离开过垫子！我看不清楚她的表情,我也完全没有气力说话——可是帐篷内的人毕竟钻出来了,在不可名状的诡异感中寻找撞击地球的那块"陨石",在上下求索的过程中发现了静卧地面的我。我终于在不能再不吱声的情况下勉强站了起来,还要貌似泰然自若地说:"我没事！"(见鬼,我当然有事！)野炊的同学们这才发现了我,有人弄湿了纸巾帮我擦黑脸,我忙不迭地吐着黑泥,还要强打精神地面对着"大峡谷的味道如何"(How's the Grand Canyon taste like?)之类的问题一笑而过……篝火是留给欢乐的,实在不想让寻找银河的心情在哀怨中黯淡！再说,这是我娃的第一次露营,应该是甜蜜而印象深刻的！不过现在看来,我这次的"飞翔跤"可真是令我印象深刻啊！

一夜露营过后,我全身各处刮伤和瘀青的影响开始起步,但还是不忍放弃之前计划了良久的南凯坝小径(South Kaibab Trail,徒步道名)徒步,在受伤、带娃、背包的情况下,我们用2小时走完了原计划4小时的行程。最终我的各种体力不支,在回到游客中心的剧场①后完全显现。我坐上座椅,"依偎"在科罗拉多

---

① 美国国家公园的游客中心都有个小剧场,循环放映国家公园管理局统一为各个国家公园制作的短片,从自然历史和人文历史等方面全面介绍这一国家公园。

河的骇浪声中沉睡了几分钟,朦胧体验到了谷底漂流的激烈。

支持了 2 天没有充电的小米,在归家补给之后竟然拒绝了再开工,我在开机不成的惊悚和全身发作的疼痛中,下单买下了 iPhone 6。惯于拿傻瓜手机摄影的我,眼见着可以鸟枪换炮,内心从表面到深处却一点也高兴不起来! 在心神不定地借着朋友手机倒腾电池的过程中,多么希望小米傻瓜机可以给我一丝开机的光明,可它却残酷地在伤者身上又添了一道疤! 它可是我撰写加勒比海邮轮诸岛回忆录和记录此次大峡谷露营课程之旅的全部基础资料啊! 难道就此打了水漂? 末了,我要放出狠话:这篇谁给我点赞,我跟谁急!

朋友圈评论:

1. 太可怜了,抱抱! 写得很幽默,笑着抱,可以吧?

2. 不点赞对不起你优美的文笔、乐观的心态和难忘的经历!

3. 在此致以深切的慰问! 女汉子的形象跃然纸上! 佩服佩服!

4. 我很好奇你现在晒得有多黑?

5. 没事,国内高手如云,肯定能给你找回来哈!

回复:

1. 还好,涂防晒霜了,脸黑是因为摔了一嘴狗啃泥! 全身是土,就差埋进去了!

2. 谢谢大家的激赞! 小米手机至今扔在一边没去找过维修,只怕是已经过期,没人肯修了!

二、大峡谷北缘的亲子露营

为了记下第二次露营旅行的完整过程,我保留了此次露营的背景和主打人物——"野人爸爸"(wild daddy)! "野人爸爸"是我给我的美国朋友杰夫(Geoff)起的诨名,他对这个名字颇为得意。

▶ **2015/6/19‒20 美国,亚利桑那州,凤凰城—大峡谷国家公园北缘,雅各湖露营地(Jacob Lake Campsite)(写于 2015/6/22)**

在亚利桑那最后一个可以利用的周末,提前计划了很久的大峡谷北缘之行终于得以成行! 我成功找到了一个牛人"野人爸爸",虽然一路上无休无止的话痨王,让疲倦至极的我无法得到片刻安宁,但不得不承认,人家的丰富经历和渊博学识,确实值得我听三天三夜:一个人在不同年份造过三所房子——我是指从砍树开始,一直到自己装上各种设施入住,直到住完一两年后以翻当年多少倍的价格出售……连续八年开车到阿拉斯加公路可达的最北的角落，可以回放从华盛顿州到阿拉斯加山路的所有细节和片段……19岁时一个人以两瓶水、一袋苹果和面包，在没有任何GPS等现代工具帮助的情况下，徒步三天穿越亚利桑那无人的沙漠……至今仍然经常一个人到沙漠中空无人烟的地方露营，说那才是他真正的灵魂归所……这样的"疯人"（他的自我戏称），却对女儿表现出惊人的耐心和呵护，从来没有见过任何一个中国父亲对孩子能有这样的温柔和细致，实在是和粗犷的外表形成鲜明的对比，让人大跌眼镜！

　　和这样传奇的人物进行露营旅行，似乎应该一百个放心，更何况他还有个喜爱甜妞的八岁小精灵，他的女儿露丝（Rose）。甜妞和露丝两人结伴，自得其乐。不过让我一直捏汗的是，他西西里血统里那种秉承的夸张：车开一路，话讲一路，手挥一路，两手同时在方向盘上的时间几乎没有，脑袋的转动和表情的变化还老多……我只能隐晦地提醒他：我车已经找好卖家了，我答应人家要保持原样的……

　　也许已经习惯了这样开车，其实我发现他也确实是个警惕的司机。来回十几小时的路程，经历了我坐车生涯中又一次惊魂的一幕：在只有两车道的双向行驶路上，一个自行车骑手在我们车前倒了下去，不是因为野人爸爸提早减速，避让及时，开到了对面车道尚没有来车的驾驶道上，我们就会从他身上活生生碾过——65迈①的行车道啊！骑手摔倒后，躺在车行道上半天还没起来，我的心狂跳了2分钟，速度都慢不下来！我真害怕他被后面的来车碾过啊！野人爸爸这回不淡定了，说要去找组织者来骂一顿！其实早在看到这些骑手骑在异常狭窄的自行车道上，他就开始抱怨这个团队的组织者缺乏经验、这里骑车的安全性有多差云云。我还念他小题大做，没想到几分钟以后，就给了我点颜色好瞧了！谢天谢地不是我开车，骑车的人前前后后、三三两两、断断续续，是我开肯定不会提前减速，一避让急打方向，不知道要撞到对面哪里去了……后怕之余，一路上除了67号国家级景观路，我就没再敢摸过方向盘……

　　露营是这次旅行的最大主题之一。自从上次集体露营后，甜妞似乎迷恋上了住在户外帐篷中的感觉，竟然在我做计划之前就吵吵着"要旅行就必须露营"。机缘巧合，很难相信，这竟然也是野人爸爸女儿露丝的首次露营！为了给女儿打造一个完美的露营体验，野人爸爸似乎不遗余力：大小东西物件把我车的后备厢全部塞满，甚至还自己砍树找了很多柴火来生营火。上次集体露营，我看老师

---

　　① 迈，即mile，是"英里"的口语化中译。

是从后备厢里拉出了一筐炭,显而易见,野人爸爸的生火方式更原始,更有趣。出门前,我的后备厢都没地方了,野人爸爸还要往里塞个折叠椅,我说您这是去沙滩还是去露营呢?杰夫却一本正经地告诉我,露营也要享受……由于只能预订到一晚的露营地,第二天我们还不得不把整个帐篷用品全部拆卸重装一遍,移到另一个随到随进的露营地(walk-in site),简直是老天安排好让我来跟他学露营技术的。

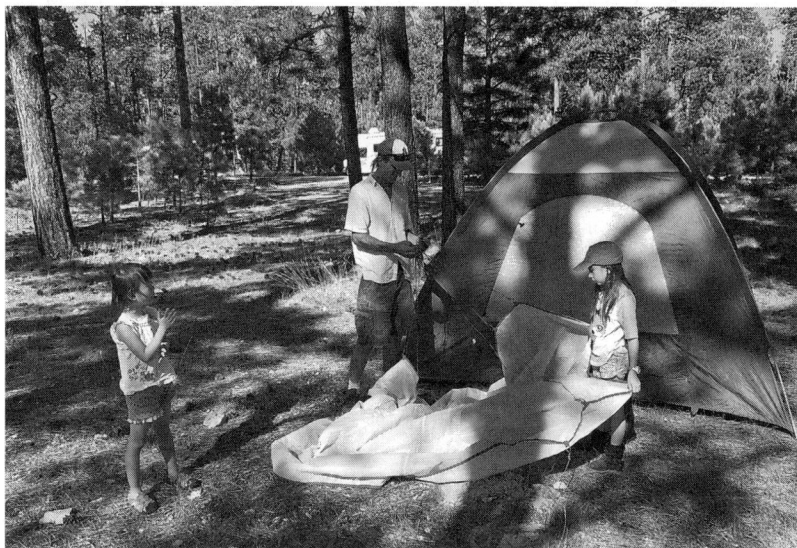

图 3-9　野人爸爸教我们扎营

除了我两晚几乎没怎么睡着以外,这次露营本身还是非常有记忆点的:刚到露营地就发现了很多美丽的毛毛虫,还有花栗鼠在地下宫殿里钻进钻出来探视。头一回看到身灰尾白的俊俏松鼠,竟能身手敏捷地钻到透明帐篷里去找东西吃,飞檐走壁,如入无人之境!抓到一只蟾蜍宝宝,它完全被我们吓蒙了。我们几个人轮流捧着它,它竟然不跑不闹、不装死、不吐血,让我头一回觉得原来蟾蜍也可以如此可爱!白天温度迅速上升,小伙伴们从早饭磨叽到了中午,索性席地而坐开启了野餐模式;晚上从大峡谷赏日落归来,沿途遇见鹿群上百只;回帐生起营火,围坐吃晚饭,听蟋蟀虫鸣,自然万籁。第一夜半夜,在气床漏气和甜妞蹬踢的夹击中,我辗转反侧地做着去不去室外旱厕的思想斗争,终于鼓足勇气披衣而出时,"哇"的惊叹于仰头一瞥,叹服自己决策的明智:那哪里是去上厕所,分明是走在星空里,沐浴在银河下——很神话很魔幻的感觉,顿时神清气爽,睡意全无!

朋友圈对话 1：

友：游记太生动了！过瘾！不过许多毛毛虫啊！

我：毛毛虫一点不可怕，以前一直以为它们和蟾蜍会释放毒液，这次听野人爸爸说完全没有（至少那里的无毒），我和甜妞就放心大胆地全部放在手掌心里摸了一遍。发现大自然真美，里面的动物也是千姿百态，要露营就要学会和他们和平共处乃至惺惺相惜。很庆幸能找到这样一个有经验的人同行，教了我很多野外知识。不过他做事的计划性很差，和我的计划性也形成了鲜明的对比。

友：人也是千姿百态的啊，所以总能遇见不同就是幸运！

我：其实不是遇见的，是我找的。我是他最近刚刚遇见的中国人，他认识很多中国学者，和其他人却没有这样的交集。可能语言是第一方面，个性是第二方面，共同爱好是第三方面。我一碰到他就知道他是这场旅行的最佳人选，于是不遗余力地推进。由于他的时间问题，我还放弃了去波浪谷碰运气的初衷，所以他也说我很果断，大概指认准目标就不轻言放弃，所以一般总能达成。其他学者一般也就是和他聊聊天气，再深入交往的也没想到要找他出来玩。所以人和人真的大不相同，同类遇同类，绝对不是一个偶遇，而应该是种发现！话说他是个练习口语的绝佳伙伴，知识面很广而且喋喋不休！

对话 2：

友：身临其境的感觉啊，这颗心也随着你的旅途跌宕起伏。你是怎么找同行旅伴？网上吗？

我：我哪敢在网上随便乱找啊，上个旅行网收集数据，有人约我见面都没敢见！在中国朋友女儿的生日趴上遇到的。之前就听朋友说这是个神人，当时一聊果然有很多共同爱好，就约他同去了。他离婚还在读本科，经济状况不太好，我就说我出钱。没想到露营真的比住店便宜太多，不是因为他女儿不愿意，第二晚我们很可能就搬到连露营地都不是的大峡谷北缘边上去住了，会更狂野，更原始！其实我在想，同类往往遇到同类，深交同类。他女儿所在的学校是中国访学老师子女的大本营，却没有一个人约过他出来做这种旅行！

▶ **2015/6/19 - 22 大峡谷国家公园北缘（写于 2015/6/23）**

从旗杆镇（Flagstaff）以北起，去往大峡谷北缘的路就一直是地图上所标的景观路：从 89 转入 89A，荒漠黄逐渐被稀疏绿所取代。作为亚利桑那州仅有的三条国家级景观风景道（National Scenic Byway）之一，67 号公路的景观完全超出了我对亚利桑那"刻板印象"的界定，从和缓草坡到茂密森林的驾驶体验，依稀是行驶在俄勒冈和华盛顿,哪有半点亚利桑那的影子?

阿巴拉契亚山徒步道上遇到的铁人三项三剑客奶奶们果真没有诳我,我终于和她们一样盖上了北缘才有的大峡谷国家公园驴章! 虽然北缘(North Rim)只占整个大峡谷10%的游客量,但它确实是真正的大峡谷魂魄所在。大多数时候,车都是贴着峡谷边缘而行,目光穿过车窗即可见峡谷样貌,更别提帝王点(Point Imperial,观景点名)8 803英尺俯视大峡谷所有观景点的绝对至高和皇家角(Cape Royal,观景点名)远望天使之窗①的奇峡险峻。几乎所有大峡谷的宣传照都是在南缘(South Rim)拍摄的吗? 竟然一见天使之窗,我就生发了养在深闺人未识的感叹!

在南缘徒步了多次都没有看到科罗拉多河的一丝身影,竟然在北缘观景点(无须徒步)就可以轻松拾得! 按照标识牌的指引,我闭上了双眼,想倾听科罗拉多河怒吼的声音,不知是错觉还是幻觉,我隐约……有些听到了! 没有了南缘的人头攒动,我们居然可以在光明天使点(Bright Angel's Point,观景点名)尽头的大石头上,找个舒适的位子,两次静静地欣赏日落全程。生平头一回,我突然想当一次印第安人,穿过时光隧道去峡谷底端曾经的三角洲上劳作,体验冬日谷底、夏日峡缘的农耕生活。我很想看看,当两天的谷底峡缘的旅程成为每天的常规活动时,当年的印第安人会修炼得如何健硕强壮?

曾经,我问来自大峡谷北缘附近的纳瓦霍(Navajo,美国现存人口最多的原住民部族)印第安同学:"北缘到底有什么特别?"他说,因为北缘去的人更少(只有南缘的十分之一)、海拔更高(比南缘平均高一千英尺)。愈来愈了解北缘,我就愈来愈向往北缘。在寻觅同伴时我曾感慨:离开亚利桑那之前,我怎能不去大峡谷北缘呢? 确实,我不能。诚如同伴所说:"北缘难至,唯有努力方可到达。"因为它偏远而独居一隅,在"非常之观"的观照下更能形成非常之感:那种与世隔绝和视觉的震撼相映生辉,又是人生的一个"畅爽"(flow,也译作"心流",指巅峰体验)时刻! 你必须身处其中,才可感受到这股心流。但在大峡谷南缘,我始终只能出离其中,哪怕是行走在徒步道上。是合体而不是征服,大概是我在那一刻的感受了……

三、评价与建议

国人可能会认为露营是很酷很时髦的事情,在美国却属于环境教育和野外

---

① Angel's Window,大峡谷北缘的著名拱券型峡谷景观。

生存教育的组成部分。野生地带（wilderness area）是美加两国的国家身份和标志（national identity），大多数人住得离大自然很近，或者开车去野外也不远。家庭露营、带孩子露营和单人露营非常普遍。我在加拿大的房东大卫跟我说，在他孩子们小的时候，他每周末都开着拖车带他们出去露营。我的第一位美国导师迈克（Michael）也告诉我，他以前出野外经常露营（而非住汽车旅馆），因为省钱。虽然现在的美国年轻人露营的次数大大减少了，但这项活动仍然拥有广泛的群众基础。与之相配套的，是大量的露营地和露营设施。露营地既为旅行者提供了安全保障和基本设施（如水、篝火桶和厕所），也减少了露营者对自然的破坏和影响。

目前中国驴友的户外安全事故频发，一方面跟合法的露营地配套缺乏有关，另一方面跟驴友的野外生存技能不足有关。但野外生存技能的培养不是一朝一夕的，仅靠驴友和几个户外俱乐部的单打独斗成不了气候。发达国家大多数国家公园或州立公园都有野外露营地，实行预约登记准入制度，有明确的营地使用规范，这些场所是进行露营教育、逐步培养露营和户外生存技能的最好场地。中国拥有广布的"自然"和"野外"，地形地貌多样，具有普及露营的天然条件。露营地并不需要知名，如果只是把它当成周边自然风景地的住宿配套来建设，推广露营可能要容易得多。在上海周末逛公园时，我常会看到公园草坪上支起很多帐篷，这说明有露营需求和基本设施的人群是大量存在的，问题是怎样实现供需配套，让喜爱露营的人就近露营。除非长途自驾，否则自己背个帐篷去呼伦贝尔露营是不现实的。露营需要的，首先是从家里装好的帐篷、开车能到的露营地。汽车、高速公路、露营设施和自然露营地四者的配合，是北美露营得以普及的基础。而中国后两者的建设都很缺乏。两次大峡谷露营，同伴们的物资准备都让我大开眼界：从炭火到炉子，从食物到餐具，从充气床到折叠椅，一次露营就像迷你搬家。这可能也正是露营的魅力所在：把家搬到户外，在大自然中看斗转星移，日夜交替。

在美国我还和很多热爱户外旅行和露营的朋友聊过天，"便携"背包式的露营者也大有人在，比如徒步穿越大峡谷，从南缘下到谷底再从北缘爬上，大概需要三四天的行程。再比如美国好些知名的国家徒步道（national trail，有自然步道也有文化步道），一般需要几个月的时间穿越南北或者东西。这对"便携"背包装备的要求很高，一切的物资必须最轻、最小、可压缩，睡袋、防潮垫、帐篷是基础；其次还有很多非常有趣的小物件。2003年时花五个月徒步阿巴拉契亚山脉全程的同学就向我展示了一种处理野外河水、使之可饮（drinkable）的神奇药片，2014年时另一位朋友又跟我讲起了一个脚踩的简易水泵，可以沿管直接抽取河水使用。我自己也团购了一个水背包,内置的水袋和水管可以让人一边徒步一边饮水,水管从肩头延伸到嘴下,节约了去背包抽取水杯的时间,非常便捷。当然,从防熊喷雾到防晒喷雾,从简易水泵到徒步水袋,从快干衣裤到压缩食品……这全套东西准备下来,再"便捷"的背包也都不轻便了。我曾在大峡谷碰到徒步穿越的真正的北美语境下的"背包客",光看那个背包我就感觉快被压垮了,他还要徒步上下几千米。负重能力很差的我看着只能咂舌,是不会尝试的。野外徒步露营还会遭遇各种野生动物和自然灾害的威胁,没有相关地域的自然知识,是不能贸然尝试的。只有把这些大小装备配全了、整齐了,平时的生存技巧和体能训练都培训了、到位了,探险式的户外背包露营才有安全性可言。

第四节　Safari,自然陆界的游行

Safari,是一个没有明显中文对应的英文词。我教授一门全英文课程"国家公园规划与管理",根据我对资料的查找、归纳、整理并结合自身旅行的经验,对safari一词的初步解析如下:safari一词最早源自阿拉伯语的 safar,原意就是指穿越大片景观、从一地到另一地、伴随着贸易的"旅行"。现代最典型的 safari 发生在撒哈拉以南的非洲地区,是指坐着四驱车,在大草原上观赏野生动物、进行生态教育的一种旅行形式。我在博茨瓦纳奥卡万戈三角洲所做的 safari 即属于此类,它的景观形式比较单调,是清一色的热带稀树草原,却是最近距离接触多种野外动物的最佳体验。可以说,在自然的场景下接触野生动物,是大多数safari 的核心。但是不同的国家由于其地理环境和历史文化不同,safari 的内容和形式也会有所变化。比如我在埃及红海畔的沙漠 safari,结合开车、滑沙和行走,去拜访沙漠中的贝都因人,和野生动物并没有半点关系。虽然 safari 主要发生在陆地上,但也常有水面 safari。我在斯里兰卡提萨(Tissa)坐船观鸟,当地打出的标牌就是水面 safari(water safari)。许多时候,观鲸等出海活动都被称为海面或水上 safari(sea safari 或 aquatic safari)。

尼泊尔、印度、斯里兰卡、泰国是亚洲最出众的 safari 目的地[①],其中尼泊尔奇特旺国家公园的河流独木舟和丛林骑象,斯里兰卡乌达瓦拉维和亚拉国家公园的观象观鸟观花豹,都属于亚洲比较有名且有特色的 safari 旅行,本部分将以这三个国家公园为例探索我在亚洲的 safari 行程和体验。

---

① 参见:"亚洲最佳 safari 目的地"一文(Best Safari Destinations in Asia),https://www.tourradar.com/i/asia-safari,2021 - 2 - 05.

一、尼泊尔奇特旺国家公园

尼泊尔是个背包客非常热爱的国度，原因之一是它的低价。一个有意思的地方是，所有旅行社提供的 safari 的价格是一样的，差别在于你住哪个酒店，玩几天的行程。酒店的档次不同，safari 的价格不同，酒店和 safari 行程一起打包出售，很少见有不含酒店的 safari 单卖。因为事先询问了去过尼泊尔的朋友，又在网上查找比较了一番，所以这一段 safari 是我飞抵尼泊尔前就订好的行程。淘宝是个神奇的地方，连我们在博卡拉酒店会讲中文的小星经理都不理解，为什么在淘宝上买的车票能比他直接拿到的价格低。由于预计之前的雪山之旅会很辛苦，我特地把南部平原的奇特旺安排在了北部山区的博卡拉之后，并且预订了比较好的酒店和两晚三天的全包旅程。

> ▶ **2017 - 2 - 4 其一 博卡拉（Pokhara）—奇特旺国家公园（Chitwan National Park），绿园度假村（Green Park Resort）**

经过一路遮天蔽日的尘土狂颠，终于来到南部的奇特旺国家公园，入住绿园度假村，热带气息扑面而来！果然是丛林 safari 的预演，满目的缤纷花朵、绿树婆娑，啼叫的不知名的五色长尾鸟在丛间飞舞，顷刻之间，一见钟情……

> ▶ **2017 - 2 - 4 其二 奇特旺国家公园，塔鲁（Tharu）村**

♯D8 五百里路尘与土，丛林核心农渔族♯

和所有 safari 一样，奇特旺国家公园 safari 的行程设计也非常宽松。在犹如世外桃源的度假村清了从博卡拉到奇特旺的一身尘土后，悠闲地吃了一顿从汤到甜点配备完整的午餐，3 点钟才坐上牛车，不紧不慢地向塔鲁村（Tharu Village）行进。

Safari 的旅行同样是充满知识性的。抵达塔鲁村后，safari 的专门向导罗比（Roby）让我们一字坐开先上课。他带我们回顾了 16 世纪从印度山区因穆斯林和印度教徒的争斗而迁往尼泊尔南部平原的这支部落的历史。我凝神看着正在我们面前扫地的年长妇女的腿部文身，怎么也不能把他们四肢修长、浑身精瘦的形象和印度人联系起来。这里的种族民族是如此丰富，即使一家人的头发脸庞都带有许多民族混血的特征，让人着迷。贫穷的生活状况几乎要把他们天生的美丽面容吞噬，每当他们因索要糖果而一窝蜂地涌向旅游者时，我心中总升起一丝悲凉。很想去和他们聊聊，但又由于语言和时间问题而无法触及，很是遗憾。

图 3-10 拜访塔鲁的牛车

"Tharu"(塔鲁)的原义是丛林心脏,如今根据国家公园的政策,这支丛林中的原住民已无法从事狩猎,而以农耕和渔业为主。夕阳下的牛群沿河归家,罗比说这在尼泊尔还属于富裕地区,尤其大地震后,更多山区民族搬来南部平原。我已经有些无法想象更穷的地区是怎样的了,因为即使是中国最贫困地区的小学校舍,也要好过这里的学校好多吧?心下一阵酸楚……

回酒店的沿途,均属于国家公园缓冲区,所以梅花鹿、野鸡、水鸟随处可见,猴子在树间蹦来荡去,大量从西伯利亚飞来过冬的候鸟在水边觅食,合着农家的鸡鸭牛羊,总算见到一些欣欣向荣的景象。当然,总是让人感觉欣欣向荣的,是不管多贫穷,荡漾在他们单纯眼神里的一个个浅笑和一声声"Namaste"(印地语和尼泊尔语中的"你好")!

▶ 2017-2-5 其一 奇特旺国家公园

♯D9 独木舟上观鸟和观鳄鱼,大象繁育中心的幼象喂养♯

独木舟漂流是一段美丽的自然之旅:人们轻轻地说话,溪流汩汩地流淌,上百种鸟儿恣意地放声鸣叫,几十条鳄鱼形同凝固地晒着太阳,我们需要做的,只是睁大眼睛寻找,并全身心聆听这大自然的交响乐。

罗比超级敬业,捧着一本有图文配套的鸟类大全,试着指哪儿打哪儿地跟我们讲解。就是他的英语我实在不太听得懂,只得似懂非懂地点点头。

在大自然,所有小动物都是最可爱的,因为他们让人心生怜惜,无论小象,还是小人。让他们做一对可爱拍档,至于大人,就做个旁观者吧!

▶ **2017－2－5 其二**

#D9 奇特旺国家公园的奇异象背之旅#

在奇特旺国家公园 safari 的所有节目之中,最轻松愉快而又妙趣横生的软探险活动就是骑象了! 和泰国仅把骑象当成活动本身不同,这里的骑象有一些交通方式的意味。通过一个半小时象背之上的 safari,带我们体验丛林秘境,发现野生动物,可能才是此项活动的真正要义。因此,虽然我们出发或涉水时,见象群熙熙攘攘,一钻入深山老林,就完全不见各自踪影。我们在半途甚至还被黄蚁蚁群攻击,树上掉落的硕大黄蚁瞬时攻占象身,在大象长如丛林般的汗毛中密密穿行,有几只还爬进了我们的衣服,象夫紧张得上蹿下跳,用力掸扫。我则踢腿抖弹,努力想把一只同时爬到我腿上的长角长尾的超大恐怖虫子弄落,发疯一般的动作完全徒劳,最后居然发现,它如蝗虫一样长着翅膀,自己飞走了!

当然,忧惧来时很短,更多的时候,是坐在树冠树干的高度,从另一角度体验丛林的寂静和美丽。当孔雀在高树间的枝头优雅掠过,母猴将淘气的小猴从摇坠的细枝头一把搂入怀中,马鹿闪烁着明眸在矮丛中和你安然对视,梅花鹿则视你若无物、自得其乐时,你不再有凌驾于其他生物之上的优越感。我们站高了,却谦卑了。那长尾布谷(非学名)的鸟鸣声是整个丛林最具穿透力和识别性的声音,时时如背景音乐,象木质乐器敲打着森林键盘,空谷回旋,荡漾悠远,令我永志难忘。

不知道是我们运气极佳,还是象群谙熟路线,我们竟然看到两处较难得见的犀牛:一对母子在河边开阔处嬉戏,另一家三口在丛林溪水旁休憩。象群和犀牛之间仿佛熟视无睹,相安无事,和谐如画。林间大树姿态万千,象移景换,一树万象。树叶想要追赶阳光,却又在被风的追赶中窸窸窣窣,抖落一身衣裳。于是,形和声的歌舞在微妙的视觉听觉舞台中绽放,必须细心捕捉,因它转瞬即逝……

奇特旺的 safari,厚重不如非洲,却清灵有加:平原丛林的大气开阔不及稀树草原,但细腻多维,隽永幽深……

所以,世界很大,美即多样。心无疆,行自远。

二、斯里兰卡的乌达瓦拉维和亚拉国家公园

在尼泊尔是骑象观动物,到了斯里兰卡则成了坐车观野象。与非洲象不同,

亚洲象体格较小,相对容易驯化,因而亚洲各国(主要指南亚和东南亚国家)有驯象的传统。斯里兰卡的 safari 相比尼泊尔的更野一些,这两大国家公园则各有特色:乌达瓦拉维国家公园以成群的野象出名;而亚拉则是一个动物多样性更为丰富的国家公园,但象群并没有乌达瓦拉维的象群集中。大多数游客如果时间有限的话,一般会择其一行之,两者的 safari 观赏动物的体验其实比较像。亚拉因其毗邻城市、生物更多样和可能看到花豹的特点,人气更旺,价格也更贵。但由于各人的际遇不同,最终的 safari 体验完全不一样。

▶ 2020 - 1 - 28 乌达瓦拉维国家公园(Udawalawe National Park)

今天我们又碰到一个坑爹的司机,多收门票少开车,不是我们下车去看了门票价格,绝对不准备把找零还给我们了。这个口头报出的价格和实收价格相差好大!湖边鳄鱼群无数,我们却只看到一条鳄鱼!他还说我们运气好!幸好还要去亚拉,不然会懊悔还给了他 500 卢比的小费!对这里常年与旅游者打交道的人着实需要多个心眼,明目张胆地骗人,感觉我素来在旅行中保持的对当地人的信任感,在此地必须大打折扣,实在是防不胜防,有点心累。

除了司机使坏,看动物的运气其实也不算太差:不同的孔雀对着我们开了三次屏,挂在枝头的孔雀如鹤立鸡群的气势,发出似猫的大叫声。目击了好几个象群,尤其带宝宝穿丛林的象群最可爱。目击三只狐狸的一家、一群混居的水牛和野猪、翠鸟鹈鹕等水鸟无数。和博茨瓦纳的 safari 不能同日而语,最不同的是孔雀、湖滨水鸟和锡兰象。

昨晚 10 点,约好的包车司机打电话来又要涨价,白费了我打酒店明知挨宰的突突车一趟去人口密集区另外找车的功夫。受够了乌达瓦拉维的各种坑,在酒店吃早餐时,灵机一动,打了下一站酒店的联系电话,让他们开车过来接。同样是单程空接或空返,我为什么一定要从这里找车呢?下一家酒店在缤客上 9.6 分的评价,早早就让我对他们产生了信任感。果断地打电话加微信,搞定!一个半小时后,下家酒店的接车抵达,恰好衔接我们的退房时间,完美!某人西边出太阳似的表扬了我聪明。唉唉,千锤百炼得来的足智多谋!吃一堑长一智,在这里我要随时准备备选方案,绞尽脑汁地跳出遍地的"旅游者陷阱"!

▶ 2020 - 1 - 29 乌达瓦拉维—提萨那哈萨度假酒店和亚拉 safari(Tissa Nehanasa Resort and Yala Safari)

离开乌达瓦拉维的捡漏豪华版酒店,一个半小时的眼皮睁不开中来到提萨那哈萨度假酒店（后改名叫 Blue Birds Tissa，蓝鸟提萨酒店）。雅致的小院繁花似锦，热情的经理椰子迎客。出门迎鹿群，低头见乌龟！躺在门厅下的躺椅上，我和经理聊得不愿起身，久违的信任畅快感啊！这才是旅行该有的样子！

这家酒店的经理皮瑞亚卡拉（Priyankara，后文简称"皮瑞"）是上天派来斯里兰卡的天使！中午，甜妞在乌达瓦拉维打完人生第一次完美的乒乓球，来接我们的车就到了。下午，我们入住提萨的酒店休整，直到湖边最佳的散步时光，皮瑞才开着突突车，载着我们绕湖，行走，讲解，吃饭，看佛塔。在被鸟叫声包围的湖边，他带我们散步，看日落，拉着我们去抚触含羞草，随身携带一本鸟类百科全书给我科普，详细答疑我关于国王椰子（king coconut）和普通椰子如何区别的问题。这才是妥妥的 safari 向导风范啊！他还特别会引导，落日时分让我们静待湖边 20 分钟，等待鸟类天堂的灰树变白树的"奇迹"。

图 3-11　湖边 safari 的全能管家皮瑞

所有的好向导都是相同的，他们热情好学，知识面广还幽默风趣。贴身管家天使在夕阳后引导我们观察倦鸟归巢和果蝠离树这两种现象，其间，他还让我们闭上眼睛，体验日夜转换时分的瞬息变化。他特地嘱咐我们，闭嘴抬头，免得吃到它们的排泄物！哈哈哈，皮瑞呀皮瑞，我们所有之前在斯里兰卡跳过的坑都被你填平了，要说爱你都显得情分太轻了！事实上，是我们仨都太爱你！

▶ **2020－1－30亚拉国家公园**

亚拉国家公园,是斯里兰卡第二大也是最热门的国家公园。虽然大象数量远没有上一站乌达瓦拉维的多,却是观赏锡兰(斯里兰卡旧称"锡兰")象征——斯里兰卡豹的最佳场所,亚拉也被公认为全球最容易看到花豹的国家公园。即便如此,行前也做好了看不到的思想准备,据说看到的概率也就四分之一,随缘吧!

我们的司机阿萨卡(Asanka)照例带着一本当地动物的"百科全书"。所以,一路我连听带看,真真切切认识了我看到的到底是些什么动物:野猪、水牛、胡狼、獴、亚洲象、鳄鱼、水鹿(sambar)、梅花鹿……亚拉国家公园的鸟类有200多种,多数是来此地过冬的。终于,我认识了好多种鸟:斯里兰卡国鸟原鸡(jungle fowl),一抹蓝亮的白喉翠鸟(white throated kingfisher),水边蹦跶的白胸水鸡(white breasted waterhen),还有田凫(lapwing)、翠鸟、鹰、印度蛇鹈(Indian darter)……水鸟名从朱鹭(ibis)到鹳(stork)、鹭(egret)……希望好学的我能一直记着……

说实话,这里的safari和非洲相比还是有很大差距的,找动物的交流基本靠碰,手机也是主要的沟通工具,导致一堆车追着讯息跑,灰尘一路,堵车两条。幸好大家都比较自觉,很主动配合不知道哪里冒出来的"车间"工作人员的指挥。第一次看花豹时,一大堆人顺着一个方向探头,排到我们时,我们却死活看不到!阿萨卡口中那棵"far away"(远处)的大树里,再加上树叶的斑驳,估计凡人肉眼是很难在树叶中找到花豹的,即使阿萨卡给了我们望远镜,我们也不知道从何处去对焦。无奈,只好遗憾地开走……原来这么远,我当和非洲一样,动物就在路边、草丛里呢!我们又不是千里眼,如何能看到呢?

10点多时,阿萨卡不无遗憾地跟我说,今天没机会再看到猎豹了。我说没关系啊,不要紧的!结果,话音刚落2分钟,看到一堆长焦镜头往一个方向举,不知道在看什么。我们顺势望去,猎豹就神奇地出现在不远处的岩石夹缝处!生怕我们看不到,才几秒钟功夫,它居然转了个身,把正脸对给了我们!虽然没有拍到照片,但今天也真感觉赚了!它可真够悠闲的,跑到岩石间去找阴凉了。我翻书了解到,原来花豹是本地的顶级猎食者,没有非洲狮、孟加拉虎威胁它的幼崽,它在亚拉一直处在放松状态,这也是为什么斯里兰卡成为全球最容易看到花豹的地方了。

亚拉地处岛屿东南,挨着大海,我们的"管家"特地交代我们到了海滩吃早饭。其实,他精心打包的东西已经在车上被饥肠辘辘、半梦半醒的我吃差不多了! 4点起床的困顿伴着皮卡改装车的颠簸和丛林日晒,实在很难让我们在等候动物时,保持高昂的精神状态。再说,我们再警惕也是白搭,和司机的慧眼不在一个级别:怎么看鳄鱼都像块木头,水鹿都混于泥土之中……不是拿望远镜细看,神仙也分不出差别来! 可阿萨卡就是神仙,居然车开得飞速也能突然刹车,倒退回去就能指给我们看水里下潜无踪迹的鳄鱼和才露出脊背戏水的大象!而这些,都已经是在出了国家公园大门外的路上了!

一个好司机(兼向导)是一个品质野生动物之旅的基本保障。虽然这里没有在水上喝香槟、看夕阳那样的惬意,但丛林餐厅的西瓜宴也是自在满足的! 帅哥向导阿萨卡还一直在车上问我满不满意。没找到花豹的时候,感觉他比我还失望! 不同于前几次的司机或向导,他特别可爱的一点是,在我们给了为数不少的小费后,他还很真诚地问我们是否满意,是否开心。我反思了一下,也许是我表达开心满意的语气还不够重,不够夸张。他是真的想提供很好的服务,我领会到了! 可能由于找花豹的时间过长,他没能带我们去公园的另外一边,他感到有点自责。其实有心就好,用心比什么都宝贵!

在提萨的这两天,总算把这些天来在斯里兰卡挨宰挨刀的创伤给抚平了!非旅游从业人员的普通民众,还是非常善良友好的。能在旅游这股浊流里保持清流风范实属不易,所以我们才格外珍惜我们提萨的"管家"和"司机"这些好同志! 这家度假村的价格如此便宜,评价却如此之高,原因我现在总算了然。酒店房间很少,但酒店自己拥有三辆车、三位司机,所以他们的主要盈利点在直营的safari上,其次在住店客人的接送。我们在住宿用车上省下的钱,全当作了小费(可能还不够),但是我们的心情非常愉悦。这正是我一直觉得旅游业应该提倡的:干净透明。"君子爱财,取之有道",我们也一定要善待君子,这样才能形成良性的正循环,建设美丽的新世界!

三、评价与建议

结合各种经营safari或推荐safari的英文网站资料和我自己的safari田野经历,我所理解的safari概括起来具有如下特征:① 目的地位于野外自然区域;② 由目的地提供越野车(或船等其他各种交通工具)和途中饮食;③ 由目的地提供司机并肩负向导的责任;④ 向导不仅需要开车(船等)带路,还需要搜索动物等相关观赏对象,更需要提供详细的自然(或人文)解说。基于以上特点,safari一般价格不菲,属于提供一揽子打包服务(tour)的目的地自然体验,往往与野生动物(wildlife)和生态(eco)联系在一起。

　　既然生态和野生动物是 safari 的主题,"一个好司机(兼向导)"则"是一个品质野生动物之旅的基本保障",他不仅肩负找到多样或珍稀动物的责任,还是生态教育能否取得成效的关键人物。自然中的生态教育不是刻板的讲授,而是兼具多种表达方式和实际场景的互动,皮瑞就是自然解说员的一个样板。但在国外做 safari,对向导和听者的语言能力都提出了很高的要求,双方的互动质量越高,输出、输入的效果才会越好。因为语言的问题,罗比和阿萨卡只能跟我们报动物名,对我们来说并没有太大意义。如果他们能结合动物习性、栖息环境、生态分布等来介绍自然环境和生态规律,那会有趣深刻得多。从这点上来讲,我非常推崇博茨瓦纳和南非的 safari——设施好,服务好,当然价格也很贵。对自己英语听力有信心、对动物真正感兴趣的旅行者,在 safari 旅行中会有非凡的体验。坦桑尼亚和肯尼亚从野生动物的资源和规模上来说,应该是最棒的,但这些非洲国家打的是 safari 中的经济牌,他们向导的专业水平如何,我还不好评说,且留待日后行走分解吧!

第五节　步行,城市之中的穿越

　　一直把步行视为细细体味城市街巷的最好方式,因而我在城市中的旅行,经常是每天走断腿的节奏。城市中的行走方式是复合的,"走"和"思"不可分离地结合在一起。边走边思,行走多个城市后,难免有些比较和感悟,偶尔以一城为主,串写多城,可能字面并未见"步行"字样,实是步行丈量出的认知,因而一同汇入本部分,担起"城市穿越"主题。

　　每个国家的首都或特大城市,经常是我环游某一国家的起点和终点。有些城市,可能事先了解已经很多,到了现场并没有那么大的视觉冲击,比如伦敦;而有些城市,由于行前知之甚少,留给想象的空间很大,比如加德满都。更确切地说,可能正是由于事前想象贫乏,才会有更多的行走感言。因此,国外城市部分,我便把聚光灯打在了对我而言曾经陌生,或者,想象后也力所不逮的城市。

一、魔幻之城

　　说到写城市中的"步行",有一个城市因其张扬个性,瞬间跃入我的脑中——那就是重庆。在重庆,步行不仅能体验街巷,更能感受城市格局,因为走着走着,就走到了鸟的高度!

（一）三天素描

2013年，我去重庆开《旅游学刊》的年会，会后趁着还不需要马上回沪上课，利用几天余暇时间速览重庆。

▶ **2013‒10‒20 中国，重庆**

如果说让我选一个最过目难忘的中国城市，一定非重庆莫属。这是一个未来主义的城市，充分体现了三维立体的空间结构。多重轨交道路在不同空间层次重叠，充满魔幻想象色彩；桥梁道路在山与山间横空出世，整个一好莱坞科幻大片实景地。而人每每从隧桥中间穿越，又横跨嘉陵江或长江，看江面行船，时添秀意而时生波澜壮阔的豪气！

早上我在高峰时间初体验重庆地铁，深感地铁站应为一个城市旅行的必游之地。这是一个城市文明的驿站，在这里可以观察到人群和秩序。迫于周围人人自觉过安检的压力，我把挎包、背包都老老实实地交验过检。地铁报纸真的做到了循环阅读，因为人人看完会把它放回报栏。排队进车厢，到几近饱和时，人群停止了挪动，尽管还有大部队没有进厢。虽然车厢中间的人们也被挤成沙丁鱼罐头，但也不至于像上海那样大跳贴面舞。找到一个解译井然有序的小线索：他们的保安明显比上海多得多。继而反思，在城市文明初创期，强制化的管理既可增加就业，又可规制秩序，是可操作、见效快的举措。联想到那日在雨中排长队等不见影的出租车，不需要保安的重庆市民已经建立起了排队自觉性啊！

照着事先找好的交通指南去寻汽车站，出了地铁口，让我回去走大扶梯。我纳闷，让我过地道岂不反了方向。半信半疑地回头走，又看到一个售票口，抬头见缙云山索道的广告牌，我又穿越了，难道这地方把索道叫扶梯？难道是要坐过江索道？投币一进扶梯，我便恍然大悟，怪不得坐自动扶梯要收钱，这段起码有两百米长的向下扶梯，一上去就头晕目眩、颤颤巍巍，深信重庆人中肯定没有恐高的，不然一定得移民他处。如今，绝对认同重庆人之勤劳说！好不容易到了汽车站，上个站内厕所也要爬上爬下，这个因地制宜赶上元阳梯田了！想减肥的，请到重庆来！吃香喝辣保管你日泻千里，爬坡走路准让你腿健身强！

朋友圈对话：

我：补充说下图片中那个乡村基，虽然还不知道是吃什么的东东，但可以准确下结论说它的热门程度绝对在重庆超过肯德基，我到任何一个城市节点都会与它相逢，让我好奇之至呀！

友：乡村基在重辣地区很多的，长沙、重庆、贵阳等地都有。上海也有，但感觉口味就不地道了。

▶ 2013‑10‑21 重庆夜景

重庆的夜景是重庆的三大名片之一。个人认为，另外两大名片，火锅和美女，是可以移出重庆市外的，只有夜景是必须在实地感受的。第一次到重庆是为了去九寨转机，只匆匆停留了一晚，就惊艳于这座城市异乎寻常的美丽。这次，但凡夜间穿梭在这个城市，就如遭遇一场场的艳遇。阳光100是平台夜景的最佳观景点，但上下多点的随拍也是移步换景。早上邂逅的大扶梯确实被列为重庆一景，此外，市内还有一元的电梯。此两类公共交通工具，全国只此一家，绝版难复制！

今晚这场最丢人的艳遇，让我迷失在离酒店不到600米的空间里，足足转了一小时，也转不出迷局。导航是失效的，因为地址路名是不容易在街上看到的，更关键的是空间有很多层次，没办法在地图上显现。我在一个百货店转了几圈，上下了三四层，每层都有不同出口对应不同路名。我一直在想，重庆地图得搞成很多面的立体地图才行吗！不然，同一平面节点上有那么多条街，平面图该怎么画呢？

听了两位旅人的介绍，也经不住好奇心的驱使，终于把晚饭挪到了乡村基。有意思的是，这家连锁和鸡几乎没有一丁点关系。我欣喜地看到号称代表正宗川味的中式套餐，确实价廉物美。只是我的小炒肉是湖南口味而不是巴渝口味的，辣有余麻全无呗！

▶ 2013‑10‑22 重庆地铁

这两日以地铁为主、公交车为辅，纵横渝中南岸两区，更多几言，议重庆轻轨地铁。只要不是上下班高峰，轻轨是从空中层面鸟瞰市区的最佳观景方式之一。重庆地铁广告商业化气息较淡，以公益化引导为主，也有一些红色宣传内容，比如习主席最近布置的新任务等。我看到的公益主题包括爱护尊重动物、讲究文明礼让、重庆百年交通生活变迁等，最后一组很像城市博物馆的现代主题，着实让我流连了一阵子。前天的立体地图倡议，在此马上得到了呼应：头次看到地铁站内不仅有多层电梯，还有长距离坡道，延伸出口走起来路漫漫其修远兮，形似防空洞的宽敞走廊，白天非繁忙时有老年群体在此练舞，晚上也有流浪者在此卷席下榻，竟然睡出了"巴适"的意境！

接受前晚找路不得的教训，我平生第一次在看得到对面道路的情况下，虚心求教到达彼处的方法。当所有道路都被隔断或分层，要从这一边到达视力所及范围内的另一端，可不是一件容易的事。于是，很多时候，手机导航迷茫了，下到地铁却能穿过去。只不过，有次我为了找到那个出口，又上上下下了三个不同的楼层。自认是个勤快人，可在这个地形面前，着实有点嘚瑟不起来！

进一步理解了为什么重庆的夜景是最美的，原来她的白天实在是雾蒙蒙的，看不清楚！在渝多日，不是烟雨迷蒙就是雾霾样貌，像极了镜片在吃了热食后佩戴的效果。"山城""雾都"的总结，精辟之至！

▶ **2013‑10‑23 重庆机场**

末了，汇总一下我此番速游评选出的重庆六景（广告语我都给想好了）：① 三峡博物馆（三峡自然历史一网打尽，巴渝文化源流基本彻清）；② 人民大礼堂（人民礼堂如天坛壮丽，广场牌坊若重回明清）；③ 十八梯（上海的弄堂坐上了楼梯便转成了十八段天梯路）；④ 长江索道（公交吊在了空中，就化作了中国最便宜的景观道）；⑤ 黄昏时的朝天门（两江交汇黑黄混，日夜交替黑白俊）；⑥ 洪崖洞（地脉文脉契合，交融文化创意）。

（二）一日暴走

2016 年，我和几位同事带着本专业学生去重庆及其周边进行野外实习，利用学生自主调研的一天，我见缝插针地领着他们一日暴走重庆。

▶ **2016‑5‑11 再回重庆 之一**

＃早间的自助觅食，我就不信找不到你！＃

终于的终于！走街串巷，爬坡问路，吃上了我心心念念了几天的小面啊！

吃完小面，汗流浃背，心情好到爆！上几张市井街景，最爱重庆人的排队守秩序！

▶ **2016‑5‑11 之二**

＃重庆交通工具一日游，海陆空全方位体验＃

我的小伙伴们被我的自虐行程踩蹋了一天，上上下下走了 18 千米，无怨无悔！我爱我的小伙伴！

今天，学生按既定任务自由调研，俺们为坐"最重庆"的交通方式和做最优秀的自助行者拼了！早起，赶公交到三峡博物馆，膜拜三峡巴地自然人文史。中午,打的往火锅圣地探访本土美食文明。下午,11路(指两条腿)行第三步道感受山城旧貌。晚高峰期间,川流于地铁轻轨,膜拜穿楼而过的地铁、世界第一高长的扶梯与悬长江之上的索道。兜转挪移在街头果摊,就地尝鲜休息,一碗红油抄手和肥肠米粉打发作了四人晚饭,竟仍有盈余! 日暮,乘两江游轮,揽嘉陵长江两岸夜色。迟归鹅岭,登观景台,赏蓉城之层层跌落的城市灯火。都知道"鳞次栉比",但如果你敢说这词是用来形容世界其他地方的,那一定是因为你没有来过重庆!

朋友圈对话:

友:变本加厉,不仅虐己还虐人了!

我:我是理所当然的行程设计师啊! 他们没去过而想去的地方,我当然要尽量一网打尽啦!

友:求虐!

我:这个城市地铁穿楼而过,一幢楼每层出去,门口都能有条路;人们不分东西,只论左右,因为二维地图在此彻底失去意义,立体主义主宰一切;骑自行车被喻为脑壳长包,开手动挡汽车,绝对可以考验车技! 这就是山城重庆,强烈建议斯皮尔伯格来此地取外景!

二、天府之地

写完重庆必得写成都,在这类"双城记"的争斗中,我不能有所偏颇,因为这两座特色城市,都是我所热爱的。此处略去我1999年、2007年、2012年、2016年年底行走、吃喝于成都的体验,只放了一篇2013年第4次到成都的观感总结,以及2016年年初第5次经成都到九寨的小范围游历。每次我到成都都是中转过境,要么从成都来回西藏,要么把它作为滇西北甘孜、甘南阿坝环线的终点。但成都是百去不厌的,它就像一盆老火锅,越吃越有味。

(一)印象成都

▶ **2013-8-25 中国,四川,成都**

如果只能用一个词来形容成都,你会用什么? 以我非常有限的成都方言辞藻和很有潜力的成都话听力,我认为是巴适①,或者,安逸。

我曾走过无数的历史文化街区,但感受到,能把非物质文化遗产以市井生活的方式体现出来的地方不多。每座一二线城市都充斥着小资调调的酒吧、茶馆、

_____

① 巴适(ba shi),源于四川方言,有很好、舒服之意,亦指正宗、地道。

餐厅，从经营者到消费者，已没有本地人的身影。白天的宽窄巷子，尽管也罗布着我这样的外乡客，但取耳、变脸、吹糖人、制糖画、三大炮、皮影戏……各种民事民俗、民间艺术与涌来参与捧场的看客，倒也使得这里不乏生活气息。星巴克换了一副皮囊出现，我忽然觉得豁然开朗，不要争执故宫该不该有星巴克，和谐，就是王道。

所有糅合起来的物质和非物质，同化了你，让你就像成都人一样，"安逸"着、"巴适"着生活，这就是成都的魅力。在悠长的年代过渡中，到了成都三次，我从来不分东南西北，因为太安逸了：同学老友早早帮我安排好了一切，让我狂奔千里后的体脑到这里可以稍息停顿。吃和耍是不变的成都主题，从火锅到烧烤，从盆盆到串串，从炒菜到小吃，我们从市区耍到山区，从城市山林耍到农家竹海。还有什么城市能将舌尖上的美味、视线里的美景和身体内的慵懒如此这般完全激发出来的吗？如果你说有，一定是因为你在成都没有像我一样铁的朋友！

朋友圈对话：

友："取耳"是掏耳朵？

我：对头，难不成是把耳朵取下来？

（补）人家师傅名片上写着的是"舒耳郎"，极其高大上而又有韵味呢！

（二）行走蓉城

▶ **2016－1－22 中国，上海—成都高铁**

15个多小时的硬座，两个人一个座位，做足了吃苦耐劳的准备。结果证明，思想准备很重要，旅途比想象的轻松！首先，小板凳发挥了重要作用，不仅担当座椅大任，还成为车厢吸引物招来了一群娃！当我变戏法似的从不大的背包中不断取出地图册、成语故事、英语读本、充气枕、耳塞、眼罩、方便面、火腿肠、旅行筷、水果、面包、糖炒栗子、巧克力、猪肉脯等法宝时，邻座都惊呆了！除了3点醒来没睡着、到现在仍然跟着车厢节奏在晃动的脑袋外，我一切都好！当然，到站后有老战友接应尤其重要！辛苦了，战友们！

朋友圈对话1：

友：为啥要拿小板凳？没买坐票给甜妞？

我：她1米2以下火车免票的，自然没有座位呀！

对话2：

友：当你变戏法似的从背包中不断取出……法宝时，小伙伴们都惊呆了！

我：哈哈哈，机器猫妈妈！

对话3：

友：好体验！

我：总算发出去了，一晚发了四次（朋友圈）失败啊！怎么有人跟我说九寨—20℃？我要哭了！装备不够啊！我预计是—10℃以上的装备！

友：是啊，全国都进入冰冻模式，那儿雪上加霜吧！我担心交通，会不会正常放行啊！

▶ 2016－1－22 其一 成都大熊猫繁育研究基地

我所见过的最好的旅游景区五星厕所，没有之一！我们在厕所里面孵空调、休整、看纪录片！冬日飘雪里的温馨暖屋，里面自带热带鱼缸大厅、沙发座、休息椅、吊壁、电视、挂画、熊猫杂志、阅读架、热水、TOTO卫洗丽①、洗手液、驱蚊水、润肤露、发胶、梳子、护手霜，还有比这里想得更周到的公共卫生间吗？

朋友圈评论：

1. 那时去我也感叹了一下到底标志性旅游景点不是盖的！

2. 前年去过，怎么没见过这么好的地方？

回复：

1. 沾大熊猫的光，跟着享受一下吧！

2. 你们坐电瓶车的吧？我们全程走路，逛了整整五个小时。这个卫生间在去小熊猫产房的路上，我起初没想进去，怎么门口看着像展览，就进去了一下，没想到是个豪华卫生间，惊喜！

▶ 2016－1－22 其二

小时候的N种志向之一，是当大熊猫饲养员，今再回首，绝非空穴来风。那时候，有部记忆深刻的电影《熊猫历险记》，彼时我对熊猫的爱就澎湃了！箭竹开花，我们积极为大熊猫捐款；家门口的中山公园，熊猫明星大驾光临，小粉丝当时离他只有一只手臂的距离！点滴过往，今天在看到大熊猫的分分秒秒里瞬闪，人家的秒杀那是深入骨髓的！任何姿态、任何造型，就是那么自然，能萌憨到将最坚硬的牙齿融化的，舍本主其谁？看得我们最坚固的牙齿融化，再看连牙床都要找不着了！能不醉熊猫乎？不能！

所以一定要原谅我此番的刷屏，我得承认他确实是我的真爱啊！

① 一种多功能智能马桶盖。

朋友圈对话1：

友：啥都得看脸！

我：人家不光脸好看，仪态万方啊！"可掬"的那一种"万方"！

朋友圈对话2：

友：大熊猫不怕冷哦！

我：不怕！雪花飘舞中睡觉。博物馆里还说他们最爱喝雪水，有张照片里熊猫在冰面上喝水呢！

朋友圈对话3：

友："Never say no to panda!"（对熊猫永远都不会说"不"！）

我：就是就是，我们一直在傻乐！好多只熊猫凑一块，动作还齐刷刷的，可爱到爆！还有的为了争食，把别家的头按下去的，种种举止，实在是……不行，再说我就连牙、带牙床都吞到肚子里去了！

▶ 2016-1-22 其三

#成都大熊猫基地之线路环境篇#

博物馆里先探秘，活化石名有奥妙；天鹅湖上看天鹅，四小天鹅争荣耀；熊猫别墅看国宝，忘却飞雪北风飘；日月产房窥幼崽，嬉戏打闹憨态俏；沿途竹林穿栈道，孔雀围转野趣绕；更有小熊猫凑热闹，钻出网来秀样貌！

朋友圈评论：

1. 那是猛兽啊，却卖个萌就好吃好喝的，这猫生实在让人羡慕！

2. 倒数第二句多了一个字，改：小小猫熊凑热闹。还有，应该是猫熊吧？

回复：

1. 剑齿虎、剑齿象同期广布的动物，三百万年前留下的唯一大型动物！

2. 不是，他们就是这样标的，大熊猫 panda，小熊猫 red panda！

▶ 2016-1-23 其一 成都，泰迪熊博物馆

成都泰迪熊博物馆，世界上最大的泰迪熊博物馆，分为九大主题馆和三大创意文化空间，惟妙惟肖地将泰迪熊拟人化于中国传统故事、世界新七大奇迹、世界著名童话故事、海洋世界等传奇空间中，打开文化展示的另一种思维方式。

我从头至尾学习了泰迪熊的由来、传承和变幻，博物馆还将虚拟玩偶实地化，随后与艺术融合，启发想象与创新。一步一幕，移步换景，不输传统园林的构景！看图来猜猜，这些把泰迪熊作为主角的故事或情景，你能看懂几个？

谜底：① 博物馆门口。② 泰迪熊名字的由来：西奥多·罗斯福总统不肯猎杀一只绑在树上的小棕熊。补充重要文化背景知识，罗斯福总统小名叫泰迪，美国人民说起罗斯福总统叫他泰迪罗斯福(Teddy Roosevelt)，所以泰迪其实是根据罗斯福总统(的小名)命名。典故见图。③ 都江堰工程。④ 三国演义之桃园三结义(该幕含三顾茅庐等多个典故)。⑤ 西游记之盘丝洞(该幕含三打白骨精等多个场景)。⑥ 泰姬陵。⑦ 马丘比丘(尤卡坦天文台金字塔。约旦佩特拉古城等其他新七大奇迹我觉得太难猜了，没放这儿)。⑧ 海的女儿全场景。⑨ 北极熊与因纽特人的极地生活。以上场景名字都是我根据主题和简明解说牌自拟的，比他们的更细致些。

泰迪熊博物馆不仅有情景化、拟人化的故事重现，更有泰迪主题的艺术再造，将四川特色的熊猫与熊(诸如传统熊猫和国外动漫中的功夫熊猫与熊)融合出熊猫馆，与多种艺术形式的结合创造出熊化雕塑廊、熊化名画馆、熊化错觉空间、熊化韩流馆、熊的互动空间和熊化室外名胜(以上名词均为总结式自创)。虽然我给娃解释到口干舌燥，但相比于非熊化的正常人文历史博物馆，她显然对探究这种形式背后的故事更有兴趣！从凡·高的自画像到向日葵，从蒙娜丽莎到雷诺阿，从希腊诸神到自由女神，我不知道她听进了多少，但小美人鱼的真实结局确实使她有些泪眼婆娑了！可见她是在听了，仅点燃兴趣以求知这一个意义，比什么都重要！

朋友圈对话 1：

友：不知道成都有一家泰迪熊博物馆！

我：我的成都朋友说90％的成都人都不会知道。出租车司机一般也不知道，感谢马蜂窝！

对话 2：

友：实现了博物馆的核心目标！

我：我够累的！能自动讲解播放就好了！故事之旅！

▶ 2016-1-23 其二 成都，锦里

锦里之夜，川菜加小吃，水袖加变脸，火树加灯笼，流水加小桥，酒吧加驻唱，小店加商品，音乐加吆喝，街摊加人流……这似乎成了所有古镇老街开发的套路？想起了美国66号公路边俯拾的小镇，为什么他们可以做出特色？

▶ 2016-1-29 成都市区

＃无目的版之闲逛蓉城＃

来过好几次成都，每天也都没闲着，但头一回看了马蜂窝成都PDF版后，感

觉还像是没来过。所以今天决计感受下成都的市井生活，从成都的"天安门广场"开始！

天府广场的规模比之天安门自然小了很多，但戒备之森严却有过之而无不及。记忆中没有哪个城市的广场在没有重大活动之际，每几米就有一个武装警察，警犬还在边上随时待命？更绝的是，直升机一直在天上盘旋，恍惚感觉需要防暴的节奏？

巍峨的主席像后有同样巍峨的科技馆，除了位置和题词外，似乎无甚亮点，设施展览老旧，参观免费，内部却有不少收费项目。美术馆同样乏善可陈，恰逢三层楼全是省内当代书法展，居然看到一留言簿上写道，"看到这里的某些作品，我对自己练书法的信心大增"，几欲喷饭！还是人民公园最有氛围，唱戏、跳舞、喝茶、练字，人气爆棚！这露天茶馆龙门阵摆得那个气势恢宏啊！"舒耳郎"也川流不息，敬业地帮人们舒坦着耳朵！特地让甜妞近看了舒耳哥的齐备工具，哥哥则坚持要拿头灯照照我们的耳洞。一打灯，甜妞的小耳朵，看得我……好痒！罢了，接受不了这掏耳文明，还是撤了！再遇糖画非物质文化遗产，这个可以有，迅速买下一个！

我在熊猫邮政局给自己挑了张熊猫明信片，盖了个熊猫邮戳，买了个变脸专利小玩具，第一次感受到有趣的、带有"仪式感"的旅游特色纪念品购物体验！省旅游局工作的小东师弟果然很会挑地方，不经意间差点要擦肩而过的旅游者专属之地啊！宽窄巷子，"最成都"之地。我才发现，看旅游者拍照，原来也是做旅游者的乐趣之一！找间老宅，喝茶或吃饭，我们慢下来巴适一下，要得！

朋友圈回复：

宽窄巷子不是第一次去了，今天的其他地方都是第一次去。礼物其实都不是自己买的，不好意思，总有人抢着买单！旅游者专属之地是指熊猫邮政局，不是指宽窄巷子！抱歉，考虑不周，当然其实两个都是"旅游者专属之地"！但宽窄巷子里的东西标价有些虚高，熊猫邮政局东西价格比较亲民、合理。

朋友圈评论：

所以旅游要接地气，避免高（假）大上（空）。

对话1：

友：成都的魅力就在于此啊！求成都攻略PDF！

我：马蜂窝有免费下载啊！我国内出去从来都是马蜂窝，受不了乱七八糟的攻略，没有时间一个个看！我只喜欢专家权威版，一份即安！

对话2：

友：回来的车票有了吧？不会还是一张吧？

我：一张，软卧！去时买不到软卧嚜！

友：你俩那小身板，足够了！

三、人间天堂

（一）天堂记忆

这是一篇我为了找照片而莫名跑出来的文章，已经记不清是何时写作的了。按照文件保存记录，至少在 2008 年之前。我在杭州读大学时，围着杭州老市区和西湖，不知道行走了多少回。那座城市不仅留下了我疾走慢行的足迹，更镌刻了我烂漫青春的记忆，放在这里，也算是恰如其分吧！

（可能成文于 2001 年左右，自己随性而起的一篇散文）

我是这样理解杭州的：无论你读她多少遍也不会厌倦，无论你与她多接近也参不透她的美丽。她是一座城市，但远离钢筋水泥的冷漠，山水诉说着城市的柔情，绵绵不尽，挥之不去。曾在这个天堂居住过四年，却仍旧想着一日将重回旧地，不再离去。

憎恨都市烦嚣的我向来讨厌"后花园"之说。花园何其多也，杭州岂能沦为平庸姿色、哗众取宠之花园一辈？更兼"上海后花园"之称谓，游客蜂拥相踏、人声鼎沸处，春光且即惨淡，花叶也便黯然，何美之有？

天堂之美，在乎安静与闲适。她可以是艳阳下的曲院风荷，但绝不是白天的城隍庙。她可以在夏日里绽放她的艳丽，但从不希冀众人的阿谀追捧。怕烈日炙烤的众人是无缘见识她的浓烈的，携一款铺地、一把蒲扇，在凉亭中赏荷待风的情致，几人能有呢？及得风吹一池摇摆，莲叶田田，花影招摇，美色何人能抵？尽管时有群虫聒噪，可它们想要破坏这意境的企图却总适得其反：午后昏昏然之际，虫鸣乃催眠佳曲，自然轻松入睡。至夕阳时分，晚霞印染上水草，没来由地举头望天，无限好的颜色就顺着云层蔓延开来，到湖里，到心上……

天堂之美是容不得半点喧嚣的。同游伴侣，三五人足矣。邀知己好友，聚西湖之畔，月上柳梢时，把酒临风，对饮叙旧，其挥洒自如、鱼水欢畅之情谊，与新天地酒吧之矫情造作、窒息浮华又不可同日而语！酒力不济如我者，自无人强求，泡一杯初采的新茶，闻一缕天堂的芬芳，茶不醉人人自醉，平湖，秋月，美酒，好茶，狐朋，逸事，岂容不醉？

品茶之处，湖滨尚算不得最佳，虎跑虽有名泉，但如梭游客却可败人雅兴。泉甘、茶纯、景幽者，当推深藏闺中的龙井问茶。然品茗伴香者，以秋日的满觉陇为最。为避人潮，须得探进满陇深处，与馥郁丹桂为邻，坐饮石屋，水乐与烟霞三洞之一。凝神回味、心怡神驰时，或具道骨仙风！

走马观花的游人是无法体味到天堂之城的真谛的。她的美丽，需要都市人慢下匆匆脚步，以悠闲的心态去感受另一种生活态度。杭城人是懂得生活并乐于生活的，否则，怎会有梅花坞的异军突起，在这景点如云的城市？日上中天，起床更衣，驱车缓行，坐镇山谷，气定神闲，吩咐老板：来，摆一桌菜，沏一壶茶。边吃边聊的功夫，慵懒地看草鸡在闲庭信步，细细咀嚼出农家菜的质朴原味。这样奢华得近乎迟滞的节奏，又有几个上海人耐得下心来享受？

宁静如杭，就找不到撒点野放把火的地方了吗？有的有的！在树林中撒野如何？九溪，曾随众生踩车，举锅碗瓢盆无数家当奋勇直前的地方。九溪烟树，现在想来更可以指那些树，都因沾染上了袅袅炊烟气而愈发婆娑了起来。狼烟四起，群魔乱舞，大概可以形容那个地方了。至今仍记得隔壁野炊组的男生操起大盆直捣本组压轴甜点——水果羹后被四处追讨的亡命吃相。饭后百步，随意钻进一片山林便可行方便与施肥双功，此种如厕却达真正天人合一之境界！缘行"曲曲环环路"，数步之遥，便少觉狂欢纵情之音，再举百步，已然飞瀑流泉之另一世界！重叠山、叮咚泉、高下树里屏蔽着的逃遁都市的野趣童真，在十八涧中淙淙跌宕。

当然，最适合同行天堂之城的，依然是情侣。遗憾总在雪花纷飞时考试，四年未得见一次真正的断桥残雪。想，有一天带着爱人在冰雪初霁时遥望断桥，弥补那些年中为数不多的缺憾。昔日悲情的传说，都该被现代大团圆的结局所替代了吧？

天堂之城可以是两人的，私密的，但是充满生机的，一如当年亚当夏娃的伊甸园。只要找到一座春天的山，往里走，世界开始静谧，除了鸟语，还有，爱侣的窃窃私语。漫步在春和日丽中固然好，但雨伞、湿发、冷肩到依偎的浪漫种种，却是要和蒙蒙细雨联系着的。吴山天风，黄龙吐翠，甚至再远的云栖竹径，都是恋人的迷离仙境。孤山亦好，只是人文荟萃又俯瞰西湖之地，旺季旺点里，难免偶有被扰之嫌。

自然，最不会被打搅的依然是月朦胧时分。苏公堤的垂柳，六吊桥的月色，在春风骀荡里不知勾引了多少红男绿女跌进西湖编织的情网……于是，天堂每天都在发生着新的爱情故事，而故事的主角们，也许会用心和笔，记下他们日后对天堂的感怀……

（二）再走杭城

2016年8月，回杭州参加大学毕业20周年同学聚会。虽然这次主要任务不在旅行,但依旧根据聚会前后两日的行走,观察了这座曾经最熟悉城市的新貌。当时恰逢 G20 峰会即将在杭州召开,西子湖畔更显风烟俱净、天山共色之清绝。

▶ 2016-8-5 其一 中国,浙江,杭州,京杭大运河杭州段

我很快又来到这座陌生的熟悉城市,安然享受做一个观光客的简单幸福。没有任何攻略,细行慢品:最美的人行天桥,桥内封闭带空调的;水上巴士,要等四十分钟才能上船、票价 2 元、极度催眠的;拱宸桥,原来明朝崇祯年间就在此立标定界的;历史文化街区,绿意盎然、自带清新降温气的!

忆江南,最忆是杭州! 虽然早已不是记忆中的杭州,但依然醉人!

▶ 2016-8-5 其二 拱宸桥

走到这样一处居所,抬头看门,遇见一块最不知所云的店牌,"there is always a way to open any door"(通往任何门都会有路),推门入室,别有洞天!

朋友圈回复:

谢谢友人答疑,原来这个名字的典故来自东野圭吾小说里的一个解忧铺,据说是文青范儿的代表。这处小店里面确实文艺,有喝茶的榻榻米和投影——"电影放映",有画禅绕画——"禅绕画体验",有面对面的咨询室——"心理咨询",有卖手工制作的树叶花儿信笺信纸邮票和投递筒——"解忧邮筒",很杂货;外面弄堂里很多花——大概属于"心灵沙龙"的一部分外环境。在里面的几个(不知道谁是主人)都非常和善,说就是自己玩的地方,欢迎过去坐坐。我感觉像一个小巧而精致温馨的家,果然是"心灵沙龙"啊!(以上每处引号内文字,都属于该小店外挂在门外的诸多标牌名之一。)

▶ 2016-8-6 西轩酒店

为聚会,找一个美丽的居所。于是,我们来了,相约西溪天堂。新旧杭城在这里交汇,夏日澎湃的,依然是年轻的血液! 盗用一首同班同学自创的诗来表露一下此刻的心境:

人生难相见,奄忽二十年。

西子仍美玉,故人今何为?

感君邀客饮,重见同窗亲。

别时绿鬓浓,今昔青丝薄。

初见不相认,听音辨旧人。

荣枯有几时,涕笑何涟涟。

无以助君行,唯心诚拳拳。

再进一杯酒,醉时易离分。

▶ **2016－8－6 西溪湿地**

水绕蝉鸣,白鹭低飞。凉风习习,芦苇袅娜。鞠一帘幽梦,送与夏日……

▶ **2016－8－7 中国,上海**

＃新杭城记忆补白＃

带个手机就可以出门了,全境刷支付宝畅行无阻。随便找个餐厅就可以过七夕了,情调风韵、雅致美味可以兼得。博物馆迷可以安心闲逛了,大大小小的专题类博物馆让人在活化的教科书里自在穿行。爱住酒店的你可以发挥想象了,各种风格的民宿或精品酒店让人有足够的时间对着美景看书、发呆。

老的城市被一点点蚕食,城市更新换代的速度惊人,除了西湖及其周边,杭城什么都已面目全非了。10年之前,当年就读的学校已人去楼空;而今校园的前半部分安在,后半部分已然消失;10年之后,整个校园也将荡然无存。不知陈年校友们是否会像人类学者一样,哀叹凄婉于不能两次踏入同一条河的遗憾?

将至的G20峰会把杭城安检推上巅峰。在博物馆门口过机器安检后,我的小物件还被人工检查员一件件翻过,不仅水瓶要开封喝水,还要把驱蚊药水往身上喷试,就差让现场重擦一遍防晒霜。酒店总台登记人员收了证件要反复对脸,并且对你进行现场测试,考试科目为报自家地址! 杭州人民不容易,赶着这个点来杭城集会的小伙伴们更不容易啊!

四、烟火羊城

广州是个对我有特殊意义的地方。因为常去中山大学(以下简称"中大")学习或开会的缘故,去广州的次数最多,印象最深,所以不能不记。

(一)考博溯源

我与广州城市情缘的源远流长,要从我2002年去中大第一次考博算起,而这种学术"宅人"与旅行"游民"(nomad)本性的错位,让我决定把另一篇早年的邮件文章奉上。该文描写了我赴广州考博之行走,虽极尽调侃,但另有历史片段截面保留的意义。只有回首往昔,才有可能理解"游走飞丫Angela"(我的微信名)从"行者"变为"学者""歪歪猪"(我的 QQ 名)从"不正"走上"正道"的艰难历程。

♯考博心得♯(2002 年群发邮件名)

自从歪歪猪走上了高校这条羊肠小道,便成了这世界大道旁的怪胎、小道上的另类。2002 年年头,眼看着诸多后来的青年同事们在读博的道路上前仆后继,本人终于被迫放弃了硕士文凭终老的"远大理想",在荒废了多年的学业后,毅然投身于浪死沙滩的不归路,开赴广州欲投奔中大。于是有了如下这篇考博手记,今天看来,还是很纪实的。

♯歪歪猪之歪打打不着篇(尽管没打着,众看官也可因其勇气可嘉给点掌声鼓励哦!)♯

穗归后一直为学生狗仔队所累,或追讨毕业论文意见或索要课堂教学债务,害得我老人家迟迟未逮到时机向众位汇报考博心得,心下有言不表,藏刃不磨,技痒难忍,值此广大劳苦大众欢度节日之际,练练兵器,与民同庆,暂得解脱之乐!

纵观今日之社会,众生深陷苦海而浑然不觉。亲见考博拥堵现场的那一刻,不禁喟叹世风日上,人人自危至此,遂汗颜吾怎能以井底之蛙之浅见,枉测考博大军之非"汰汰"?惭愧惭愧!当下重整衣冠,极目四望,意欲一睹诸未来博士之风采。不看不知道,一看吓一跳!众生百态,皆呈苦相,或面带菜色或略显狰狞,臆想多半如我者近日连牒,得寝食难安、舟车劳顿、闻鸡起舞、刺股悬梁之"善果"。不可排除有神采飞扬者,惜之视力急剧下挫的吾辈老朽,未能借得悟空之眼以鉴别厚重镜片掩映之后的表情状态,深以为憾!转念想我传授佛法(指我教授相关宗教知识的课程)也稍有年头,怎就未曾想到率众弟子前来此等现场参悟佛道? 愚昧之至!

恍惚间,人流涌动,站立大潮前端佛性大发的老人家被拥戴入场,罢罢罢,且先苦吾心智,再展望天降大任之极乐世界不迟。然老朽总爱追忆似水年华,这厢未坐定神又驰。遥想当日清晨,出门突地雨急风骤,驾一柄遮阳伞,吾如一叶轻舟,飘摇于寂寞阴沉的巷里街头,乌云深重中,平地起霹雳,绽放于距轻舟不远的船头! 阳伞变形为扁,轻舟继续前行,心中默诵佛祖:"吾是好人,雷公电母也是好神,好神不会欺负好人;天灵地灵,如来爱生灵!"颤颤巍巍行路,转念一想:我生光明,何惧雷与冰! 说时迟那时快,我与神感应,天果降冰雹立时三刻考验吾身,薄伞此刻身似菩提:本来无一物,何处染尘埃。天地茫茫处处尘埃,密度强度均为此生之所仅见。凄风雨眼迷离中,我身早为尘埃所泡:从头到脚,体无所漏,悉数为冰尘雨埃眷顾,空乏我身达登峰造极之巅。次日报载,此五分钟冰雹为羊城十载之头遭，恰为人贵如吾等者巧遇，何霉之有！此为后话。然踩雨入场，颇具凌波仙子之态的风情种种则非常日赶考之辈所能企及。唯憾未能如其余仙子般预备毛巾拖鞋，潇洒换装登堂。

且说神思飘渺，几度峰回路转后，手下已多一物，此为何物？看官且容老朽留待下回分解！

（后续）

后来的事情，熟悉的看官也应知晓。手下一物，自是考卷。考完英语，当然狂喜。考试以顺利开场，以顺利收尾：面试自我感觉良好。只是，中间的过程，可谓一败涂地。

首先，考博乃不得不做之事的现实需求本身拖定了后腿。"Have to do"（必须做）和"love to do"（热爱做）的动机，形成天壤之别的结果。其次，"临时抱佛脚"的坏习惯注定了学习方法的落败。四本原版专业书，仅靠施展一天火车、两次挑灯夜战到凌晨的狗急跳墙功，自然无法蒙混过关。但均已及格的专业成绩着实让我萌生受神仙眷顾之优越感。

之后，借着考博的名义，会师猪友，北上鼎湖，南下珠海，朵颐秀色，饕餮广东，重温旧情，也实不枉这一趟车旅。此行收获尚有，圈内具有极高名望的"导师"（虽然没有读上，算成精神导师倒也不谬）送了我一本他和师母的闲书，名为《美加十万里行记》，为我不久后纵横美国本土奠定了相当的励志基础。

（二）会间信步

因为每次赴穗，基本不是考博就是开会，再不就是在中大的两个校区（珠海或广州校区）培训，因而所有在广州的行走，都是细碎化的——利用会议的间隙去发现城市的新旧角落。这里的"豆腐干"，也就是历次会间闲庭信步的产物。2016年7月，我赴中山大学珠海校区参加了一次为期十天的博士生研究训练营；2016年9月，再赴广州参加中山大学主办的为期两天的国际学术会议。

▶ 2016-7-30 中国，广东，珠海唐家—广州南沙

＃杂谈＃

睡了十天的海边非海景房，却几乎没有去看过海。上午特地顶着烈日再去看一眼昨夜的沙滩。终于搞清楚了对面到底是珠海还是澳门，以及海水水温是不是适合全天游泳。原以为荒凉的酒店周边，突然因为一条小径通到的社区而顷刻改变了印象，土地爷的贡台一下子让人感受到了市井的生活气息。第一次看到这坟墓似的东西横亘街边颇为惊心，走近才发现原来是土地爷，想想也够接

地气,给土地爷进贡是得要贴着土地吧?

长不进的记性又忘了所谓米粉在广东长啥样,等到端上来时又哑然失笑:"对哦!这里的米粉和面条都和别处不同!"不过味道不错,对我来说也可以算作"异域风情的米粉"了!之后就是坐车的种种曲折……

想起博士训练营苏晓波老师最后一讲说起他不用智能手机。如今我暗自怀疑,这世界离开智能手机还能正常过吗?我只是想说走就走,坐趟短途火车而已啊!没有APP提前购票,说走就走顷刻也就成了泡影。上午9点多到站,告诉我说珠海各站最早只有下午3点多的票到广州了!大意失荆州啊!114打了一圈也没有找到除了黑车之外更快捷的返穗方法,也就既来之则安之地搭上了黑车,安逸地听着一些粤语的经典老歌,安心地欣赏沿途风景,似乎很快就到了广州南站。在没有清晰标志的过街地道里,上上下下地拖着箱子数次才上到公交站,又因为要去百米开外的火车站内唯一公厕,又错过班车一两班,这时开始感念上海的好:清晰的标志,足够多的卫生间,以及,无异味……

前胸后背汗尽湿地等到了开往南沙某地的公交,真的如同学所说,开了整整一个半小时才抵达某镇。此时已近3点,在同学家匆匆吃完中饭,开始了如同长眠的午睡……大概有几个世纪没有睡觉的感受,最后被雷神电母闹醒。昏昏然间暴雨狂作,尚有一丝气力庆幸自己没有被困路途中……

没有什么城市的暴雨比广州的暴雨更让我记忆深刻了……暴雨过后,天气顿爽,外出吃饭,忽觉这里也是大江南北菜遍地开花,全不似15年前粤菜独霸天下的格局了!吃了一顿东北菜和湖南菜的聚合,连锁店的店名很有意思:"Northen Cuisine"(不好意思中文没有记住,直译为"北方菜肴")。再次哑然暗笑:"是哦!只要在广东北面的可不都叫北方吗?"这点认识论依旧没变,而且在相当长的时间内不会改变吧?

朋友圈对话:

友:吃完精神大餐又吃凡人大餐!

我:精神大餐不好消化,以致日日失眠……

▶ 2016-9-16 其一 广州,红砖厂艺术创意区

红砖厂和其他创意产业园区直观上最大的不同是树和绿。一直很爱花城的绿树,可小长假的人流里,那些各种自导自拍的小清新们也着实是花城一景了!

朋友圈对话:

友:和国内其他创意产业园还是不一样。

我：是,店少(我居然没买什么东西),创意产业开放式的参观区域少,厂房结构更直观,感觉厂搬走以后几乎没什么改造加工就进人了? 许多门面好陈旧沧桑的感觉!

▶ 2016－9－16 其二 广州市区

唯一一个来过好多回却始终分不清楚东南西北的城市! 每次来这里的路线都是中大、同学家及同学带去的其他地方! 趁着会议报到间隙,总算今天自助了半日,珠江无限好,蛮腰①依旧纤!

走在路上看到一辆车,心里纳闷:"这车哪来那么多灰啊?!"走进一看,原来是向空中喷水的洒水车! 这里还需要喷水净化吗?"G20 蓝"一点也不比杭州逊色啊!

▶ 2016－9－19 陈家祠—沙面—广东省博物馆

与红砖厂颓废气质的建筑相比,今天的老建筑正气明媚多了! 陈家祠的斑斓色彩衬高敞通透,沙面的榕树绿娑映欧陆风情,整个画面充盈岭南格调! 最遗憾的是两天会议后已不知今夕何日,我跑到博物馆,吃了个闭门羹后,才想起今天周一,全球博物馆闭馆日!

▶ 2016－9－20 三元里—西汉南越王博物馆

颇具讽刺意义的是,在全国爱牙日当天,被迫去看了一下令我痛不欲生的牙! 在短暂的广州牙医拜访之旅后,吞下一片止痛药,并发现了对面的三元里。心想与其躺在哪里呻吟浅痛,不如继续践行早期的博物馆计划,于是有了西汉南越王博物馆的欢愉和意外之喜。

去过的国内历史文化类博物馆不在少数,但把文物藏品和现场墓穴解释得这么清楚的,印象中这是孤例! 终于不用借助英文去弄清楚那些器皿的名称和功用,上下左右的卷轴注释将艺术寓意和历史还原得一清二楚。先后倾听了机器人讲解和人工讲解,主要馆藏珍品一网打尽。优雅迷人的机器人讲解员忙于各展览之间周旋,不仅尽职专业,而且声音动听。看完展品再观墓穴,更能一一匹配地将各展区物品对号入墓,俨然有了当时挖掘考古的感受! 博物馆虽不大,但专业性和科普性俱强,值得上(海)博(物馆)这样的大展馆学习!

---

① 指"小蛮腰",是广州民间对广州电视塔的俗称。

▶ 2016－9－21 中国，上海

想念广州的养生美食，内外兼修，丰俭随意，更想念请我吃饭的帅哥美女，颜值高心灵美！每次去广州，都能感受到广东人的浓情蜜意！好客称谓好像没给广东、福建，实在让我为这两地人民抱屈！

2018年6月，我到中山大学的广州校区参加为期两天的青年学者沙龙；而2020年11月再到广州参加由华南师范大学和广州大学主办的旅游学刊年会，我便有了在广州的如下行走和对广州的阶段性总结。

▶ 2018－6－15/16 上海—广州中大校园

从魔都到花都，来到我的学术家园，站在中大酒店的阳台上眺望一眼珠江，算是"旅游"过了，抓紧干活……

▶ 2018－6－17 广州，中大校园

沙龙结束，在大学室友的陪伴下做中大校园半日游，晚上回来写总结作业。那些匆匆离去的小伙伴们，明显没有读懂（过）张骁鸣老师的毕业赠言：偶尔慢行，发发呆……拜拜陈寅恪，朝圣费孝通，才不枉来中大做一回本真的旅游人啊！

▶ 2020－11－8 其一 广州，西关

上地铁发现错过了广东省博物馆的预约时间，无法入馆，于是直接改去西关。经过一个本无计划参观的博物馆，临时决定进去一探究竟。原来竟是一次完美的遇见！

广州粤剧艺术博物馆，一进园区就被她的浓郁岭南风所吸引，曲水流觞，建筑高爽，恬静清新。展品从西关历史和西关五宝引入，完整展现了粤剧的发展历程、艺术特色和器乐表演，手段多样，内容丰富。

5点清场，走出徐风轻拂，更见西关水岸，廊桥飞跨，霞光掩映，此处不能有闲情何处才能惹闲情？找个台阶坐下，发呆入神，听往来粤语……

朋友圈对话：

友：旅游学界爱浪常浪善浪第一名！

我：直击心灵的中肯吹捧！

▶ 2020－11－8 其二 永庆坊

每个城市都有这样的打卡网红地，比如：广州的永庆坊、上海的田子坊。网

红的背后，自然是怀旧和艺术空间的再造——从老广州西关的危楼，到"最广州"荔湾的风情，诗意的栖居开始变成可能。

我特地选了一面背后有诗的窗户，可以看得到麻石街巷那头李小龙的祖屋，可以触得着童年记忆里好公天天上发条的时钟——老物件老场景，只有经过艺术化的加工，才能成就诗意的美好。而市井空间里，我们成了那个市井生活中的人物，重回彼时，串联起记忆中的美好——似乎彼时只有美好，且我们还信以为真……

▶ 2020‑11‑9 广州—上海，借用航班上的 WIFI 成就的一段旅途文字

＃烟火广州＃

既到了广州，总有人问："有没有去喝早茶？"当然，作为资深吃喝玩乐专家，赴精神饕餮大餐之余，怎能错过享受物质世界的片刻欢愉？虽然没在早上喝上早茶，晚上喝晚茶也是可以哒！恨不得多长出几个胃来盛放各种美食，顺便钻研比较一下各店特色包的配料到底有多少样，为什么每一口都可以吃出不同层次、不同味道？第一次深刻感受到为什么从小吃的月饼叫作广式月饼——月饼有可能是广式点心中最不出彩但最易保存的甜点了吧？即便如此，它仍然风靡天下！

印象中，广州应该是我以旅人身份到过的次数最多的国内城市，如果说重庆是中国最有风格的城市，上海是中国最有腔调的城市，那广州就是中国最有温度的城市。不同于重庆令人陡然心跳加速的泼辣高温，广州的温度是那种适于久居的恰到好处。我和广州的那份情缘，从男同学妈妈家的三层老屋和招牌鸡推算起，一开始便是洋溢着浓浓人情的。

昨天粗粗估摸了一下，我已经住过、到过了广州老七区的所有区，海珠、天河、荔湾……都慢慢变成了熟悉而亲切的名字。无论是中大老校门后沿河分布的十七八个广场舞场子，还是荔湾湖公园绕湖奔跑跳跃的几百号夜跑夜舞者园地，广州给我的印象就是生动而随意，积极而惬意的。它不同于成都的慵懒巴适，广州的惬意是街边夜摊欢聚饮食的好友，周围可以一地鸡毛，食客却照旧热络欢欣；广州的慵懒是火爆饭馆里一早聊天、喝茶的亲朋，聊到对时间不计成本、挥霍无度，却可以四五点钟起来排队，只求一桌团聚。

广州人民是勤劳能干的，为了一煲汤，可以起早贪黑，自种配料，做足时间管理，精益求精；广州人民是周到热情的，为了外乡客，可以大包小包土特产，塞满你的行李箱还不过瘾，还要外加给你手提袋。广东人的勤劳能干，不似四川人的手脚麻利，风风火火，它如同煲汤，是用时间慢慢熬出来的；广东人的周到热情，

不像北京人的天然自熟,言语丰富,它不温不火,看似平淡却重在行动,发自内心。也许是温度和饮食的关系,广州处处都有市井烟火气,这竟暗合了广东人每每需要"下火"的显性刚需?

上海也自有一种市井烟火气,但它长久以来作为移民城市的多面性和开埠城市的西化倾向,则揉捏得它更外显化为一种小资的腔调。与广州相比,杭州则有些清高孤傲和爱理不理,大概西湖的风花雪月和梅妻鹤子,本就与烟火市井风格迥异。与广州城市人格内涵有些相似的,可能是苏州了,一直觉得苏州人玲珑热肠,知书达礼。但苏州的诗书气质是外露的,那园林雅宅的曲径通幽,和岭南园林的楼阁高爽、畅通明丽,还是有别。

写远了,想写广州,却不知怎的写成了游历旅居城市的对比。读研时爱看一本书叫《城市季风》,此处没有孰优孰劣的对比,只是基于自身经历和体验的一种感性梳理。如果没有南沙的女同学帮我带娃十天、包游广州使我安心中大读书的经历,如果没有海珠的男同学包吃包住、接送陪玩的体验,我对广州的市井风情印象,可能也只会停留在永庆坊的那匆匆一瞥。城市温度,永远来自生活在那些城市的人,那些人演绎的和我们之间的故事,虽不能每每得见,却记忆永存。

是以为记。

五、庙宇之城

尼泊尔是一个印度教信仰为主的国家,现在如果有人说起加德满都(以下简称"加都"),我首先会在脑海中浮现的,就是它的烟雾缭绕。位于加德满都谷地的这座尼泊尔最大城市,由于本身的地形,不容易散雾,而较为严重的雾霾和家家敬神的香火,使之缠绕在终日弥漫的灰蒙蒙之中。因此,以"庙宇之城"来描述这座城市,便暗指了它的"庙宇"之众和"庙宇香火"之重的双重含义。此处我不仅记录了我在加都行走的具体内容,更总结了我围绕加都乃至尼泊尔行走后的一些感悟。

▶ **2017‑1‑28 其一 尼泊尔,加德满都**

鸡年的第一顿早饭,NAMASTE(印度教的合十礼,有"你好"的问候之意)!一路看到的袅袅烟雾中的寺庙,偷偷透过虚掩的大门,窥见虔诚做早礼的印度教信徒。打招呼的,都是纯净的眼神,忽然理解了淘宝上的卖家米糕为什么选择旅居于此了!

▶ **2017－1－28 其二**

♯加都一日，诸多意想不到之集锦♯

1. 暖阳腹地，避寒之选。行前三个月，设备选方案两套，让小主在沙滩和雪山之间决策，满以为会是海滩，结果小主毫不犹豫说要去冰雪王国。老妈心中窃喜，正和老妈初衷一致，于是就这么愉快地决定了！花一日制定好大致路线，而后便是各种装备的购置，直到12月西藏行后，才意识到高原白天不会太冷。但事实上，只有在加都屋顶露台上，晒着太阳穿着单衣享受海伦娜（Helena's，餐厅名）的早餐时，我才醒悟到这儿原来是个避寒圣地！

2. 首都之地，非繁之所。虽然知道尼泊尔是个不发达国家，但心想好歹是个背包客国度，首都的旅游区也不至于差到哪里去，为了让脚休息一下，先放徒步鞋几天假，穿双轻便鞋出门！结果发现，又想当然了！一路踩着泥泞直抵杜巴广场，我的斯凯奇步行鞋惨不忍睹地成了泥鞋！本人果然是一把招雨好手，一到加都，正遇上结束旱季的一场大雨，于是地面的泥水聚合物上，就并行着人、狗、车、摩托、垃圾。低头专心看路，突然看到近旁一只死鼠，惊声尖叫过后，责怪自己何时变得那么矫情！放松啊，丫头，欢迎来到加德满都！难怪去凤凰宾馆用支付宝和华人换钱时，工作人员抱怨这里还不如三十年前的中国。三四十年前的上海有弹格路啊，一下雨也不至于成了乡间小道！

我们寻路全靠GPS，反正也没有看到路牌！一路遇到的乞讨，也让我想起多年前的中国，尾随外宾的乞丐。广场的中午，无意中撞见每周六一次的布施，询问布施者是否可以拍照，他居然让我站到中间去拍。我没这斗胆，只怕冒犯，还是在旁边站了一会，感受他们吃手抓饭时的满足。

3. 弹丸之地，种族奇丰。一天我们几乎就从泰美尔走到杜巴广场，然后在广场盘桓了大半日。弹丸不如梵蒂冈大小的广场里，我在漫游中感觉一会在印度，一会在蒙古，一会在孟加拉，一会在巴基斯坦，当地的人种、民族变化之大，让我汗颜，与之相比，我们的各族人民长得也太单调了点！

不是因为请了个广场导游，我也不会知道原来他们认为佛教不是宗教，而是一种哲学。所有印度教信徒都相信佛教哲学，诸如因果报应和轮回。虽然之前的尼泊尔大地震已经震塌了很多古老建筑，但这种多民族、多文化、多宗教和谐共生的精神，却让现有的画面被定格在脑中，使我忆起多年前看《甘地传》时甘地说过的话：儿时去印度教寺庙，旁边是清真寺，他们和平共处，友爱互敬，现在为什么不可以？

4. 印度神庙，启蒙之地。昨天个人最庆幸的一件事，就是在广场瞎转悠了半天后,请了一个导游。虽然我需要不断地确认他浓重的口音下到底在说什么,但还是非常感激他帮我扫盲尼泊尔的文化。最有趣而意外的,是一座神庙外围的图案——他不指导我们重新看,我是无从发现原来神庙四面各有六幅神奇之图。神庙原来还负责指导信徒生育,是担当性教育启蒙的教科书! 对面老皇宫门口正对这座神庙的那只单身猴子,却痛苦地捂住了双眼。原来印度教是那么有喜感啊!

5. 童女之庙,亲睹芳采。不是这位向导,我们也不知道每周六下午4点是唯一一次参见童女的机会。在小主的坚持下,我们留下来拜见这位我原以为非信徒不见的女神。特地询问了成为童女的条件,得出了首先必须是出身好的美女,其次才是具备32种美德的初步结论。虽然她只在窗口现身了不到1分钟,但对于我这种没有奢望的人来说,已经很满足了! 最恼某些同胞对此的漠视和对拍照的执着,难道你不拍照片就不代表你来过吗? 问题是,照片留下了,心却从未来过,不是很可悲吗?

6. 众神之都,雾霾重地。行前最令我吃惊的,是攻略上提到要戴口罩。发现有时不听经验之道还真不行! 一下飞机,我的嗓子痛到现在,漫天飞舞的灰尘,随时祈祷烧拜的信徒,把整个加德满都谷地笼罩在一片烟雾之中! 猴庙的日落西山,远处环绕谷地的雪山本来极其雄壮,却在模糊中都虚化成了云朵,颇为遗憾! 猴和隼一个在山,一个在天,交相呼应,和着所有单纯而虔诚的信徒,把一个没有城市规划的城市映衬在一片平和安详的气氛之中!

▶ **2017-1-28 其三**

♯D1 加德满都的一天♯

看着自己计划上满满当当的安排,我原以为今天会是很赶的一天,结果没想到,几乎所有的"景点"都在杜巴广场,示意地图上的某些距离有点失调而已。很多建筑已经倒塌,没有参观的可能性。老皇宫内的博物馆也由于地震后的展览迁出而成了空壳,我们只得做了一场建筑古迹游。所以,这一天的行程其实很宽松。我们在不同的屋顶上吃了两次饭,悠闲地晒了好多次太阳,也很享受尼泊尔导游带来的文化之旅。哪怕他们的英语再难懂,也必须请一个,否则自己瞎逛,也就是看到了建筑物的躯壳,什么也不知道,什么都很快消失在风里……比如,菩提树和 stupa("舍利塔"的意思),stupa 和尼泊尔国旗,尼泊尔国旗和月亮,stupa 和 pagoda("宝塔"的意思)……区别和联系何在,从来没见人在攻略中提及,可这些都构成了多么有趣而美妙的关系啊!

▶ 2017 - 2 - 9 其一 尼泊尔,纳加阔特—加德满都

＃D13 从山顶到谷地＃

云蒸霞蔚的雪山日出,丰盛美味的现做早餐,屋顶露台的阳光普照,为我们的纳加阔特逐日之行画上完美的句号。重新回到杂乱无章的加都,经过一轮循环旅线闭合圈,却也已对这种秩序处之泰然,反而有点讶异于整齐有序的骑兵卫队和充盈橙香的妈妈之家(酒店名)了! 美好,全在于心态!

▶ 2017 - 2 - 9 其二 加德满都

＃D13 博德纳大佛塔(Bodhnath Stupa)＃

在这个世界上最大的圆佛塔内外,我又一次深刻领悟到,佛教在这个国家是一种哲学,而不是一种宗教。除了不丹和藏区,不知道还能有哪个地方会有这样的情状? 但是,不会有哪个藏区会有大佛塔这样多的种族、肤色的人来转经、绕圈、磕长头了吧?

▶ 2017 - 2 - 9 其三

＃尼泊尔的另一面,没有大片只有赤裸裸的真实＃

每次出行总有朋友说要跟,不是我不带,是我真心带不了。就我这强度、难度,你没有铁人三项的吃苦耐劳精神,不是久经考验的革命战士,我怎敢担此重任? 长途旅行不是拍大片,风光无限的背后是隐忍开化,接受万物,求不同存千异,以同理之心待他人、处他事。

只看"照骗",你不会知道整个尼泊尔的路有多烂,灰有多大,乞丐多多,车有多挤,电线杆有多乱,失业率有多高……像唐人街一样的泰美尔,比别处的唐人街还要脏乱差! 城市被开膛破肚,水管在烂泥地底下施工……每次在颠簸的旅游大巴或者出租车上看到当地公交车厢塞满的人外加车顶上的悬挂人,都无法下手拍照,怕手机被震飞,或者抖得不成形。因为拖家带口,这次没有敢尝试当地公交。即便如此,每天头发脏得能够一缕缕直接自黏成花辫(花式小辫)! 你以为披头散发很美? 其实根本就是我不愿梳我和妞的头发,打结厉害得梳不通噻! 那为啥不洗头? 也要有热水可以洗头噻! 还没有修炼成能在冷水龙头下洗头的能耐,所以很不害臊地隔三岔五要跑回比较好的"旅游者飞地"去沐浴更衣、清理门户。像当地人一样生活? 那只存在于自己的想象里。有了快干衣,我徒步忽热忽冷还能使肠胃风寒受损成那样,你以为你没有各种装备还能像

当地人一样肩背四十斤、稳健行走如飞？体力、饮食、卫浴、道路乃至英语，无一不是出行的问题。常见国人拿着菜单说没有汤面的，明明在"soup"（汤）一栏不在"noodle"（面）一栏好不好？尼泊尔人就认为"面"该是炒面、干面，汤面属于"汤"，怎么啦？入乡随俗，你多看两眼不就懂了？

相比物质和有形层面，观念层面更是大问题。国人这方面的问题，讲三天三夜可能也说不完。昨天我到山上办入住，前后大概来了四五波人，我是第一个，却被前仆后继的来者淹没在问询讨房的汪洋大海中。没有稳定的热水，没有整晚的用电，更别提什么空调、吹风机、热饮用水，能够承受，你才来；不能承受，你别来。不要抱怨，万事公平。印度教的理念，生命守衡。丛林探险，没有个蚂蚁、跳蚤、蜘蛛，那这丛林大概是哪家种的——假树林。即使是在巴德岗（Bhakatapur）这样古朴安静的小城外，我看到几近干涸的河道里被乌鸦啄食的几只死狗尸体，还是感觉到了视觉忍耐的极限！

能忍，是出门云游四方的基本功。没有这功力，请直接走老年海滩目的地或发达国家高端跟团游路线！能拥抱文化差异，才能得到旅行最大的乐趣。正如今天傍晚的烧尸庙，和我们对待逝者的极大不同，形成剧烈的文化冲击，非常特别，极其震撼，但绝非人人喜欢。而这一切，亦需要因缘巧合，如果不是碰到那样一个专业的讲解，我会错过许多理解印度教及其文化的机会。

当然，如今有了我"天朝"淘宝，有了米糕这样的淘宝卖家，出行前的准备会轻松很多。米糕行前和行中做了我们一路的吃喝玩购指导。今天回到泰美尔，特地去拜访她的工作室，表达我们的谢意，并感受一个旅游创业者在尼泊尔的一段心路。当然，没有人能代替你自己的探索，再神的旅行咨询也不能。只有当你拿着地图，对话着当地人，住着民宿，提着千奇百怪的问题，旅行才能开始。除此之外，没有好奇心、没有自我探索的去往他处，对我而言都不是旅行，只是住酒店、进影院而已。

今天傍晚，我目睹了烧尸庙（Pashpatinath）中众人对待生死时的情状，我回头大概可以讲讲我的理解了！还有谁会看着河对岸尸体的焚烧和奔丧的人群，悠闲自在、若无其事地谈恋爱呢？这是在汉民族的文化框架下无法想象的。无畏生死，看淡生死——烧尸庙后，我有了更深刻恒久的体验。这些才是我爱上行走的理由：他人的生活，我愿意去感受。感受异乡人的人生，努力了解为什么。所以，每次旅行，便可以成就自己不同的人生。

拉拉杂杂，好像已无关乎尼泊尔了，扯远了！

朋友圈评论：

1. 还是跟着你的照片游吧，旅行是吃苦加修行。

2. 你走在旅行的路上,感受他人的生活,同时丰富的不仅仅是自己的,还有同看风景与欢乐的我们!

3. "能拥抱文化差异,才能得到旅行最大的乐趣",说得好!

4. 真正的旅行,一定是少数人的专属!

5. 的确,真正的旅行是种修行,用生命在体验、探索……

回复:

谢谢大家! 懂我,懂旅行,千种人对旅行有千种解读,我的旅行意义就是把一辈子过成许多辈子,贫穷抑或富裕,丰富多好!

朋友圈对话 1:

友:哈哈哈,也常遇到朋友要求跟,都是没有真正自助旅行过的朋友。看到的都是好玩,却不知道会面对的是什么,每次都没法解释清楚,就需要时不时晒出一些残酷的真相,希望他们能觉悟。

我:是啊,带出来会被他们骂死,所以早知道就不要自找麻烦!

对话 2:

友:当地公交超好玩儿的。虽然条件不好,不过公交一路上都是载歌载舞,欢乐得不得了!

我:当地公交,我不仅担心小孩的问题,也担心时间不准,一个人来肯定尝试,4 个人来就算了,打车更方便也不贵。

对话 3:

友:宛如去年我的尼泊尔之行,感同身受。

我:哇,你居然也来了,勇气呀! 来完这里就想去个发达国家平衡一下,穷得让人心酸,心灵需要被安抚。

友:尤其是去奇特旺的路,实在神奇,40 多千米的路硬是不带停地跑了 5 个半小时,每个人的头发就像抹了发胶一样,造型奇特!

我:哈哈哈,我是从博卡拉过去的,扬尘扬得就看不见路;从蓝毗尼回加都也是,而且还是天黑上路,实在是被司机吓死,更危险的是,很多卡车后面也没灯的,开到很近了才能知道,吓死人啊!

▶ **2017－2－11 加德满都**

#D15 梦想花园,泰美儿的绿洲#

在加都的最后一天,寻找到嘈杂城市中的一片世外桃源。早上的梦想花园 (Garden of Dreams)异常安静,除了鸟叫,就只有花栗鼠在树丛中追逐跳跃、摇动叶子的声响,和几对情侣亲密耳语的呢喃。花园小巧但精致如加拿大的布查特花园(Butchart Gardens),正适合尽情捌造型、找清新! 终于,临走前的加都印象不再只是雾霾遮掩的灰飞烟扬。净土,就在路边转角处!

尼泊尔返沪后,我正好看到一篇微信推文叫作《最穷的国家之一,人民却活得与世无争》转发该文时又追加了如下文字:

▶ **2017－2－15 中国,上海**

这篇基本真实,除了照片过于漂亮和完全没提及雾霾、尘土、破路以外。信手机随拍、不要信摄影师就对了! 去到了文中提到的几乎所有地方,更正一处:根据我在那里买的全地图,尼泊尔全国应该共有十处联合国自然和文化遗产,我去了八处。

两个感受最震撼:贫穷而平和的人民,多样而和谐的宗教。

两大优越性最适合自助旅行:① 沿途停靠的厕所很干净,不收费(请自觉在摊上买点东西,水果之类的,反正也需要),有水冲,好过大多内地厕所(我一向认为"厕所干净指数"就是"适合旅行指数")。② 当地人非常友善,治安很好。这和其他乱哄哄的非发达国家背包目的地相比,优势非常明显。至少你坐在公交上颠簸时可以放声歌唱,不用担心东西被偷被盗,只需处处交朋友,而无须有提防之心!

朋友圈回复:

谢谢圈友们! 如果能借此点燃你对尼泊尔旅行的一点小火苗,本人不胜荣幸! 虽说是吃苦耐劳游,但能在如此密集浓缩的一小国旅程中体验到自然和文化的极大差异性和多样性,全球也不多见吧! 从喜马拉雅到海拔100米平原,从蒙古人到印度人,只有兼容笑容没有排斥怨恨。意犹未尽,最想写烧尸庙带给我的文化震惊,期待自己能有下篇吧! 厕所干净指数也许在你心目中不一定很高,但有水即为净,我已满足。他们左手洗污,右手抓饭,所以厕所一定会有水,但一定要自觉自洁,才能为彼此都提供一个稍洁净的环境哦!

朋友圈对话:

友:会不会几个地方联合申请的某项世界自然遗产,标在图上显示多处? 把你的经历写本书吧!

我:我也想过这个问题,但它的遗产基本上全是1979年评的,当时没有联合申遗这一说,中国的故宫之类申遗相比很晚了,但也都是单独的。写这些文章的人调研未必比我周到。谢谢首长的提议,不止一次被问及出书的问题啦! 一直在积累,貌似现在有点过量啦,需要放出来了……

六、北爱之都

贝尔法斯特是一座很特殊的城市，它不是首都，却很像首都——这可能也是这座城市所有张力和冲突的一个体现。从国家归属上来说，它属于英国，英国的首都在英伦本岛，自然不是首都；从地理位置上来说，它属于爱尔兰岛，爱尔兰的首都在都柏林，两者甚至不是一个国家，自然不能成为首都；从民族源流上来说，北爱和爱尔兰的人口都同属凯尔特民族，同一种语言，同一种长相，同一套传承，可是，偏偏不是同一种宗教。更确切地说，北爱地区不是一个单一宗教的地区，正是由于它新教和天主教并存的冲突，才有了上面所有的矛盾表征。所以，行走贝城（贝尔法斯特的简称），更多是解读历史的过程。作为一种矛盾的载体，这个城市经历过当代城市无法想象的对抗，我如今非常了解但仍然无法理解的暴力。

▶ 2018-7-6 英国,北爱尔兰,贝尔法斯特

第一次坐欧洲的廉航，从伦敦到贝尔法斯特。房东在邮件里交代得很细，把在机场何处打车的细节都跟我说了。抵达这家据说是不太好找的居所，正好在门口碰到了公寓的维修工，直接把钥匙交给了我，一切顺利！一路感觉贝尔法斯特的天有些阴郁，但是两卧一厅的新家极其阳光！收拾收拾，赶紧出门！

因为一路折磨着我的鞋，导致我从脚到腿乃至胯的不爽，从第三天起就想着是不是要再买双鞋。轮流穿过了四双鞋，没有一双适合在这忽冷忽热的城市区域文艺加舒适地暴走，下定决心今天去买双我信任的斯凯奇鞋，顺带完成帮妞买徒步鞋的任务。于是，在买两双鞋的驱动下，意外地发现了所住公寓位于离购物街区仅五分钟之遥的极佳区位，开启了完全预料之外的买买买"土豪"之旅。虽然价格优势比不上美国，但相比国内同品，价格还是相当白菜的。第一次购买某天鹅家的饰品，居然一口气拿下三样。低至五折的橱窗一溜，突感不靠倒买倒卖赚点旅费回来，太有负我的购物天赋啊！

门庭若市的步行街，一到商店6点关门，简直换了一副认不出的面孔。寂寥的街头歌手面对着空无一人的街道开着独唱音乐会，只有来回骑行欢闹的移动啤酒车时不时地点燃着简直有些萧瑟的贝尔法斯特街道！太阳失却了暖意的时候，走在户外可真冷（且清）啊！我穿戴上了随身时刻背着的围巾和薄风雨衣，看着他们露背露腿，无限寒意掠过我瑟瑟发抖的身体！始终不能接受莫瑞老师说人种是个虚构的概念，那怎么才能解释这种（皮肤厚度和）御寒能力的巨大差异性呢？

今晚有英格兰队参加的世界杯赛,我出门就看到街上有的飘着英格兰国旗,有的飘着各种其他国家的国旗。我很好奇为什么,就随口问了一位路人:"你希望谁赢啊?""谁站在英格兰的对立面我就希望谁赢!"哦,难怪悬挂着各国国旗!我有点咋舌,看来这个地方真的很不"英国"啊!前几天比赛时,伦敦地铁站的人群可都是披着英国国旗,像过狂欢节似的欢来呼去的!

朋友圈对话:

友:今晚要是英格兰赢了,你那边就该炸了!

我:谁赢了?不知道了,睡着了。没感觉,北爱尔兰的人 1/3 要独立,1/3 赞成归英国,1/3 要去爱尔兰……对英国的认同没那么强。

我(隔天之后补的回复):之前说错,60%新教徒要追随英国,40%天主教徒希望爱尔兰岛统一。所以道听途说不行,要实地考察。

▶ 2018-7-7 其一 贝尔法斯特

虽然对博物馆痴迷至极,也勉强算阅馆无数,但贝尔法斯特的泰坦尼克博物馆(Titanic Belfast)还是把我震惊到了!

全馆模仿泰坦尼克的原外形,1∶1地从里到外地最大程度上还原这一巨轮的构造,以缘起、建造、工程、出海、沉没、影响、事后想象、海底考古等九大展馆和极其多样的高科技多媒体展示手段,完美诠释了贝尔法斯特的(制造业)城市历史和泰坦尼克号事件的始末,而其展示内容远远超过这一悲剧事件本身,对海洋考古、海洋旅游、海洋研究的拓展,最后把人从悲伤的情绪中拯救出来,让我们看到美好的希望和有趣的未来。

船舶内部的观光车(shipyard ride)可以算是它的独门秘笈。这是我第一次发现博物馆里有观光缆车!虽然跟刺激毫不沾边,排队很长,但坐着缆车动观巨轮内部结构,实在是一种传神的还原!每一台车里都可以提供不同语言,所以西班牙人坐一车,听英语的坐一车,可以调成中文,但听听19世纪末20世纪初的爱尔兰造船厂工人带着爱尔兰口音口述巨轮的建造历史,还是独一无二的体验!

晚上回"家"重温了一遍1998年的电影《泰坦尼克号》,发现除了故事是假的,那些最重要的历史人物及事件背景却是比较全面的。回头一定把不同年代的泰坦尼克电影补全,比较一下电影是怎样构建"迷思"(myth,旅游学术圈的术语,本意为"神话")的!对于这个博物馆,几百个字实在难以诉说其精妙,也许当你知道连博物馆外围看似随意的一圈长凳,其实就是泰坦尼克最后发出的电报报文码,航线图和北半球地图圈成了整个博物馆内外的地面,你就可以理解设计师是怎样匠心独具地让我们去和这起历史上最大的海难建立起联系了。

很负责任地说，这的确是一个令人震撼的博物馆，给她2个半小时，实在亏待了她，多想再回去好好把她精读一遍！

▶ **2018－7－7 其二**

＃黑色出租车之旅（black taxi tour）＃

《孤独星球》和我爱尔兰的朋友德瓦尔德都隆重推荐了黑色出租车之旅，只知道它是关于政治壁画（political mural）的，至于究竟是什么，事先一无所知。很多时候做行程计划，不想调查得太清楚，什么都知道了，就失去了发现的乐趣。既然他们都推荐，肯定去就是了。想象中壁画和政治毫不相干，心里纳闷：怎么远古人会在石壁上表现政治呢？刚好贝城还有座洞山（Cave Hill），我把两者混为一谈地以为壁画在洞里。看完第一幅壁画（mural），我觉得还是把它们译为"政治（主题）涂鸦"更合适。和上午的泰坦尼克博物馆之旅一样，近2小时的讲解旅程令我非常震撼，或曰震惊：整个北爱基督教和天主教两派长达几个世纪的纠葛，30年（1969—1998年）的流血，20年的和平（1998年至今），在一街之隔的两个街区涂鸦中被淋漓尽致地描画出来。

我们的司机叫马克（Mark），是非常典型质朴的爱尔兰人，当然，他有浓重的爱尔兰口音。在和他的频繁对话中，我努力纠偏提高自己的理解水平，大概能从50％提升到80％—90％的正确率。从荷兰威廉三世（King Billy）的北爱登陆，到鲍比·桑兹（Bobby Sands，爱尔兰共和军成员，在监狱绝食斗争中去世）的狱中裸行、绝食示威；从两派的仇杀、恐怖主义到一街之三扇门宛如当年柏林墙的隔离；从当年号召仇杀的骷髅头涂鸦到现在和平街每三个月就必须粉刷一次的祈祷留言墙，我一再骇然于同族异教之间的纷争在现代竟然还能大动干戈到如此程度！马克说在十年之前，他作为新教徒，还不敢走在天主教的社区，而如今，虽然三扇隔离门每晚23点到早晨6点之间仍然会上锁，但更多是形式大于内容了！贝城从世界上最不被建议旅行的四大B字母开头的城市之一，变为游客纷至沓来的城市，贝城的居民别提有多高兴了！虽然很久以前看过《以父亲的名义》的电影，但是现场感受当年的压抑愤怒和今天的和平友善，还是天壤之别。

最最幸运的是，下周就是占北爱60％人口的新教徒最大的宗教节日（庆祝威廉三世登陆的纪念日）。7月11日晚，篝火（Bonfire）会燃遍全城，7月12日，他们会举行盛大游行。因此马克说我们来的正是完美时机，因为平时是看不到场面浩大的篝火搭建的！我倍感荣幸地去仰望了一处仍在搭建的巨大篝火架，一路招展的英国国旗和北爱区旗,飘扬在风中,昭示着这部分居民追随大英的衷心。当然,在天主教社区看到瑞典国旗也没什么稀奇,因为昨天下午英格兰对阵瑞典,对于总是想回归爱尔兰实现全岛统一的天主教徒来说,他们只为英格兰的敌人欢呼!北爱,就是这样一个神奇的存在,但只要和平常在,你们互相调侃一下对方,游客们认为也无伤大雅、不失幽默!

国际墙上,涂鸦主题常变,但据说其主题基本反映受到北爱和平进程影响的其他国际事件和人物。比如,曼德拉说他的绝食抗议就是受鲍比·桑兹的激励,因此他的画像上了墙。各种社

图 3-12 贝尔法斯特和平墙畔的祈福

会名流,来贝城必做的事情之一,也是来和平墙写字。仍旧幸运的是,马克的讲解进行时,当地艺术家正在粉刷一长面和平墙,好把旧墙变新墙,为后来者挪出空间来签名。马克不无黑色幽默地说,贝尔法斯特在国际上最出名的就是泰坦尼克和两派冲突,可惜,都不是什么好事,只是恰好是事实。这个幽默感觉有点冷……

太爱这一天的旅程,在两个地点的记忆白纸上,描画了我对这个城市两种不同历史的理解,泪中带笑……

朋友圈回复:

威廉三世登陆时,新教居民为了欢迎他,齐齐地点了火把为他照明,因此有了这一节日晚间点燃篝火架的重大活动。7月11日晚,新教居民在他们的街区摆上食物,大人孩子出门欢庆,相当于夏季室外晚会吧!天主教徒当然也有他们的圣帕特里克日(St. Patrick's Day,相当于爱尔兰的国庆节)啦!

▶ **2018-7-7 其三**

特地来市政厅(City Hall)寻找狂欢的人群,确实发现了好些人,还有主动要求和中国游客合照的一群大姐姐。我问她们为啥要和不相干的游客拍照,是不是因为英格兰赢了?答曰:绝对不是,可没人希望他们赢!好吧!下午的"黑色

出租车之旅"告诉我，她们是天主教徒！对于一个30年两派宗教势力敌对分裂的阿尔斯特（Ulster，北爱的旧称），另外60％的新教徒可是可以为了看球而不上班的呢！奇特的北爱，友好的人民，狂欢只因喝醉，不需要其他任何理由！

▶ 2018–7–9 贝尔法斯特，欧洲客运中心汽车站

＃母女搭档，知行天下＃

走在贝尔法斯特街头，常常碰到喝得略高的人群，他们欢快行走，时不时在你面前掉落一只高跟鞋，还叽叽着"我很清醒"，感觉滑稽又可爱！某娃眼尖，指着公交车身上的广告（£80 Fine Clean up after your dog!）对我说，给狗洗澡要80镑，好贵啊！妈妈哈哈大笑：这里的"fine clean up"可不是给狗好好清洁的意思，而是宠物随地大小便后主人不收拾干净的罚款！又在市政厅前发现一八卦图案，妈妈仔细一看，原来是纪念朝鲜战争中遇难的北爱士兵！原来当年所谓的"联合国军"还真是个多国联军，居然北爱也参战！

某娃一路都在告诉我，红色邮筒是皇家邮筒，妈妈终于在离开贝城前的欧洲客运中心（Euro Bus Center）找到了证据！某娃的眼尖还体现在：每天都能在地上捡钱（硬币），并乐此不疲！望继续发挥眼观六路耳听八方的潜能，保持吃苦耐劳能走不怨的优良驴友品质，弥补妈妈经常丢三落四的缺根弦风格，母女最佳拍档，指日可塑！

北爱拾遗，写在即将离开贝尔法斯特去往都柏林的途中，再见北爱，我们爱你！

七、欧亚陆桥

伊斯坦布尔不是土耳其的首都，却往往被人们当成首都。很多人到土耳其并没有去过首都安卡拉（比如我），但不可能不去伊斯坦布尔。它的美丽和神奇很难用一两句话概括，因为它实在拥有太特殊的位置、太复杂的历史和太绚烂的文化。我来回在伊斯坦布尔住了五晚，玩了一周，还是觉得对她的探索才刚刚开始！

▶ 2019–7–1 其一 伊斯坦布尔，新机场

圈友们，为了满足你们的好奇心，我落地便宣告一下此行的目的地。既然我们去年已去过了欧洲的尽头（爱尔兰），那今年就到欧亚大陆的起点来转转吧？我第一个自助行的伊斯兰教国家，机场初体验，英语交流有些困难！我想随便聊

聊的结果,就是他们要搜谷歌。我略艰难地了解到,很漂亮很空旷的新机场是去年10月新开的。我刚刚买了一张公交卡,充值的钱是不退的,感觉有点不合理。俊男倩女热情有加是真的,过海关时检察官冲我眨眼了好几次,可能是要让初来乍到的我们,好好感受一下土耳其人的好客吧!

朋友圈对话:

友:看来适合我的英语水平!

我:哈哈哈,可以哒!我一讲快他们就说"slow down"(慢点),把我急得!

▶ **2019-7-1 其二**

#伊斯坦布尔初印象#

伊市新机场既现代又有清真风格,各种植物和海洋波纹造型与设计,"自成景点"。出机场的高速极好,路旁黄土边上有树林的感觉。慢慢出现山谷地带中沿缓坡交错分布的楼房,无数清真寺圆顶尖塔点缀其中,呈现出从中国1990年代到21世纪住宅的各种形制。进入市区,狭窄的道路中间,每隔几步就站着汗流浃背的卖水弟弟或小哥,避让着车辆的同时争抢着生意,看着心中颇为不忍。

终于看到了深蓝的海,随之而来的就是在海岸大礁石上袒胸露乳、晒背晒腿的大叔大爷们,赤条条地晾在硌人的大石头上,怎么看都像是在晒"人体棉被",崎岖连成一片,蔚为壮观的伊市沿海一景!

终于经过蓝色清真寺,虽然知道这几天会天天照面,我还是忍不住嘴里喊着"哇哇哇"地给她照相。到站后,事先下载好的谷歌地图怎么也不管用了,无心欣赏喷泉和广场的慵懒阳光,一路跟着百度地图,在弹格路上幽怨地找着酒店。在上下起伏、类似旧时上海弄堂的地面上,为了降低箱子轮子的损耗,拎了一路。最终发现,不是它残就是我残,随它去吧!筋疲力尽下,拉着它们滚了小半段,总算"滚到了"我们的酒店!帅帅店主的一杯带奶霜的热巧克力就收买了小主!收拾完毕,返回清真寺的路上,禁不住餐厅老板的热情吆喝,提前进入轻松晚餐模式!

朋友圈对话:

友:这次就你母女俩还是一家子?

我:我俩啦!所以两个箱子弹格路上下"滚"死我啦!

▶ **2019-7-1 其三**

顺着最美的清真寺一路走来,我们穿越于欧亚之间,夕阳晚霞,坐船横渡博

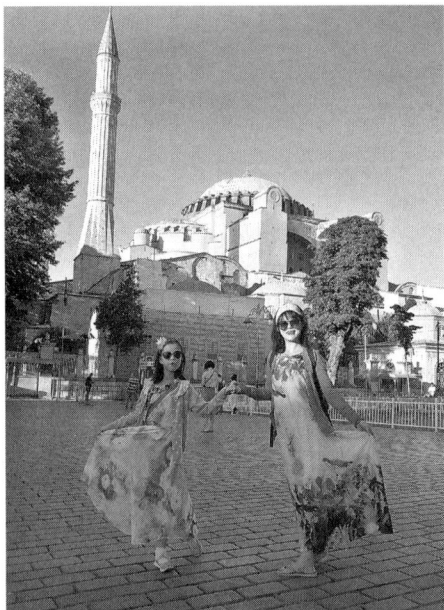

图 3-13　圣索菲亚大教堂前的母女

斯普鲁斯海峡，在海鸥领航下回来，正逢阿訇在华灯初上时的召唤，听不懂的宣礼声混合着海潮澎湃声，织就此刻最美妙的体验！

朋友圈评论：

这身母女装行头超赞！

回复：

谢谢大家！行前打包是个费心思的工作，既要精简又要考虑拗造型的需要，最关键还要实用！同学们让我拍下我的行李箱做课后关联示范，我全部叠成豆腐干了，怕你们看不出内容物，还是逐一关注下真人秀展现出的我行李箱内容哈！

包裹住全身的长裙这次必须有，否则清真寺怕是不让我们进去。凑巧母女装，两人搭伴"仙"了一下！8点一刻的轮渡去亚洲区，下船直奔隔壁8点半的轮渡回到欧洲区，最恰当的时刻目击日落飞霞兼夜幕祈祷的全过程！日日以行动去实践我的边际理论！

对话：

衣服好漂亮，回头率很高吧！

呵呵了，土耳其男士太殷勤，动不动就要邀请我们干点啥，没敢多搭理他们！

▶ 2019-7-2 其一 圣索菲亚大教堂

圣索菲亚大教堂，可能是目前世界上唯一一处基督教和伊斯兰教和平共处的地方。君士坦丁大帝把君士坦丁堡这座城市献给了圣母圣子，而查士丁尼大帝则把圣索菲亚(Hagia Sophia)奉与了他们。穆罕默德于千年后征服曾经的拜占庭/东罗马帝国，教堂由此转做清真寺。新加的苏丹包厢作宣礼，和背后穹顶下的基督玛利亚和谐混搭，华丽的图书馆充分彰显了古代阿拉伯人爱书的品质。

海天之交的教堂不仅在门外就排起了长队，里面的"哭泣柱"前一样队伍老长！孝顺的小妞坚持要找到这根神奇之柱为老母亲祈福，其实伸进洞去，弄湿手指的应该是众人的汗液而非包治百病的灵验吧？洗礼池大到足够挪作伊斯兰教的喷泉池。

感谢《孤独星球》今天的一路陪伴,让在寥寥数语的博物馆介绍中的我们,一样通过指南得到了专业自导,深度到没有错过一幅重要的马赛克壁画!可以预见,这次的《孤独星球》将被充分地物尽其用,第一次真正被我派上"旅行圣经"之用!

▶ 2019-7-2 其二 地下水宫—苏丹艾哈迈德广场

地下水宫的故事告诉我们,下次你扔个水桶到一个黑漆漆的地方,如果总能打上来一桶桶水的话,那你就一定要往下深挖了。区分考古学家和普通村民的分水岭,在考古还不是一个职业的时候,就已经可以判断了!

今天,第一次看到为纪念营造大蓄水池献出生命的奴隶而修建的"哭泣柱",第一次看到美杜莎头像做底的柱子,第一次被冰激凌小哥"调戏"了无数次而接不住冰激凌蛋筒!他们来卖冰激凌太屈才了,应该去表演哑剧!上下左右来回翻飞,还啪啪啪各种板上拍案和线上铃铛作响!蛋筒被换来换去,压根看不出来他要放哪个给你!冰激凌挖给你一大坨缠在棍子上,不带掉的!他起码在那里引逗了我们3分钟,因为意外,我彻底懵了,最后狂笑不止!没有来得及录像,太可惜了!这可是一场精彩绝伦的表演!为了看这表演,我们一定还要再买一个!

回到苏丹艾哈迈德广场已是傍晚,却不如说是下午更恰当:阳光正暖,头巾当道,草坪聚会最好!我们离酒店并不远,却不想回酒店了,在那里晒太阳看喷泉,进行露天日光浴更好!

清真寺最美的时候,也是在日夜交辉时分。清真的装饰,可素静可艳丽,浓妆淡抹总相宜!这里有清真寺,有坟墓,有清净的博物馆,也有热闹的夜餐厅。托钵僧的端庄通体白,放在这里一点都不违和,虽然,那本应存在于极其严肃的宗教中。

▶ 2019-7-2 其三

#土耳其和伊斯兰艺术博物馆,兼及火鸡国再印象#

土耳其和伊斯兰艺术博物馆,拜占庭和奥斯曼版的"维多利亚和艾尔伯特博物馆"(Victoria & Albert Museum,英国的百宝箱式博物馆)缩减版!比较之下不同的是,它建在古代竞技场的遗址之上,进门处还保留了两段4世纪时的赛马场围墙,某小小考古潜力股,还发现了它的地下排水口!遗址之上,是曾经辉煌的奥斯曼宫殿,随着主人被好友苏莱曼大帝勒死而日渐覆没,如今被修葺一新而重现光彩。

最令我吃惊的倒不是它绝世珍藏的展品(地毯、书法、烛台、香炉、手稿、珠宝、皮影戏),而是伴随展品的各个时期和各部王朝的疆域图。虽然走前匆忙买了本《奥斯曼帝国六百年》，但只来得及看完了近八百页书中前言部分的十几页……这个国家从六七世纪至奥斯曼帝国时期的版图极其复杂，一会到埃及苏丹，一会到沙特阿拉伯半岛，一会占据苏联的整个西南部，如今的小亚细亚半岛几乎就不是它的主要阵地，更别提很晚纳入囊中的伊斯坦布尔了！对比波兰那样一个神奇翻盘的重建国家，简直无法想象这样一个大帝国是如何被倾覆的！回到博物馆的名字"Museum of Turkish & Islamic Arts"（突厥人和伊斯兰艺术博物馆），就可以想见土耳其和伊斯兰文化是怎样一个多元交错而又绝不重合的杂糅体！

图 3-14　旅行社的土耳其靓仔

在土耳其伊斯兰文化世俗化的过程中，它长达千年的西部拜占庭文化的影响，是绝对不容小觑的。所以，圣索菲亚的安拉和耶稣才能共处一室，我们也可以在蓝色清真寺无所顾忌地拍正在礼拜的信徒。土耳其人是如此之通融好客，除了头巾和祈祷歌声，有时我甚至忘记了我是在一个伊斯兰教国家旅行！

行前两位朋友交代，伊市是需要特别提防的一个地方，让从不设防的我略感紧张。今天路过一家挂着有趣地图的地方，进去和旅行社靓仔聊了半天，总算碰上一个英语好的土耳其人！人家不仅压根没打算赚我钱，还又贴时间又贴茶地帮我查了很久的机车信息，附带一打周遭餐厅和土耳其浴推荐！晚间吃饭，餐厅老板说我们要的甜点没有了，拿来一个类似的推荐甜点让我先吃再买，不喜欢不用买。热心人太多，不及细数。常有人惊异于"你一个人（带女儿）旅行？"其实唯有女士才有的红利，体会过的"公主"和"女王"们才会懂！

▶ **2019-7-3 其一 托普卡帕大皇宫内的神圣和平教堂**

♯圣艾莉妮（Hagia Eirene Monument），拜占庭遗迹♯

对比托普卡帕大皇宫可能上万游人的鼎沸，这个第一庭院内的神圣和平教堂简直像是遗址刚刚被考古学家发现的样子！除了鸽子翅膀扑腾和咕咕叫的声音，几乎只回荡着寂寞保安对讲的声音！某小朋友说，这是个看鸽子的地方！

▶ 2019-7-3 其二 托普卡帕大皇宫

托普卡帕大皇宫(Topkapi Palace)，让我看宫殿极尽奢华变幻的马赛克内装饰看到审美疲劳！最后我发现，登上皇宫最大的奖赏，是在暴晒中鸟瞰博斯普鲁斯海峡的湛蓝和两岸！看过听过英国巴斯的考古展示和讲解，或英国温莎的室内外陈设和表演，再到只有华丽外表、没有精心布展的皇宫，内心的槽点就会有很多。

厨房空荡荡的，只有金碧辉煌的餐具展览，我嘀咕这上万人的皇宫盛宴是用餐具直接做出来的吗？后宫和第三庭院多处装修闭馆，帝国宝库也没了踪影，圣物宝藏前排起了长队。某妞这次迅速抓住了重点："我们昨天已经看到过很多穆罕默德的胡须了，今天不用再排队看了！"何止胡须，昨天清净的艺术博物馆连先知的脚印都少人问津呢！估计这里排队的许多游客连"圣物"是什么都没搞清楚就开始排队了吧？

买了博物馆联卡的好处是，可以在热闹非凡的皇宫里暂避人流，去往联卡内所含的另收门票的小众景点。后宫和神圣和平教堂的独辟蹊径，就是这样觅得的。可惜，想象中的浴室蒸腾和美女如云一概未见，英译讲解一度让我想起我"天朝"一贯坚持的白描手法："长……，宽……，高……，为……风格，为苏丹某某某所有。"你还能够让我们成为有理想、有知识、有趣味的人吗？呜呜呜，抱歉，我有严重的职业性挑剔病！

朋友圈回复：

1. 我昨天在艺术博物馆拍了先知穆罕默德的脚印。今天要凑得那么近，拍得那么清，估计难度很大。我往房间外一瞄，每个玻璃柜前都是一堆人头！

2. 主要是他们没有做生活场景的还原，图书馆个人认为是做得最好的，至少知道苏丹们在那是怎么看书的——有两个假人在那里看书和取书。其他地方，要构建这种想象都很困难。珍宝兵器都很美，我就不知道拿着这样奢华的兵器怎么打仗呢？还是这兵器只是具有象征意义，为苏丹专属？

对话1：

友：来民间科普一下，为啥他们偏爱马赛克？

我：应该是因为马赛克凉爽，不用反复漆/贴吧！伊斯兰地区几乎都是热带或干旱地区。而且他们的纹饰只能用花草几何图形，用马赛克好拼整啊！不过明天计划顺道去马赛克博物馆，会带着你的这个问题再去求证一下的！

我：纠正一下，是瓷砖(tile)，不是马赛克(mosaic)。拜占庭基督教时期用马赛克，奥斯曼伊斯兰教时期用瓷砖，单片较大。

对话2：

友：严重赞同！所谓的白描手法的讲解，实在缺少代入感，没有温度。

我：看得我快吐了，有的地方都没有英语解释，我什么名堂也看不出来了。

▶ 2019-7-3 其三 考古博物馆

贴心的保安一看我要拍木乃伊，默不作声却反应极快地打开了古代东方馆的埃及部分的灯光，怎忍辜负他的好意？毅然决然地把拍得真切的木乃伊放朋友圈头条了！

瓷砖亭继续砖瓦、陶瓷、马赛克之旅，考古博物馆则延续了托普卡帕皇宫的重装风，绝大部分都在乒乒乓乓的"整修中"。但即便如此，镇馆之宝依旧不掩其惊艳本质！虽然不知道具体哪一件是镇馆之宝，但这些自成小型庙宇的展品，足以让我震撼！本部分的无力吐槽点是，我全凭一本《孤独星球》和时懂时不懂的小字幕英文在这里领悟博物馆。兴许，是我还没有去过希腊的关系，这些确属我首见。有兴趣的看官不妨猜猜，倒数第二是什么展品？作孽的希腊雕像柱式、柱台、柱头在各种零星的小花园里散落了一地！那些曾经被从占领之处"捎回"的"纪念品"，连个好好的安放之所都没有啦？公元前3000年到公元前八九世纪的埃及雕像，几乎可以零距离接触。法老要不是石头的，估计都出桑拿汗了！从东方馆出来，我们又热又饿，某妞的中国胃坚持要来碗方便面抵抗虚脱！

朋友圈回复：

倒数第二张是石馆，每一件石馆的四面都是各种庙宇故事，加上顶盖或躺或坐的栩栩如生的人物，件件是艺术珍品。我看跟美丽棺材拍照的游人很多，所以，也就不违和地来了一张！

▶ 2019-7-4 其一 卡里耶教堂

第一次在伊市坐有轨公交转汽车，在百度和谷歌地图的双重指导下，我们绕了半天弯，回到了最早找到的公交车站！原来公交车站都是集中的，所以不标线路号码。看到车站，只要确保方向正确，等待自己需要的线路到来即可！奥妙啊！总算找到规则了！

出拜占庭古城(墙)，到快过站时拿出《孤独星球》询问乘客这个科拉博物馆

(Chora Museum,也叫作"卡里耶教堂/博物馆")该在哪里下车。某个恰好了解的热心乘客手往对面一指,司机立马停车,我们几乎是伴着宣礼祈祷声,跟跄仓皇而下……

在小巷子里穿梭,很快学会了用土耳其语"Kariya"的地名来问路。我从来没有在看到世界遗产标志时如此不一样地激动——终于知道自己走得没错!

虽然卡里耶教堂/博物馆从外到里大部分都在装修,但也不能掩盖其美艳夺目! 布满马赛克镶嵌画和壁画的卡里耶教堂是拜占庭艺术的代表,在此之后,欧洲的教堂才开始使用马赛克宗教画来装饰内外墙!

在离开旅游者聚居区后,我们决定尝试路边小餐馆,价格果然比旅游区便宜很多! 坐等我们的"肉圆"上桌!

朋友圈对话:

友:这才是真正的旅行! 小美宝从小就跟着你行万里路! 重要的是你是内行还讲得出门道,我要是去了也就是看个稀奇!

我:要看标牌,所以英语很重要,学习能力也重要,一边听一边模仿他们的发音!

▶ 2019‐7‐4 其二 米赫里马赫苏丹清真寺(Mihrimah Sultan Mosque)

♯西区,罕见旅行者的一块珍宝之地♯

哇! 这才是真正宏伟美丽而逸然于世的清真寺! 再没有熏人的脚臭味,我们俩或卧或躺,自在得不想走了!

太安静了! 我躺下看着繁复的吊灯和素净的吊顶,一不小心睡着了! 被清真寺保安大哥叫起来,说我们应该去那个女士专用的祈祷区!

参观了他们的女厕,厕内依旧有给女士们礼拜前净身的地方。只是,这里的净身处有座位有热水,上面连着很大的一个热水器,非常人性化!

▶ 2019‐7‐5 其一 伊斯坦布尔—棉花堡途中

苏丹艾哈迈德广场周围散落了很多珍宝。

差点失之交臂的,是狄奥多西方尖碑。这座公元前16世纪的花岗岩柱在4世纪由狄奥多西大帝下令,从埃及带回君士坦丁堡,结果到他离世也没有抵达。没人知道发生了什么,柱身可能因运送不便被截断,预测只剩2/3的方尖碑被其下方的大理石墩托起,放在广场上,还是很显高大。大理石墩镌刻的是狄奥多西大帝携家人臣子观看战车比赛的情景,彰显了曾经的竞技场、现在的苏丹艾哈迈德广场，一直以来扮演着这座城市的生活中心的角色。和狄奥多西方尖碑同一直线位置上的，还有纪念希腊联军打败波斯的螺旋圆柱和被十字军东征所洗劫过的粗石方尖碑。

德国喷泉是德皇威廉二世送给奥斯曼土耳其苏丹的礼物。我曾经一直以为，土耳其的衰落是因为两次世界大战中站错了队，惜之能战却败。当然，看过一些历史后，发现他与德国的联合亲近结盟，也是无奈之举。

更让我激动的，其实是一块标志着罗马帝国道路系统起点的基石，当你成天默念着"条条大路通罗马"时，很难不为这些貌不惊人的石块所激动！

蓝色(苏丹艾哈迈德)清真寺之所以被称为"蓝色"，并不是因为它的外观颜色，而是因为它内部使用的伊兹尼克蓝色瓷砖装饰。为此，我专门去了两次，可能是光线的关系，我不觉得它比对面圣索菲亚大教堂陵墓和隔壁苏丹艾哈迈德陵墓的内部装饰更好看。而且，因为游人太多的关系，清真寺的体味和脚味掺杂的气息，还真让人难以忍受。但我在这里看到很多宣传手册非常有趣！比如："基督，真主的先知"。他们的信息窗口的告示也很感人，就是欢迎各种宗教的人士来参观和了解。总之，这里就是打破各种偏见的一个窗口，各种宗教和非宗教人士在此沐浴在一片祥和之中。

因为喜爱自然、历史、地理、文化，我们选择旅行。又因为旅行，我们更热爱自然、历史、地理、文化！世界因我们这样的旅行而更包容！

▶ **2019-7-5 其二**

在伊斯坦布尔接触最多的当地人，就是酒店的老板梅尔特(Mert)了！他把自己祖屋的十间房布置得如同宫殿，房间虽小却五脏俱全，你能想到的都齐全。酒店离苏丹艾哈迈德广场所有重量级景点步行在十分钟以内，离海滩两分钟距离。

离开伊市前最后一顿，去了他推荐的海景平台餐厅，价格比苏丹艾哈迈德街区的餐馆便宜很多，质量和服务却有过之而无不及。每天早上，我们在透明屋顶的泪泪水流下享用新鲜烹制的自助早餐，还有梅尔特特地为箍牙而只能吃软食的妞配置的定制果盘。一度以为我的APP到这里都中毒了，向他求证的结果是，缤客确实在土耳其境内不能用于本国酒店预订，因为他们公司拒绝向土耳其国政府交钱。

这是一个去年差点宣布国家破产的政府，却拥有阳光下性格最灿烂的民族。昨晚去赶车的路上，我无限留恋地凝望夕阳下的圣索菲亚教堂和蓝色大清真寺，感受着伊市作为一个世界旅游重镇而不曾遗失的脉脉温情！

有轨公交转地铁的过程中，我停下来看地图，又有帅哥要带着我们走。一分钟等他路边买卷饼的当口，店里的小哥烤了个肉丸送给妞吃。引路的帅哥一路陪着我们转乘地铁，"夫人、夫人"地唤我看路线，简直让我有些手足无措。碰到英语没那么好的，他们也总爱上前来跟你打招呼，甚至开口说句"你好"。热情好客，在这里绝不是一句虚妄之词。梅尔特在我们临行前又是果汁、又是坚果的招待，让我恍然有住在亲戚家的感觉！

朋友圈回复：

昨天帅哥带我换乘地铁的时候，我突然觉得：这个跨欧亚之界的民族，确实有古时突厥人本来的热情阳光，又兼具了欧洲人的绅士风度。可能，由于伊斯兰教的原因，女性还远没有登上前台，期待能够更多地和这里的女性朋友接触聊天！

▶ 2019－7－20 其一 格雷梅—伊斯坦布尔，苏莱曼耶清真寺

从月球表面回到地球表面，跑上了山丘之上的苏莱曼耶清真寺，俯视博斯普鲁斯海峡傍晚的美丽！所谓最美的清真寺，其实是美在外景吧！

▶ 2019－7－20 其二 伊斯坦布尔

苏莱曼耶清真寺（Suleymaniye Mosque）占据伊市 7 座山丘之一，俯瞰金角湾，是整座城市的地标性建筑。它的特别之处不仅在于至高湾景，更在于整个原始的清真寺建筑群被保留了下来，得到了极和谐的利用。当然，这些都是我绕到清真寺背后，看完解说牌和整体布局照片搞明白的。整个苏莱曼区域还是伊市的四大历史保护街区之一，1985 年就被纳入伊斯坦布尔的历史街区世界文化遗产。清真寺周围挤满了奥斯曼帝国时期的木屋，让我不知不觉漫无目的地沿小巷走出很远，几次周遭无人，略感阴森，及至下到海港，一查谷歌地图，显示我们"跑到"海对面亚洲区去了！发疯，一眼看到几个地名，回想自己只不过绕着山在走，肯定不能走到海对面的亚洲区去啊！记地名还真是个硬技术，我愣是花了两分钟，根据路标确定了方向，很快找到了只坐过一次的电车（tramway），顺利返回酒店。可怜的小友几乎是瘸着回来的，一晚没睡好还在大巴上拍了日出的小友，撑不住了！

今日"偶遇"的，则是空中神交了几年的黄河奶爸。君士坦丁纪念柱旁我俩相逢，彼此庆祝一下他把我们成功"忽悠"到了土耳其！坚持自创高品质亲子游

的奶爸，数年前经亚利桑那某位访学者的推荐加了我。他是土耳其的铁杆粉。因其朋友圈和公众号的大力推荐，以及里拉的迅速贬值，我去年第一眼就锁定了土耳其为短期目标，如愿以偿。出发前没有少骚扰他，趁他带团集合的首日，得异国初见！大巴扎的闹猛，也比不得相聚的叽喳，两位具有职业精神的吃苦耐劳型专业玩家，总有很多话要讲啦！

朋友圈回复：

1. 谷歌地图是错的，我们在欧洲区，它却显示在亚洲区，我知道我们在欧洲区，地图偶尔有完全失灵的时候！常识很重要！爬个山难道能穿海峡啊？

2. 我们走路每天都是两三万步，除去坐车时间，醒着的时间大半在走路。

朋友圈对话：

友：组团一起玩儿！

我：你们会踢死我！一个博物馆逛一天，走路一走 10 小时，不带吃饭不带购物的。

友：我不会。你现在的样子，就是我当初投笔从戎，希望我自己变成的样子。不想你是个女娃家，也能成为今天这个样子，我却没有！

我：谢谢老同学，很感动！不过女性也可以刚柔并济，有着男性所没有的优势。我的旅程，教育和吃苦并重，目的当然都是为了读万卷书、行万里路、识千万人。最美好的体验都在路上，什么都不肯错过，会比较累。哪怕再好的朋友一起出去，都会吵架，轻易不敢约人，约的人真了解的，可能也不敢跟着我！

▶ 2019 - 7 - 21 其一 伊斯坦布尔，塔克西姆广场

＃地图控来到伊斯坦布尔生气勃勃的现代生活和艺术中心＃

贪恋夜色，只好把每天的早饭吃成了早中饭。中午时分终于坐有轨公交转地铁来到亚洲区，旅游咨询中心很给力，两张大图让我彻底搞清楚了伊斯坦布尔的公交系统！不知道为什么，我总觉得不坐公交不认路，就像没来过这个城市一样。这下彻底不怕迷路了！塔克西姆广场和独立大街——伊市的人民广场＋人民英雄纪念碑＋南京路步行街！

▶ 2019 - 7 - 21 其二 伊斯坦布尔

伊斯坦布尔是世界上唯一横跨两大洲的城市，我们在半天之内，从欧洲穿到亚洲，又从亚洲走回欧洲，看人轧闹猛，与路人合影。只有看到加拉太塔（Galata Tower）的排队长龙时，才理解游客的疯狂！只有看到加拉太大桥（Galata

Bridge)无数垂钓者的背影时,才理解什么叫作居民的闲适。

刚来时朋友说他们特别爱土耳其人,"因为他们有自己的生活,根本不在乎旅游者"! 我们今天真正生活了一把,就像在自己的城市逛街、听歌、侃大山!

姐在加拉太大桥上逗鹦鹉,我便跟鹦鹉的主人聊了半天。在托普卡帕宫工作的他邀请我们去他家玩,因为他家的鹦鹉在外面不说话,只有在家里才会滔滔不绝地讲个不停! 不是因为要坐50分钟的有轨交通才能到他家,也许可以认真考虑这个邀请! 可明天要赶飞机,我们今天晚上就不折腾了吧!

日落大桥后,狗狗归巢时……睡个好觉,再说道别!

朋友圈对话:

友:一个特别的国家,不仅在于它横跨欧亚大陆,还因为它地处黑海和地中海之间,在历史上一直有着重要的战略地位!

我:姐姐可以哒! 这个地方历来是兵家必争之地,所以人种、民族、宗教、文化复杂多样,融合交错。黑海沿岸这次没去,下次一定去! 地中海沿岸太美,来了这里,对希腊已经没有很多念头啦!

友:我是先去希腊,后去土耳其。后来才发现去了土耳其根本没必要再去希腊,但土耳其一定要去!

我:英雄所见略同!

▶ 2019－7－22 伊斯坦布尔机场

超土豪的伊斯坦布尔新机场,远看如同巴比伦空中花园,整个大厅被LV的灯光外墙渲染得艳光四射! 我对着幻彩奢华图景发了几分钟呆,发现了一些更有文化意蕴的主题。土耳其航空把自己定位为和喵星人的连接,简直太贴合爱猫之国的观感! 小友终于成长为《孤独星球》的粉丝,并在离开火鸡国(土耳其的英文Turkey,还有"火鸡"的意思)前品尝了土耳其软糖(Turkish Delight)。改写人类历史的1.2万年前的戈毕利特普(Gobeklitepe)遗址,留给我们下次沿黑海沿岸的行走! 伊朗对华免签后,往东直通波斯的大门畅通无阻! 再见,土耳其绚烂多彩如LV外墙的天空!

朋友圈回复:

戈毕利特普遗址,土耳其第18处世界遗产,新石器时代的规模巨大的聚居区,推翻了先有农业再有定居的假说,说明游牧和采集民族是为了精神信仰而先凝聚在一起,而后才慢慢有了农业。很早就听说了这处遗址,一直以为在东南部的叙利亚边境,没想到在东北部,下次可以连着阿尼古城和伊朗一起走过啦! 目前已经在这条路线上的小伙伴不要错过!

对话:

友:精心准备,稳住大盘,从容面对其间出现的各种惊喜,守正出奇! 这就是旅行的魅力! 欢迎回家!

我:谢谢亲,其实没准备很多,一边走一边看吧! 带本《孤独星球》,带上能力、自信和信任上路,就有奇遇!

八、评价与建议

城市之内的行走,既有阳春白雪的光鲜(景点景区,如博物馆、西湖、大皇宫),也有下里巴人的自在(生活场域,如城市公交、马路餐馆、路边摊)。这两种地方,都是自助旅行者应该探索的地方;这些地方(尤其是后者)使得形形色色的城市人和物质形态聚集,带给我们城市文化感应。这种感应,不仅需要行走观察,更需要体悟思考。一个城市可能需要去过很多次或者待很长时间,才能慢慢品味出她的性格和特征。这可能是城市和自然不太一样的地方,前者复杂,后者单纯。要品味城市的性格,必须和城市中的人打交道,他们才是传输一个城市文化的核心,这也是为什么我觉得"下里巴人"比"阳春白雪"更重要,两者的差异决定了你真的是自由探索的背包客,还是浮光掠影的观光客。

但即使大家都行走"阳春白雪",深度探索的自助行者和浮光掠影的观光游客也存在很大差异。"在路上"的意义,不仅在于"行千里路",更在于"读万卷书"。城市中以博物馆、历史遗产为代表的"阳春白雪",都是在"千里路"上"读万卷书"的最好场所。背包客应始终是"在路上"虚心学习的好奇者成长者,在玩中学,在学中玩,把旅行与研学完美融合。唯有这样,才能真正从历史、地理、文化、自然和人文等各个角度去理解文化差异产生的原因,真正实现"各美其美""美人之美"的理想。尽管贝城的黑色出租车之旅不能让我"理解"(更准确的词可能叫"认同")基督教教徒和天主教教徒之间曾有过的冲突,但它确实让我理解了这座城市曾经的苦痛和创伤,理解了仍然生活其中、仍然信仰不同的人民的相处方式,更珍惜她今天来之不易的和平和美好。

真正理解"下里巴人"的生活本身,也是一种学习。它需要的不仅是好奇心,更要兼有同理心。如果说好奇心帮助背包客探索世界之美("寻美"),同理心则帮助背包客建构世界之美("造美")。寻美和造美的过程是同步的,互为因果。我们在旅行中看到的很多错谬,是把好奇心凌驾于同理心之上,比如不顾当地人的信仰硬要拍摄尼泊尔童女的国人,坚持这样的态度,是无法建构"美美与共,天下大同"的人类命运共同体的。只有把好奇心建立在同理心的基础上,背包客才能把自身的行走融于世界之美,从本体意识和行动行为两方面将自身汇入寻美、造美的无畏征途中去。

第六节　自驾,广阔天地的巡礼

自驾路游(road trip),是自助旅行最常见、最自由、最省钱的方式之一,尤其对于多人出行更是如此。迄今为止,旅行生涯中已有记不清次数的路游,其中长途自驾主要集中在两次美国访学期间,也兼及其他国家和国内部分地区,以2002年圣诞新年假期23天穿越美国17州的自驾游为始,到2018年7月爱尔兰环岛12天的北大西洋狂野之路为末。这里仅以美国蓝色山脊公园道(Blue Ridge Parkway)为主的一次路游为例,来阐释我如何通过自驾的方式,进行发现、探索、求知,最大限度地体验旅行乐趣。本次自驾行程仅为5天,但主要游历内容涉及了自然(山脉景观道、河湖溪流、国家公园、野生动物)和文化(战争历史遗址、印第安人历史遗迹),也可谓涵盖了一般自驾游的主要吸引物。

一、大烟山国家公园之约

2014—2015年在亚利桑那访学期间,因为距离西海岸较近,所以圣诞等假期的长途自驾旅行基本都贡献给了西海岸。因为教授国家公园课程的关系,国家公园始终是我外出游历的一个重头,而在东部所有的国家公园中,我最想去的就是大烟山国家公园,因为它是美国旅游人数最多的国家公园,全年游客人数是黄石的两倍——特别想去看看这个人数最多的公园有何与众不同。因此,我早就和我住在亚特兰大的朋友汤姆(Thom)商量好了,等到大学和小学都放假后,我就带着甜妞飞到亚特兰大,我们自驾一段美国非常有名的景观路,从蓝脊到大烟山,走个环线回到亚特兰大。

汤姆欣然应允。他曾是美国第二大航空公司达美(Delta)的雇员,退休以后享受的最大福利就是可以免费搭乘达美航空公司的任何航班,只要飞机上有未售罄的余位,他就可以直接登机。因此,自从2002年在印第安纳经室友介绍认识他后,他就是我和室友经常性的"司机"兼"旅伴":2003年我和室友去西雅图,他飞到俄勒冈州一路陪玩把我们送到华盛顿州;2012年我在加拿大,他飞来埃德蒙顿租车,我们一起去了贾斯伯(Jasper)和班夫(Banff)国家公园;2014年我在亚利桑那的时候,他飞到凤凰城,我们一起往东北开到了石化木(Petrified Forest)国家公园。当然,他也来过两次上海,我陪吃陪玩,力尽东道主之谊。他出生于印第安纳州的曼西（Muncie），后来因为工作的关系定居到了亚特兰大——达美航空公司的总部所在地。所以，东南部的自驾，他可以说是熟门熟路的"地主"。以他家为据点，我不仅可以很好地探索亚特兰大这座城市，而且在这段自驾旅程中，他将是一位很好的"地陪"。

尽管我俩的旅行方式很不一样，但我们求同存异相处得还算融洽。他每每看到我上蹿下跳、一个点不肯落就摇头苦笑；我每次拉他去这到那而拉不动时，也会叹气摇头。有时候，他会特别惊异于我懂得的美国历史比他还多，沿途蹦出个什么路易斯和克拉克历史道（Lewis & Clark Historic Trail）[①]……看到他惊讶的神色，我就会自鸣得意："我可是一个极其好学能学的人啊！"他说我和我在印第安纳的北京室友是他见过的最具智慧的女性（虽然老美好客套，但内心觉得这不是他言不由衷的恭维之词），可能也是由于这个原因，他愿意做我的全程司机，而且容忍我各种打鸡血、似野人的毛病。事实上，虽说每次都是我制定的驾驶路线，但他都不让我开车，因为我只在亚利桑那开过一次下坡路，就把他吓破了胆，他宁愿全程都由他自己来开。这样也好，我最不爱做的事情就是开车了（无人景观路除外），免去这个责任以后，我就可以专注于指挥和聊天啦！

二、蓝色山脊公园道之行

2015 年 5 月 26 日，我和甜妞从凤凰城飞抵亚特兰大。这座城市以一场暴雨和一座暴雨洗劫后因航班晚点而混乱不堪的机场迎接了我们，正应了"贵人出门多风雨"吧！非常守时的汤姆提早了两个多小时就出发了，才使得原来 25 分钟开成了一个半小时的车程没能成为他准时到场的拦路虎。看来他对这座世界上最繁忙的机场及其周边还是了如指掌！很惊喜的是，他带了宝宝安全坐垫，让最后因为不愿多带行李而把坐垫留在家里的我如释重负。原本想着到了当地就去超市再买一个，却没想到汤姆的外孙偶尔会来他处玩耍，这个坐垫他也有备用。一切准备妥当，当晚简单休整后，我们第二天一早就向着景观路出发了。

▶ **2015 - 5 - 27 亚特兰大（Atlanta）—加特林堡（Gatlinburg）**

♯ 一日三州，刷新大脑皮层多点刺激 ♯

在奋战于几本经典旅行指南（强烈推荐《佛得之旅》[②]美国各州系列）和几大

---

① 由两位美国早期著名探险家路易斯和克拉克，于 1803—1806 年探索出来的、一条从美国东部内陆内河通往西海岸太平洋出海口的路，绵延 16 个州，全长 4 900 英里。

② 指 Fodor's，是美国著名出版集团兰登书屋旗下的知名旅游图书品牌，最早出版于 1936 年。

景观路网站,综合汤姆不愿长距离驾驶的意愿后,我设计出了一条跨越四州、三条国家级景观路、一个国家公园的小环形路线。为了避免大烟山国家公园(Great Smoky Mountains National Park,也译作"大雾山国家公园")周末可能出现的疯狂人流,临时决定改变计划走逆时针环线。从佐治亚州(Georgia)的亚特兰大出发,驶入南卡罗来纳州(South Carolina,简称"南卡")的切诺基山丘景观高速路(Cherokee Foothills Scenic Highway),拐到北卡罗来纳州(North Carolina,简称"北卡")的蓝色山脊公园道(Blue Ridge Parkway,简称"蓝脊公园道"),最后抵达扼大烟山要冲的印第安保留地内城市切诺基(Cherokee)。每到一州的前哨参观站点——迎宾中心(Welcome Center),我便会去拿地图问推荐,顺便体验南方各州有趣的南方口音和风土人情。迎宾中心几乎是清一色的银发服务者,态度可掬,如沐春风!

经历了犹他州(Utah)12号国家级风景道(national scenic byway)的极致震撼后,我对所有被冠以这个称谓的公路产生顶礼膜拜之情,但特地纳入行程的这条切诺基山丘路倒没给我带来太大惊喜。对见惯青山绿水的江南人和常入大山深谷、旅居亚利桑那大半年的游侠来说,要被打动略显困难。倒是在迎宾中心工作人员推荐的苏姨餐厅(Aunt Sue's Restaurant)里遭遇了一些小惊喜:用来装柠檬水(Lemonade)的杯子竟然是波尔大学(Ball State University)的创办人波尔家的工厂生产的! 好一个他乡遇故知! 我和汤姆就是我在波尔大学访学时认识的。波尔大学位于印第安纳的曼西镇上,波尔兄弟制造玻璃,经营成功后便在故乡创办了这所大学。在波尔大学的时候却不曾用过他家的杯子,十几年后竟然在南卡相逢?

下午4点半,车行至北卡的蓝脊公园路的交叉口前,终于还是不忍舍弃全美最大的住宅(Residential House),拐到阿什维尔(Ashville)试图窥探一眼这座照片中宏伟如宫殿的"豪宅"(译作"豪宅"已远远不能反映其豪华奢靡之程度了,称作"宫殿"更为贴切)。事实上,这座叫作"比尔魔"(Biltmore)的"宫殿"是美国面积最大的庄园,确实颇具"魔性"。我们仅仅"入宫"就转过了好几道门,皇宫似的建筑一眼还没看到,就先进入了小"偏殿"——售票处。一问价格,险些晕倒。当我把经过两次确认后的价格告诉汤姆时,他执意说是我听错了,一定要自己再去核实一遍(我听力没那么差好吗? 后来想想,他八成认为是16刀)……回来时他不停地对我摇头说"unbelievable"(难以置信)! 他说30年前来的时候只有8刀! 老天! 要算通货膨胀的好吗? 60刀,这在美国绝对属于"天价门票"了! 也就只剩一两小时的开放时间了吧,我们肯定不进了。但我们其实也没白来,看了一场免费的视频,我们以虚拟直升机的视角,俯视了游客实地看不到的全景,而且还参观了售票大厅。回想这拥有 250 间房间、一座村庄，近眺阿巴拉契亚山脉群峰山景的偌大豪邸，确实也可以一试媲美迪士尼的单价。如果我们有五小时到一天的时间，绝对值得进去参观。没看人家院子大到需要建议租赛格威（segway，一种两轮电动代步车）参观吗？

参观不成比尔魔的遗憾情绪很快在蓝脊公园道得到修复：这是一条从形式到内容都和其大名鼎鼎的声誉非常吻合的"全美明星路"（The All-American Way）！如果不是时不时从树丛中露出的远山近谷和飘渺白云，我一定会认为这是行驶在一条景色优美的国家公园林荫道上，而不是沿着阿巴拉契亚山脉的山脊线在穿行！海拔 2 000 多米的高度也给这里的天气增添了几分奇幻的色彩，在两个多小时的驾驶中，时而倾盆大雨，时而云去来兮，时而艳阳温情，在多种风情中饱览春山如笑！我们停车拍照之余，偶有小惊喜冒头，一只头硕大的地鼠直勾勾看人身形如雕塑的时候，还是感觉极其夸张的！

坑爹的经历总是发生在印第安保留地，不是我不对切罗基（Cherokee）一族被迫害的历史不报同情，可如今赌场都开在印第安人保留地（Indian Reservation）里，留下来的切罗基人也没少沾光、收取不义之财。赌场酒店房价不低，停车搞个代客泊车（valet parking）又收掉十几刀，竟然还要收取住店客人十几刀的 WIFI 上网费！不可思议之余决定让没有信号的手机放假，在几乎彻夜无眠（忘了开空调）的神游中度过一晚。这座巨大如迷宫的赌场酒店据说是方圆几百至一千英里以内唯一合法的赌博场所，工作日的生意都好到令人匪夷，难怪自称"度假地"，确实是一站式度假航空母舰啊！

▶ 2015－5－28 大烟山国家公园

大烟山，此行近乎就是为她而来：密西西比河以东最大的生物栖居地，全美游览人数最多的国家公园（超过其他任何一个国家公园一倍以上的年客流），联合国人与生物圈保护区……沿着纽方得路（New found Gap Road）一路开到全园制高点克林曼斯穹丘（Clingmans Dome），最大的"外快"是增长了巨大的吹牛资本：在事先不知情的情况下，"意外"行走到了阿巴拉契亚国家级景观徒步道（The Appalachian National Scenic Trail）！这条从北到南横穿美国 14 个州的徒步道，多少年来就是我的徒步梦想！

遥记当年一位美国同学做课堂演示，说他用了五个月时间徒步走完了全程，这个梦想的种子就此种下并逐年生根发芽。虽然今天只行走了北卡州内的一英里，但这于我个人有里程碑式的意义！不是甜妞执意要走，我可能走个几百米就下来了,意义远胜于实质!徒步短短一段,遇到奇人若干:有参加铁人三项的师太段"三剑客",有酷爱户外运动的奶奶级志愿者,有远自波兰的国家公园旅行者……当然小小驴不输在起跑线上,为了防雨,我们脚蹬卡洛驰(Crocs)鞋①,竟然还能在石块和泥地上健步如梭!

纽方得路是一条跨越北卡和田纳西两州盘山而上的风景回路,这条路连接着克林曼斯穹丘路,一直通往大烟山的最高点克林曼斯穹丘。山峰最高点上修建了一个如高架桥般悬空的观景台,从克林曼斯穹丘路开始,只要稍微往山边一站,整个大烟山此起彼伏的山峰就纳入眼底。沿克林曼斯穹丘观景台的坡道步行慢转而上,宛如正在欣赏一幅逐渐延展打开的阿巴拉契亚山脉全景图。也只有站在克林曼斯穹丘之巅,才能领悟"大烟""大雾"山之名原来极尽写实之风。"烟雾"来自当地植被中易挥发的有机混合物,在正常的温度和压力下,它们很容易形成水蒸气,使整片地区终年烟雾缭绕。

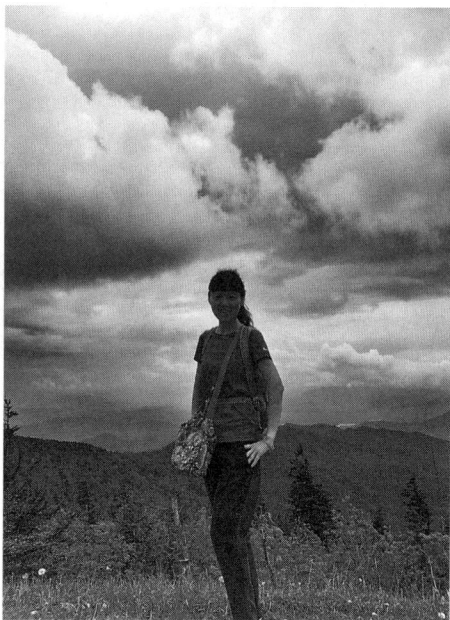

图 3-15 大烟山上徒步客

▶ 2015-5-29 其一 大烟山国家公园

凯兹山凹环线(Cades Cove Loop)是大烟山除山顶景观回路外另一条最受推荐的风景回路,一山顶一山谷,在北卡和田纳西的两端形成鲜明对比。凯兹山凹位于山谷的适宜温度,使这里成为早期白人移民的天然农庄牧场。如今农场虽已不复,但田园风光依旧。诸多先民耕耘生活的旧址更为一贯弘扬自然为主的美国国家公园难得增添了几分人文情怀,这种特色,也只有在东部的国家公园内才能得到稍许张扬。第一次看到教堂和墓地出现在国家公园的联邦所有权土地内,而且上至第一代下至家族后裔,都能在此地入土为安,其中的人文关怀只有慢品才能体会。

---

① 一种美国产的泡沫底鞋,产品以防滑凉、拖鞋为主。

图 3-16　司机兼地陪汤姆

　　把寻找黑熊作为甜妞今早起床动力的妈妈，在迅速爬升的气温面前异常泄气——因为汤姆一直在给念叨着黑熊的我们打预防针："天气太热我们可能看不见任何熊！"正当我在想方设法排解、转移甜妞注意力之时，密集的车道人流出现了！"有好事！"我心头狂喜！果然，顺着大家唰唰看齐的方向一望，还没望见什么时，就有路人甲欣喜地边走边跟过往车辆报信："黑熊！"草丛中隐约见到黑色身影挪动，再几秒，又见一只！停车慢奔，一大一小两只黑熊逐渐向草原树影靠拢，最可爱的是，小熊常常下肢站立张望，憨态可掬，让我猛然醒悟理解泰迪熊和各种熊最多被制成毛绒玩具的原因！还没等我从惊喜中回过神来，树底下居然又跑出来一只！看来长草不仅能够匿狮还可以藏熊！幸福的一家三口，大概早已习惯了被长枪短炮的人群远远包抄的阵势，丝毫不为所动地优哉游哉，在大山大草间大秀恩爱，活脱脱一部实景家庭剧！大烟山的象征，眼见为实，我彻底信了！

▶ 2015-5-29 其二 奇尔豪伊山麓公园道(Chilhowee Foothill Parkway)—龙之尾 129 公路(Tail of the Dragon 129)—切罗哈拉天空路(Cherohala Skyway)

　　被美洲和非洲板块挤压造就的曾如落基山高的阿巴拉契亚山脉，因丰沛的雨水等外力作用逐渐风化削低。作为阿巴拉契亚尾端的大烟山区域，也自成舒缓如慢板的起伏连绵群峰,常恍惚让我忆起浙江,但海拔两三千米的高度又把人直接带入"天空之城"!山脊和白云在这里纵情对吟,人被掌托至天的面前,车行宛如鹰翔山顶,追着云,踏着山,一路滑行!

出大烟山的路几乎是我拿着放大镜逐个在地图上圈点连线的,可谓经典版的景观驾驶线路策划。从奇尔豪伊山麓公园道到龙之尾129公里再到切罗哈拉天空路,让我第一次为这一"Skyway"(天空路)的命名叫绝!在九曲十八弯的山道上,邂逅摩托车手无数,我们自觉为前仆后继的疯狂赛车们让道,谁让汽车驾驶者在这里成了弱势群体?在这两条被全世界摩托车界誉为圣道的(摩托车)驾驶道上,处处可以见到或文身或嬉皮或耍酷的摩托一族,还破天荒地在美国山路上上演一回"转角遇见照相机",噗噗的闪光让我完全摸不着边际!

原来摄影师们见摩托车手众多,便到这里来摆摊,逮到一个照一个,愿者上钩自觉交钱取照!汤姆是比较保守的美国人,他对这些摩托车手退避三舍。一路上他们的"神龙摆尾"一直让他高度紧张,他一边摇头一边避让,我觉得所有的摩托车都比我们的车开得快!有一个摩托车手超车后,汤姆问我看到了什么。我说我看到了啊,他向你举手致礼感谢,因为你让了他哦!他说他一路上让了这么多辆车,这骑手是唯一一个以手势致谢的。我理解他的意思,汤姆可能就是觉得摩托车手比较野蛮,没有礼貌吧!因为在美国,对礼让自己的车辆挥手致意,是比较常见的礼仪。我耸耸肩,不置可否,也许他们分心会不安全吧!

所谓"龙之尾"就是有无数个急转弯的山脊之路,摩托车手就是来这里来提高技艺的吧!休息时,我下车主动和几个正在休息的摩托车手闲聊。他们果然来自五湖四海,为了一个共同的目标聚集在这里!哪怕需要拖车来运摩托,也乐此不疲只为与"龙"相见!其实他们很友好,跟他们聊天可开心了!来自密歇根州的一对夫妻跟我说,他们每年都尽量争取来这条路开一次!哇!还真是严肃休闲啊!有追求!我一开始问了他们一个傻问题:"你们一路开摩托车从密歇根州过来的啊?"结果,比我预想得好,他们是从北到南开着拖车过来的,拖车里面放着两辆摩托车。当然,这拖车穿越之旅也并不轻松。回到车上,我把他们的理想和追求跟汤姆说了一遍,我只是希望他能放松点,人家玩个摩托车嘛,也不能代表他们就是另类啊!

声名卓著的北卡129"龙尾"公路的开始段还当真做了一个龙的铜塑像,看来对景观路的宣传和打造还真是不遗余力!切罗哈拉天空道作为"国家级风景道"(National Scenic Byway)的标志,每隔几英里也出现在北卡和田纳西的路段内,沿途基础设施更是好到没话说!出大烟山时,陆续遭遇跑车上百辆,在天空道上直接见到一辆孤独的法拉利停泊在空荡荡的停车区域，虽然当时一眼瞥过不知是什么车，但竟直接起意想把它开走。在切罗基印第安人曾经的血泪之路上心生此念，罪过之极！

汤姆十年前曾在当地朋友的带领下开过129公路，沿途自然充当起我的风土讲解员！奇尔豪伊山麓公园道终止时，在没有任何征兆的情况下，山顶上突然冒出一个巨大的水库。汤姆跟我说原来当年制造原子弹的材料都在田纳西州某城生产（试验在亚利桑那州），为保证各工厂车间有充分的动力，便在此隐蔽地建设专用水库发电！没想到这棵“前人之树”今天我们还可乘凉，行走高山森林，旁边突然“长出”一个“长江三峡”，陡生视觉冲击力！虽然河的规模远不及长江，但水之清澈又非扬子所能企及了！

沿途5小时，眼见审美将近疲倦，车行经过亚特兰大奥林匹克皮划艇赛事的举办地达克敦（Ducktown）后忽地扬起一段小高潮。想划皮划艇的手瘾，在看到这一路欢唱的激流后，又有些按捺不住了！“White water rafting”（激流漂流）的广告字眼在多处闪现，《大河恋》（*A River Runs Through It*）的电影画面似曾相识地在河畔跳跃。此地风水绝佳，背山面水，森林环抱，屋舍俨如童话矗立于溪边。人生得诗意栖居至此，夫复何求?!

朋友圈评论：

1. 君行千万里，妙笔摇曳，拥抱多彩生活；我等老友，放眼海内，静阅人间仙境。

2. 文图并茂，似曾相识，恍恍然有身临其境之意！

3. 看你的微信，仿佛自己也在行走中，真好！

4. 地理需要重修！

回复：

1. 有人说我的地理需要重修，呵呵！文中的地理知识基本是在美国各游客中心和解说牌上自学的，绝对科学！阿巴拉契亚山脉是地球上最古老的山脉之一，砂岩（sandstone）的堆积早在大陆漂移前既已形成。大陆漂移前基本上所有大陆就连接在一起，在逐步分体过程中也有撞击挤压，所以阿巴拉契亚山脉确实是北美洲板块和非洲板块碰撞挤压形成的。最后一季的冰川虽未到达大烟山，但对大烟山局地气候、植被、地形的形成有重大影响。美国东南部多雨潮湿，所以一度高耸的群峰风化侵蚀得远比科罗拉多高原厉害，因而山峰绝对高差不明显，山势起伏如慢板。

2. 谢谢众亲美言，旅行是我最大的爱好，不是说说的，像徐霞客一样旅行是我的志向，我一直在用生命的热情践行着！

▶ 2015‑5‑30 其一 奇克莫加和查塔努加国家军事公园（Chickamauga & Chattanooga National Military Park）

原以为到奇克莫加和查塔努加国家军事公园的路会一帆风顺。因为没带 GPS，所以试着摸索偶尔用苹果自带地图和 Siri 导航，倒也还算顺利。在谷歌上查到地址的成熟景区，肯定能找到！还没到 GPS 显示的既定出口，汤姆就看到了高速路上 Chickamauga Battlefield（奇克莫加战场）的标志，下来沿路开了十几分钟还没看到一个标志，与我手机显示的也非同一方向，遂掉头遵 GPS 指示行驶。开到前不着村后不着店的地方，GPS 告诉一头雾水的我说到了！我只好打电话问公园工作人员怎么回事：实在无法相信在有确切城市地址的地方也能导错航？事实证明苹果地图确实不牢靠，输进兴趣点及正确的地址，它却自动把你转到了该军事公园的另一个在山顶的战场！当然这些都是几分钟前做功课才搞明白的事。本已再调头回老地方找战场，结果一听"地陪"兼司机说这个观景山山顶有游客中心，我又来了精神，兴许苹果地图是对的？

转头上山，车行山腰仍不见任何标牌，下车问路，当地旅游纪念品商店店主仍然说山顶不是该军事公园。不愿再无谓空转，遂决定下山，回归旧路。好纠结的一圈！40 分钟的计划车程开掉了 2 个小时！当然，到观景山的半山也绝非一无所获，虽然被"地陪"诩作一大"旅游者陷阱"，但此地确实是俯瞰城市全景的绝佳去处：一条大河在群山环抱的城市中流淌，更别提这是一座繁华之城、富裕之城，曾是美国内战南北方军事争夺的要冲！车行于陡坡的密林空档，转头却是一瞥惊鸿，实是镜头无力捕捉，盗图一张！

抵达军事公园，我们观看了游客中心的影片，终于搞清楚了个中关系：奇克莫加是查塔努加这个城市保卫战/拉锯战中最重要的一个战场，位于查塔努加城市以南 6 英里处。该战场战斗之惨烈，在南北战争中可以排进前三位，第一场战役持续了三天，南方军胜出；第二场战役在两个月后，北方军已换将领（后来成为美国总统的格兰特）并疏通北方后勤补给线，南方军进攻可能就差了两小时，北方完胜！虽然我早就对北方人（Union）打着解放黑奴的旗号压制南方联邦（Confederate）公投独立的行为嗤之以鼻，但不得不承认，这是一个异常正义的借口！更让人叹服的是，这场战役结束后仅仅 27 年，这里就作为美国第一个国家军事公园被建，政府把当时南北方军剩余老兵召集在此处，重修同在一面国旗下之好！明智之举！但是只要细看展览，找找投奔北方军的黑奴当时在北方军中的地位，就会发现所谓"解放"黑奴的尺度是极其有限的：与白人士兵隔离、分居、分伙不表，从来也没信任过人家让别人上前线打仗！而这种黑白士兵隔离的制度，直到20世纪60年代才逐渐废止！震惊！这可比南非废除种族隔离制度的进程慢多了！

回头再来看，我做个讲授国家公园课程的教师容易吗？了解完历史背景知识，还要了解这一特殊类别的国家公园的管理方式。一直很好奇：偌大一个战场，如何来展现历史，如何来引导今人；如何去缅怀壮烈，如何去消除隔阂。结果，人家的地盘比我想象得还大，管理服务游客的方式比我想象得还简单。除了游客中心，全园延伸方圆几英里（想象一下，一下子死伤34000人的战役，双方备战的地盘要有多大）。除了纪念碑、军团墓碑和各种战事刻字碑，很少再有人工添加，树林溪流都保持原样。除了游客中心放映纪录片的影院和博物馆式的史料展示，其他所有室外战场展示部分一律用地图自导或跟车驾驶（这里所谓的"tour"，就是工作人员开车为一群自驾车开路并到点停靠）的方式，每停一点用个人手机拨打某一固定的电话号码，即可完成该部分场景及其历史的解说工作。惯常的国家公园人员的解说在这里完全替换成了不需租赁的自备机器分担，这是头一回见识！虽然游客体验的互动性差了很多，但是确实是效率高、覆盖面广、经济且简便易行的好方法！展望一下在中国推行的可行性，似乎前景广阔。

▶ 2015-5-30 其二 范酋长故居历史遗址(Chief Vann House Historic Site)

东南部之行必然要恶补美国历史，补完南北战争史，续补美国印第安第二大族群切罗基历史，未来几天还要继续探索美国内战和黑人解放史。范酋长故居是连汤姆都从未听说过的一个冷门南方种植园(plantation)遗址，却是《佛得之旅》重点推荐游览的佐治亚州种植园。出于对佛得旅行指南的信任，我还是买了门票进园，照例先看展览和视频概览，了解该屋历史的来龙去脉，再跟随讲解人员，聆听精彩讲解。

虽然是周日，讲解之旅却足够私人化，全程45分钟三家游客，除我们之外，都是异常友好的南方人，语气音调温和到让我头一次感觉不到南方口音的难懂了！总算有机会让我把想问的问题都问了个够！

作为切罗基民族最有钱最有声望的印第安领袖的府邸，解说的主题设定在了"Walking in Two Different Worlds"（走进两大差异世界），充分呈现了主人同时在切罗基和白人世界中谋求福祉的不易。房主两代财富和政治地位的强势积累，都未能让他们逃脱惨遭意外之祸的命运。在切罗基一族被白人全盘清理出户的前夕，声名显赫的范家族也不能幸免，"莫须有"之罪名原来全球通用，想收缴你的豪宅，对白人当政者来说不过是易如反掌的惯用伎俩。当你读到修路、造桥、开厂、运输外加皮毛大亨兼教育家的种植农庄都能被如此轻易侵占，就可以想象其他普通印第安人的命运会有多么凄惨！在被军队驱赶、举族迁往俄克拉荷马州的几年中，切罗基一族死亡1/4的人口，血泪之路（Trails of the Tears，指切罗基的被迫迁移之路）就是这么血腥无奈，只有压迫，无法反抗！

相比于其他的白人种植园，这唯一的印第安人种植园的确是一朵奇葩！整个种植园曾经拥有140名黑奴，各个有名有姓、登记在册（其他种植园从来不记录黑奴姓名，只有人数和性别）；95间切罗基小木屋供黑奴居住。历史遗址开放之初，还邀请黑奴后裔重聚主人旧舍，真难以想象那曾经是怎样的一种场景！在白人手里转过几道的砖石主屋，两百年来历经风雨，结构、外观却从未损毁，哪怕它一度沦为某白人屋主的粮仓。

一贯追求生而平等的白人社会曾有一些不平等的法律，诸如白人妇女不能嫁给印第安男子，而追查此类荒诞条款的废止时间之近，常让人大跌眼镜！应该说，人和人从来没有平等过，以前没有，以后大概也很难平等。即使如范首长等名流，经社会流动上溯至显贵，也竟然会受到如此不平等的待遇，让我想起了明朝的沈万三，地主终究不能和皇帝斗啊！

朋友圈对话：

友：印第安人和黑奴是美国的历史伤疤，每道都是血淋淋的。任何掠夺式的扩张都没有平等而言，权利都是觉醒人群争取而来。连美国国父们的独立宣言里都只说"men are created equal"（男人生而平等）。宗教信仰导致的，没女人啥事儿的。平等是相对的。

我：今天我看到马丁·路德·金的几句话："Freedom is never voluntarily given by the oppressor; it must be demanded by the oppressed."（自由从来不是压迫者自愿给予的，它从来都是被压迫者赢来的）；"I look to a day when people will not be judged by the color of their skin, but by the content of their character."（我期待那一天，人们不再根据肤色判断他人，而只根据内在性格判断他人）。其实无论何种种族、民族，都一样要看内在，只是目前阶段，任何个人再好，也往往无法脱离其群体被单独判断。所以几个黑人的突出，也无法改变他们整体被歧视的命运，很多东西不是短期就能改变的。

友：真正的金句。

▶ 2015-5-31 佐治亚州, 亚特兰大

#路游沿途饮食记#

路游最纠结的是美国性情遇上中国舌胃，畅游大好山河，顿顿凑合果腹。此

次旅行因为拉上了美国同伴，又声明不能在车里吃食，所以少了一路的零嘴和晚上的电饭煲，只能一路吃餐厅，倒是体验了不少本土饮食文化。

去年来美的英国朋友有十天长十斤的前车之鉴，力诫我不要吃美国食物。其实除了便宜的美式快餐（包括美式化的墨西哥快餐等），他们还是有很多家庭经营的餐厅，食物还算健康，环境也比较温馨，只是价格相比快餐贵很多（尤其还要视服务好坏，付15%以上的小费），而且等候时间较长，口味我们也未必习惯，但作为尝鲜还是可以考虑的。老美易长膘的最大诱因是甜食，其中包含每顿必喝的各种高糖分软饮料，如果坚持每顿只要水，能把入口的卡路里降下很多。三明治是相对快捷和健康的菜单选择（不是快餐店的三明治），当然口味如何完全凭运气，建议多看点菜单上的菜名下方的具体说明，用的什么料、什么酱汁（sauce），大致可以判定是否适合自己口味。我记得第一餐我点了加辣酱的水牛肉和鸡肉三明治，就很好吃；而甜妞不辣的全鸡肉三明治就有些寡淡无味了。

入住大烟山田纳西一侧的旅店时，我被一所"鲑鱼屋"的招牌吸引。它声称所有鲑鱼（trout）全部来自当日大烟山的溪水中，我便毅然投身到支持地方事业和地方社区的就餐行动中去。被菜单上形形色色的鳟鱼制作方式整得有些凌乱，于是我直接问了店主：什么是你们最畅销的一款？人家直指艾森豪威尔鲑鱼（Trout Eisenhower）！美国将军兼总统也能上桌？决计一试。结果上来才发现这道菜就是把鱼油炸，而且居然还有刺！不是艾森豪威尔的品位太差，就是老美大多数人的口感出了问题，这也能是最热门的菜？我的美国同伴"事后曹操"般地说，当时就知道我不会喜欢，还想让我不要点这道菜，可我总是喜欢尝新，不会听他的。我的神啊！您啥时候不让我点这道菜啦！您说话不至于这么含蓄吗？我完全没有听出你哪几句是劝我不要尝试的好不好？早知如此，主食可以直接跳过，他们的两个配菜和一道免费赠送的开胃小食，就已经可以搞定我的晚餐了！

新鲜色拉总是难得的蔬菜食源，烤土豆负责把我的胃塞满，开胃小食口感不错，询问名称时总生耳熟能详之感。心想"Hush Puppies"可能是种宠物狗的名字（puppies就是"小狗"的复数），为啥感觉名字如此熟悉？又过一会儿，我神志清醒了一些，问汤姆："Hush Puppies"难道不是一个鞋的牌子吗？（我记得大陆译作"暇步士"。）他笑着说：鞋牌子应该就是从这种食物得名的！汤姆大叔们，我还是服了你们了！你们可真会起名字啊！食物和鞋子？这是哪儿跟哪儿咯！

美式用餐的意外惊喜发生在最后一顿，抱着对烤肉毫无期待的心情，走进了一家非常整洁的餐厅，屋后枕河面林，河中水牛嬉戏，有亲近自然的临窗用餐区域。更赞的是,烤出来的猪肉竟然是手撕或者切好的,浇上酱汁很入味,第一次感觉到是在享受用餐,而不只是果腹充饥!

非常戏剧性的是,这次我新到美国的第 38、39 和 40 个州:佐治亚、南卡、北卡(包括以前来过的田纳西),在这个季节里,天气都同具神经质特点——一天几场雨、几场晴,飘去来分的云,重磅来袭的雨,潮湿高热的气,都是虐你没商量!我非常享受用餐时分突然而至的倾盆大雨,而步出餐厅时,又已艳阳高照。我们的车已湿漉漉被洗彻底,空气清新,蕴含绿意,正是完美开启景观路下一程的恰当时机!

当然,这季的东南地区天气绝非毫无优点:每天 9 点才落西山的太阳,给予我们充分的景观路驾驶时间。可怜我的司机同伴,既然不能允许我帮他分担驾驶任务,只好自甘被累惨的痛苦命运了!天天晚归的路游旅程,让我这从西到东三小时的时差始终没有倒过来!路游的最后一顿晚餐开始于 9 点,那久违的中式自助餐啊,让我一下子觉得来到了天堂!九刀的自助餐,能吃几十个品种,味道自然完胜一路美式各餐!连甜妞一坐下来也眼睛发绿,口水三丈,发狼吞虎咽之势,可见中国人五岁就形成的胃有多么顽固!我常常心生疑窦:为什么中餐这么好吃,卖这么便宜,还成了美国"cheap"餐饮的代名词?(cheap 不仅有便宜的意思,还有廉价质量差的含义。)凭啥印度人控制了汽车旅馆行业就能形成联盟,汽车旅馆齐刷刷涨价;为啥中国人控制了某个行业,就造成这个行业齐刷刷降价?这是不是一个值得研究的商业文化命题?

三、评价与建议

建筑是否"可阅读",不仅取决于建筑本身及其活化功夫,也取决于亲历建筑者是否真心想"阅读"。对于想"阅读"和学习的旅行者而言,可以通过旅行指南和建筑内大量的展览资料来进行延展学习。随着智能手机的普遍使用,扫描馆内二维码的视听讲解资源也越来越丰富。我曾在上海博物馆和英国湖畔诗人华兹华斯故居等许多场馆使用过二维码语音讲解服务,也在土耳其安塔利亚博物馆参观时,使用智能手机查过希腊神话体系内的相关人物,目的是帮助自己解读雕塑及相关艺术品注解中尚不清楚的信息。在自驾内蒙古东部和黑龙江的 15 天里,虽然游览参观的目的地本身并没有太多的现场信息提供给我,但随车携带的两本《中国国家地理》内蒙古和东北专辑,几乎让我了解了所有我能想到的自然和生态问题。在场馆信息越来越全面、资讯服务体系建设越来越发达、智能手机功能越来越强大的今天,只要有强烈的"读万卷书"的意愿,借助相应的工具和媒介,不管你采用何种形式进行旅行,都能收获海量的知识,帮助形成对目的地更完善、科学而全面的理解。在这条美东南自驾路线上,由于一路自然公园和历史公园的解说系统(或者说"可阅读"体系)做得特别到位,使得我的学习之旅变得非常便利和轻松。

为什么我会特别强调自驾游中的"学习"? 因为相比于搭公交乃至包车的自助旅行,自驾游是和目的地社会接触最少的一种旅行方式。如果不是因为汤姆的一路导引,我对目的地的了解更要全部凭借我自己对景物的观察,而"观察"如果不借助相应的工具和媒介,往往会流于肤浅和表面,甚至会产生"偏见"和"误解"。所以,自驾游最好能和目的地社会的"东道主"同行,或者借宿"东道主"家中(除了熟人以外,B&B就是一种很不错的选择);如果没有条件,则要最广泛地吸收各停留点的资料展示和人工讲解内容,最大限度地倾听并与目的地人群交流,才有可能达到"观察"的去肤浅化和去表面化。即使汤姆带着我自驾,我也从没有放弃自己的背包探索精神,和他"不喜欢"的摩托车骑手聊天即是一例。只有通过和"他者"(在这里可以理解为和自己完全不一样的人)的不断沟通,才能帮助我们真正走入不同人的世界,实现"美人之美",而不是还未及欣赏别人的美,就给别人套上一个"丑"的帽子。

除了沿途"收割"知识,逐步理解接纳并使之成为自己知识体系的一部分,自驾游中游线游程的设计是更基础的环节。我一贯主张利用不同的旅行指南,比较各家优势后挑选游路。更重要的是,一定要充分使用地图册来了解各线路的联通接合和最优匹配,力争在形成闭合环行路的同时,形成最大化景观组合和活动组合。美国有许多专供"路游"的地图册(atlas),与旅行指南一样,它们也是各有优势和编写重点,不是简单的堆砌、重复或抄袭,我们需要比较后选定适合自己驾驶时间和旅行兴趣的线路。虽然智能手机目前用于导航已经相当普遍,但是我还是建议通过系统的地图册来规划线路。美东南自驾之行虽然只有五天,我却调用了至少十种不同的图书、图册、公路景观网网站资源来规划路线。此外,谷歌地图用于事先了解从一地到另一地的驾驶时间具有很大的优势,可以与以上资源结合使用。2018年7月自驾爱尔兰的狂野大西洋路之前,我就使用谷歌地图大致测算了每天规划线路中各景点之间的距离和驾驶时间,避免疲劳驾驶和夜间驾驶,力争"旅速游缓",给充分游玩各个景点留出充裕的时间。

第四章　飞 翔 天 空

　　飞翔是旅行的标配,最普遍的飞翔,当然是搭乘客机的航空飞行。但本章要侧重描述的,是其他另类的飞翔。长出一双翅膀,以鸟的视界去观览世界,可能是每个背包客的终极梦想。这于我也不例外。我的每个天空飞翔梦,几乎都不是轻而易举一次实现的。所以,我对每一种飞行方式的描写,并不只描述我的空中经历,而是围绕这一主题叙述我和飞行之间的种种故事,以我初次遇见这种飞行活动并产生飞行念想而编撰安排章节顺序。本章的自传式民族志叙事,便对应"游走飞丫"中的"飞"字;而本章以"飞"为主的旅行方式,则对应"探险四界"中的"天界"。

第一节　悠 悠 气 球

　　热气球,一种最安全最省力的户外飞行方式,无论是对站在气球里还是立在气球外的人来说,都能看到一道值得观赏的风景。我和热气球有过三次直接遭遇,但成功飞行只有一次。从我的直观经验来说,热气球是受到天气影响因素最大的一种空中户外活动。也正因如此,我把热气球作为旅行中的一个项目,描述热气球飞行从找寻旅伴、搜寻信息、预订行程到(未)成行的全过程及相关反思。

一、阿尔伯克基的失之交臂

　　2002 年的圣诞新年假期,我与两位同伴从美国印第安纳州出发,自驾开往美国西部,进行了为期 23 天、穿越 17 州的路游。

(一)觅得游伴

　　吉姆(Jim)和肯恩(Ken)都是土生土长的印第安纳州人,均在我当时访学的波尔大学读研,前者是博士生,后者是硕士生。他俩性格淳朴,热爱自然,一听我说想去西部,尤其是大峡谷时,就心潮澎湃。彼时我还不会开车,所以要想成行必须有人同行。我知道他俩作为学生的拮据,主动提出我来承担租车费用,力劝他们加入。虽然我那时也不宽裕,但由于访学学校提供了非常优厚的条件——

不仅住房免费,而且住房涵盖了所有水电煤卫的费用,所以我每个月只需花100刀解决伙食问题,而可以把每月奖学金中剩下的500刀都用作旅行。基于这种情况,我相对于他们来说,还是"有钱人"。而且,我太想走这一趟了。美国是个"骑在四个轮子上的国家",除了特大城市,公交基本为零,没有车就是没有腿,更别提要去没有公交可达的国家公园了。在我的"大方"邀约下,他俩终于克服种种困难,加入了我的西行计划。

因为两人都生长在一马平川的美国中西部(Midwest),路游时他们看到窗外的风景,最多冒出来的一句话就是:"Oh, this is so different!"(哦,这地方太不一样了!)是啊! 相比于中西部,其他地方都太有特色了! 后来我看到一篇文章,用一句口头禅来反映你是美国哪个地区的人,里面写到中西部人的口头禅恰巧就是这一句,简直太精准了!

(二)追寻气球

12月15日,我们驱车从德州狭长带(Panhandle Texas,指得克萨斯州最北部的矩形区域)经14号高速公路驶入新墨西哥州的阿尔伯克基市(Albuquerque,以下简称ABQ)。时近黄昏,天空中隐约出现了一些东西,我看不真切。我问肯恩那是什么,他说是热气球。我觉得不可思议! 没想到等车开近了之后,果然是许多五彩缤纷的热气球,与周边荒黄的背景环境形成了鲜明的对比,我的心为之一振! 吉姆说ABQ是世界热气球运动的中心。当时我并没有想到普通的游客也可以乘坐热气球,我以为这是专业热气球运动员在训练飞行。ABQ是新墨西哥州最大的城市,位于两大高速公路交汇的地方,往来驾车的旅行者众多,因而有个规模很大的高速公路上的游客中心。每到这样一个路过的游客中心,我们都会停车休息,我会去那里寻找广告促销单。彼时出游没有移动网络,游客中心是最能收集到每天吃喝玩乐等附近各种打折信息的地方。许多住宿和游乐设施都会把带有他们优惠券的传单放在竖柜上,以求得到游客关注。我就是在那里发现了很多家热气球运营公司的广告,方才大悟原来乘坐热气球竟然是旅游项目! 这种天外飞来的喜悦让我抓了一把广告——我把架子上所有有关热气球飞行的广告都各取了一张——现在能否乘坐不是问题,关键问题就是价格了!

因为当天我们还要去圣达菲(Sante Fe,新墨西哥州首府),然后隔天去往陶斯(Taos)参观印第安人的保留地,所以决定路上先询价,回来再议。当晚,我们一个个打了这些传单上所有公司的电话,发现这其中的价格差异惊人。从最早打电话报出近200刀的价格,到询价过程中发现的最便宜的一家100刀出头的行程,差价能有近一倍！我们的心情也犹如坐过山车般地起伏:最早两家都报价 200 刀左右的时候,我都想放弃;等到报价往下掉,发现不是均一价时,内心突然松动,开始饱含期望;等到含税 100 刀出头的价格出现时,简直觉得就是天上掉馅饼!所有热气球的行程都差不多,基本是早上 4 点多起床,飞行全程约 2 个半小时,最后有开香槟庆祝的活动。报价最低的那家旅行社人员的态度也很好,我们电话打完一圈,几乎不需要商量,就订下了这家。信用卡电话刷款付押金,只等着隔天回到 ABQ,第三天一早飞行!

第二天晚上返回 ABQ 时,我们心情并不好。因为半道开错了路,等我们赶到陶斯时,印第安人保留地已经不对游客开放了,只好灰溜溜地折返。但想到热气球的殷殷召唤,我一个晚上都兴奋得没睡好,生怕闹钟不响,自己睡过了头。4 点多的黑咕隆咚中,我在睡意蒙眬中开始起床穿衣。过了一会,吉姆突然来敲门,说热气球公司打电话来,说热气球之旅由于天气原因取消了!呜呜呜!这不啻晴天霹雳!自从订下了这场热气球,我一直觉得这是千年等一回的机会!漫长路游,短暂过夜,一早起飞,嗖呼千里——还有什么比这个更好的时机和地点呢?没想到这个世界热气球中心还是不能让我如愿。我又追问吉姆,还有什么可能飞吗,比如推迟一会?他说不可能了,今天天气不好,所有公司都不能飞,要飞也要等后一天再看了!后一天?哪里还会再回来呢?我们走的都是环线,不会再原路返回了呀!

就这样,我与热气球第一次的邂逅,就这样擦肩而过了……而这一错过后的等待,就是十年!

二、埃德蒙顿的完美初飞

2012 年 8—11 月去加拿大艾尔伯特大学(University of Alberta,以下简称 UoA)的访学是受到国家出国留学基金委和上海市教委联合资助的一个项目,其主旨是培养以英语教授专业课程(TIE,Teaching in English)的师资。上海一共有 20 个高校参加,每个高校选派 1 名老师,全部来自不同专业,因而项目培训的时间紧,内容杂,但其优点是我们得以深度体验很多跨文化的节目,比如参观市图书馆和历史遗址的行程等,均为 UoA 的继续教育学院为我们特地设计的培训项目。也正因如此,我大部分时间只能待在埃德蒙顿(中文使用者给它起了个浪漫的简称,叫"爱城"),UoA 的所在城市,而没有时间出远门旅行。纵然如此,我也决计不能浪费了我在爱城的时光——自我培训也很重要!访学前的机缘巧合,让我住进了大卫的家,我也成为我们这行人中唯一一个与加拿大人同住的访问学者。平时,我和大卫各做各的饭——吃着各自的饭,聊着共同的天。他是个退休的图书馆馆员,专事地图,可以算得上半个地图专家。他家有很多个地球仪,这也是我最爱的我这个新家的摆设。每个周末,大卫都会带着我逛逛当地人去的市场和"景点",请我和他的亲友们一起吃饭;他也会在我的央求下,载我去城外的麋鹿岛(Elk Island)国家公园,以及诸如此类的地方考察。

(一) 发现

作为一名资深自助行游客,我抵达大城市的第一件事,就是去那里最大的游客中心,取回一堆当地旅行的资讯材料,然后开始我的旅行清单项目设计,并逐项实现。作为加拿大的节庆之城,我实在是需要那些手册来好好规划一下自己的活动行程。我收集来的那堆材料,现在还放在我当初住过的那间小屋的书架一角,大卫告诉我,他把它们称为"Angela's Treasure"(安吉拉的宝藏),让后面所有的外国寄宿者作为参考资料。我原以为,每个人都会像我一样,先了解那个城市,做个调研再开始探索,也不枉做过一场那里的"居民"。从那以后我才知道,原来我竟是"另类"!

除了在那一堆免费的杂志、手册和地图里找资讯外,我还会试着上网去发掘一些有意思的活动。作为一名资深背包客,我已培养了自己询价比价找到最优价的敏锐性。因此,很快我就发现了一个叫作高朋(Groupon)的团购网站,可以在自己所在的地理范围内查找一些性价比超高的团购。比如,为了回报大卫对我极大的善意和帮助,我团购了黎巴嫩餐厅的正餐,请他去吃饭。爱城是北美洲最北的一个大都市圈,它在本国也算是个特大城市(加拿大第五大城市),所以高朋上适用的团购很多,而且经常更新。我的热气球飞行,就是在这样的背景下找到的。

第一次在高朋上看到这宗团购的时候,我简直不敢相信,因为我那一大堆宝贝资料里并没有写到过或推荐过热气球,它不在我的"清单"里。我马上跑去问大卫,他说他也不知道,便过来看了一下搭乘热气球的地址。确定了他可以送我去搭乘热气球以后(因为我自己没有车),我还很兴奋地"跑到"上海访加学者的QQ群里,又成功"忽悠"了两位热气球飞行爱好者加入!

订好行程,预约上大卫和我们都有空的时间,我就开始期待我这一场延迟了十年的热气球之旅!

(二) 起飞

飞行需要很早起床,所以另两位学者前一晚就住到了我家。9月23日清晨4点半,我们在星星点灯的道路上驶往爱城郊区。郊外的树林冷冷清清,我的心情却很明媚,我大口大口呼吸着这令人打开心扉的空气,看日光渐起,把树林慢慢拉出修长的影子。

　　大约半个小时后,大卫把车停在了树林前的草坪上,我看着很多家不同公司的工作人家从拖车、厢车中分别拉出篮子、气球和其他充气装备。气球公司厢车上的字很吸睛:"Up up and Away!"(升高,升高,飘走!)这大概是全世界热气球的标志性宣传语了吧! 气球在鼓风机的声响中慢慢被充盈。我们乘坐的那只热气球重达 3 600 磅,是同一公司一同起飞的三只气球里最大最重的一只。自然,我们的篮子也是最大的,负载十人。当充满气的热气球矗立在我们面前的时候,还是有种庞然大物、蔚为壮观的感觉! 等飞行和地勤人员把篮子和热气球勾连结实后,我们依次爬进了篮子里,飞行员就位点火,冉冉升起的我们,平稳而坚定地,迎着太阳,升高,升高,飘走!

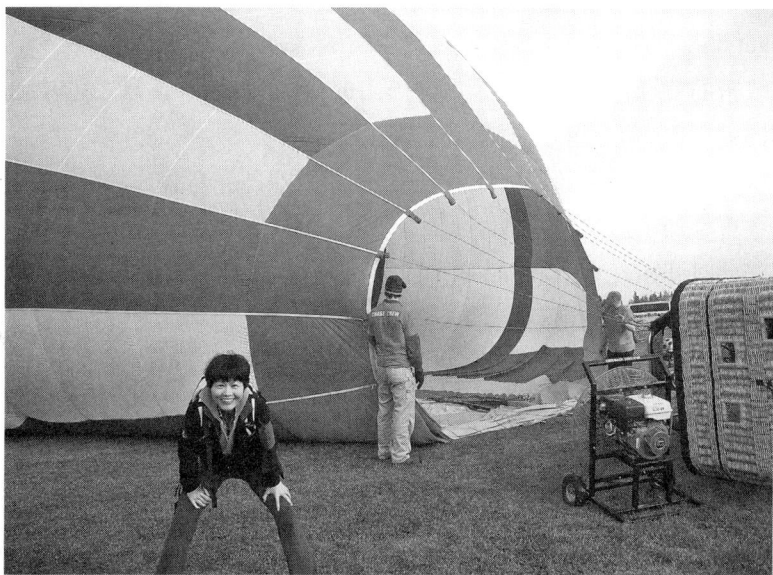

图 4-1　重达 3 600 磅的热气球

(三) 飞行

　　起飞异常平稳,不是因为看到周围景物的对比,坐在气球里面闭上眼睛,可能压根不会感觉到自己在空中。篮子里的空间很大,每位乘客都能有面向外围、贴着篮子的宽敞站位,中间则只有飞行员一直站着,大概可以保证他看清四面八方的"天势"。我们也可以在篮子里自由行走,没有任何的不安全感和拥挤感。我和身边的一位加拿大男士聊了几句。他说这个热气球飞行是他妻子送给他的

60岁生日礼物。"哇！太让人激动了！"我为他兴奋着。他说是啊，他一开始也是这么觉得的。结果，每次预约了准备好要出来了，都说天气不合适，甚至有两次已经是到了现场，又说不能飞，沮丧而归。这已经是他的第六次还是第七次尝试了！我的老天！怪不得从他脸上读不到兴奋的表情呢，原来都被之前的败兴给折腾光了！怪不得我之前在ABQ没坐上，老天爷的脾气比较大，能第一次就坐上热气球可不容易呢！

好在，这是我们的幸运日！这是一个晴朗到不能再晴朗的秋日，风向、风速好到无以复加！我站在热气球的篮子里，从低空俯瞰爱城并远眺市区，感觉自己好像就是一颗卫星，以一种很悠哉的速度巡视航拍大地，地面上的"斑廊基"跃入肉眼，平坦润泽的湿地、平原景观一览无余。我们飞过了几条高速公路后，便远离了都市区。无数次坐车经过没拍到的场景——干草堆（大量干草卷起形成的圆筒草垛），终于在升空时被完满捕捉！到处都是森林、草坪和农田，萨斯喀彻温河（Saskatchewan River）及其支流在其中蜿蜒，好像黄河的九曲十八弯被浓缩进了深秋浓密的黄绿色板中。秋天是位杰出的拼图魔术师，黄绿之色被他调制出许多不同的层次，落乔黄，针林绿，青草茵茵，农田灿灿，平铺开来也没有重复的样子。偶尔出现的沼泽和湖泊如美玉一般，镶嵌在几字弯连成的林木中，在颜色的变换中更叠加了形状的曼妙。

阳光此时开始发力，梦幻的薄雾从湖面升起，远看同飞的气球，如悬于氤氲仙湖之上。及至我们飞到湖上，又看到另一只气球飞得如此之低，仿佛一度要在湖上降落。不是以它为背景摄影，可能很难觉察到我们是半悬在空中，而仿佛只看到临湖边高楼凭栏望的景象。当湖面边缘的雾气散去，湖水不再缥缈时，我看到一群小鸟划水经过，它们就是栖息在这湖上的主人了吧！

气球飞行时，常常听到点火的声音，那是因为飞行员在聚精会神地操作，给热气球不停地输送着热气。他必须持续观察周遭环境，并且随时和地勤部队保持联系。"热气球运动"只有对飞行员来说才是"运动"，对我们来说，其实是和运动、探险无关的一件事情，我们要做的，只是放松、享受。墨西哥裔的飞行员对我说，他每年有半年在加拿大，半年到墨西哥。10月一到，他也就要回到墨西哥去了。"为什么一定要在这么早的时候飞呢？"怀揣着十万个为什么的我又开始启动了。"因为只有日出和日落时的气流最平稳，最有利于飞行"。这句话我一直记得，可我就是不理解，为什么每次订热气球行程就只有清晨的，没有傍晚的呢？我看飞行员的工作还是很紧张的，因为对讲机就没有消停过，他需要一直通报我们的去向，好让地勤部队跟着我们开。他说每次降落都不知道会在哪里，因为热

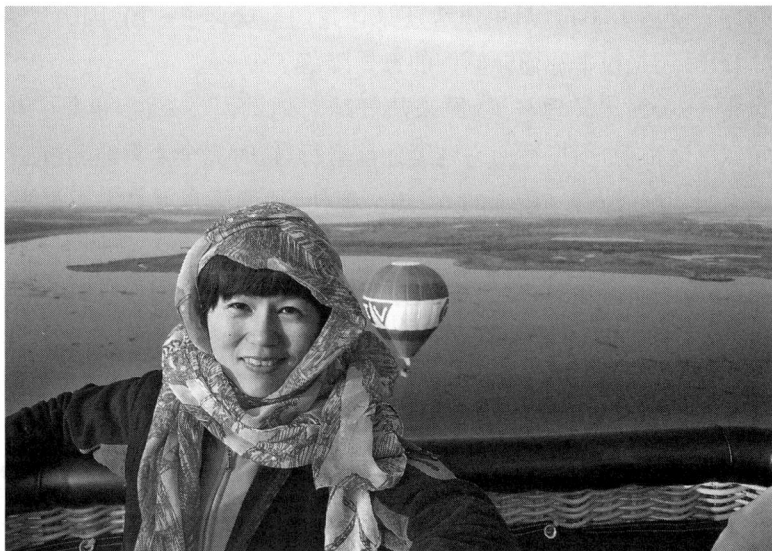

图 4-2　烟波湖上气球客

气球自身没有动力改变方向，全靠风力的推动，因此他不能把控热气球的飞行朝向。看来顺势而为是热气球和滑翔伞的通行法则。

慢慢地，眼前出现一片精致撩人的绿景，飞行员跟我们说，那是一个高尔夫球场。热气球果真是最佳鸟瞰、动态观景的方式，我们飞行最高时的高度也仅400米，既无任何剧烈的起伏，也无任何疾驰的速度，全气球上唯一精神不放松的人，可能就是飞行员了。他不仅是运动员、联络员，还要充当观察员、讲解员。不知道是谁突然发现树林中漫步的两只巨大麋鹿，用"巨大"这个词，是就麋鹿原来的体型来说的，因为我自己若不费劲在林中寻找，是决计看不出来的。又是一个额外的惊喜！热气球 safari！

（四）降落

空中飞行一个多小时后，飞行员告诉我们准备降落了。在一片远郊的别墅区，我们的高度缓缓走低，这时我仿佛看到了一张齐整的居住区规划图，平摊在我脚下，这密密麻麻的房屋，如何落脚啊？飞行员问我们："你们希望要一次平稳的降落还是刺激的降落？"一篮子的人异口同声地说："刺激的降落！"这波澜不惊的飞行和我想象中的"环游地球八十天"可一点都不一样，简直是老年人的专属飞行方式。估计大家的想法也都跟我一样，所以集体要求来点刺激！飞行员于是教我们以刺激方式降落时我们应该配合用的体式：脚抵住篮子边缘，手臂交叉枕住后脑勺往后仰。我还暗自想象、操练了一下，以确认自己会"安全"地以

"刺激"的方式降落。不过,最后风势还是让我们空欢喜了一场,因为风力、风向不对,我们最后还是以平稳而非倾倒的方式降落了……

降落那一刻,突然又理解了,原来热气球对地勤人员来说,也是一项运动!虽然热气球落地很稳,但惯性使它继续往前滑行,这时完全要靠地勤组三人之臂力把几千磅的气球(还有一篮子的人)牢牢抓住,他们简直就是大力神附体!我能看到、感受到他们拖住气球时使出的千斤之力,真辛苦啊!我们上天时,他们要遥控加追踪;我们落地时,他们要"跑步"加"拔河"。事实上,他们的后背上就写着"chase crew"(追捕人员)——追完气球还要把我们"逮住",真是直击主题!我们出仓后,他们还要和飞行员共同完成卸篮、挤气、拖曳、装箱等复杂工程,运动强度还是很大的。

显而易见,热气球是第一次降落在这个区域,因为我们落地前,似乎整个居住区的居民都跑出来看新鲜了!我连爬带跳地出篮后,正碰上一个六七岁的男孩看着我,我故意东张西望地打趣道:"哎呀!现在我们到墨西哥了吗?"他很认真地跟我说"不,你在加拿大呢!"我的逗乐继续,"来来来,让我们和墨西哥男孩拍张照!"可爱的娃!我们是否会就此点燃你心中飞翔的火种?

图4-3 "墨西哥"男孩来合影

按照热气球飞行始祖法国人的传统,我们开香槟庆祝飞翔成功。爱上飞行,只因追求鸟儿翱翔的感觉!举杯,让我们为共同成为"飞鸟侠"们庆祝欢呼!

三、卡帕多奇亚之气球疯狂

在谷歌中输入"best spots to do hot air balloon rides"(世界上最好的热气球飞行之地),前两个推荐榜单跳出来的排名第一都是"Cappadocia，Turkey"(卡帕多奇亚,土耳其)。2019 年夏,从我一到土耳其发送朋友圈开始,但凡去过土耳其的中国朋友都会对我说:"一定要去坐热气球啊!"我很感谢他们的好意,但这句话听多了,就让我的耳朵"起茧"了!从这里的正面和侧面描写两方面,能得到的唯一结论就是:这地方的热气球飞行就是——火火火!

(一) 坎坷预订之路

这地方的热气球火到什么程度呢? 7 月 17 号,当我和甜妞坐过夜大巴一早抵达格雷梅(Goreme,卡帕多奇亚最主要的旅游小镇)的酒店时,被告知这里到 8 月为止的热气球预订全部爆满!

那为什么我没有早点预订呢? 因为作为极具弹性的自助游者,我根本就不知道我哪天能到格雷梅,我拿着《孤独星球》,边走边计划下一站,虽然行前有大致路线,但会有多个替换方案。比如,我是听了棉花堡上旅人的推荐和前期各站旅店和旅行社老板的意见,综合比较了时间交通等各要素,才决定去博德鲁姆(Bordrum)而舍弃了伊兹密尔(Ismir)和切什梅(Cesme)。所以虽然卡帕多奇亚肯定在我的清单上,但我不想因为一个预订就绑紧了我本来相对任性的土耳其行程。

因为到得太早,旅店住得又太满,我们只好洗漱后在大厅等候,借此机会,我就跟总台妹妹聊上了热气球。她说目前预订之所以这么满,是因为 7 月以来经常因为天气原因而取消飞行,因为所有气球都不能飞,就积压下来好多游客,继续推迟到第二天或者第三天。因为很多人就是冲着热气球来的,要在这里住两三晚,可以顺延搭乘时间。而前期囤积的游客顺延后,后面的预订就愈发紧张了。比如这次,已经有两天没飞了!那这不就歇菜了,我们肯定约不上了吧?"也不一定,"她说,"因为预订满了也可能因为有人取消而空出,很多客人飞不了也就走了。"哦,我恍然大悟,那我们还是有希望的!"那你们这里预订要多少钱呢?"我试探性地问了一下。"价格也不定,从 180 欧到 220 欧都有,取决于不同的热气球公司,哪家有空订哪家的,现在因为位子紧张,很可能更贵!"我的天哪!我的 2019 年 4 月才出版的《孤独星球》上说,当地最好、最受推荐的四家热气球公司的价格是 160 或者 175 欧,到这里还不知道是什么公司,价格已经飙升成这样了?

正当我开始质疑热气球被热炒成这样的合理性，又进来俩中国姑娘。她们也来问热气球项目，直接付钱，说先等两天，不能飞再回伊斯坦布尔，把 7 月底的订上，届时再飞过来坐！看到这样的情形，当时我就震惊了！还真有人把到这里坐热气球当作一项事业来做的吗？难道这里除了热气球没有别的了吗？

说实话，我不是计划来这里坐热气球的，热气球可有可无，随缘而就，有则很好，没有也没关系。如果把它作为一种新奇的空中经历，我已经体验过了。如果把它作为一种观景方式，我则相信有很多方法可以观赏卡帕多奇亚的奇异和超然之美，热气球不过是其中之一。执迷其中，可能错失很多种不同的观赏视角和探索方式。土耳其我走了一路，问了一路，聊了一路，来过卡帕多奇亚的西方客人哪怕待了三四天的，也都推荐徒步，并没有提到坐热气球。

到格雷梅仅半天，却终结了我在行走土耳其 17 天后对土耳其人死心塌地的完全好印象：一个让我们骑骆驼的人，刻意忽略了计价单位给我们报价，骑完非说是欧元（欧元约为里拉的 8 倍）。我在费特希耶一天的包餐船游才 100 里拉（相当于 110 多元人民币），骑 5 分钟骆驼怎么可能是 15 欧元呢？我特别震惊，拒绝支付欧元，最后给了 100 里拉，极度抑郁地走了出来——一路上不设防的心境不得不在此画上了句号。这是我到土耳其以来，碰到中国游客和团队游客最多的一天。团队游客是不是一个地方商业化、黑暗化的指征？被大众游客宠坏了的旅游地，还有没有"干净"和公道可言？我们来这里，只是想在自然中沉浸的。但热气球和红绿线之类的团队游，在这里明显是一个被旅游者抬虚高的项目。我当年出版的《孤独星球》的红绿线标价为 100—150 里拉，现在我实地调查为 25—30 欧元！这个同年、哪怕是隔年的涨价 2—3 倍的速度，是不是有点太离谱？这些物价泡沫，是不是旅游者的盲目跟风惹出来的祸？

但是，为了让甜妞能够体验到热气球，我还是想尽一把力。于是，在当天下午参观完格雷梅露天博物馆后，我沿路又问了几家旅行社，答复和酒店前台的一样，各种涨价和不确定。当滂沱大雨把主街道都冲出杂石碎屑，形成沿街瀑布后，我心想即使订到了热气球，能飞的可能性也很低了。

沿途的调查，虽然没有成果，但让我基本了解了市场的行情。吃完晚饭，我决定再做最后一搏。我想跳过（旅行社）中介直接找热气球公司预订，于是就在谷歌地图上搜索热气球公司的地址。能找到的公司不多，但我发现一家相对步行距离不是最远的定位，便在黑暗中一路摸索过去。我先找到了同一业主经营的酒店，他们指引我去相隔不远的热气球公司。就快走到这家公司时，我又发现了一家写着"hot air balloon"（热气球）字样的小店，心想既然走到这儿了，也就进来一探,不会有任何损失。小店的主人不在,隔壁邻居去唤来了住在附近的赛伊特(Seyit)。原来他就是老板,刚好回家吃饭去了。匆匆赶来的赛伊特很诚恳地给我看了明后天的气象情况和起飞条件等专业数据。自己就是热气球飞行员的他告诉我,以现在的气象条件推断,明天一早肯定不能飞。但是后天一早有可能飞,可以帮我们试试预订后天的飞行。我很相信直感,真诚的谈话者,值得信赖。我问他多少钱一位,他说170欧,这是他作为飞行员现在可以拿到的最低价,但并不能保证有位,他需要等候空缺,一有空缺,会第一时间通知我做好准备。我的直觉果然准确!这确实是我一天来听到的最低报价和最实在的预订"承诺"。我于是放弃了去隔壁热气球公司继续打探询价的初衷,很愉快地在赛伊特这里交掉了后天飞行的押金。在谈话过程中,赛伊特还帮我义务规划了后一天徒步格雷梅国家公园的几条经典山谷路线,让原来差点相信了鬼扯出租车司机的我,直接走路到国家公园即可。他一并给了我详细的地图,在地图上圈出了大路上的几个关键分叉点。就这样,一名真正的背包客在一位热心专业人士的帮助下,总算找到了适合自己的一段行程。

在土耳其,旅行者的困难之一在于:不能用缤客订房(缤客在土耳其全境被封),因而无法查看国际旅行者对住宿周边出行等信息的评论。我是抵达伊斯坦布尔后才知道这一情况,后来一路我只好在安可达(agoda)和携程等APP上比较房源订房,但两者的信息量和缤客还是存在不小的差距。由于携程主要供中国旅游者使用,所以我在格雷梅所订的这家携程高分酒店,住着清一色的中国客人。这也可以从侧面解释,为什么我在我自己的酒店向总台人员提出的问题,他们一问三不知。除了热气球、红绿线的团队游及其报价,应该是没有人向他们提出过徒步国家公园怎么走的问题,他们甚至不理解我为什么要带着一个小女孩去徒步,而不是坐大(中)巴去参加他们红绿线的散客拼团游线路。而我所不理解的恰恰是,为什么明明到了国家公园的旁边,却不进国家公园里面去和自然自由亲近呢?

这天的(中)晚饭,我和甜妞是在一家西北餐厅吃的。路遇的一位宁夏妹子说她这个餐馆刚开张三个月,菜的味道很好,我们便欣然前往。苦寻之后,终于抵达餐厅,贴心的甘肃男孩送来两杯冰饮,一聊之下,发现这个在土耳其留学、学习了突厥语系语言的哈萨克小哥,已经在土耳其待了七年!我们依旧从远及近、由近及远地聊到了热气球。他也给我们提供了很好的替换热气球飞行的建议:爬到镇上制高点,在那里可以得到和热气球一样高的视野!哈哈,真想和他击个掌!不过是在高处往下俯瞰,找个上帝的视角,你就可以拥有和乘坐热气球一样的视线！

（二）气球视野行走

第二天,我便拿着赛伊特给我的地图,带着甜妞走进这片被安放在安纳托利亚高原上的神话世界。

▶ 2019-7-18 其一 土耳其,卡帕多奇亚,格雷梅国家公园(Goreme National Park)

热气球今早依旧没有起飞,但是刚进国家公园,就发现今天是个徒步的极好天气,阴而无雨,体感温度好像只有20℃多！远处偶传来雷声,祈祷好天气继续保持！准备挺进玫瑰谷(Rose Valley)！山谷、山脊回荡着宣礼颂歌,鸟儿啼鸣,某妞却只顾着看蚂蚁搬家！观察成果喜人,她发现大蚂蚁扛着一只淘气的小蚂蚁跑得正欢呢！

▶ 2019-7-18 其二

格雷梅国家公园,简直重回亚利桑那的感觉！妞说很像大峡谷。我说是美国恶土国家公园、塞多纳州立公园、石化森林国家公园、大峡谷国家公园和中国的张掖丹霞、新疆雅丹地貌的集锦。这里真的只有石灰岩吗？我明明看见对面白色石头后的大山背景是红色分层的！确定没有丹霞？

▶ 2019-7-18 其三

前人凿洞,后人避雨！今天我们不停地做隐士,不停地上攀下爬,钻进石灰岩山洞躲雨。某妞养成了逢洞必探的习惯,不爬到洞顶誓不罢休的架势,着实惊吓到了我！所谓火星表面,大概是这么个意思,粗粗一看,都没有生物……其实,每个看似无生命迹象的石头里面,都居住着许多火星叔叔马丁、水星姑姑玛丽！

▶ 2019-7-18 其四 格雷梅

#今日奇幻之旅#

徒步两条山谷一条山脊,我们一直在山谷中试图跟着图标找路线,但直到抵达山脊上时,才能清晰区分出两条明显的山谷：玫瑰谷(Rose Valley)和红谷(Red Valley),都是浪漫而随意的名字而已,满目都是遍地而起的烟囱精灵,玫瑰花瓣花蕊齐放,红石白石喷发风化,窑洞多层互相贯通！如果不是因为有了昨天露天博物馆的基础知识,直接解读这些山石中生长出的天窗穹顶着实困难；但有了昨天的基础知识,我就发现露天博物馆完全没有付费参观的必要了! 山谷里几乎稍大规模的山石都或多或少被开凿成了窑洞教堂式的栖居所,规模之大、数量之多令人咋舌! 穿行攀爬于窑洞之上,我们还发现几个特大、特精美的石洞,耶稣及其圣徒在拜占庭后偶像时代被刻画的金碧余辉依旧炫目。这次,没有"不许拍照"的指令,想拍多少任性,想睡窑洞连露营设施全省。沿途看到多少营火的灰烬,甚至还有烧烤架和黄瓜、土豆占坑,经实地勘探,新鲜仍可食! 洞穴酒店? 此处如假包换纯天然,拎包入住!

今日之奇幻,还在于旅人同道。我们才准备进入山谷,大雨果然随雷声翩然而至! 恰逢道上奔驰五位,一同躲雨,避入棚屋。店主果然再现格雷梅非友好商人之势利本色,在雨大风大、左右无客人无遮挡的国家公园四野,让我们要么买东西、要么走人! 我们一同寻找着方向,进入了远处一天然石头庇护所,讨论着一路在土耳其的美好人群,惊愕于此人不近人情的丑恶行径,结下了同志间的友情! 山谷人烟稀少,我和甜妞就此自动和来自井冈山的跨学科老师们结盟,同游峡谷。雨停稍行,没想到很快第二场大雨又来了,正是藏又没处藏的地方! 我们再找大石山,围绕着最近的一座,发现只有高处开着一面小窗! 我们只好蜷缩在大石下背风处的角落里,某位喜攀岩的皮老师却设法从窗户里爬了进去,结果,找到了洞穴另一处隐蔽的洞口。我们一个个从有隐蔽楼梯的一侧爬进了洞,真是别有"洞"天! 妥妥地躲过了一场大雨不说,末了还眷恋得有些不想出来!

世间的路有那么多条,我们却在路上相遇,发现条条道路通山洞,座座山洞存基督! 这就是卡帕多奇亚的奇幻之处!

▶ **2019－7－18 其五**

今日徒步,我们"住"了一路,考察"山顶洞人"的穴居生活;更吃了一路,捡摘纯天然无公害杏子、苹果、(白)桑椹,甜度让人无法想象! 感谢乡间长大的老师们,让我这种在城市长大的娃了解到,徒步也可以是"吃货之旅"!

我总拦着我娃不让她采摘野果,因为,五谷不分、五果不识的我,觉得什么都有可能是有毒的……徒步 7 小时,出山遇见正在做自然婚纱摄影的一对土耳其璧人,此次徒步正式完美收官!

本来只是顺着《孤独星球》的建议,在赛伊特的指导下,行走山谷,却不想走着走着,走到了两座山谷的山脊线上! 果然如书所说:"许多山路只有最基本的标志,没有详细的地图。如果你不紧紧跟着道路痕迹走,很容易迷路。"我们也不想迷路,可是,哪里有什么"道路痕迹"呢? 连书上说"关键点也都有标牌"的红谷、玫瑰谷，也没见标牌，要不是路上碰到个正在敲标牌的人，我们都不知道该往哪个方向去。

不过，也许迷路就是最好的安排。我们左手红谷，右手玫瑰谷，一路走在神魔结合体的最高处，不就如脚踩气球，贴众峰飘过吗？更不消说上攀石洞，下探谷底，躲雨摘果，吃行一路，逍遥大过热气球！

图 4-4　沿山脊线的低空热气球视野徒步

后来，我们最终还是没能坐成热气球。赛伊特在徒步玫瑰谷回来的当天，一直让我等等再等等，可是等到 18 日晚上 11 点，我实在撑不住了。我说："你也去睡觉吧，不要等了，我不要了！"如果第二天能飞，我不知道深更半夜才能等到确认消息，又如何能够做好准备在早上 4 点多就起床？算了吧，太累了！还有很多美好的地方等着我去呢！也许"放下"这个气球，才能"举起"其他未知的惊喜？果然，惊喜又于次日清晨翩然而至！我在同一酒店偶遇前一晚让我帮忙指导气球和徒步事宜的三位自驾驴友。在超市就地给他们咨询时，竟没有料到会如此再见。当即一拍即合，我和甜妞搭上他们车，去往了我最想去的厄赫拉热峡谷（Ihlara Valley），《孤独星球》上推荐的世界最美徒步路线之一。我们还去了红绿线上的几个点，并顺道参观了他们当日新迁入住的真正洞穴酒店套房。那，又是另外一个故事了！

所以，虽然 19 号早上热气球们都起飞了，但"放走"了气球的我，并没有太大遗憾！气球视野，我已领受，而非气球所能及之体验，我亦拥有，飞意人生，夫复何求？

四、评价与建议

我常被朋友们评价说："你不需要攻略，你就是攻略！"或："攻略就是你这样的人写的！"作为一名探索者，我并非不信热气球的好，我只是对卡帕多奇亚的热气球过分被神化而太过狂热地被追捧这一现象保持警醒，仅此而已！我也深深遗憾于 ABQ 与热气球的错失，但遗憾，本就是旅程的必然组成部分。

正如本节一开始所说，"从我的直观经验来说，热气球是受到天气影响因素最大的一种空中户外活动"。对于这样的活动，我们大可放下"执着心"，所谓"失之东隅，收之桑榆"，新墨西哥州坐不成，我在艾尔伯塔省坐成了，卡帕多奇亚坐不成，下次我去塞伦盖地大草原就能坐成了。故地重游的乐趣，也正在于此，弥补遗憾，"查漏补缺"。对匆匆而过的游客而言，热气球确实是一种速览卡帕多奇亚的最好方式，但是对于本就可以深度体验山上、山下荒凉之美的探索者而言，不必太纠结于错失之憾。能锦上添花固然好，但能够织就美锦，才更有意义。因形废意，那就不美了。

空中活动都是一些昂贵的项目，对于追求性价比的背包客来说，探险必不可少，但成本仍需盯牢，因而乘坐热气球前的信息搜寻和对飞行公司乃至飞行员的考察至关重要。它们可以从安全性和经济性两方面，最大限度地保证热气球飞行的成功实行。

第二节 高 空 跳 伞

2003 年 5 月，在即将结束第一次赴美访学、离开波尔大学之际，我突然在网上发现一种叫"skydiving"（高空跳伞）的活动，可以对普通人开放。我的热血一下子涌到了脑门，"这个太适合我了啊！"继续贪婪地往下念，开始泄气……网页上要求提早一个月报名训练，通过大量地面训练后，才能飞上天独自跳下来！可是我没有一个月的时间了……只好遗憾放弃。

2006 年 1 月，我和同事们去太平洋上的美属领地塞班岛和天宁岛休假，无意中听得领队说塞班岛上可以跳伞，当即就踊跃报名。我迄今为止唯一的一次高空跳伞，也就这么发生了！

一、一个人的游戏

我是全团唯一一名报名参加高空跳伞的人，我和另三位要到塞班岛活动的团友一起离开了天宁岛，最后一晚转住到了塞班岛。我等待着隔天早上要来接我的跳伞公司班车。本来，我的同事张老师想和我同去，在一旁看我跳伞，但跳伞公司的人说，观看跳伞也要收取 50 刀，只得作罢。

塞班岛是美属北马里亚纳群岛最大的岛屿和首府所在地，由于地理和历史原因，东亚、东南亚后裔较多，其 50％ 的比例甚至超过了 35％ 的太平洋土著岛民。旅游业是塞班主要经济支柱之一，岛上的旅游从业人员来自世界各地。来接我的司机大卫是当地的查莫罗人，另一位我碰到的跳伞公司司机是俄罗斯人，总台负责接待的妹妹则是日本人。跳伞的人好像并不多，可能他们已经搭乘前一班飞机走了，除了工作人员，我也就没找到什么聊天对象。其实，我跟工作人员也没有聊上几句，因为他们给了我一堆需要填写的文件，我还必须时不时收看正在播放的视频，了解安全事项。文件无非是一些免责条款，还有保险事宜。无论如何，这三年前就埋下了种子的一跳，我决计要跳，所以只管翻页签字就是。唯一需要关心一下的，是我这条命值多少钱，所以当时我就跳到最后看了下那个赔付数额，具体是多少我现在倒不记得了……

快轮到我的时候，我略微有些紧张。因为预想中的培训没有出现。难道不需要有人跟我说下起飞、降落或者空中飞行时，我需要注意的事项和动作吗？虽然和伞师绑在一起，可我就不需要做任何准备了吗？我有些狐疑，问日本妹妹，有人在这里跳伞后缺胳膊少腿吗？她笑着安慰我说不用担心，到时候听伞师的就可以了。她还问我需不需要摄影师或者加高度（上升一千英尺），当然是需要加钱的，我就都免了。一次跳伞要两千（出头）大洋，花掉我当时近一个月的工资，我可是咬牙参加的，能省的都省了！

穿完跳伞衣后，我忐忑地问他们，我的眼镜会不会掉，虽然我平时不戴眼镜，但是旅行中为了把风景看清楚，我还是习惯性地要戴上眼镜。于是，他们给了我一根绑绳。至此，我觉得我基本准备好了。工作人员告诉我，因为我是今天上午最后一个了（其他人都已经跳了），所以我是一个人一架飞机，一个飞行员和一个伞师送我上天！哇哦，太刺激了！包机啊！没有人帮我拍照，我灵机一动，

图 4-5　我的查莫罗司机兼摄影师

把相机交给了一边的大卫,麻烦他等我跳下来时,给我拍两张照。一切交代妥当后,我就踌躇满志地准备"孤独地"上天啦!

二、云里滚的刺激

和我一起跳伞的伞师蒂夫(Tiff)是澳大利亚人,在飞机上升时,我们聊了一会。我问他跳伞者以哪里人居多,他说日本人比较多,中国人很少,说我胆子很大。我并不奇怪日本人比较多,作为曾经的日本殖民地,又位于太平洋中间,塞班常年日本游客最多。我心下奇怪的是,作为美国属地,为什么欧美人跳伞的不多? 后来联想到我在美国的经历,也许他们要训练个把月自己单独跳吧! 这些商业跳伞,上来就能跳的,可能对他们来说还不够具有挑战性。

准备出舱前,我和蒂夫被绑在了一起,反复检查确认好装备后,我们站到了机舱外门前的架子上。我没想到是以这样一种蹲着等的方式,周围风很大,我还真怕一个没站稳就掉了下去……但也没有时间容我多想,蒂夫问我害不害怕,我说我怎么会害怕,盼这一刻已经盼了很久了! 他向我竖起了大拇指,而等他的"ready go"(预备,走)一声声响,我们就一跃而下!

接下来的一段,我只能说对时间无感了……因为出舱跳下的那一刻,和我预想的完全不一样! 由于风太大,自由落体运动根本不是垂直往下的。我们嗖地一下就被风吹得很远,横向在云里翻滚。其实我也不知道周围有没有云,是不是在云里翻滚,因为已然天旋地转,我除了自己声嘶力竭的叫喊声,什么也感知不到了……大概被龙卷风裹挟起来就是那种滋味:一股强大的外力作用于自己,自己却完全无能为力。说不上恐惧,那种力量已经带走了一切思想,来不及思想,也没有办法说话,唯有喊叫才是表明自己活着的唯一方法!

突然,我的喊叫骤停,因为有一股巨大的浮力呼地一下把我托了起来,人轻盈得如莲花般绽放,就是了,像转世重生一般! 我知道伞包打开了,我又活了过来,而且活得脱胎换骨! 我开心得手舞足蹈起来,这才是鸟的高度、风的自由! 底下是碧蓝深邃的大海,身处蔚蓝纯净的天空,人如荡秋千般地悬于天地之间,还有比这更享受的事情吗? 在空中无拘无束地飘荡了一会,蒂夫忽然说:"让我们去那头吧!"他把右手往下一拉,我感觉我犹如乘着哈利·波特的魔法扫帚,嗖呼之间就飞到了右边;他又把左手往下一拉,我呼啦一下又疾驰往左——能感觉到连身体试图保持惯性的姿势都是和电影中一模一样的。降落伞的方向和速度,原来还是可以调整的! 我兴奋极了,心里恍然大悟道:"哦! 原来骑上飞天扫帚追赶金色飞贼是这么回事!"(指电影《哈利·波特》第一集中魁地奇比赛的场景。)所不同的是，我不是骑在扫帚上，人不会掉下去！任你在空中怎么旋转，降落伞都可以把你带成空中芭蕾或者空中杂耍。如果说我之前的大喊大叫是因为过于惊悚刺激，那现在的大喊大叫完全是难以自抑的兴高采烈！

当然空中的时光不总是让我假扮哈利·波特的，随着高度的逐渐降低，我可以清晰地看到岛屿的全貌，起伏的山丘树林，环岛的碧波万顷乃至海水击拍岸礁时掀起的滔天巨浪。岛屿的一面，是绵延百里的白沙滩，海陆在这里舒缓柔软地交汇。岛屿的另一边，也是在空中更吸睛更伟岸的那一面。在错落成难以用语言描绘的深蓝、浅蓝、天蓝、绿蓝、青蓝、湖蓝、靛蓝……的海水边缘，此起彼伏的海浪、喷薄而出的白沫和壁立千仞的岛礁悬崖，奏鸣出一曲波澜壮阔的交响乐，而这首交响乐，我虽听不见却能看得见！当这支乐曲离我越来越近，近到我终于能够听见时，交响画也就消失于无形，只剩下了几个支离破碎的音符在跳跃。

我知道着陆点近在眼前了，我紧张地问蒂夫我要提前准备些什么。"弯曲一下你的膝盖就好了！"就这么简单？感觉这是我跳伞整个过程以来得到的唯一一句培训，但它更像一句聊胜于无的安慰。不可能有人直着双腿落地吧？本能使我们弯曲膝盖，试图减轻落地时的冲击，纯属顺势而为！

地面上的大卫很敬业，他在我们将要落地时举着相机拍照。难为他了，在地下等了那么久，还要不停地朝天看，看看飞下来的是不是我。落地还算平稳，我

图 4-6　跳伞健将安全着陆

们先弯曲膝盖,着陆后跟着往前,连跑带走了几步。顶着一头被云和风搅乱的头发,我和蒂夫拖着我们的降落伞,留下落地后的第一张"得胜"(手势 V 意味着 victory,胜利)照。我非常感谢飞天之路上护我周全的蒂夫,慎重地和他握手给小费。给我颁发跳伞证书时,我问蒂夫一天能跳几次。他回答说,旺季的时候一天四次。"哇,我好羡慕!我想要你的工作!"这是我当时的真心话。

三、落地面的晕眩

跳伞归来,我坐在从跳伞俱乐部回酒店的中巴上,终于还是忍不住头晕恶心,把头埋进了塑料袋,淋漓尽致地吐了一把。那空中翻滚的刺激,留下了不小的后遗症——只是它被后来肾上腺素飙升的狂喜给抑制住了,过了这么许久才在空腹的夹击下突显了出来。其实说"许久"不一定贴切,因为从打开伞包到站稳落地,我估计我们全程用时可能也就五分钟?我的估计不一定准确,大概是天上一日、地下一年的"时差"感在作怪。但即便如此,跳伞的巅峰体验,我自感已经得其精华。

及至下午,带着同团团友从天宁回到塞班的春秋海外领队才告诉我,塞班前不久刚刚发生了一起跳伞重大事故:主伞副伞在空中都没有打开,两位跳伞者直接坠地。所以虽然他们旅行社本来已经得到了优惠活动名额——旅行社每成功推荐若干位客人前去跳伞,就可以获得一个免费的跳伞名额——她可以用这个免费名额去跳伞,但她却裹足不前。她说我报名跳伞之前她没敢告诉我,因为怕我会打退堂鼓。我告诉她请她一百个放心,即便她事前告诉我,也丝毫不会动摇我高空跳伞的决心。高刺激和高风险,就是一对孪生兄弟吧。我之所以为我而不为他人,不正是因为我的天性和他人不同吗?我的梦想,我就要去实现,让人生的遗憾少一点,精彩多一些!

四、评价与建议

在旅行者所从事的各项空中活动中,从浪漫角度来讲,动态空景以热气球和滑翔伞为佳,滑翔更舒适,因是坐行数里,飞行高度更低,速度更缓,能从容看到山林徒步者和牛羊牧歌图景;从刺激角度讲,高空跳伞绝对当仁不让,那种云中翻腾的感觉,可能唯孙悟空打筋斗云才能与之媲美,而它也是最具魔幻色彩的,一旦伞包打开,从地狱到天堂的瞬间情绪升华,唯有亲历者才能体味。

高空跳伞作为一种探险旅游活动,同样对安全性的要求最高,需要跳伞公司购买高额专项保险,但经营探险旅游的盈利可观。商业性探险活动对参与者的技能要求低,主要依靠飞行专业人员的技能而非活动参与者的技能。从我在印第安纳州和塞班岛的两次不同经历,就可以看到之前美国本土的跳伞并未按照商业探险旅游的活动思路出牌,侧重于训练、培养参与者独自跳伞的技术技巧,而以新西兰为代表的、以探险旅游而闻名的国家,在身体条件允许的范围内,没有任何跳伞经验,也没有时间进行培训的参与者,都可以即刻报名参加。当然,每一类的探险旅游活动也分等级,可以是"菜鸟"也可以是"大神"。专业的探险旅游目的地,会安排配备从初级到高级的所有设施、设备、人员,以适应不同需求的探险旅游者的需求,从潜水、冲浪、攀岩、滑雪、跳伞……莫不如此。可以是娱乐探险初体验,也可以深度参与考资质,在具备相应天然条件的地方,形成相关活动的集聚效应和规模效应。

第三节 最 爱 滑 翔

相较于热气球和高空跳伞,我最爱的空中飞行活动是滑翔(paragliding)。它既不像热气球那样波澜不惊,又不比跳伞的惊悚刺激,是最可安逸但也可激情的一项空中赏景大戏。所以旅行所经之处,只要有滑翔的地方,我一般都不会错过。2011 年、2017 年和 2019 年,我分别在瑞士的因特拉肯、尼泊尔的博卡拉和土耳其的死海进行了滑翔伞的活动,每一处的赏景大戏都看点不同,而这三处恰好又位居缤客所推荐的"全球最佳滑翔伞目的地"榜单的前四甲之列,其中因特拉肯第一,博卡拉第二,死海第四。只能说我很幸运,在并无事先周全计划的情况下,飞过了这些世界上最受推荐的滑翔伞目的地。在我的第一场滑翔伞飞行过后,我就知道滑翔伞将成为我的空中挚爱!

一、湖间镇上的雪山牧场

2011 年我的首次赴欧旅行,也是我参加的为数不多的跟团旅行之一,属于单位组织的半自费暑期休假。但即便是跟团旅游,我也抓紧了一切可利用的自由活动时间,进行了一些离团活动:大家在巴黎老佛爷百货购物的时间里,我搭乘地铁去了蓬皮杜艺术中心,当时我甚至不知道蓬皮杜(Pompidou)的英语和法语,只是通过描述这是怎样的一个地方和中文音译名称发音,经过艰难的对话,在老佛爷百货外的一家药房搞清楚了路线。在没有智能手机和多语种翻译器的时光里,偶得的发现和临时的探索,常常开启了一扇惊喜之门。我在因特拉肯的滑翔伞飞行,也是缘于这样的一次意外遇见和离团活动。

（一）抬头一瞥间的惊鸿

因特拉肯（Interlaken），是瑞士伯尔尼州的一个城市，因"欧洲脊梁"少女峰而闻名于世，是世界著名的旅游城市。从它的外文名字可以看出，它是由"inter"（在……之间）和"laken"（湖泊）两个词所组成，拉丁文原意即为"两湖之间"，故其名实指"湖间镇"，位于图恩湖（Lake Thun）和布里恩茨湖（Lake Brienz）之间。

瑞士是一个典型的"观光"国家，其风景之优美，只能让你在车游之时存在一个姿势：趴着窗户，贴着玻璃，一路看不够的"猎艳"眼神望向窗外。大巴驶入湖间镇地界时，无数顶带人伞花盘旋飞舞着从天而降，我一个激灵，几乎是跳起来问导游："那是什么？""是滑翔伞。"哎呀，我的"菜"来了！"我可以去坐吗？"我激动难耐。"不建议你去坐，因为我们在这里时间有限，接下来还有去少女峰的自费活动，如果你因为坐滑翔伞而赶不上后续的活动，团费是不退的。"他泼下一盆冷水。"我们在这里可以自由活动多少时间？"我可是不依不饶的。"两个小时"，导游肯定很头痛。"好的，我会准时回来集合！"我信心满满，再没有什么活动比这项活动更能充实他原来既定的团队购物加小镇闲逛的时间了！我已经不是第一次申请自由活动了，虽然每个团的导游可能都害怕团员离团活动，好在导游对我已经有所了解，知道给我个地址，我就能找回来，再说拦我也拦不住，他也就懒得管我了。

一下大巴，我问清方向，火速冲到一家叫天空之翼问询和售票（Skywings info & tickets）的摊位前，直奔主题："我 11 点半要下来跟团队集合，请问最快何时能飞？我来得及准时回来吗？"工作人员看了看表："来得及，下一班一刻钟以后就出发了，让你第一个飞，能来得及！"对瑞士人的时间概念，我是一百个放心，他说能准时就错不了。"滑翔伞多少钱飞一次？"接下来就是考虑价格能否接受了。当时和我一起前去问询的，还有体育专业的一位同事，折合成 2 000 人民币出头的价格，让他打了退堂鼓。确实不便宜，媲美我 2006 年高空跳伞的价格了！可是，这是瑞士呀！全球物价最高的国家之一，我认了！我能够接受这个价格，只要能让我飞！我迅速刷卡交钱，换装上车！

虽说是一刻钟以后就出发了，但其实出发前的准备工作还是浩大，看着伞师们把一堆重量不轻的滑翔伞拖拉入中巴的后箱，还要带上其他装备和乘客们一路开拔到山顶，这中间时间着实不短。山路弯弯绕绕，箱车颠颠簸簸，但好在有伞师沿途的幽默介绍，我们不觉枯燥反倒感到有趣。领头的伞师一一介绍了所有的伞师，还让我们都做了自我介绍。虽然瑞士有四种官方语言，英语却不是其中之一。伞师们都是瑞士当地人，英语讲得非常好，而且个个长得很帅！滑翔伞仍然是一对一的，所以这番自我介绍首先让我吃了一颗定心丸，不用担心鸡同鸭讲的问题了。要知道在法国和意大利，自由活动的（英语）语言环境就不是那么理想了！同车的仅有两位亚洲人，其他都是欧洲人，另一位亚洲女孩来自韩国，在欧洲留学，我至今仍然记得她是我迄今所认识的韩国人里，英语讲得最好的，而且完全没有韩国口音，原来她的专业就和语言有关。

　　终于到达山顶了，伞师们开始准备跳伞的前需工作。我忍不住有点小紧张，紧张的症状就是找厕所。山上没有厕所，我的伞师弗兰克(Frank)让我到密林草丛中去解决。"放松"一趟果然减压，我回来就等着他们准备就绪，马上开飞。但是我们戴上安全帽，各种动作摆好，在山坡上拍好了照，已经等了好一会儿，他们却没有动静。我问弗兰克什么时候能飞，他说可能不能飞了，风势不对。我不敢相信："你开玩笑的吧？"因为他们一路说笑惯了，所以我想他可能又在逗我玩。"没有，认真的，这可事关生死啊！"他一脸严肃，我的心凉了大半截，问他我们接下来怎么办。他说再等五分钟，不行就下山，退钱！呜呜呜，我不想退钱，我想要飞！我开始在心里默默地祈祷，期待苍天有眼，助我飞翔……

图 4-7　准备起飞的那片草坡

（二）秋千荡漾中的纯净

　　没几分钟过后，弗兰克喊我马上过去，可以飞了！哇，祈祷灵验了，还是我的心诚呢！我和弗兰克绑在了一起，拴牢，检查，预备……起！我们在密密的青草坡上奋力向前奔跑了几步，倏然就翻飞了起来。这又和我想象的不一样了！经过高空跳伞的刺激惊魂,滑翔伞相较之下简直太容易就起飞了!伞面类似长方形,本来就是完全张开的,借着我们在山坡上的一跃,凭风摇摆。我的身后有个类似板凳一样的东西,弗兰克身后也有一个,我们俩仿佛一人坐在一个秋千上,有时随风上下,有时左摇右荡,幅度轻微,极其享受。

这真是世界上最美丽的地方之一!远处的少女峰(Jungfrau)端庄而不失锐利,大气但不失秀气。她在白云缠绕之中露出温婉和煦的脸庞,尖峰宽膀的冰川积雪与白云偶尔在远处融为一体,让我分不清何为山、何为云。如果不是弗兰克在我身后一直与我娓娓道来,细致地跟我解读周边景致,我也不会知道眼睛到底在何时、该往何处安放。目力所及之处,远景都是海拔 4 000 米的雪峰绵延,阿尔卑斯的群山环绕;近景则是湖水连着草坡,草坡绕着树林,树林点缀农舍,农舍映衬羊群,湖水蓝,草坡碧,树林深,农舍清,羊群白,静美得使人沉醉,纯净得令人落泪。

弗兰克指给我看他生长的那个村庄的位置,告诉我那些山和湖的名字,在他的指点下,我还清楚地看到了山上林间的徒步者!羊群看着很肥,我突然问他:"为什么这里只见羊没见牛呢?""好问题!"土生土长的他似乎被这个问题问倒了!他想了一会说:"可能澳大利亚这些地方养牛更好,跟他们那里相比,我们养牛没多大优势,就都养羊了!"我想了一下,我买过很多婴幼儿奶粉的牌子,这当中有法国、荷兰、德国、澳大利亚、新西兰……但好像确实没有瑞士!勉强接受了他的答案,也许他们的比较优势在羊不在牛吧,虽然澳大利亚、新西兰也养羊……

坐在平稳的空中秋千上,我偶尔也拿起挂在脖子上的相机拍几下。不知道是不是那时候不流行自拍,还是摄像机设计不方便自拍的关系,总之,我并没有想到拍人,除了景物,唯独拍到自己的,就是一双脚,可能是为了表明我在空中俯瞰大地吧!后来我发现,自己脚上居然还叼着一根草,是那片滑翔始飞的山坡送给我的礼物吧!坐在滑翔伞上看风景,城市和乡村同收眼底。也许在这里,城乡已经自然穿插,因势随缘,城在湖间,乡卧山坡,不分彼此,和谐交融。这是一片诗意的栖居之所,弗兰克跟我聊天时,我可以读到他对脚下这片土地的浓浓爱意。弗兰克不仅热爱这片土地,也热爱这份事业,他教我拉环飞行,还曾一度追逐一只山鹰。我最爱那只同行的山鹰,我们忽翱翔于其上,忽擦肩于其侧,神奇得就像自己也拥有了一双翅膀。这恰如梦境再现,我欲与天试比高!

不是因为离团活动的时间限制,我真的不想从天上下来。我想哀求弗兰克多停留一会,再停留一会……但我是事先跟他反复确认过时间的,他知道是时候

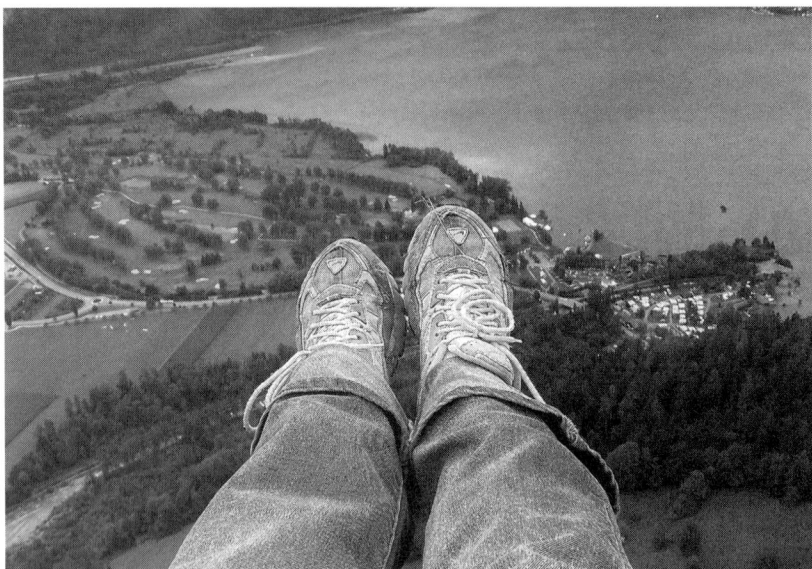

图 4-8 脚下的盈盈蓝绿世界

该带我下来了！天空中的那么多伞花，让我想到了蒲公英，再怎么飞扬，它终究会停泊落地。在我们慢慢飘落快要到达地面的时候，我看到了几位正路过的团友。最凑巧的是，这其中有去塞班岛想看我跳伞而未成的张老师！我冲他们招手和呼叫，他们看到正要落地的我，赶紧跑了过来！太完美了！想要看我跳伞的教授终于看到了我跳伞，想要跳伞又想要去少女峰的我也成功赶上了大部队的集合！

二、博卡拉里的湖光山色

触发我去尼泊尔旅行的原点，就是公众号软文中对"喜马拉雅山飞翔"的推介。所以我在去尼泊尔之前就确定了全家都要去滑翔，而且反复确认了儿童可以（与伞师）独自滑翔。当时只有 7 岁的甜妞非常向往滑翔，反而是同行的另一位男性同伴阿斌比较发怵。他让我们去飞，声称自己就在底下待着给我们看包就行。经我反复的游说，他终于同意跟我们一起去飞，最令人意想不到的是，他飞下来后跟我们说，他以后要专门去博卡拉玩滑翔！滑翔的魅力，由此可见一斑！

博卡拉山谷（Pokhara Valley）周围分布着世界上最高的山峰，滑翔是俯视包括著名的安娜普纳峰（Annapurna）、道拉吉里峰（Dhaulagiri）和玛纳斯卢峰（Manaslu）在内的喜马拉雅群峰的最佳方式，更美妙的湖光山色组合是因为群山受到博卡拉市内费瓦湖（Phewa Lake）的点化，演化出倒影成双的雪峰镜像，

有种惊世骇俗的美艳。可惜我们跳伞的那天，天气阴沉，登上萨兰科特
(Sarangkot)山也不见云层散去，加之整个尼泊尔经常有雾霾，可能那天也飘来
了一些，所以滑翔的观景效果较差，颇为遗憾！即便如此，如果仅把滑翔作为一
项游憩活动，那天也是热烈而畅意的！

▶ **2017-2-4 其一 尼泊尔,博卡拉**

我就是要上天,咋的啦?!上天入地,无所不能,培养探险精神,从娃娃抓起!
全程录像两段,每人刻录光盘一张,回家回放,继续自恋!空中的秋千,就是那么
好玩!我娃威武,和叔叔单飞,给你一双翅膀的诺言,提前实现!

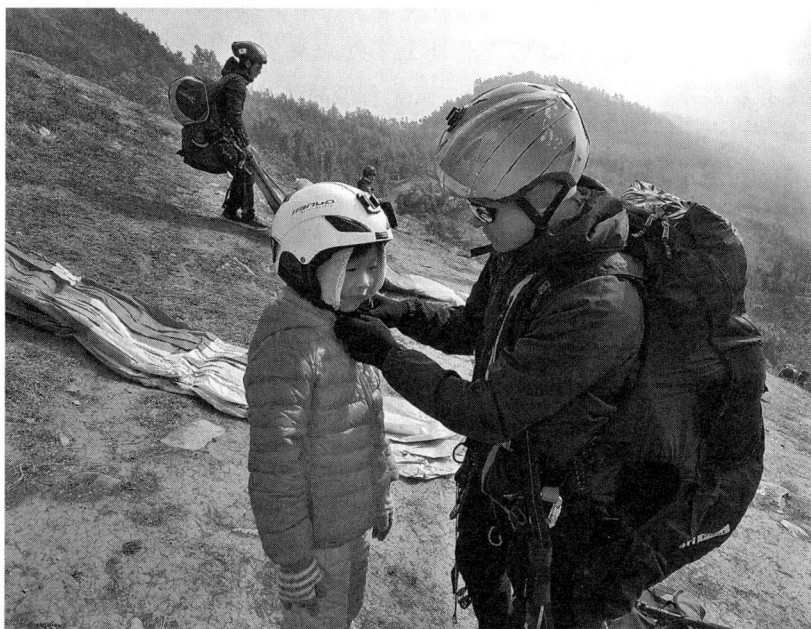

图4-9　威武我娃的首飞预备

在尼第七天,回到博卡拉尝试滑翔飞行。虽然雾气深重,雪山高湖虚化,飞
行和美景不能兼顾,然空中荡漾的自由,永远令我痴迷!给15天,和我同去考独
立滑翔资质,如何?

朋友圈对话:

友:牛宝问甜妞怕不怕?

我:不怕,她走前就吵着要飞,当时我还怕不让孩子飞。起飞时跟我说有点
怕,我说你自己要坐的,然后就走啦!坐的时候她可能有些恶心,教练问她要不

要再飞会儿，她说不要了。确实有人下来吐的，她爸也觉得有点晕船的感觉，但那都是他们后面加了"extra trick"（额外花样），多玩了一些空中花样，不舒服可以不玩的！

▶ 2017 - 2 - 4 其二 (写于 2 月 13 日，空中飞翔照片的光盘读取、发布后)

从小到大，最多做的梦就是自己长着翅膀或者用手臂扇动在飞翔。所以，只要有飞翔的机会，我从不错过。从泰国水上降落伞的蜻蜓点水，到塞班高空跳伞的极度刺激，从瑞士山间滑翔的极致享受，再到加拿大热气球飞行的平静如水，我早已知道滑翔伞是我的空中最爱。

博卡拉号称世界三大滑翔伞基地，终于可以以不到在瑞士滑翔 1/4 的价格，体验空中秋千的荡漾和飘逸，这是一件多么畅快淋漓的事情！虽然由于天气的原因，没有看到事先预想的雪山之上、览景千里的极目楚天舒，但飞行本身，也是一次好玩到极致的事情！终于有了我第一次的空中飞行照，这在之前"万恶的资本主义社会"就没敢想了，什么附加项目全部要加钱，连说要去看我跳伞的人都要交钱，和单纯的尼泊尔滑翔全包价来比比，确实有些荒诞！

临飞前我略有些放心不下我的小朋友，特地跑去和她的伞师说："请好好照顾她！"虽说是她自己要死要活地跟我要求"必须去跳伞"，起飞前还是悄悄跟我说："妈妈，我有点害怕了！"呵呵！从这个淡定妹身上蛮难看到她表情的变化，简直怀疑她是不是她喜怒形于色的疯癫妈妈亲生的！当然，说害怕已经来不及了，我们一起勇敢起飞吧！

其实，除了起飞奔跑的那一刻，有伞师带跳的这项运动跟勇敢并不太沾边，甚至不能说是项运动。对伞师来说是运动，对被带者来说就是一项"白相"（上海话，玩耍）：只是为了好玩，和勇气无关；只是为了愉悦，和冒险无关！伞师白沙（Bishal）跟我说，他带过的最小孩子是 1 岁，全程一直在哭，他爸爸就一直在哄他。除了这样的飞行有些煎熬，大多数时候，滑翔是一种真正的享受！白沙甚至带我找到了我飞行中的娃！在飘荡的伞堆中，远远地和娃相望、招呼，也是一种美丽的邂逅。

有那么多顶伞如水母在空中游弋，却不会相撞，自由如风，翱翔如鹰，飘逸如云。如果身体条件允许，还可以让教练多玩些额外的花样，比如空中翻转。伴着自己的尖叫，彻底释放体内积压的所有负能量。给惊声尖叫一个场合，没有比这个天空更恰如其分的地方啦！湖边的降落，可以像其他人一样，来个略丑陋的屁股着地式，也可以像我一样，走个和伞师的漂亮神同步，稳稳落地！

山间、湖畔、滑翔，就是完美如行云流水！

图 4-10 跌宕喜马拉雅群峰的舒适秋千座椅

朋友圈评论：

1. 勇气可嘉！凭你这图可以吹十年！看着都吓死啦！

2. 多高起跳？

3. 服务很到位,还带着自拍杆拍照！

4. 神仙般的感觉！

回复：

1. 不需要太大勇气,其实很轻松很好玩,看上去很极限其实一点也不!

2. 起跳的萨兰科特山,海拔大约 1 600 米。但山上起跳不恐高,跑两步还没感觉就飞出去啦!

3. 视频 3 段,照片百余张,接送,全部包括在 7 500 卢比(人民币约五百不到)里面。不过我自带的防水袋又忘拿了,这次带去尼泊尔,骑大象、坐滑翔伞都应该带的,挂在脖子上拍景、自拍,可惜都没想起来!

4. 可惜滑翔伞不是自控的,自控就更像仙啦!

三、巴巴山下的蓝海潟湖

之前在预订土耳其的船游时的日志中曾写道,我到费特希耶的当晚经历了艰苦卓绝地寻找滑翔之旅的过程，从酒店打电话问询开始，及至走到海滩，沿海滩一路挨家挨户咨询旅行社，后两天的滑翔伞飞行均告爆满。最后在一家"漏网之鱼"的旅行零售商那里找到了滑翔并同时预订了他家的船游行程。当时预订的船游，其旅行经营者是费特希耶最大的蓝海公司，但滑翔之旅的预订却是另一家公司。不管最后哪家公司运营，能够订上如此火爆的滑翔伞飞行实属不易。

我和甜妞滑翔当天是在费特希耶的酒店拖着箱子上的滑翔伞公司接驳车，几十分钟后在土耳其的死海（Oludeniz）放下箱子，坐上去巴巴山（Babadag）的跳伞专车，跳伞回来再找回箱子，接驳车送我们去了费特希耶的汽车站。从我们这一紧锣密鼓的行程中，也可以看到滑翔伞接驳车车次和路线的繁多，印证了滑翔伞在这一地区的兴盛程度。因为滑翔伞与热气球不同，只要天气适宜，它是全天可飞的，并不仅局限在一早一晚。

仿佛是为了弥补博卡拉天气对我们的亏欠，死海滑翔那天，天气好到无以复加，天空一片澄蓝，而云彩只是跑来为天空增添了一些白色背景幕和提亮色。我和甜妞仍然是一人一顶伞。不知道是不是年龄上涨的关系，这次往前跑出山坡的时候，我的腿竟不由自主地有些打颤，"跑"得有些懦弱，连伞师都提醒我，要往前跑快点！甜妞的伞师可能在空中给她玩了一下翻滚"特技"，她竟然在空中吐了！所以从伞上下来后，她的神色和心情并不好。我对死海滑翔的微信描述不多，但后续感想较多，结合当时发出的视频和照片，得到的朋友圈反响较为热烈，就常见问题，我统一做了回复。

▶ 2019－7－12 土耳其，Oludeniz（死海）

从1960米高的巴巴山上纵身而下！飞丫，飞呀！我对飞翔有执念，自己控伞掌握方向几分钟，翱翔于土耳其的死海之上。梦境中的长卷，海水蓝绿分层闪耀，悬崖海湾旖旎，蓝色潟湖和蝴蝶谷的迷人全景尽收眼底，就差雪山盖顶啦！

朋友圈回复：

1. 谢谢众亲们的点赞和评论，只需要一点点勇气和很多的热爱——像鸟对天空和自由的向往！完全不如你们所想，不吓人，只好玩！在天空摇摆翻滚时会晕，那是他们让你多体验技巧和乐趣，更加好玩了！

妞在空中吐了，那是她憋着不说话的关系，只要说"I feel sick"（我觉得恶心），伞师保证不翻跟头了！我落地后为了在下面寻找妞，仔细看了空中的数十朵伞花，有的是大幅度翻滚好几圈呢！

说实话，我不太喜欢我的伞师，一天到晚"pictures"（拍照），我不是为了拍照

图 4-11　蝴蝶谷碧波上的控伞

才去跳伞的好吗？还第一时间让我拿下我明明绑得很好的手机加套,我只是想飞翔时拍风景而已,在瑞士和尼泊尔都没有这种强制规定,飞行时和落地后都不让/带我去找女儿,完全没道理!

　　拍照么,意思几下可以了,我是为了体验飞翔和风景才来滑翔的啊!伞师英语不太会讲,问问题不是听不懂,就是不知道,感觉缺乏职业精神。安全帽到了空中也让我摘掉了,拍照时全程没带,头发上不能有东西,起飞降落时才让戴上安全帽。所以说,这里的伞师为了拍照有些疯狂!

　　滑翔时的景色确实美丽,但一个从上天到落地几乎都在拍照的滑翔,我真的感觉体验差了很多啊!

　　2. 飞一次差不多 600 元出头一点,加 360°全景视频更贵,我就加了 200 元,再多加 135 元,可以有 360°视频和全景。

　　3. 土豪真有想象力!不是 600 刀! 600 刀够我俩吃喝玩乐行用一周了!我换算过了,是人民币啦! 600 多人民币! 200 元加购照片和视频,335 元加购所有照片、视频(主要是多了另一个相机里的 360°全景照片和视频)!算便宜的,2011 年飞瑞士 2 000 元不含视频照片,2017 年尼泊尔 600 元含全部视频照片送光盘。不过尼泊尔的视频和照片质量没有这个好,这个是苹果的运动相机拍的,拍完下来直接手机上倒给你,所以可以即刻发圈!然而,我的《孤独星球》上写的价格是"一般收费 200 里拉"(人民币 250 元不到),如果真是这样,这涨价涨得……也是提醒我自己缺乏想象力了！

▶ 2019-7-18 格雷梅

对土耳其所有人的完全好印象，开始动摇于我的滑翔伞师，终结于卡帕多奇亚这座被旅游者宠坏了的小镇。滑翔伞看起来的所有美好，只在风景，而不在人心。几乎从我起飞到降落的全程，伞师只有不断地让我摆拍而没有对话，只关心摄影的"收成"而不能享受飞翔的乐趣，让我觉得沮丧。是，对摄影师而言，滑翔是他的工作，他应该关心"收成"；但是，关心收入就不需要享受飞行这项工作本身所带来的乐趣了吗？

起飞前，他强行收走了我挂在脖子上套着防水套的手机，哪怕我只是想拍拍周遭风景和自己的脚而已！飞行换装时，他也一味阻止我拍甜妞的飞前场景。更令人沮丧的是，飞翔和落地时，他都不带/不让我去找我的孩子，好像听不懂我讲话，我不知道他是不是故意为之……

在瑞士跳伞，我事先就没有付钱摄影，虽然带着相机，我却很少拍照。忙着和伞师自由交流，我们从淡远雪山谈到邻近家乡，从脚下牧歌谈到澳洲牛羊，飞翔是如诗般的行板，如山鹰般的翱翔，如云朵般的自由。我和伞师各享其中，超逸飘洒。在尼泊尔的跳伞，虽然天气不好，语言不通，但是有伞师善意的笑容——一笑解千愁的"世界语"，纯真明朗，洁净自在。虽然尼泊尔的伞师也拍照，但因为事先支付的费用全包全含，所以也不存在他一直让乘客"强颜欢笑"和禁止自行拍照这一说。

其实，就冲着土耳其伞师不断搅乱我的飞翔梦这一项，我就不想买他们苦口婆心良久劝说我要买的照片。甜妞更因为乘坐中的恶心呕吐、情绪低落而一口否决我为她购买滑翔照片的企图。虽然最后出于半虚荣半同情的心态，我还是买下了他那里的大部分照片，但我多想跟他说："多学点英语，少拍点照片，这样你的收入，反而会只增不减！而你与客人之间的乐趣，更会呈几何级数递增！"这话我最终还是没有讲，但是如果有下一次去那里的跳伞，我一定会先跟他说"no pictures please, just talk to me!"（我们不拍照，只讲话！）

只是可惜了，这据说是地中海沿岸最美的死海湾！我们还没来得及好好欣赏这土耳其稀有的白沙滩与蓝绿海岸如红唇皓齿般的明艳，也没来得及看清苍翠欲滴的金牛座（Taurus）山脉如何延展钻进地平线，更没有来得及数全这里的潟湖颜色分成多少种蓝、多少种绿，有没有比基尼美女在此浮潜探秘……土耳其，总是要让我们留有遗憾再来的吧！

图 4-12 未及空中激赏的潟湖

四、评价与建议

热气球、滑翔和高空跳伞,从作为一项旅游活动的"乘客"体验(而不是自己独自操作)角度来讲,飞行强度和对身体条件的要求依次递增,对运动"技能"没有要求,只跟身体素质和心理素质有关。从我个人的综合体验来看,以滑翔的体验最好,这其中主要包括运动觉的体验和观景的体验两方面。从运动觉体验来说,滑翔包含了舒适和刺激两种不同的维度,可以依据个人的感受进行活动的操作调整。从观景体验来说,滑翔从近低空到地面的整个飞翔过程,时间相对适宜,高度、角度变化相对较大,一般从山顶往山谷飞行,往往为山水或海陆结合,与周围景物契合度高。

我个人的三次滑翔按时间顺序排列,从瑞士—尼泊尔—土耳其,飞行体验质量由高到低递减,其中的原因,不完全是景物和天气的关系,更多在于整个过程中我所经历的那些人和事。所以任何亲近自然的旅行,除非是一个人的"荒野求生",否则都不是纯粹"自然"的活动,它总是和"人"有关,"人"是旅行中绕不过去的一道坎。没有用心的服务,就没有良好的体验,而这种"用心",和物质装备无关,只和真诚真心有关。

第四节 多 样 航 行

除了以上三类"特种"飞行,我们在旅行过程中还会"偶遇"一些特别美的航线或者特殊地区的交通方式，展开一段花式飞行。有些旅游目的地还有专为旅游者所设立的特殊商业飞行项目。比如，2002 年我在美国大峡谷国家公园参加了它的小飞机低空观景飞行项目，虽然后来到亚利桑那州访学时，我又去了五次大峡谷，但是第一次的大峡谷仍然是不可磨灭的记忆：科罗拉多河的奔腾不息和冰雪中大峡谷开天辟地般的壮观伟岸，只有从空中才可以让你一次看个够！2006 年在塞班岛高空跳伞之前，我还先在天宁岛上开过飞机：飞机连续起飞、盘旋、降落了三次，三位付费"旅游者"轮流坐在副驾驶上，按照驾驶员的指示，握过几次操纵杆，还被日裔机长授予了我的第一张飞行证书！这样的航行新奇昂贵，只有在旅游者众多、基础设施优越、全年飞行条件良好的目的地才有条件实行。

图 4-13　我的第一张飞行证书

除此之外，我还坐过一些虚拟飞行项目，也是非常有趣的独特"航行"体验，从佛罗里达迪士尼的 "太空任务"（Mission Space，一个游乐项目）火箭发射大离心力"拉皮"到 "翱翔"（Soarin，另一个游乐项目）的加州上空如鹰周游；从美国国家宇航中心（NASA）的"火星登陆"到上海 TaxiWay 飞行中心仿真驾驶舱的模拟飞机驾驶，这些亦真亦幻的游戏项目，往往源自很多真实飞行前的训练预演，是求新求异的旅行者值得尝试的活动。

　　本节我将对我几次特别难忘的空中航行做一描述，意在揭示丰富的天空体验未必需要通过"另类"的飞行方式实现，只要善于发现，美可能就会在不经意间与你相遇。

一、梦幻航程

在最常规最寻常的飞行里,也可能遇见最不寻常的风景。所以只要条件许可,我一般都会索要贴着飞机窗户的登机牌,以便随时发现唾手可得的美景。这里要描述的,就是两段这样的航程,前一段是不期而至的惊喜,后一段(两次不同的旅程,有重复航线)是预料之中的惊艳。

(一)飞越地标

▶ **2020‐11‐6 其一 中国,上海—广州,上海起飞后**

想看个晚霞的,结果看出去城市上空全是雾霾!第一次空中上网,机上的休闲生活更忙碌了!纪念这一时刻,真正空中的无线互联网!

▶ **2020‐11‐6 其二 上海—广州,广州降落前**

从广州上空飞过很多次,从来没见过这么美的广州!日夜交替,霞落星升,横贯羊城繁华市区,小蛮腰("广州电视塔"的俗称和昵称)摇曳在珠江的旖旎中,璀璨生辉!低空飞行景观游,学术家园就是用这样的方式来给我一个欢迎拥抱吗?

从没这样见过申城之美,看来浦东、虹桥两个机场都欠乘客一条夜游景观航线!

图4‐14　一揽小蛮腰的低空夜景航线

(二)飞过屋脊

▶ **2016‐12‐15 中国,西藏日喀则—四川成都**

＃尖叫的空中风景线:日喀则—成都＃

这是世界最美航线,没有之一!感谢靠窗的藏族兄弟主动跟我换座,让我得揽羊卓雍错高低错落湖全景和雅鲁藏布江大势,飞越巅峰,在出露云海的雪峰群怀中驰入四川盆地。虽然逆光,并且完全不会用同学的相机,回放天堂若隐若现的震慑之美还是把我的灵魂惊到了！忍着头疼犯困上了一天的课,在晚上胃痛抽搐的时候,仍然有精神发一通照片释放想尖叫的神经！对望之间,一眼千年!

图 4-15　熠熠发光的皑皑雪峰

朋友圈评论：

1. 这趟飞机我也坐过,看到的景色用"震撼"一词形容也不为过,可惜那时候的照片没好好保存,只留在脑海里了。

2. 绝美航线,地形好复杂!

3. 屏息之美! 好向往呀!

回复：

这回总算坐对了位子！我觉得,就这趟航班,不下飞机,来回坐一趟看这种绝世美景,也值了！就想惊声尖叫!

▶ **2019-10-22 中国,西藏林芝—四川成都**

#路在脚下,眼在心上,眼脚并用,发现无极#

拿上林芝机场的最美登机牌,人人都知道要坐靠窗位,以至于每排六座,只取两椅。

飞机其实就在雪峰旁飞行,这是低纬度高海拔地区的独特飞行体验了！成都平原一如既往地被魔幻雪山包围,垂直落差几千米！只有在这种上帝视角的关照下,你才能体会到"盆地"一词到底有多贴切!

图 4-16 茫茫云海间的成都平原

二、水上飞行

在加拿大西海岸,我有过许多美丽的遇见。托菲诺宛如其中的一帘幽梦,自始至终如这小镇上的海水和空气,渗透着一股清新而纯净的味道。如第二章所述,我在托菲诺第一项确定的活动是观鲸,但在背着大背包去青年旅馆的路上,我看到了海面上停泊着的水上飞机(floatplane),我的好奇心就此被激发:"这个我没有坐过,可以坐吗?"于是,一场水上飞机之旅由此展开……

(一) 天上馅饼

我在托菲诺只有一天半的时间,但在查看《月亮》旅行指南后,我除了观鲸,还想去太平洋沿岸国家公园(Pacific Rim National Park)。这个狭长的国家公园包括三个并不相连的部分:西海岸徒步道(West Coast Trail)、布罗肯群岛(Broken Group Islands)和长滩(Long Beach)。我只能就近去离小镇大约有近20千米距离的长滩。由于我当时不开车,对距离没有多少概念,也没有智能手机测量路程耗时,对于40千米租自行车往返需要多少路上时间心存忐忑。我一直担心观鲸后再租自行车去国家公园来不及,现在又多了一个水上飞机计划,心里就更没有把握了。

但我想,坐水上飞机应该很快的吧?还是不妨一问!青年旅馆里并没有关于水上飞机的讯息,他们提供其他行程的资讯。据称报名人数最多的就是渡船散拼团队游。温哥华岛是大致相当于台湾岛大小的一座加拿大外岛，托菲诺是这座岛屿上西线公路可达的最远小镇。也就是说，从托菲诺开始，去岛上更远的其他地方，只有两种交通工具：船或者水上飞机。我不想参加跟船的团队游，我只想坐水上飞机从空中俯瞰一下这里的海岸线和风景。这个青旅的总台接待人员多是来自世界各地、临时打工的寄居者，对当地旅行业务并不算很熟悉，对水上飞机的价格完全不了解。他们建议我还是去问下旅行社人员。反正到托菲诺的当天下午我需要去询问观鲸之旅的价格，再加问一个水上飞机也是顺带之事，于是，趁旅行社关门打烊前，我先预订了观鲸快艇，随后跑进一家写着"floatplane"（水上飞机）字样的办公室询价。

办公室里只有一位印第安女孩，我跟她说明了我就是想坐水上飞机观光，问她是否经营这样的业务。她说只有包机飞行可以，一架飞机四位乘客，最低要400加元，不含税。好吧！这么贵，我只能放弃了！我跟她说我会回去问问青旅的小伙伴，看看有没有愿意跟我拼着坐的，如果能够凑齐四人，我再回来。虽然这是我当时真切的想法，但是我知道青旅的小伙伴们是不会花那么多钱来玩这么"奢侈"的项目的！与我同时住店的巴西男孩和日本男孩和我玩得最好，他们都嫌观鲸太贵，并没有和我一起出来找团，更别提这么昂贵的水上飞机了！

当我准备退出这家小店时，我看到印第安姑娘的神色有了一些奇妙的变化。她犹豫了一下告诉我说，如果我是一个人的话，她这里有一个位子空缺，但是我只能坐在飞机上不能下来，跟着驾驶员走，跟着驾驶员回来，只要80加元。咦！这不正是我想要的吗？为什么前面她不告诉我呢？她要我承诺不下飞机，我爽快地答应了！我还要骑车去国家公园呢，40分钟的水上飞行正适合我！我为什么要下飞机呢？这根本就不是我计划的一部分！我欢天喜地地交钱预订。飞机出发的时间也非常合适，下午2点，差不多正好是我上午观鲸、吃完午饭以后可以轻松赶上的时间。万事顺意，我美滋滋地回到青旅。总台听说这个含税才近100加元的价格连连说划算，说他们从来没有听说过这么便宜的价格。我就更得意了：我的狗屎运一向特别好，天上总是掉馅饼！

第二天观鲸之后，我从容地走进一家路过的水产店，买了一只传说中的帝王蟹当午餐。我对吃一向不太讲究，但是听赴加的其他中国访问学者说帝王蟹在中国卖得很贵，是在加拿大最值得吃的食物之一，那我也就坐享一回比较优势吧！这家水产店的海鲜都是刚刚捞上来的，价格也很良心，一只重达2磅的帝王蟹才9.99加元，直接的加工方式就是在微波炉里面转一转。虽然我对吃不那么讲究，但我还是吃得出人间美味。频繁的旅居生活让我养成了快速适应周边环境的特点,但如果对吃太讲究、太挑剔的话,我可能就无甚可食了,那怎能支持我东跑西颠的生活呢?所以,我大多数时候什么都能吃,很多时候觉得什么都好吃,但很少时候会觉得所食之物是人间美味。坐在水产店外面的凳子上,晒着太阳,吃着蟹,看完灰鲸等上天,让我觉得那是无比满足和无上幸福的时光!

这是我无数次旅行衔接中极难得的不赶行程的时光,我慢悠悠地从甲板踱上前一天姑娘给我圈出的水上飞机停靠点。"我的"水上飞机已停泊在港,左右无人,我继续晒太阳!过了一会儿,来了一位高大威猛的加拿大帅哥,我一看就知道飞行员来了!时间还早,他说还要等另两位客人,我就和他聊上了天。飞行员帅哥叫杰克(Jack),热烈熟络的几句自我介绍和家乡风土谈话过后,他突然问我:"你为什么不上岛呢?"我满脸讶色:"啊?我能上岛吗?我不是不能上岛吗?"我想起了头一天印第安姑娘跟我说我不能上岛、只能坐在飞机上的那一幕。"当然可以啦!"杰克说。我彻底迷糊了,这是怎么一回事啊?上什么岛啊?我都不知道飞机要去哪儿,我只知道我的大致飞行观景路线。再说,我还要去我的国家公园呢!经杰克的解释,我才知道这飞机要开往克里阔特海峡(Clayoquot Sound)的温泉海湾(Hotspring Coves)。他要先把另外两位乘客送到岛上去,过两小时以后再去接他们。因为我也是乘客之一,他又总是需要返回去接他俩的,所以,我当然可以跟他们一起留在小岛上玩。

"那,那个岛上有什么呢?"我开始进行思想斗争,是去长滩还是上岛呢?"你所能期望在BC(British Columbia,不列颠哥伦比亚省)能看到的一切啊!森林、雪山、海洋、蓝天、温泉……"杰克耸耸肩道。我动摇了,"可是泡温泉,我没有带泳衣呢?能去吗?我什么都没准备,最多只能泡泡脚了吧?""当然可以啊!没有泳衣也行的!为什么不能泡脚呢?"我被彻底说服了。"好吧好吧!我去!谢谢你!"我跟杰克说道。

(二)奇异之地

等另两位客人到来后,我颇为吃惊地发现他们是一对中国人!到了托菲诺后,我还没遇到过中国人呢!转念一想,也能理解。虽然温哥华岛上可能华人没那么多,但温哥华市可是华人能顶半边天,这对年轻的情侣可能是来度假的吧!我和他们聊天不多,因为更多的时候,他们愿意单独在一起,好像并没有让我加入他们聊天区的意图。我也不想当电灯泡多打搅他们,可能他们是官二代或者富二代吧,不爱让人了解他们更多的信息,温哥华一带,这样的青年应该还为数不少,我这样想着。

水上飞机与其他飞机最不一样的地方,当然是它的起飞和滑行是在水上,是真正水上巴士和空中巴士的合体。虽然它的体量很小，不像巴士，但是它非常轻盈，就是漂浮在水面上的感觉！它在水面滑行和起飞时带着翻滚的水花，姿势还是很飒的！这大概是最"仙"的飞机了吧，因为它"飘飘"欲"仙"啊！我张大嘴巴看着窗外，果然是只能坐船和飞机到达的地界：沿海岸线分布的岛屿如珍珠散落在各处，每座岛屿都如小巧而精致的绿宝石，岛上森林密布，除了直升机，其他飞机是绝无可能直接降落在这些岛上的。只有"水上漂"飞机，半船半机，是最便捷的登岛方式，它除了飞行、维护和停泊成本高，也没有其他太多缺点。生活在这些岛上的少量原住民主要以船来通勤，而水上飞机则相当于这些岛屿与大陆之间快捷联系的昂贵"飞的"。"Clayoquot"就是当地一个印第安部族的名称，而"Sound"在英语中就是指犬牙交错的海岸线地区，这一带沿线分布着不计其数的曲折海湾和内嵌岛屿。水上飞机的空中鸟瞰，仿佛一幅卷轴而出的"清明上河图"，帮助我深刻理解了"sound"这个词的含义。

　　"双栖"飞行后，我们很顺利地上岛了。刚好一艘船也载了一批游客登岛，我便跟着大部队开始了爬山。岛上就一条小径，不存在迷路的问题。断断续续爬山也走了半小时，队伍三三两两的，在偌大的森林里，哪里人都不多，只有鸟语花香，纤尘不染，登高处见蓝色海湾，停低谷见白色雪峰。长天大地，风烟俱净，我一任欢快的脚步来到了这处温泉海湾，见众人都是泳衣泳裤，在蒸腾的雾气中再

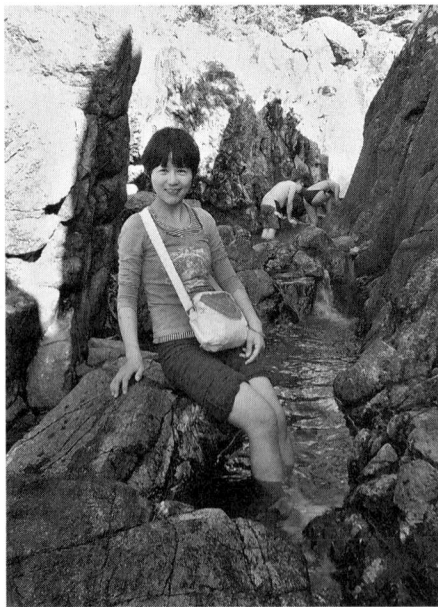

图 4-17　曾经沧海难为水的温泉湾

次出现"飘飘欲仙"的画面！大家都是有备而来，只有我的"着装"极度不搭。我很不好意思，悄悄地脱了鞋袜，卷了裤腿，躲在一个安静的角落里，开始暗暗观察这个大家都趋之若鹜的温泉海湾。原来，这真是一个奇异之所！

　　山的这一头，一条小瀑布从山上倾泻下来，汇聚了不知从哪里冒出来的热泉。我不知道这股泉水在集中时是否达到了 45 度的热泉标准，但是从小瀑布跌入这个一波三折的小海湾的体感浸泡温度来看，肯定达到了 40 摄氏度。只是浸泡了双脚的我，没一会儿就被这"温泉"泡得满头大汗，更别说之前进去、浸没大半身的中国女孩，这时已经

穿着比基尼从水里跑了出来,说太热了,需要出水吹吹风,"凉快凉快"! 那个小瀑布下,时常有其他游客前去洗"淋浴",把小半个身子泡在水里,任瀑布上滚落的温泉淡水冲刷自己的头发脸庞。泉水和瀑布流入小海湾后,也分成了好几道小"峡谷",形成了很多个"三道弯"和"一线天",我就在只有一个弯道峡谷的地方隐蔽着,一有山石低崖遮挡不怕风吹,二有弯道遮蔽免得自己突兀的形象与大家泡天然野泉的"风景"格格不入。

海的那一头,仍有惊涛拍岸,卷起千堆雪。这头的汩汩流泉飞瀑,和那头的风起莽石海岸,混沌而又和谐地被这个温泉湾融萃在一起,极富戏剧性张力。面前可以遮挡住我的山石并不高,我坐上礁石沐足,往后稍仰就可以同时望见这头的流瀑和那头的海浪。如今回想起来,日后再有多少的温泉,也是"曾经沧海难为水",其自然的朴拙和野趣,无法望其项背! 再环顾这一海湾的四周,正如杰克所说的,"森林、雪山、海洋、蓝天","你期望在 BC 所能看到的一切"! 他给我轻描淡写描绘的,难道不是一个仙境吗? 真没想到,我只是想爬扇窗,他却让我领略了一整座"世外桃源"!

返回水上飞机的路上,我和两位同机乘客多了一些交流,原来他们是来这里过长周末的。他们从温哥华市包了一辆水上飞机飞到了维多利亚市(包来回),然后又租车从维多利亚市开到了托菲诺,花 400 加元租了这辆飞机往返温泉湾。有钱人哪! 突然,我恍然大悟了! 怪不得昨天那位印第安女孩好像经历了什么思想斗争才把位子卖给我,又不让我下飞机,原来这是他俩的包机! 她加塞把位子又卖给了我,实则是多赚了我这一笔! 我没好意思告诉这对情侣我分析出来的这一结果,怕他们心里难受,徒增烦恼。他们并没有猜到其中的这一层,他们以为这个飞机本身就是拼机的……

远远地一看到杰克,我就手舞足蹈地奔过去,感谢他带给我的意外之喜——原来他才是那个真正送我大馅饼的人! 我后来才知道,克里阔特海峡拥有全球十大最古老的原始森林——尽管这些排名不一定具有十足的科学依据,但其沿海的温带雨林的确是森林树种中最为珍稀的种类之一,这一雨林中蕴藏着一些加拿大最古老和最高大的树木。而类似温泉海湾这样的陆路河口和海岸潮汐带交汇的地方,也是全球近海海域海洋生物多样性最为丰富的地区之一! 2000 年整个克里阔特海峡地区就被指定为"联合国教科文组织生物圈保护区"。我"丢"了一个沙滩,却以我最想要体验的水上飞行方式,收藏了 BC 所有具有世界顶尖资源水平的风景!

杰克这时候反倒有些腼腆起来,力劝我上岛的他,后来才意识到"你确实不能来这儿"。他说如果我觉得过意不去,可以再支付一点费用给另两位乘客。我

图 4-18　世界生物圈保护区的翡翠绿岛

认真考虑了一下他的建议，觉得并不可行。首先，代理商收取了我的费用，属于额外收益，如果算是亏欠包机客人的，怎么也该是代理商给他们作出补偿吧？其次，我从头到尾就说明了我只是想飞行赏景，从没想过要上岛泡汤啊！这不能算我占别人便宜吧？如果需要加钱，我根本就不会订这一趟旅程啊！再次，这时候告诉包机客人不合适啊！他们心里可能会不舒服，说不定还要回头去找代理商算账，纯粹花钱办坏事吧？

　　我没有跟杰克说这些复杂的逻辑分析，这么纯净简单的地方，还是随意从容一些的好！下了飞机，我和中国同伴及杰克挥手告别。杰克开开心心地跟我说他要回家跟儿子吃晚饭，我则心满意足地走回了青旅，我在托菲诺的家。日本和巴西的两位青年学生已经为我做好荤素搭配的温馨晚餐，我心中的愧疚和感恩交织。幸好我有顺路买来的烟熏三文鱼奉上共享，自免不劳而获的负罪心情。一场完美的水上飞行，以美食开场，以美食收尾。

　　没有来过托菲诺但把它推荐给我的大卫果然是了解我的！乘风破浪于将人任意抛起的小船在岛屿中穿梭雀跃，屏息静观灰鲸的甩尾舞蹈；坐着水上飞机遨游在 BC 湛蓝的天空，胸怀大洋、群岛和雪山；赤足趋步于海岬温泉，任森林热瀑飞溅纵脸……这一件件一桩桩，无一不是我所爱！而托菲诺，就这样在我从流飘荡的岁月里，留下了永不斑驳的记忆……

图 4 - 19　送我天上馅饼的水边杰克

三、评价与建议

　　对背包客来说，独立探索是一种基本的精神，也是背包旅行的精髓。哪怕是跟团旅行，也可以见缝插针地利用自由活动时间进行独立探索；哪怕是平淡无奇的日常飞行，也可以用自由探索的眼光实现崭新的发现。作为通勤方式的飞行，在繁华都市的夜空和青藏高原的屋脊，也瞬时可以演变为一场激赏风景的大戏。把生活变成旅行，把旅行变成生活，这不是一句诗意浪漫的想象，而是背包客脚踏实地的践行。一次差旅生涯的航行惊喜，可以使得生活随时洋溢旅行的新奇感受；一场旅行中的意外邂逅，又可以带你去体味当地百姓的日常生活。无论是帝王蟹大餐，还是水上飞机航行，这在当地，也就是寻常百姓生活的一部分。行百里大地，过千般生活，这才是旅行的真正意义。

第五章　人　间　飞　丫

本章的自我民族志叙事,对应"游走飞丫"中的"丫"字,其"探险四界"的空间范围为"人界"。"丫"是我女性身份的标识,倒写的"人"字,更把我认为最重要的旅行意义——与人结识,与人互撑,放在了最重要的压轴位置。虽然"人"的要素贯穿于"游""走""飞"的每个部分,但本章每节每段的旅行故事将把各种不同的"人"置于叙事的核心地位,论述我因人而起的缤纷旅行际遇和旅行体验。本章记录了对我的背包旅行生涯而言有起始初创意义和"奇遇"类型最多的三段完整旅程,基本上均根据当时的回忆整理成文。

第一节　独行美东,全面告捷

可以说我所有的背包独行故事,肇始于 2002 年求学美国时的第一场秋假旅行。从保守的中西部印第安纳州穿越到波士顿、纽约、华盛顿哥伦比亚特区(以下简称 DC),这一路的奇遇,为我日后的所有旅行奠定了坚实的自信心基础,也激励了我对"人"本身和对"人"的世界进行探索的无穷好奇心。虽说我从 1992 年起便启动了个人的旅行生涯,但 2002 年却是我一个人行走天涯的开始,这段旅程也创造了我的许多"第一次"——从那以后,"没有什么可以阻挡我对世界的向往"。从容飘荡,任意东西,对我个人而言,成为一件再自然不过也无所畏惧的事情了。

一、波士顿,与陌生人回家

2002 年 8 月我初次抵美,在波尔大学经历了一个月痛苦的文化震惊和语言适应期后,我开始有了渐入佳境之感。随着 10 月学校秋假的到来,我准备独自赴美国东海岸旅行。由于学业繁忙,出发前我只订好了往返机票和在波士顿、DC 的青年旅馆,对行程的其他环节基本未及准备。计划时,我还由于找不到青年旅馆和经济便捷的公交方式,舍弃了费城,将路线精简为波士顿—纽约市—DC。从学校图书馆借了这几座城市的地图,从网上下载打印了我的住宿订单和纽约、DC 两地的城市旅游通卡,我就准备出发了。

(一)机场初遇

10 月 23 日,朋友把我从曼西送到印第安纳波利斯(Indianapolis,英文中简称 Indy,下文也依此称为"印第")机场,我在机场开始独自研究地图。但看了半天,我在地图上也没找到我的青年旅馆及其附近区域的位置。虽然我有如何从机场去青旅的指南,但不能确定青旅区域的位置还是会给我在波士顿市内合理的路线规划带来不小的困难。我举目四望,想找个人帮忙。我想坐这趟航班的乘客,肯定有波士顿本地人,应该能给我个大致方向。起飞时间还早,因此我附近的候机座位大多还空着,我看离我较近的前两排座位上有位男士,就拿着地图和青旅的地址跑过去,问他是不是波士顿当地人。他很热情地回应了我,他叫约翰(John),正是波士顿当地人,来印第出差。于是他帮我查看了一下,发现我的青旅在郊区,难怪市区地图上找不到! 他问我知不知道在波士顿三天可以去哪儿玩,我如实回答我并不太清楚,因为我没有时间做调研啊! 他让我把随身行李搬了过去,开始在地图上给我指点,在纸上帮我写下可以游玩的地方。

到了登机时间,我基本了解了波士顿的基本信息,谢过约翰之后就上了飞机。到了飞机上,发现约翰就坐在我前面,而飞机上空座很多,他和空嫂打了声招呼,就把座位挪到了我旁边。这下我们聊的话题就多了,我告诉他我整个的旅行计划,还连带着做中国的民间大使,把约翰原来并不熟悉的陌生国度介绍给了他,告诉他现在的中国是什么样子,为什么四川和湖南人要吃辣椒,为什么美国的中餐太不正宗⋯⋯他听得哈哈大笑,"话痨"出门优势多,更别说我还对任何话题还总要分析个一二三四出来! 约翰当然也跟我聊了很多,他是个意大利二代移民,也是位曾经的嬉皮士。但他不会说意大利语,因为他的一代移民父母并没有什么文化,怕他说了意大利语会遭人歧视、受人欺负,因此没让他学意大利语,我觉得颇为可惜。我们还就美国各种白人移民后裔的社会地位问题进行了讨论。不知不觉,很快就要到波士顿了。约翰突然好像有点不放心我,他知道这是我到美后的第一次旅行,还让我到纽约不要晚上 10 点以后坐地铁,因为我看上去太像一个"typical tourist"(典型旅游者)。他提出来要送我到青年旅馆,只是他的车没有停在机场,而是停在自己家里,需要先坐地铁去他家,才能送我到青旅。

我觉得这种"曲线救国"的方式有点奇怪,但他说我的青旅确实很远,而他的家不远,他送我过去会更好。我便欣然应允了,能多参观一处民宅,也未尝不可!

（二）生人的家

约翰的家是一幢两层楼的房子，在房价奇高的波士顿，对一位单身人士来说显然这是有点"奢侈"的住所。波士顿的房价，在我出来订青年旅馆之前已有领教，我找遍全市，也没有找到一处低于 30 美金的青旅床位，而一间房的价格就没有低于 100 刀的！我甚至还群发了邮件，发邮件给了当地大学的中国学生联合会（没有回复），问有谁可以为我在波士顿提供哪怕一块地板……现在我知道了，原来我老早就有了"沙发客"冲浪（通过网络寻找别人家的沙发或空床作为借宿地）的这种概念！后来我订的这家普莱斯考特（Prescott，青年旅舍名，下文简称"普莱"），是我费了九牛二虎之力找到的，所有波士顿经济型住宿全部爆满，普莱是我打电话确认还有空床后订下的，符合我 30 刀每晚的心理价位，只是我没有想到它在郊区。它的指引说青旅有班车，可以去地铁站接送，我本想这也方便。

总之，约翰带我参观他家的时候，我就想要是早认识他该多好，我的波士顿订房之路就不会这么坎坷，因为我根本不需要订房了！他家楼下有一间客房，他当时就邀请了我，说我可以住下。不过，他说那间客房没锁，而且他住在附近的巴西女友可能也会问我是谁。我耸耸肩笑了，我跟他说这是我的第一次青旅之行，我很期待，而且，在青旅我会遇见很多小伙伴吧，他们也应该可以成为我的旅伴，一起在波士顿出行。事实上，我原来之所以没做攻略，一是因为没有时间，二也是想到了青旅应该能为我提供一些路线指导。"是啊，"他说道，"陪你玩这件事情我做不到，因为我要在家办公。"老实说，他的这个邀请还是挺诱人的，毕竟可以帮我节约近百刀，但我对青旅首宿的期待还是更高些，况且，他那间没有锁的客房也给我一点点的不安全感。

转眼到了吃饭时间，作为意大利后裔的他自然是做了意大利快餐——意大利螺旋面和蒜蓉面包给我吃。这时我才发现他有两只猫，他说他出差的时候，每天会有带猫散步的人（cat walker）过来放猫粮，并带猫出去透气，一小时 80 刀。我倒吸一口冷气，好贵啊！看来这位嬉皮士过得相当不错，我当时想都没有想到还会有这样稀奇古怪的劳务服务。吃饭时最逗的"聊点"，应该是分析约翰邀请我到他家做客的过程始末：他说他从来没有做过这样的事情——邀请一个刚刚认识的人到家里，我可能是一个连环杀手呢？我被逗得前仰后合，我感觉他说反了！我们分析的重点好像应该是：我，作为一个单身外国女性，怎么会跑到一个单身陌生男性的家里来做客？而且，我离开印第安纳州时，DC 刚好发生了连环杀人案，凶手仍然在逃，我的美国导师迈克还特地打电话给他住在 DC 的弟弟，帮我询问凶手的犯罪区域和独自出行的安全性。难道我不应该是更需要担心安全的那一个吗？总之，不知道出于什么样的逻辑，他觉得他应该更需要被担心——邀请陌生人来家中的风险很大，他以后可不会再干这事了！

也许是对煮给我吃的简餐不够满意，想让我体验一下真正的美食，约翰约我第二天晚上到小意大利（Little Italy，波士顿的意大利角）吃意餐。小意大利是之前他在机场就推荐给我的、具有异域风情的波士顿观光区域，我本就准备前往，如今一箭双雕的行程自然很合我意。愉快的商定之后，约翰终于开车送我到了青旅，帮我把行李放进我的宿舍。末了，他准备跟我拥抱告别，我当时的文化转型跨界尚未完成，往后三步一退，直接撞到墙上。他可能有些尴尬，便挥挥手走了……

（三）首家青旅

放下行李，我就开始参观我人生入住的首家青年旅馆。这时不知从哪里冒出来一个青旅的司机，殷勤地带着我参观旅舍的公共区域和一些尚未有客人入住的房间。原来这家青旅还有双人间，司机跟我说，这是当时读大学谈恋爱期间的肯尼迪总统住过的地方。看来这是一家很有历史的青旅，肯尼迪总统读大学的时候，那看来是一家起码有五十年历史的老店啦！此后几天，一直是这位班车司机载着我们在青旅和地铁站之间来来去去，但我看到他总有点发毛，因为我一本正经地跟他说话问问题，他却总说我是"flirting"，搞得我以为这个词在波士顿地区除了"打情骂俏"以外，还有其他意思。难道这是他表现自己幽默感的独特方式？我不得而知。后来我每次看到他就避而远之，暂时关闭我那台十万个为什么的永动机。

青旅是很有气氛的地方，它的气氛主要来自大堂和在大堂内欢聚的小伙伴们。果然，我在大堂里找到了一堆来自世界各国的青年旅行者，一帮人说要去隔壁的酒吧。泡吧实在不是我的"菜"，但是为了体验一下青旅的氛围，顺道看看酒吧到底有什么好，我还是和他们一起去了。果然如我所料，酒吧很闹，没法好好谈话，互相讲话要扯着嗓子，我喝了一杯就回来了，还被女酒保自动收取了一刀小费。很久以后我把这事告诉了汤姆，他说女酒保是在"take advantage of me"，意思就是欺负我初来乍到……

不过酒吧之行也不是全无收获，我认识了好几个同住青旅的朋友，还和其中一位英国帅哥克里斯约好了第二天同走波士顿的自由之路（Freedom Trail）。此后一天，我俩一起走过了波士顿一些最著名的历史街区，还到昆西市场（Quincy Market）品尝了新英格兰地区著名的蛤蜊浓汤（Clam Chowder）。此时的波士顿已入深秋，克里斯却衣衫单薄，看到盖璞（Gap）打折，他去店里买了一件50刀的衣服穿上，跟我说这里的衣服比英国便宜好多！是啊，背包客对比较价格优势最为敏感。许多背包客在外面漂泊很久，衣着简单朴素，不到迫不得已不买东西，相机、旅游纪念品对他们来说更是奢侈之物，不仅仅是因为价格问题，更多是因为经年累月的旅行和有限的行囊无法容纳相机胶卷和纪念品。出行前我特地购买了我此生第一个数码相机，现在回看当时的技术，单张照片的像素很小且内存卡容量小而贵。所以，在青年旅馆和我的第一批"青友"们拍照时，其中一个帅哥特地跟我说"我很期待这些照片"。他们的旅行照片应该是很少的，克里斯同样没有相机，也没有拍照。相比于他们，我当时就算得上一个"电子轻奢背包客"（flashpacker，较多使用电子产品的轻奢型背包客）了！

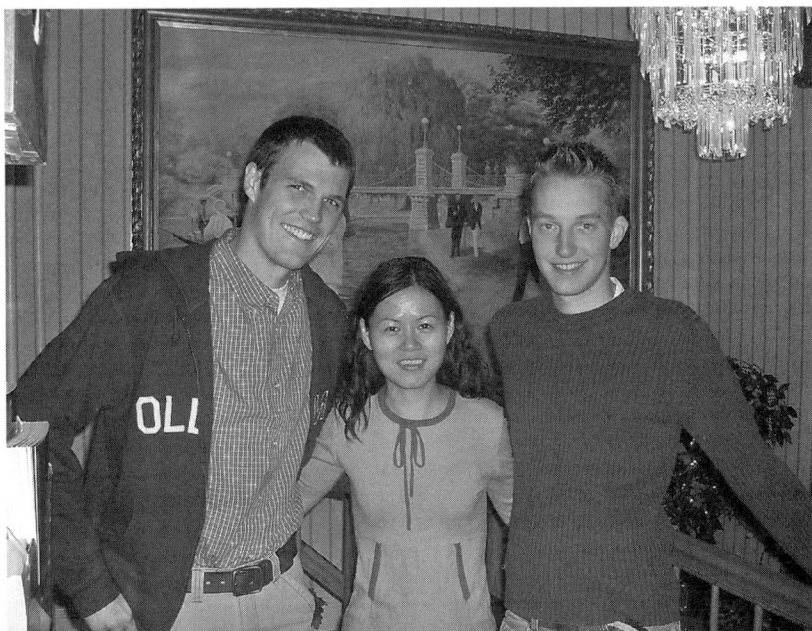

图5-1　我的首家青旅首批青友

（四）婚礼邀请

因为当晚我要和约翰吃饭，下午就与克里斯作别独自去了小意大利。到达意大利街区的时间还早，我就四处闲逛。看到一所天主教堂不错，就信步往里走去。里面好像正在举行什么活动，我问了门口的人，说我可以进去。我也走乏了，正想休息一下，进门后便就近在后排坐下，随口问了一声旁边的先生这是在干什么。那位男士回答我说这是一场"rehearsal"（彩排），我也不太明白这是什么的"rehearsal"，好在可以对着这个实景搞明白这个词的意思。于是，我和我旁边这位看上去很绅士的先生聊上了天。

其实,等几秒钟我就搞清楚了这场彩排是什么,因为台上音乐、上台主角都很容易让人猜到这是一场婚礼彩排。绅士问我怎么会来到了这里,我便如实相告。他们,可能也和后来遇到我的所有人一样,觉得一个刚到美国留学的亚洲女孩独自出来旅行比较少见、很有勇气吧,就多聊了几句。聊来聊去,发现这位绅士竟然是新郎的爸爸!最难以置信的是,他非常诚恳而正式地邀请我来参加明天仍在这里举办的婚礼!

我简直受宠若惊了!可是我才刚认识他,他怎么就邀请我来参加他儿子的婚礼呢?他当时的原话是"We will be very much honored if you can come"(你若能来我们将非常荣幸),让我感觉又欣喜又有压力。我多想来参加这场婚礼啊!这将是我第一次在国外参加婚礼呢!可是,我马上想到了婚礼需要有非常正式的着装,而我隔天安排了各种博物馆、展览馆的紧锣密鼓行程,需要双肩包、运动鞋、休闲装,难道我需要把套装、皮鞋背在身上背一天吗?而且,那些地方和这个教堂不在同一个方向啊!犹豫思量了再三,我万分抱歉地告诉新郎爸爸,尽管我非常想参加,但我无法参加。这个决定令我后悔不已,因为我至今也还没能在国外参加过婚礼。我参加过一场朋友的朋友的奶奶的葬礼,那个情景和文化

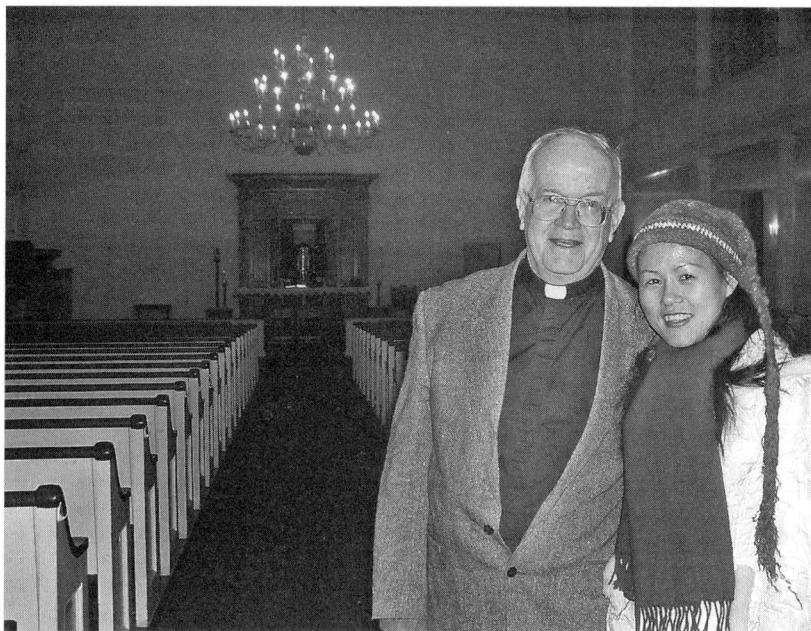

图 5-2 来自天主教堂的婚礼邀请

冲击令我记忆犹新。我想一场婚礼带来的深刻记忆，一定不会比葬礼少。新郎爸爸也觉得颇为遗憾，但还是愉快地接受了我和他合影的请求。

后来在和约翰吃饭时聊起这事，他也觉得我应该接受邀请，不过他也理解我不能前往的种种困难。他不能理解的是，为什么前一天和我拥抱告别时，我会退到了墙角，让他觉得非常"offended"（受到冒犯）。我跟他解释这是文化差异，当他了解了中国文化（至少当时的中国文化）中男女之间不能拥抱时来了一句："这是一种冷漠的文化。"他说如果上海也是这样的话，他就不会去上海。他的反应大得让我忍俊不禁，我费劲跟他解释了半天，试图告诉他这是文化差异造成的本能反应，绝非有意冒犯。他应该是充分理解接受了，因为他还按照很"中国"而非很"美国"的方式请我吃了这顿意大利大餐。按照美国体制，我们本该 AA 的。但是他让我"把这钱省下来用作你的旅行"。

自从遇见了这位陌路相逢请我去他家、为我做饭开车、花 20 刀 1 小时的停车费请我吃意式大餐的朋友，我的旅行人生便一路"开挂"。此后的独行生涯，去陌生人家对我来说如同家常便饭，在路上帮人助人因而捡个旅伴也是稀松平常。我的文化身份也迅速发生着转变，文化认同变得更加多元，对各种文化的接受变得更加宽容而有弹性。从纽约开始，我跟美国朋友很自然地行拥抱礼，不仅拥抱礼，吻面、贴面礼也是水到渠成。入乡随俗是一件再自然不过的事情，如水顺应才能如鱼得水。

二、纽约，加入游行的天使

我和纽约的"人"缘源远流长。

我最早认识的纽约人是莫里斯（Morris），他是我早年当兼职导游带团生涯的一位客人。从研究生考出英语高级口译证开始，我便偶尔被朋友叫去帮忙带团。刚工作时，我还讲授过一门导游证资质考试科目的课程《导游业务》。为了上好这门课，充实实战经验，我又陆续带过几个欧美旅行团，主要以小团散客为主。莫里斯就是我 2001 年带团时认识的一位犹太商人。当时他带着儿子道格（Doug）来中国旅游，前半程可能有过一些不愉快的经历，而我在上海这最后一站的陪伴令他非常开心，所以临别前他就邀请我去他纽约的家里做客。我觉得很莫名，还不知道猴年马月才能成的事儿呢！结果，第二年我就真的去了美国！更为凑巧的是，他 2002 年 7 月带着妻子梅格（Meg）再游上海，这次没有找旅行社，而是直接联系了我。我帮他们安排了车辆行程，送他去了东京，梅格回了纽约。结果等我赴美的机票确认，发现我俩从东京到芝加哥这段最长的航程，坐的竟然是同一班飞机！于是，从东京机场开始，他便"像圣诞老人一样"（同行的另两位访问学者语），往返于他的头等舱和我的经济舱之间，给我送礼物。

　　我之所以会选择美国东海岸为在美自助旅游的第一站，跟莫里斯有着莫大的关系。刚到美国他就给了我一个800号码的对方付费电话，让我有问题随时找他。我确定秋假东海岸之行后，他帮我买了从印第往返波士顿/DC的机票，给我寄来两张数码相机内存卡，还预订了一起去百老汇看音乐剧的演出票。可以说我首次出游前并没有做什么功课，和这些熟人或尚未谋面的"熟人"也有很大关系，他们事先已给了我一些旅行建议，比如莫里斯让我在波士顿时去参观JFK（特指肯尼迪总统）图书馆和博物馆，以及到哈佛大学坐坐，找学生聊天……我都一一"照章执行"。他们都为我东部之行的"全线大捷"立下了"汗马功劳"。

（一）金哥家借宿

　　金哥是访美前我小姨介绍给我的"熟人"，虽然我们素未谋面，但追溯起来可以算是老校友。我们高中都在江苏的昆山中学就读，而他的大学和我的研究生都在同济大学就读。他年长我好几岁，因此无论在中学还是研究生时期，我都并没可能见过他。他是个厉害人物，同济本科毕业后，最后在哥伦比亚大学拿到博士学位。他是个工科生，我认识他那会儿，他在华尔街工作。小姨让我去纽约的话就找他。那是必然的，穷游啊，能省一站是一站，而且曼哈顿住宿那么贵，有熟人家可住多好！所以，在去纽约之前，我就通过邮件和金哥取得了联系。和莫里斯不同，他对华人圈的信息掌握很多，而华人圈的很多服务比美国同类型服务的价格要低，更适合我的"穷游"出行。比如，金哥指导了我从波士顿的唐人街坐华人运营的大巴到纽约的唐人街，当时才20刀，比灰狗（美国长途大巴运营公司）和美铁（Amtrak，美国铁路公司）便宜了好几条街！

　　金哥当时买房子也没多久，据金哥自己说，他的公寓所在站是他家门口那条地铁线经过的曼哈顿地区的最后一个安全站，过了那个站，再往下就是黑人聚居区了。美国社会的社区分层根深蒂固，金哥先给我打了一剂安神针，然后又告诉我黑人在地铁上也不敢乱来，他一旦敢碰到你，警察就来了……哈哈，纽约地铁有那么可怕吗？其实我一踏上纽约的地铁，就碰到了两位菲律宾老华侨，他们也到美国旅游，自己还不是熟门熟路的情况下就想来帮助我，最后还是我提醒他们下的车，都是特别温馨的回忆！

　　金哥家的公寓挺大，就是房间不太多，仅两间卧室。金哥金嫂住一间，他儿子和丈母娘一起住一间，我就真正成了"沙发客"，睡在他家的客厅里，打着地铺，但还是非常开心。纽约有三个华人区，金哥领着我，去吃我赴美两个多月来第一次好吃的中餐,金嫂还带着我坐了一次纽约地铁,传授我大站换乘快速干线的方法。虽然从理论上来说那时候纽约还是深秋,可我已经感受到了冬的寒意,不是因为有金嫂后来借给我的过膝羽绒服,我在纽约的行走远没有那么潇洒。帝国大厦楼顶的凉风、中央公园傍晚的萧肃、曼哈顿半岛夜游船的清冷和第五第六大道入夜的瑟瑟,一概被这身暖衣抵挡在外,这一家人给我的温暖正如这件羽绒服,贴合而舒适。

在纽约的每天,我都会先跟金哥金嫂大致预告一下我的行程,或者,晚上回来吃饭或睡觉时再回播一下我的一日观感。我从埃利斯岛(Ellis Island,美国早期办理世界各国移民事务的一个岛)和自由女神像坐轮渡回曼哈顿的时候,突然想去看下911的原址零地面(Zero Ground,双子塔的遗址)。在埃利斯岛上目睹飞机撞击双子塔的录像,心灵受到巨大冲击。零地面在华尔街附近,可能因为要参观这样一个地方心情就先兀自沉重起来的关系,我一直低头走路。走着走着,就发现对面有个怪人,迎面走来却一直挡着我的路,我抬头一看,居然是金哥!怎么这么巧呢?他说他午间休息,正好出来寄信,没想到就遇上了!他听我说要去看零地面,就陪着我一起走了过去。金哥告诉我911那天,他们听到巨响都跑了出来,他还有朋友前去施救。他刚走过去没多久,大楼就开始轰然倒塌,他往回狂奔,尘埃四溅,周围立时变成了一片尖叫哭喊的海洋……他的好几个朋友都在这场浩劫中去世了,有的是在双子塔中工作的,有的是前去帮忙施救的……我的心在哭泣,虽然在埃利斯岛含着眼泪看完了一些纪实片段,也已经听过好几位美国朋友转述911的后遗症,但是和亲历者同行,内心的泣血又多了一层……这大概算是我人生中第一次做"沙发客"、我的东道主陪我走的第一趟游程了。虽然这是一段绝对不能算愉悦的黑色旅程,却加固了一种永志难忘的震撼记忆。

(二)长岛豪宅游

莫里斯在我还没到金哥家时就在金哥宅电里留了言,让我一到就给他打电话。我们在电话里约定好了去他家的时间,他也告诉了我去他家的路线。莫里斯家在长岛上,可以从曼哈顿搭乘跨海的地铁过去,不过时间较长。一般认为长岛属于富人区,这也符合莫里斯的人设——他是我不折不扣的富翁朋友。和我认识的其他美国人不同,他从来不说他缺钱,总是跟我说他有钱,让我不要拒绝他的馈赠。

出了地铁,莫里斯已在站口等着我,载着我先去参观他公司,而后去他家。在公司他给我倒水的时候,我发现他手抖得挺厉害。他跟我抱怨说:"年纪大了,就越来越没法控制自己的身体。"我有些心疼。在东京机场时,我看到他坐在轮椅上被工作人员推着过来的时候被惊到了，问他怎么了，他说没事，只是累了。他才 61 岁，年龄并不大，生活条件优渥，人很善良豁达，头脑敏锐灵活，也不知道为什么身体却不是太好。

莫里斯每次到上海，都要去摩西犹太教堂募捐，却不肯把他的名字或公司名字写在上面。他告诉我说他做的是家族生意，不需要做广告。我了解到他经营的是会计公司，应该主要是给他犹太商圈的朋友们做账。犹太人也喜欢抱团居住，所以莫里斯家也在一个犹太人的聚居区内。他家很大，和我想象的豪宅不同，他家客厅到处摆放着世界各国买来的宝贝，整体显得有些杂乱。最让我震惊的是他的卧室，周围购物袋围着地面摆了好几圈，看上去好像都是梅格买回来但还没有拆开的鞋子，主卫化妆间上的护肤化妆品摆了有好几层，而卧室门口又有一个很高的架子，上面堆满了各种化妆品。我的嘴巴张大成了 O 型，脱口而出，"这么多东西怎么找得到想要用的呢？"他摇摇头说："别问我，我可不知道！"我想到在上海时，他就让我带着去买上海牌老手表，说他妻子收藏手表。现在看来，梅格大概是收藏所有东西，这场景还真令人咋舌！

那是一个特别的日子，平时莫里斯和梅格与 18 岁的道格同住，但那天他和前妻所生的大女儿贝丝（Beth）、小女儿安娜（Anna）都来了。尤其是安娜，她在莫里斯离婚后是判给他前妻的，所以不住在长岛，比较少看到莫里斯。我对莫里斯给我的一天行程安排不太了解，我只知道那天我会见到他所有的家人，一起出去吃饭，然后晚上叫车送我回家。我听他说贝丝已经订婚而且很快结婚了，所以除了给他的每位家人带了礼物，我还特地给贝丝准备了一条漂亮而有中国特色的真丝缎面围巾。莫里斯让我去参观贝丝的"shower"（有"淋浴"的意思），我觉得特别奇怪，但也没好意思吭声。贝丝兴奋地回头来问我："Does Chinese have shower?"（中国人有 shower 吗？）我心想这算是个什么问题啊？我们当然有"淋浴"啊！所以语气可能有点生硬地回答了她："当然有啊！"她非常诧异地反问了一声："啊，你们有啊？"说实话，这是一段当时让我丈二和尚摸不着头脑的对话。但是难题在几分钟后就迎刃而解了！

我们来到了一个很大的房间，贝丝的所有女朋友已经在里面等着了！每个人都准备了礼物，贝丝坐在前面，所有的礼物堆了起来，把她围在了中间。她开始一个个地拆礼物，一边拆一边尖叫，送礼物者就会站起来给大家展示，并说出她的祝福。原来，这是贝丝的"bridal shower"（新娘送礼会）！这里有送给贝丝的礼物，有送给她结婚后两人共同生活的礼物，还有送给她未来宝宝的礼物。结一次婚可真不容易，光仪式就有那么多个，我怎么能想到"shower"是指"bridal shower"呢？想来还真是形象，被礼物"冲刷"的感觉，是暗含沐浴在幸福中的意思吧！我后来跟贝丝说了声抱歉，告诉她是我一开始理解错了，中国没有这样的"shower"。她笑了笑，说她猜到了。哪国外国人学习另一国语言的笑话都会有一箩筐，我可以想象老外第一次听到"蚂蚁上树"这道菜时候的表情……

晚上，莫里斯带着我们去一家很好的意大利餐厅吃饭。刚坐下没多久，他人就不见了。过了好一会儿，我见他拿了一副筷子回来给我。我的天哪！他是怕我不习惯用刀叉，去隔壁日料店要了一副筷子给我！我都要哭了，他怎么就能那么体贴细致呢？说实话，在认识莫斯里之前，我对犹太人是有点偏见的。我曾带过一个犹太父女团，哎哟，这两人身上有着我们用刻板印象去评说犹太人的所有毛病，带了两三天，简直把我给折腾死了！而莫里斯，我后来想着，就是上天派来改变我对犹太人成见的天使！他仁爱慷慨，大度有智慧。当然，我对莫斯里也很好，虽然我带过的团不多，但是客人的评价都很高。在我第一次访美期间，我也受邀去了德州达拉斯的另一位客人家里。所以莫里斯对我既不吝赞美，也一直给予了我数不胜数的馈赠和帮助。他后来又有一次带着小女儿安娜到上海来玩，送了我四双耐克的运动鞋，让我觉得又惭愧又内疚。他却对我说："Angela，你不要自责。除了我妻子，任何人都不能要求我做什么，我做什么完全是因为我喜欢这么做，这么做让我很开心！所以你也要很开心才对！"我曾写信对他说，在认识他以后，我知道任何地域、种族、民族偏见都是不对的。所以，我一生都会致力于去消除我的"偏见"。

晚餐期间，莫里斯咳嗽得有些厉害，我和安娜很少见他，所以都格外关切。他的其他家人说他这是老毛病了，让我们不要担心。当天晚上我回到曼哈顿，继续我在纽约市内的旅行，莫里斯则早早订好了隔天后第五大道的晚餐和百老汇的音乐剧，接着请我吃饭看戏。音乐剧是莫里斯事先征求了我的意见而定的，我说喜欢看有很多舞蹈的音乐剧，所以他给我选了百老汇经典的歌舞剧"Oklahoma"（俄克拉荷马）。那又是我幸福而充实的一天：白天在大都会博物馆从开门逛到关门，傍晚和莫里斯一家吃美餐、收礼物，晚上坐在百老汇剧院的第一排正中间看歌舞剧！剧院散场后，莫里斯甚至给了我出租车费，让我打车回金哥家，他说他希望这是我完美的一天。我其实还是坐了地铁回家的，这一点也不妨碍2002年10月29日成为我日历上完美的一天！

如果一定要说那天有什么遗憾，就是莫里斯在看戏的过程中睡着了……他好像太累了……可能我还是太粗心了，尽管莫里斯自己不说，如果我能细心一点，我应该能够感觉到他的身体很不好。后来我才知道，他一直都有较严重的糖

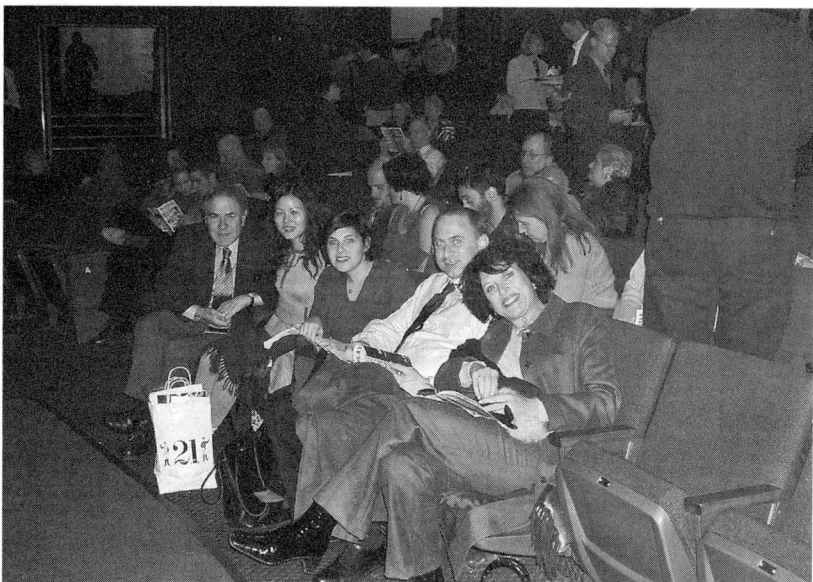

图 5-3 百老汇第一排正中的观剧者

尿病。2005 年他带着安娜从东京偷偷来上海时,梅格就勃然大怒,主要是因为不放心他。我 2009 年生完孩子后给莫里斯写信,才从贝丝那里得知,他于 2008 年去世了……但是这位慈祥睿智的犹太老人留给我的精神财富,我将一生铭记。

(三) 走起,天使颂

由于金哥给我提供免费住宿,我在纽约住了 6 晚,一直待到了 11 月 1 日才走。这中间,刚好就经过了美国最热闹最搞怪的一个节日:万圣节前夜(Halloween's Day)。万圣节前夜的前一天,我在金哥家看电视新闻时听说,纽约的万圣节游行是世界上最大的万圣节游行,已准备好次日热火朝天地展开。这可是千载难逢的好机会啊!我问金哥金嫂他们有没有去看过,他们说从来不凑这个热闹,在家看看电视就行了。这可是纽约的狂欢节啊!我当即摩拳擦掌,准备次日晚上去凑个热闹,第六大道,走起!

31 号我早早吃了晚饭,7 点不到就走到了格林尼治村(Greenwich Village)附近的街区。游行还没有开始,但沿路我都能稀稀拉拉地看到各种有趣的游行主题队伍正在准备。走到一个已经装扮成白色天使的小分队时,我特别想和他们拍张照。他们看着很祥和友爱,游行的标牌主题就叫"peacemaker"(和平缔造者),而且我的英文名字就是 Angela,有 angel(天使)的词根在里面,感觉特别契合。这么想着,我就上前请求和他们合影。他们热烈地欢迎了我,亲切地搂着我拍,还问我从哪里来,叫什么名字。当我说我叫"Angela"时,他们立刻就炸开了锅!"你就是为今晚的我们准备的!""难道你不加入我们吗?"他们七嘴八舌但几乎是不约而同地让我参加他们的游行。"我可以吗?""当然可以啦!我们就是个国际团队!"他们不由分说地把我拉了进去,给我披上白袍,装上翅膀,还把丁零当啷的东西挂在我头上!好家伙!这三下五除二的,感觉我就是个玩偶——这也太热情了!他们纷纷向我介绍了他们自己,原来还真是个国际团队:这里面没有一个美国人,都是来自欧洲和南美洲的小伙伴。难怪热情加手舞足蹈的程度又上涨了200%,阿根廷等在内的南美人占了半壁江山!现在,因为有了我,这个队伍就变得更加国际化了!"我们要做些什么呢?"我好奇地问道。"很简单,就举举标牌,发下宣传小卡片,跟观众说'peace'(和平)就可以啦!"就这样,我突然从一名游客变成了一名游行者,以更加激动人心的方式参与了这场世界上最大的万圣节游行!

图5-4 加入万圣节游行的天使们

走在第六大道的正中间,举着写有"和平"和画着和平鸽的牌子,踏着形形色色的音乐,我看到了想象的飞扬和世界的百态:女超人神奇女侠(美国一部热播了许多年的电视剧,后来也在不同年份被拍成过电影)从我面前飘过;弹着吉他的乡村歌手悠扬地边弹边唱;骑着独轮脚踏车、穿着苏格兰裙的特技人灵巧地从人群中驶过;一帮穿着女儿衣裳、化着浓妆的男士举着"Tolerance"(容忍)的牌子以冷艳的表情走过,估计是号召大家拥抱LGBT(是男女同性恋、双性恋和变性人的英文首字母缩写)的多元世界;红唇烈焰的梦露套上销魂的白裙优雅地坐在大卡车上,那卡车时不时地停下,从卡车上走下来的人便拉起路人跳起了摩登舞;顶着火烈鸟玩偶头像的行走该是比较累人的体力活,我不知道那位游行者看似柔弱的身躯下,能否戴着这长脖子加脑袋的装饰帽走满两小时? 十字架、吸血僵尸、各种鬼魅当然是万圣节前夜永恒的主题。有些主题很容易看出来,有些队伍纯属娱乐搞笑,还有些队伍主题则有点难猜。我和一位"怀孕"扮相的男士拍了照,我猜,他们的主题莫非是希望未来男性代孕,或者"我希望我成为可以生孩子的女人"? 很多游行队伍都会分发巧克力或糖果,因而比较受到周边观众的追捧,而我们的队伍只散发"小广告"、小名片,受关注程度有限。我们一边发,一边向路人念叨着"和平,和平",感觉就像传教士在祈颂。

哄哄闹闹、精彩纷呈的游行结束时,我力倦神疲但也还意犹未尽。和我的国际小伙伴们一一拥吻告别,我踏上了约翰跟我说过的晚上10点以后不可以坐的纽约地铁。这哪里像是半夜三更的地铁呢? 地铁上依旧很热闹,可能是因为刚散场的狂欢把乘客都留到了此时才回家。乞讨的黑人也像表演似的扯过一嗓子,号召大家向他"募捐",一个个车厢"演讲"过去,完全不存在近身的拉扯或碰触,甚至还颇有风度。在地铁站表演的艺人就更不是"乞讨"了,忽略摊在他们面前的帽子,他们可以妥妥地担当"自由表演者"的头衔! 对比白天被西装革履、行色匆匆的上班族充斥的地铁,晚上的纽约地铁更嬉皮活泼而随性恣意。大苹果(纽约一直被称为"Big Apple"),就是那么好看好吃(时尚多元)有风格!

三、华府,遇上不怕人的松鼠

如果说波士顿的偶遇和青旅让我感受了人在旅途的奇妙,"大苹果"的熟人接待让我体会了重回家庭的温馨,那首都华府的旅程就是两者的合体。在这里,我先体验了一家不怎么靠谱的青旅,又搬到了朋友的朋友家再做了一回"居家客",还被熟悉的小动物"戏弄"制造出了一起小"事故",以一种啼笑皆非的方式结束了我的独行首发。

(一)青旅再体验

与波士顿和纽约相比,DC算是个小城市,但首都自有它不一样的魅力,最主要它那条政治中心中轴线(国会山—华盛顿纪念碑)上汇集着的史密森学会下的所有博物馆(Smithsonian Museum)的博物馆带,早就成为我垂涎三尺的目标。在赴东部之前,我的美国同学早跟我强调了重点:DC的博物馆全部免费!这条博物馆带上,密布着重量级博物馆。这其中有当时世界上参观人次数最多的美国航空航天博物馆,展示美国历史和历任总统的国立美国历史博物馆,解读各种自然演化及自然界奥秘的国立自然历史博物馆……当然,还有白宫和中轴线两头那些地标性建筑,都是旅游者的必游。

我在DC订的青旅位置比波士顿的好多了,他们甚至报销了我从唐人街的汽车下车点到青旅的打车费用,条件是连住两晚以上。但是这家青旅的历史感比普莱差很多,装饰装修也远没有后者用心。第一晚住到半夜,又有一对法国情侣进来,我迷迷糊糊被吵醒,到第二天才发现这里的宿舍是男女混住的。当然很多青旅宿舍都是男女混住,这并不是我说这家青旅不靠谱的原因。青旅最大的服务及其亮点,应是总台的接待。好的青旅会有很热情很有活力的接待,而且他们提供的周边信息会让旅行者受益匪浅。可这家总台的接待就有点无力吐槽了。和我同住的,有一位新西兰的女士叫黑兹尔(Hazel),年纪有60岁出头了。我入住后一天就和黑兹尔结伴出行,总台姑娘居然问她:"你不是学生了,为什么还要住青旅?"这可是非常粗鲁的,相当于说,"你都很老了(不是青年了),为什么还要住青旅?"好在黑兹尔回答得非常好:"只要我一直在学习,我就是个学生。"

就因为黑兹尔的这句回答,我对她的第一印象非常好。她告诉我她是一名护士,因为(讲英语的)护士在许多国家都属于紧缺工种,所以她有机会在世界各国旅居并工作。她在巴黎待过八年,在维也纳待过一年,在意大利也待过两年……在我所认识的人中,只有外交官、国际组织工作者、户外向导会在各国各地旅居,我一直非常羡慕这样的工作和生活状态。当然,这种生活流动性较大,更适合单身人士。黑兹尔也没有结婚,但是她知足快乐。我们一起去了美国国家档案馆,一路上,我偶尔因为语言问题而出现呆若木鸡的情况,黑兹尔就会过来帮我解围。最有意思的一次,是我们去麦当劳点餐,服务员问我:"What kind of dressing do you want?"(你想要怎样的dressing?)当时我就傻了,以为我听错了,请她重复一遍。我确认我听到的词是清楚正确的,但是我实在不理解她为什么问我要穿什么衣服呢? 我又不是在服装店……黑兹尔跟我比画了一下,我马上明白了"dressing"是指要加在色拉或者三明治里的酱。类似可笑的事情还有很多,无论你在国内自认为英语学得有多好,实地到场后总会碰到很多新问题。不过这些都是小事,经历一次就懂了、会了。我的经验就是不耻下问,要是黑兹尔当时不在我身边,我就会让服务员来告诉我dressing是什么。

我在青旅住了两晚后,朋友艾琳(Irene)让我搬到她家去住。前一晚我特地去和总台打了招呼，说我第二天一早要走，需要退床拿回我的押金，他们答应说他们都会在。第二天上午，我等了一个多小时，总台接待却一直没见踪影。黑兹尔看不过去了，提出她把押金先给我，回头她再去把我的要回来。我担心会不会有什么问题，她安慰我说："放心吧！他们要是不肯给我，我就迎面给他们一拳！"她太可爱了，本来糟心的事儿，却因为她给我呈现的这个画面而变得淋漓畅快起来！

（二）沙发客又行

我要搬去同住的艾琳，是另一位素未谋面的朋友的朋友。我在波尔大学认识了一位学中文的美国朋友戈登（Gordon），戈登还认识其他一些中国朋友。艾琳就是其中一位，她在 DC 工作生活。当戈登听说我要去 DC 时，就把她介绍给了我。我刚到 DC 的那两天，艾琳也在下班后带我去了一些好玩的地方，我们到西班牙餐厅吃饭，还一起听了个免费的音乐会。"厮混"了两次后，她确定我是一个非常酷而有趣的人，这才邀请我搬进了她的公寓。

虽然艾琳是位中国姑娘，但是她出国很早，已经相当西化。那个时代念完高中就出国的人并不算多，她却是念完高中就去了瑞士，在瑞士读书加工作待了六七年后才到了美国。我认识她时，她在 DC 最好酒店的礼宾部工作。她的中国朋友很少，美国朋友很多，虽然她老家是无锡的，我却从她讲得缓慢的中文当中听到一股浓浓的台湾腔。因为在美国生活久了，而中国朋友又不多，她经常不知道一个词用中文如何表达——这点，和后来的我有点像，虽然我在美生活的时间不长，但我确实避免过多陷入华人圈，如我一个已回国的朋友所说："你在海外要是认识了三个中国人，你的英文水平就别想提高了……"虽是说笑，却很有些道理。毕竟，对不是长期定居海外的华人来说，要想最快提高英语、融入本地文化圈的方式，是多交当地朋友，多了解当地的民风和习俗。扎堆华人圈当然很方便，但舒适圈和挑战圈，从来都不是一回事。在美国见过到了很多年还不太会讲英语的，即便是高校圈或已毕业工作的读书人也是如此。如果不想融入当地的文化，那何必待在美国呢？回中国最方便，最舒适。

作为一种文化中间人，艾琳跟我从现象入手，解读了很多她所理解的中美文化之间的差异。说起她的台湾腔，她也不好意思地笑了。她说以前在瑞士，周围讲国语的就是台湾人比较多，跟他们一起讲中文后就形成了现在的口音。在艾琳家我并没有睡沙发，我和她共享了她的一张床，她带着我逛了逛她日常会去的娱乐场所，看她爱看的电影，体验了一种 DC 当地的未婚女士会过的休闲生活。白天，我是首次到华府的一位旅游者，搭上一日旅游通票的大巴，到各景点打卡学习,听讲解;晚上,我是这个城市的一名生活者,到餐厅吃饭,到舞厅看表演,到音乐厅听交响乐。作为生活在这里的居民,艾琳也经常去博物馆和图书馆,这也一直是我觉得生活在大城市的一种福利:文化资源丰富,文化生活永远不会单调。"沙发冲浪"(coach surfing)的乐趣,也正在于深入理解当地人生活,接地气而真实,不只是流于"touristy"(为旅游者服务的)的旅游吸引物,而是感受每个地方的人间烟火。

(三) 松鼠造烦忧

旅行的时候,"阳春白雪"和"下里巴人"我都不愿放过,就会导致我的行程总是排得很满,而我只能牺牲吃饭和睡觉的时间,去做我更想做的事情。我经常一天只吃两顿饭,尤其是参观博物馆,一进博物馆我就停不下来,往往要到博物馆关门才能出来。为此我一般会备点干粮,在肚子很饿的时候就啃两口。

因为 DC 的博物馆特别多,我白天啃饼干的时间也就多了。回印第的前一天,我从一个博物馆出来走向另一个博物馆,中间经过一片绿地,就有一只小松鼠向我走来。松鼠在美国很常见,我在波尔大学的家,每天早上都有松鼠从我窗前跳过,学校的草坪上也一直有松鼠在草间林地上跳跃攀爬。可是这只松鼠不像之前我看到的那些松鼠,它看到人不但不跑,反而向我迎了过来,古灵精怪的样子颇为可爱。我看了看自己,知道是手上的饼干发挥了作用,就蹲下来把手伸了出去,喂它吃饼干。结果,这小家伙大概是没有看到我手掌中间的饼干,直接对着我的手指咬了一口! 我本能地跳起来"啊呜"了一声,它啃松果的牙齿可不是白长的! 我的手指被咬出了血,它也被我的嗷嗷叫声吓跑了。我只好自认倒霉,拍掉饼干继续上路。后来我知道了,"不要喂食野生动物"是人和自然界动物相处的不变法则,不然不仅对动物不利,自己更可能遭殃。

本来我觉得这是一件小事,并没有放在心上。11 月 5 日,我为期 13 天的东部之行圆满结束,我坐飞机回到了印第。开车来接我的是希望(Hope)和她带来的香港留学生。希望是波尔大学认识最多中国学生的热心美国老人,她和她已退休的数学系教授丈夫利奥(Leo)经常为我们组织联谊活动。这次她就是带着正在学开车的香港学生来接我的,既练车又接人,一石二鸟。香港学生开车,希望就有了更多和我交谈的时间。我跟她汇报了这一路我的各种"奇遇",她就惊叹我"像王公贵族一样地被对待"。最后我说起了这件"遇袭松鼠"事件,她一下子变得非常紧张。"你有没有马上去流水处冲洗伤口?""没有,"我耸耸肩。"你事后有没有消毒过伤口?"希望追问。"没有,我什么也没有做。"我觉得希望有些大惊小怪。"安吉拉,你这样做很危险,你回学校必须马上到医务室去检查!"看她如此神情,我也不淡定了。"松鼠会传播很多疾病,不止松鼠,被任何野生动物咬了,都要马上处理伤口,这是常识!"我很汗颜。我承认,在这方面,我当时具备的常识远远不够。

回到学校一放下行李,我就往医务室跑。这是我在美国第一次也是唯一一次看病,但这经历也不亚于一次有趣的旅行经历。我一到医务室报告了我看病的起因,护士就哈哈大笑,这可能是她职业生涯第一次听到有人被松鼠咬吧!护士问完了,医生就出场了。这医生先详细询问了我"事故"的地点和松鼠的样子。我很迷惑于"松鼠长相"(how does it look like)这样的问题,所有的松鼠不都长一个样吗?接下来的一幕,让我终生难忘。他突然站起身子退后,歪歪扭扭地像打醉拳一样走了几个 Z 字步,一边走一边歪斜着脑袋说:"它看上去是这样的吗?还有,它是不是流着口水?"他比画着流口水的样子……我一个没防备,笑得差点从椅子上滚下来——这医生不演小品可惜了呢!我乐得张不了口,跟他摆摆手说没有。他让我先打一针 20 刀的破伤风,然后回家等他电话,等他打电话去 DC 查完记录,再来告诉我需不需要再去补一针 100 刀的狂犬病疫苗。

我怀着忐忑不安的心情回到了家。晚上,戈登来我家,我跟他汇报了一下我和艾琳见面的情况。他听说我被松鼠咬了之后,突然爆发出一阵狂笑:"原来你就是那个被松鼠咬到的中国女孩!"怎么回事,下午的事情,怎么这么快他都知道了呢?真是"好事不出门,坏事传千里"啊!这笑话真的闹得很大吗?我无奈地笑了笑,问他是怎么知道的。答曰:听护士当笑话讲的,很多人都知道了……

第二天,医生打电话过来了,说他打电话到 DC,查了近 20 年来所有首都的松鼠得病记录,都没有发现有狂犬病的,所以我不用去打那昂贵的一针了。如果万一有什么事情,也会发生在三天以内,三天以内没事我就没事了。我大大地松了一口气。又过了一天,希望发邮件过来跟我说,在常见动物中,只有猫、狗、老鼠、兔子四种动物会传播狂犬病,松鼠不会,意思是这个医生应该不够专业。这下,我彻底放心了!至此,东海岸之旅的全部遗留问题均告解决,我终于可以宣告,这是我独行侠生涯开始的一段完美标志性旅行!

四、评价与建议

出国背包自助旅行最大的问题,是语言和文化差异的问题。语言不精,交流不畅,深度体验就成为一句空谈。而学习语言的过程就是学习文化的过程,语言和文化的互渗如此之深,使得一门语言的精习者必得染上这种文化氛围下的共同习性,而在这种习性影响下的人又可以更自然地融入这种环境,与他人交流,更深度地理解文化及处在这一文化中的人。所以从这一角度来说，要做一名好的背包客，需要有文化人类学家的态度，学习当地语言，深入考察，用心比较和研究。

"工欲善其事，必先利其器"，尽管出国前我的英语能力已经非常不错了，很多老美甚至恭维我和讲母语的人差不多，但这只是他们的善意鼓励而已。我的"器"对于"事"来说，是永远不够的。对语言谦卑的学习态度和敏锐的捕捉能力，是旅行过程中时刻要保持的。"shower"和"dressing"的"新"词意在有场景对应的情况下，很容易被领悟，关键是要想学、会学。同样的道理也适合于文化和习俗的学习，接受、融入，才可能有背包客出入不同文化的随性和顺畅。从对拥抱礼的"排异"反应，到自然"拥抱"拥抱亲吻礼，我只花了一天时间，因为约翰使我真正理解了接受这一习俗的重要性。而我当时印度系主任的妻子，在美国住了二十多年后还不能接受拥抱礼，被其他朋友拥抱告别后瘫倒在地，私下被系里的美国同事诟病。

所有的"奇遇"都有其偶然性，也有其必然性。有了语言的"利器"，练就"沟通"的绝活，旅途中的陌生人就都能变成熟人。这世上本没有熟人，了解多了就成了熟人。因为最爱陌生人，因为能和陌生人成为朋友，我们便可以创造"奇遇"。当每一次大胆的尝试和努力，都会带来正向的"奇遇"结果，那么这种正向的循环，就会永远继续下去。

第二节　再战西北，驴伴左右

我去美国西北部（Northwest）的旅行有一些偶然性，触发点是我在我必至（Orbitz，旅游代理商网站名）上发现了从印第往返西雅图（Seattle）的航班只有140刀。因为对《西雅图不眠夜》这部电影的喜爱，我去了纽约帝国大厦的天台楼顶，再去一趟西雅图，这趟影视寻梦也就完满了。但好不容易去趟西北，我不能只去西雅图，美国西北可是很多人认为的最美区域。虽然美国人酷爱搬家，但汤姆说他从来没有听说过任何一个人搬去西北了以后再搬出来的。为了这个传说中最美的区域，我行走了一条复杂的路线：从西雅图坐火车到俄勒冈州（Oregon），再从俄勒冈州的首府波特兰（Portland）开车到西雅图。这其中又经历好些曲折，"麻烦"了好多人，也结交了很多新朋友。

一、出师不利，辗转俄州

2003 年 5 月 1 日一早，吉姆就把我送到印第机场。此行他把他的小姨卡罗琳(Carolyn)介绍给了我,我准备一到西雅图就转美铁去波特兰投奔她。登机之前,机场广播说我们的航班被闪电击中飞机尾部,正在抢修。邻座有个老美抱怨说:"我从 5 点开始就等在这里,压根没有看到什么闪电。"ATA（American Trans Air,环美航空）让我们都等疯了! 苦等半天的结果是,我们被告知原航班取消,乘客被分遣到其他各航班,经尚有空位的航班中转去各自的目的地。大家排起了长队,试图在疯癫中保持镇定。由于西雅图在去程上只是我的中转地,所以转签时我力图向工作人员说明我要去的是波特兰,但是由于航班晚点,我赶不上当天的火车了,所以请他们能否帮我直接转签到波特兰。不知道是规则不允许,还是工作人员没理解这其中的因果承接逻辑,我还是被辗转地送到亚利桑那州的凤凰城,再经凤凰城飞往西雅图,这比之前的航班要晚点九小时,而我前两天的计划安排因此全部被打乱。我不得不在机场给卡罗琳打电话,告诉她我延后一天才能到波特兰,而后给已预订了后几晚住宿的西雅图绿龟（Green Tortoise）青旅打电话,请他们给我当晚留一张床。

出师不利,但我也只能尽量往好的方面去想——至少继我的圣诞长途自驾游后,我又可以去到亚利桑那,从空中俯瞰美国西南那片不一样的神奇土地。在新墨西哥州和亚利桑那州的上空,我拍了很多照片——天气特别晴朗,这跟我前一次来的大雪弥漫形成了鲜明对比。当然我当时是无法预知我后来会到亚利桑那待上一年,这些场景成为再熟悉不过的风景。从印第到凤凰城,再从凤凰城到西雅图,我发现有许多乘客都是原计划乘坐那班被闪电击中机尾的 ATA 航班的"受害者"。从印第机场排队到凤凰城机场排队,从印第—凤凰城和凤凰城—西雅图的航班上,我和我前后左右的乘客们都会聊上半天,以至于最后抵达西雅图机场时,很多人下飞机时都跟我招手打招呼,感觉自己好受欢迎呢!

在凤凰城的机场转悠以及在航班座位上和左邻右舍聊天的时候,碰到好些有意思的人。有一位女士夸奖我是可以使别人的个性发光的（making other's personality shining）那种人;她还给我传授了一些购物经,告诉我哪些牌子是不贵但好穿的。在印第的机场遇到一位看上去有点像流浪汉一样的旅行者,他告诉我由于航班太早,他不得不在机场外面露营,把我惊讶坏了! 他好像很不放心我的样子,转机一路时不时地会碰到他,最后他一直护送我出西雅图机场。飞西雅图时坐我边上的男士,也是位本地人士,我先跟他聊起了我的青旅,说评价上讲其地理位置很好,但隔壁有家脱衣舞厅。他说是啊,整个西雅图就没几家,刚好那里有一家,但这不影响旅店客人的入住,西雅图治安很好。我们又聊起了他的家庭,我知道他结婚了便接着问他有没有孩子,他说:"没有,仍在尝试中,尝试很有趣。"我当时有点囧，不知该如何回应，只好笑笑。但是这句话给我留下了特别深的印象，这可能就是美式幽默吧，比较搞笑而直白。我在波士顿跟英国小伙克里斯就说起过美国人挺好玩，他不以为然地耸耸肩说："他们好玩但不机智。"见仁见智吧！美国人要是和英国人一样，也就不好玩了！

有了这些旅伴的沿途陪伴，我的空中转机航程不仅不寂寞，还颇为有趣。到西雅图时已是晚上，而入住绿龟时已近午夜。这旅程的第一天，也就成为名副其实的参观美国各地机场之旅：从中西部到西南再到西北，刚好在空中画了一个 V 字！现在回想起来，这也是预示着这段旅行会是一个"victory"（胜利）吧！

二、俄州美景，东道情浓

5 月 2 日早晨，我终于坐上美铁火车去往波特兰，这是我在美国第一次，也是唯一的一次铁路旅行。美国的火车慢而贵，不是一个很好的出行选择，但从华盛顿州到俄勒冈州的这段铁路一直沿普吉特湾（Puget Sound）行驶，能算上是景观铁路，选择它作为火车初体验很合适。前一天讲话太多，在火车上我总算安静了下来，其中之一的原因是，其他人也很安静。火车很空，一人一个横排座位，居然还有人在打毛衣，我就在火车上找了一本《路线导引》（Route Guide，火车上的小册子）钻研起了路线，车厢里一幅岁月静好的画面。

（一）迎接的感动

吉姆跟我说他的小姨是他见过的最慷慨最友善的人之一，所以放心大胆地把她介绍给我。一下火车我就体会到了吉姆这句话的正确性。卡罗琳到火车站接我，居然用中文的简体和繁体同时打印出"欢迎光临波特兰 Angela"的接待牌！细心周到的她请台湾同事把"寻人启事"提前打印出来，好让我一眼看到！她还送了我一朵玫瑰花，告诉我波特兰是玫瑰之城。这支玫瑰花，后来就一直插在我的座位旁边，让我闻香识人！果然是我的好姨！因为吉姆不会直呼其名的关系，我全程也一直把卡罗琳唤作"卡姨"（Aunt Carolyn），把卡罗琳的丈夫叫作"盖叔"（Uncle Gar），和吉姆保持一致。

由于前一天耽搁了行程，卡姨一上车就带我直奔目的地。原来，她已经提前请好两天年假，加上两天双休日，准备专程搭载不会开车的我去周游俄勒冈名胜，把我感动得稀里哗啦的！对于素未谋面的我来说，如此隆重的欢迎仪式加全包接待——司机、导游、全陪加包车、包住、包吃，这种待遇简直让我不敢想象！

（二）峡谷的柔情

在这个全年降雨天数超过一半的地方，太阳也以绝对友好的方式欢迎着我的到来。阳光灿烂中,我们沿着皇冠观景点景观驾驶路(Crown Point Scenic Drive)行驶,远远一直看到胡德山(Mount Hood)白雪皑皑的美丽半穹闪着光芒向我们挥招。这座被攀登数量居全球第二的雪峰(第一是富士山),简直就是俄勒冈的地标,它在前方和我们玩着捉迷藏,一旦出现在我们的面前,就是万丈夺目的景象。俄勒冈海岸本身就是太平洋沿岸景观路(Pacific Coast Scenic Byway)的一部分,这天中午我们虽然是往哥伦比亚河峡谷(Columbia River Gorge)的东部内陆方向走,但仍有纵横交错和互有重叠的景观驾驶路和历史道无数:俄勒冈步道(the Oregon Trails,19 世纪上半叶皮毛商打通的从密苏里州的密苏里河到俄勒冈州峡谷的步行或马背之路),路易斯和克拉克历史道(Lewis & Clark Historic Trail),哥伦比亚河历史路(Historic Columbia River Road)……人们在随处可见的山林河流里划船、钓鱼、嬉戏……诸多水岸生活的美好皆汇集于此,一瞥难忘。

整个这一地区都属于哥伦比亚河峡谷国家风景区(Columbia River Gorge National Scenic Area),我们的车就一直行驶在哥伦比亚河历史公路(Historic Columbia River Highway)上。据称这条全长 75 英里公路的沿线共分布着 77 条美丽的瀑布,其中包括全美第二高的马特诺马瀑布(Multnomah Falls),因此它被美国交通部指定为"全美明星路"(the All-American Roads)之一。我在没有任何思想准备的情况下,被这一路的美景惊得没了呼吸。沿途瀑布激流跌宕,幽林秘境丛生,蜿蜒大气的河谷纵横捭阖,胡德河山谷满目开花的果树也迷离人眼。大自然在这里代入了浓浓的艺术气质,令人屏气凝神的景色不仅是精神上的,也是身体上的——它们实实在在地把我的呼吸带走了!在皇冠观景点,我以完全沉醉又恍然大悟的语气跟卡姨说:"我终于理解 gorgeous 这词是怎么来的了!一定是因为这个 Gorge!"Gorgeous(无与伦比的美丽)难道不是以 gorge(峡谷)这个词为词根的吗?原来有了河流峡谷这样的景致,才成就了"无与伦比的美丽"!卡姨后来在她的个人网站上放了一张我在哥伦比亚河峡谷上的照片,她说,"不是因为这些外来客人的到来,时时提醒我们这里有多美,我们永远不知道自己(住在这里)有多幸运!"

卡姨是谦逊而知足感恩的,作为一名优秀的东道主,她当然熟悉这里的美丽,并且知道最美的地方在哪里。为此,她把我带上了整条驾驶路上的最高点——胡德山顶端的树带木屋酒店(Timberline Lodge)——这些百年老店总是坐落在最佳的选址,有着与周围环境最吻合的气场,成为最美的免费观景点。碧波泳池对着雪峰映照,日暮西山对映彩霞满天,卡姨让我把这座雪山最美的一面收藏了起来，并且始终念念不忘。

（三）宅屋的温馨

直到晚上，卡姨才把我带回了家，她为我布置了一间温馨的客房，盖着玫瑰花的床罩，床头放满了鲜花。原来卡姨最大的爱好就是园艺，她的后院里种满了各式各样的花，而西北多雨的温带海洋性气候，非常适合植物的生长。床头的花都是她自己种植、采摘、摆瓶的，她的个人网站就叫"'卡罗琳的后花园"，而我把她的房子叫作"花园之屋"（garden house）。我在她的花园之屋住了三晚，除了外面吃的几顿，每天早晚她都会为我做饭。盖叔负责维护家里的草坪和其他房屋的保养工作。他最大的爱好是桌球和高尔夫球，因此他们家有一间桌球室；后花园里除了花，就是修剪得很好的草坪，他和卡姨把这里作为迷你果岭，经常在此练习推杆。他们的屋内陈设也特别精致，和这对夫妻一样，给我一种如沐春风的温暖感。

第二天一早，我看到盖叔在屋前修剪草坪。除草机是坐着操作的，看上去就像个玩具车，我兴致勃勃地让盖叔教我操作，然后就驾着割草机开始"劳作"。我开得很稳当，卡姨在后面看着我，盖叔还站到前面帮我妥妥地拍了照。只是有一件事我们都忘了，就是教我如何停车刹车！屋前的这片草坪类似于一个小山丘，下面就是街区，垂直落差能有个两三米。我快开到边缘的时候掉不过头，于是开

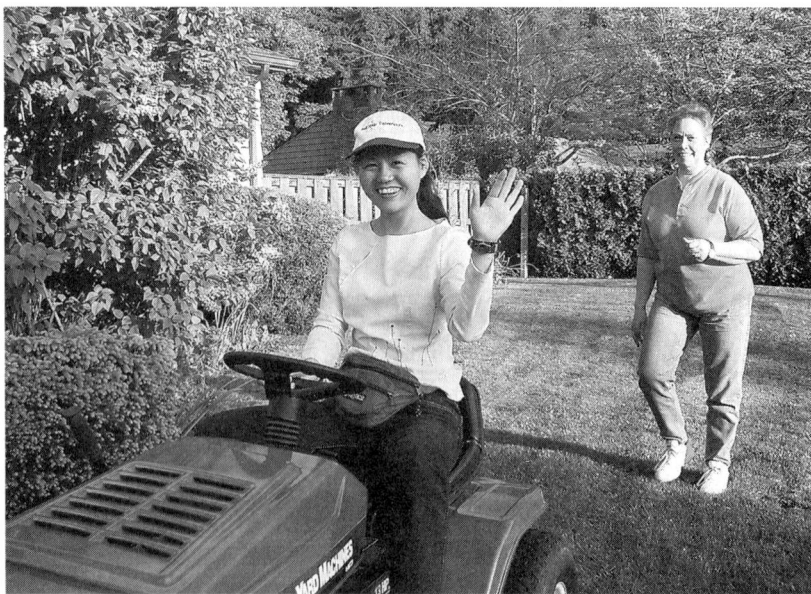

图 5-5　出洋相的除草能手

始大叫盖叔,眼看我再不下来就要连人带车滚下去,我只好赶紧跳下车来! 所幸盖叔及时赶到,把车弄停。大家长吁一口气,要是割草机掉下去,肯定摔得粉身碎骨,我这一天外出也别想有好心情了!

(四) 滨海的风雨

前一天晚上,卡姨跟我说她的日本儿媳莎娜(Shanaku)也会加入我们,一起进行俄勒冈101海岸线公路的路游。我很高兴又多一个伴儿! 这条西北部沿太平洋(Pacific Northwest)的景观驾驶路,又是一条全美明星路。迄今为止,全美总共只有31条这样的"明星路",它们是最具代表性的美国景观路。莎娜结婚不久,可能也没有去过这条路,即使去过,这条路也值得反复玩味吧! 我这么想着,边吃早饭边等莎娜的到来。

卡姨给我们安排的海岸线之旅是从北往南的路线。我们先从波特兰开到俄勒冈101最北头的起始点阿斯托里亚(Astoria),这里有一个巨大的阿斯托里亚石柱(Astoria Column),沿着石柱内部的台阶爬到最顶上,可以清楚地看到哥伦比亚河顺峡谷从东而来的秀丽壮美和汇流向西入太平洋的万千气象。阿斯托里亚是美国落基山脉以西的第一个移民聚居点,也是路易斯和克拉克探险路线的终点。科拉特索普驻地(Fort Clatsop)就是路易斯和克拉克国家历史公园的主要部分。所以,虽然我们常把西海岸的这条沿岸公路作为绝色景观路,它的历史价值也绝对不容小觑。事实上,入选"全美明星路"要符合六大条件之中的两项,风景、自然、历史、文化、考古、游憩的质量都是其评定标准。

温带海洋气候的特点是多雨,刚登上石柱露台的时候,还是阳光和煦、白云飘飘,不一会就成了风雨凄凄、阴云密布。后来,我们就一直在飘飘洒洒的阴雨中参观了科拉特索普驻地,在包括加农滩(Cannon Beach)在内的许多个沙滩上体会卡姨所说的"最典型的西北海岸天气"。烟雾缥缈中,看什么地方都像仙境。在带着我们游览的过程中,卡姨深情凝望着一片田园式的绿地屋舍,突然对我说:"这里像极了我在瑞士看到的景色!"好些年后我去了瑞士,深刻理解了卡姨的类比。我们所说的景观,一定是有人的因素点缀其中的,所谓田园牧歌,既要有牧(牛羊马群)也要有歌(人物房屋)。不知从何时起,卡姨好像从我的东道主,变成了我的驴友。看着我和莎娜在海滩边的礁石和枯树上蹦来跳去,卡姨也乐得合不拢嘴。重新发现熟悉环境中的旅行图景,重拾日常生活的新鲜感,应该是爱旅行、享受旅行的人时常会做的一件事情。

在这条美丽的海岸线上,分布着林林总总的特色餐厅,卡姨带着我们去了一家名为"18号营地"(Camp 18)的木屋餐厅,一听这名字就知道它要营造很"原

始"的营地氛围,连它的男女厕所都用木吊牌写着"Lumberjacks"(男伐木工)
"Lumberjills"(女伐木工)。卡姨推荐我们吃鱼,想来也是,这里又枕河又临海,
无论河鲜还是海鲜应该都是最新鲜的! 沿途另一站和吃有关的停靠点,也是我
们的最后一站,当然就是赫赫有名的蒂拉穆克奶酪工厂(Tillamook Cheese
Factory)。这是个典型的食品工业旅游地,免费参观,免费品尝,免费游览工厂
博物馆,车间全透明,让游客隔着玻璃了解生产全流程。等你从太妃糖、各种糕
点到冰激凌的终极产品看完一圈,自然会勾起无穷的食欲和购买欲。因为还没
有去过科罗拉多州的落基山脉(Rocky Mountain),我特地点了一个"Rocky
Road"(意为"坎坷崎岖的路",但"落基"也是 Rocky 的音译),结果发现这是一
个混合着坚果的巨无霸巧克力冰激凌。如果问美国有什么美食是点完不会后悔
的,那冰激凌当仁不让是我的答案!

(五)玫瑰的芬芳

经过近两天的路游,卡姨觉得也该让我"进城"逛逛了。因为在同济大学也
学过一些城市规划,我知道波特兰是城市规划史上比较成功的案例,尤其在摊大
饼式城市发展盛行的美国城市中更是如此。我和卡姨坐轻轨进出市中心,确实
感受到它的公交系统非常具有亲和力,我注意到轻轨上有专门安放自行车的装
置,这在其他大城市并没有见过,明显是鼓励城市骑行者的举措。

当天正值周六,卡姨就先带我去逛周六市场(Saturday market)。周六市场
是波特兰从每年 3 月开到平安夜的周末市场,售卖各种原创的手工艺品、艺术
品、音乐和烹饪食品等。它的独特性在于,它是美国最大的、持续开放时间最长
的手工艺品市场,市场中的美食区域还有主舞台,用于公开表演。威拉米特河
(Willamette River)位于周六市场的前面,把波特兰分为东西两部分。市场前的
汤姆麦考尔水岸公园(Tom McCall Waterfront Park)2012 年被美国规划协会
(American Planning Association)投票选为美国最伟大的十大公共空间之一。
我们去的时候是 5 月 4 日,隔天正好是墨西哥的五月五日节(墨西哥为庆祝击败
法国殖民军而设立的节日),公园里架起了摩天轮,这是为五月五日节和 6 月即
将到来的玫瑰节而设立的,这样的"游乐场"几乎是所有嘉年华性质活动的标配
了! 市场里有许多奇奇怪怪的人和街头表演,售卖者好像都身穿戏服一般,连去
逛市场的人好像都穿着有些嬉皮风格的衣服。"也许艺术家就都是这样的吧!"
我心里想,"一边'表演'一边卖东西,这样更好卖。"逛市场属于我定义的典型的
"下里巴人"活动,我每次逛当地市场,碰到的旅游者很少,外国人的旅游者更少,
是最能近距离观察居民生活的地方。当然,这个周六市场因为它的独特性,本身

也已经成了免费的"旅游景点"。我到主舞台的时候，上面正在进行音乐表演，唱歌、吹号、打鼓，很是热闹，底下还有人跟着跳舞，果然很欢快！

既然是和我园艺姑姑一起在玫瑰城，自然不会错过观赏波特兰具有城市标志性质的国际玫瑰竞赛花园（International Rose Test Garden）。这个超大（18 000 平方米）的花园里种植了约 650 个品种的 1 万多丛玫瑰，我们去时开得正艳。波特兰是个特别适合玫瑰生长的地方，它借此成名，也借此成市，一年一度的玫瑰节每年 6 月会在此举行，届时会有游行和选美。玫瑰园的外围地面上，类似好莱坞的星光大道，也印刻着历届玫瑰皇后的名字。盖叔这时也从家里赶来了，陪我走这条"玫瑰皇后大道"。我们来到玫瑰园高处的小山丘，在这里可以眺望到波特兰的市中心。我跟他从老虎伍兹聊到玫瑰皇后，他夸奖我是"充满生机的一个人"，这个表扬是如此受用，以至于我一直记到现在都没忘记！

为了表达我对卡姨和盖叔的谢意，我请他们到唐人街的中餐馆吃饭。去唐人街的路上，我看到一家安静清爽的店铺，名字叫作"俄勒冈制作"。卡姨告诉我，店里的东西从原料到手工 100％都是俄勒冈制造，我便饶有兴致地走进去看一眼。其实我在旅行中极少购置旅游纪念品，一因为没地方放，二因为花钱多，三因为去过的地方太多，觉得留在脑中的东西比买到手上的东西重要。我在店里看到一块用俄勒冈的原产木香桃木（myrtle wood）做的路线牌，上面有卡姨载我走过的沿海景观路，就多看了几眼，拍了一张照，又把它放了回去。没想到，卡姨后来把这块精美的木头买来当礼物送给了我！于是这块珍贵的木头被我从美国背了回来，至今仍安放在我家客厅，属于我为数稀少的旅游纪念品之一。不仅如此，卡姨临别前还送了我几枚玫瑰别针，兼职做玫琳凯的她，甚至在我回国前给我寄了一瓶玫琳凯的香水。2014—2015 年再访美国时，我和索菲娅带着孩子于暑期自驾行走了整个美国西海岸，重走了卡姨当年载我去过的所有地方。我们依旧住在了她家，索菲娅也连连感叹卡姨的宅心仁厚、体贴入微和慷慨大方。

选择在波特兰的唐人街请卡姨和盖叔吃饭是个明智的决定。波特兰的中国城属于历史老城（Historic Old Town），是国家历史地标（National Historic Landmark）名录中的文化遗产，具有杰出的历史意义。唐人街前的威拉米特河现在每年都还会进行划龙舟比赛。整个老城是波特兰最早的市中心，周六市场也位于这里。虽然后来这一地区逐渐成为波特兰流浪汉汇集的主要地区，但这并不妨碍它成为我旅行清单上必游的一项。事实上这里的建筑确实很有"异国情趣"，日本枯山水和中国园林"苏园"做得都比别处的唐人街更具原真性，难怪会成为保护建筑。这餐饭我们吃得也很尽兴，盖叔还坚持要由他来付小费，理由是我已经付了餐费。在越南当过兵的他对亚洲的记忆，全部来自当兵时的经历。一到"东方地界"，这些记忆便打开了闸门，跟我聊了很多。我邀请他们到中国来看看，到上海也可以住我家。礼尚往来，我多希望我有一天也可以回报他们！相比盖叔，卡姨并不健谈，她一直浅浅地笑着听我们说话。也许，她从来没想过要什么回馈，"赠人玫瑰，手留余香"，她从头开始就是这么做的——她才是我在这座城市中觅得的"玫瑰皇后"！

三、翡翠之城，室友同行

5 月 5 日，我离开了我在波特兰的家，卡姨带我去找雪松和汤姆。雪松是我在波尔大学时的房友，我们共享一幢大房子。她是北京人，也是我最敬重的女朋友。我对她的喜爱和崇敬，很难用三言两语写清楚，总之我遇见了她就知道了共产主义为什么会实现。她是个极其无私乐观、深重关切整个人类命运的人。她用一年就读完了美国本该三年读完的硕士，此前和此后，她一直从事与国际关系和国际交流相关的工作，还曾在纽约和巴黎的联合国教科文组织工作过较长时间。雪松从来不"旅游"，她的旅行在我看来都是探亲访友和商务出行，因为她没有"小我"，胸怀"大我"，访友和工作已经让她足够快乐。在我的鼓动下，雪松"第一次"准备抽几天时间出来"旅游"了。我们的"专职司机"汤姆也愿意陪我们一程。按照我们的事先规划，雪松和汤姆坐飞机抵达波特兰，我和他们在波特兰会合后，租车前往西雅图，路上游览圣海伦斯火山（Mount St. Helens），吉福品彻国家森林（Gifford Pinchot National Forest）和瑞尼尔山（Mount Rainier）国家公园，晚上到西雅图，汤姆还车飞走，我和雪松继续在西雅图玩两天，然后雪松去邻近的加拿大访友，我再待三天后回印第。

（一）大雾弥漫的国家公园

圣海伦斯火山是我很小的时候就知道的一座活火山，甚至是我很长一段时间内知道的唯一活火山，因为它在 1980 年喷发过，被宣称是美国有史以来破坏力最大的一次火山喷发，我还清晰地记得它在我地理书上的样子（照片），所以这段路游虽然只有一天，却可以说是我"蓄谋良久"的，只有借助汤姆这位"勤务员"的帮助，才能实现我的火山梦。当时我跟汤姆还不算很熟，但雪松和她很熟，所以同时搭上雪松和我，才不至于让他帮的这个忙显得太过分。本来我还特别想让他们一起去西雅图对岸的奥林匹克国家公园，但因为他俩都没时间，只得作罢。

因为见到了我的"老友"们以及饱含对当天火山行程的期待,和卡姨的告别才不会那么悲伤。从波特兰出发的时候,天气还不错。那时候还没有导航仪,所以自驾主要通过看地图和看路标来进行。我们都没有准备地图,因而我总疑心汤姆开错了路,或者说没有开到最佳路线。因为当地纬度已经比较高了,约在北纬 47 度左右,又都属于喀斯喀特山脉(Cascade Range)地区,有些路在冬天会封闭,但当时已是 5 月了,基本上所有的路都已开放,尤其是一些公园内的风景路,会是更好的自驾选择。也有可能是汤姆着急当晚 7 点要在西雅图机场还车,无暇顾及选择最合理路线,只要看到是标明到圣海伦斯火山纪念地(Mt. St. Helens National Volcanic Monument)的路,他就径直往前开。

虽然汤姆有免费搭乘达美航班的免费优惠,但他在美加的旅行也没有我想象的多。包括汤姆在内的许多美国朋友,很多时候都觉得我对美国的了解和对英语的掌握,比大多数美国人要好得多。比如,我刚上车没多久就告诉汤姆,在俄勒冈州,自己给车加油是非法的。汤姆像看着外星人一样看着我说:"你开玩笑吧!"他当然知道我不是在开玩笑,只是他无法相信在美国本土还存在着这样"荒唐"的事情。于是我就和他摆事实讲道理:正因为俄勒冈不让司机给自己车加油,必须由加油站工作人员服务,所以俄勒冈州的油价就比隔壁华盛顿州要贵。卡姨就不爱自己给车加油,常常由盖叔开车跑到不远的华盛顿州把车加满油了回去。再比如,生活在世界各地的以英语为母语的人,往往认为自己的英语是唯一的"标准"的英语,而对其他地方的"标准"英语置若罔闻。而我对这些差异却比较敏感,非常喜欢学习积累和对比回顾。为了增强旅途的知识性和趣味性,我经常会一路"考考"我的这些以英语为母语的驴友。一起开车去班夫时,我问汤姆,什么是"First Nation"(第一民族/国家),他说他不知道。当我告诉他"First Nation"就是指印第安人时,他惊讶地表示他从来没有听说过。"第一国家"其实是加拿大人委婉地称呼印第安人的说法,因为他们才是在这片土地上第一个建立国家的民族。从这点上来说,加拿大人真是比较低调、谦卑、注重他人感受的一群人,我这样和汤姆分析道。我的"驴友"频频点头,适时地穿插"讲课"总是会让他们觉得生动有趣!

沿着喀斯喀特山谷驾驶的时候,还是一片绿意盎然,但往山顶开去的路上,大雾开始笼罩起盘山路,雾和雪缠绕在一起,偶尔才能够看到露出大雾之上的雪峰。最触目惊心的是一排排被削去了树干的树桩,只留了残余焦黑的底座,在白雪的衬托下分外清楚。在海拔稍低、冰雪还没被覆盖到的地方,大片大片、东倒西歪的焦木在枯草上散落,许多山谷仍然是黑色的,应该是当时泥石流的堆积物。眼前的一切,和山下的郁郁葱葱宛如两个世界,让人深刻认识到20多年前那场火山爆发的威力。这一路上,我们停了三个解说/游客中心:圣海伦斯银湖游客中心(Mt. St. Helens visitor center,Silver Lake);柯德沃特山脊游客中心(Coldwater Ridge Visitor Center);约翰逊山脊瞭望台(Johnston Ridge observation)。每个游客或解说中心都侧重于不同的解说主题,从考古、地质、地理到社会和历史,约翰逊山脊瞭望台是其中位置最高的一个。我们在此观看了圣海伦斯火山爆发的纪实片,心有余悸地从解说中心的影院出来,走了一条半英里长的石砌路到山顶,观察对面主峰的熔岩流(lava flow)和熔岩穹丘(lava dome)。从解说牌和实景的前后对比可见,以前像富士山一样高耸饱满的穹窿状峰顶,在排山倒海般的喷发以后,凹陷成了火山口湖的形状,只是它的这个火山口(crater)里面没有湖。后来同游奥林匹克国家公园的迈卡(Micah)告诉我,火山爆发时他还很小,当时正跟着叔叔在附近露营,屁滚尿流地逃了出来。我当时就想,这怎么可能! 他们撤退的速度,难道能盖过熔岩流奔涌及火山地震所引发的泥石流倾泻的速度吗? 后来我分析,迈卡是俄勒冈人,应该扎营在圣海伦斯火山的南面,而当时火山喷发、地震引发雪崩、泥石流宣泄而下的主要在北坡。听纪录片和解说资料里讲,57人直接在火山喷发中遇难,包括当值的火山学家、摄影师和一些客栈经营者。整个西雅图有三个月笼罩在黑烟和火山灰之中,能见度接近为零。火山爆发造成了大量的经济损失和生物资源的损失,其产生的热能相当于1 600颗广岛爆炸的原子弹。

如果说我们在圣海伦斯的火山之旅还看到、学到了很多,那接下来的瑞尼尔山驾驶简直就是在一片茫茫的白火山灰中航行——到处都是大雾和积雪。我们从整个国家公园中穿过,却什么也没有看见,汤姆开车应该是惊出了一身汗……2015年我再去瑞尼尔山时,才发现那里雪峰湖光、绿草如茵之美好。作为喀斯喀特山脉的最高峰,它成为华盛顿州的形象标志,一点也不为过。

(二) 白云飘洒的艺术之城

好不容易开到了西雅图,汤姆回程,我和雪松来到了我西北行第一晚下榻的绿龟青旅。这是雪松第一次入住青旅,对她来说,高低铺的宿舍床体验非常新鲜。虽然她对我来说更像一个总能罩着我的“大姐大”,但难得轮到我给她介绍一圈周边,我也小有成就感。我们当晚吃的日本料理。要不是因为有雪松,我旅行时很少会这么“正儿八经”地吃饭,还吃那么饱! 第二天晚上,我们又在离青旅不远的一家北印度餐厅吃了我们都没有吃过的印度菜。当时杂七杂八多点了些,便打包回来放在绿龟大堂的冰箱里。不料第三天上午,等我们爬起来去找打包食物当早饭吃时，却发现冰箱里的东西不翼而飞了！雪松挺生气，说住在青旅的人看上去可不太好，随便乱拿人东西。我也很郁闷，感觉吃了哑巴亏，又总觉得有些蹊跷。后来，我在厨房遇到其他从冰箱里拿食物的人，就请教了一下她。她告诉我，如果你觉得食物是可以让其他人分享的，就直接把打包盒放在里面，看到的人都可以吃。如果食物是你留着要自己继续吃的，就要在打包盒上写名字，这样别人就不会拿走了。她还给我看冰箱上面还是旁边的一张简明留条，几个字大概写明了这个意思。原来是这样的规则，我们都没看到！我乐了，赶紧去跟雪松陈述了详情，我的青旅经验又长了一成！

西雅图是个充满艺术气息的城市，这也就意味着这座城市里到处漂泊着具有艺术家气质的人。我们在绿龟的第一晚就遇到了形形色色着装怪异的人，我感觉就像到了波特兰的周六市场。出了几身冷汗后，我们也就处之泰然了。不仅如此，我俩也成了这些"怪人"的一分子，凌晨 2:25 分，我们还在大堂里和这一帮人聊着天，还真是"西雅图不眠夜"！经过那么多天的折腾，我继续保持着我的"旅行兴奋综合征"。我们想了想，不是因为晚餐吃太多太饱、那个日本茶太浓烈，就是因为下午的星巴克咖啡劲儿太大、让人睡不着。西雅图是星巴克咖啡的起源地和公司总部所在地，虽然我平时不喝咖啡，但到了西雅图，还是要品尝当地"特色饮料"的。我们和这群"怪人"中的一个韩国人成浩（Sungho）成了朋友，他在这家青旅住了好几年了，据他自己称他是一位"画家"。

西雅图被称为"翡翠之城"（Emerald City），隐喻它终年被绿树森林环抱，这一名称也呼应了华盛顿州"常青州"（Evergreen State）的美誉。和旧金山类似，它的城市就像建在山上，每天走路就是各种上坡下坡，我把它称为"健身房之城"（gym city），只要你在这个城市走路，就不用到健身房的跑步机上去跑步了！和重庆不同的是，西雅图整体是对着海岸线逐渐"长高"的，越远离海岸线，就可以站得越高，看得越远，而不是一味地上上下下。我们因为经常在城市里跑来跑去，所以才会觉得这里有"山城"的感觉。后来我参加的"西雅图地下之旅"（Seattle Underground Tour）也充分证明了我这一论断的正确性。我们在西雅图的时候，天气都非常好，虽然算不上是晴空万里，却总是白云悠悠，和这个城市艺术家飘飘洒洒的气质颇为吻合。沿着城市高处走的时候，经常会有海鸥盘旋在周围，加上翡翠城到处的鲜花和绿植，诗意盎然。作为画家的成浩很有闲，也很单纯友好，他陪着我们从市中心太空针（Space Needle，世博会的遗存，西雅图的标志）下先锋广场（Pioneer Square）的绿地喷泉，一路走到据说是微软员工居住的安妮女皇山（Queen Anne Hill）山顶，在那里，可以安静地眺望整个西雅图鳞次栉比的市中心高楼和天外来客般的"太空针"。

西雅图是个热闹、怀旧而又前卫的城市，能把这些性格都凑在一起的城市，必定多元丰富。有轨电车、现代雕塑、街头表演、太空之针、码头游轮、普吉特湾、艾略特湾（Elliott Bay）、派克市场（Pike Market）、先锋广场、购物中心、微软公司、印第安人图腾……都非常有序地被放置在这里。我和雪松把所有这些元素挨个体验了一遍，又抱着试一试的态度去"掺和"了一把这个艺术之城的音乐：在"体验音乐博物馆"（Experiencing Music Project，简称 EMP），这个很受各大指南推荐的旅游者必看项目里，我们在"舞台上"（On Stage，馆内的一个体验主题项目）组建了一支乐队"Ladies"（女士），她弹着吉他我敲着鼓，我们狂唱"A Wild Thing"（一个野性的东西）嗨翻的时候，还真有一点点摇滚女郎的范儿！摄像捕捉了我们当时的狂野镜头，后来那张照片就被一直贴在雪松的卧室门后，到她离开波尔时都没拿走。我们共同认识的朋友西蒙（Simon）后来搬进了雪松当年的卧室，对我们的评价就是："你们看上去太假了！"（意思是我们一看就不是玩音乐的……）可惜当时没有翻拍，我们自己可没觉得假，就觉得很有激情！馆内的主题内容多样，互动参与强烈。从乡村摇滚到摇滚，从嘻哈到朋克，西北走廊里程碑（Northwest Passage，Milestones）展馆揭示了先锋音乐如何从主流文化的边缘进入大众视野。声音实验室（Sound Lab）里有自己可以亲手实践的电子教程，教授吉他、键盘、架子鼓等乐器的基础知识。总之，这个 EMP 大概是最能体现西雅图怀旧、前卫、热闹多元一体艺术风格的地方，不太懂音乐的我们不仅在这里扫盲，还能沉浸其中，乐在其中，特别神奇。

在城里两天的东游西荡很快结束了，雪松要走了。但一个丰富多元城市的好处就是，你总能发现它新鲜而好玩的去处。我在大堂跟人聊天的时候，有位欧洲的青年学生跟我隆重推荐了"西雅图地下之旅"的项目，说虽然它对学生来说价格不菲，但绝对值得一游。我当即就预订了隔天下午 2 点的行程，这是一场物超所值的旅程，也成为我后来一直奉为经典的项目。以后我上课讲到国家公园和历史遗址的"人员解说"时，都会用它来举例。解说员是位大学历史系的教授，做团队讲解完全属于他的课外兼职。他带着我们探索已经被封存的西雅图地下世界，从一个半世纪前的马桶说起，讲述了整个西雅图从潮间带的"地下"搬迁到"地上"的艰难历史。我怀揣"十万个为什么"的好奇心在这里得到了极大的满足，因为这样的解说员从来不背书，只讲故事，而且有近 1/3 的故事来自和观众的互动。两次去西雅图，我都能触动到这个城市的活力脉搏和自由气息，它毋庸置疑成为我在美国最喜爱的城市。

四、青旅怪咖，奥岛相伴

订好去西雅图的机票后，我研究了一下西雅图的周边，当时奥林匹克国家公园就一下子跳入了我的眼帘，"世界自然遗产"这样的抬头对一个教授国家公园课程的老师来说，无疑是夺人眼球的首选。因为汤姆和雪松没法和我一起去奥林匹克，我就得另觅方法。但直到出行前，我还一无线索。我想着青旅旅人众多，也许可以找到伙伴，就暂时把这个最想去的地方搁置起来，到时见机行事。我搜索了一下奥林匹克公园里面的青旅信息，只找到一家。我还特地查看了奥林匹克公园的开放情况，5 月初，它刚刚开放，看上去正是一个好时机！

（一）深夜敲门

尽管我一到了绿龟就去总台询问是否会有人愿意一起去奥林匹克国家公园，得到的答案却是否定的，因为那里离西雅图太远了：虽然车程只有 2 个多小时，但当时中间需要摆渡；而且，住青旅的人很少开车。从 5 月 5 日晚到 5 月 7 日晚，我一直在焦灼地等待，希望总台能有新的好消息给我，却是一场空等。5 月 8 日一早雪松就要走了，而 10 号我也要走了，我需要抓住最后的时间努力一把！于是，7 号吃完晚饭，我写了一张纸条："有没有人 8—9 号有空，我们可以一起结伴去奥林匹克国家公园。我可以负担来回的油费，我还有一张国家公园年卡，进国家公园免票。我住在 *** 号房间，有意向者，可以来找我。Angela"。写完我告诉留在房间的雪松，如果有人来找我就让去大厅。我下楼，把这张纸条贴在了公告留言区的黑板上。

我继续留在大厅跟人聊天，顺便再寻找一下有没有开车人士，可能可以结伴去奥林匹克。我碰到一位英国人，大概 40 多岁，说起他在挪威独自旅行三个月没有碰到一个人，最后不得不和蚂蚁说话，以防他的语言能力退化。我觉得他很有趣，就把我贴纸条找人去国家公园的事儿跟他说了，结果他嘲笑我居然企图在青年旅馆找司机，那是不可能实现的。我不以为然：首先我不觉得在青年旅馆贴纸条有什么大不了的，有事在公共区域留言是再正常不过的事情，你管我贴什么呢！再次，也是更重要的一点，我从来不觉得自己是在找司机，我只是在找旅伴而已！你出车我出油钱，也很公平，因为你也愿意去啊！我没有强迫任何人，只是在找跟我一样有兴趣去的人而已。我跟他争辩了一下，话不投机，看看时间也很晚了，我想我还是回到宿舍等吧，听天由命，我也尽力了！

我正准备边洗漱边等，却听到很轻的敲门声。门被推开了一小条缝，问安吉拉在不在。我心中狂喜，赶紧出门，看到一大一小两男生有点紧张地站在那里。

他们说他们看到了我贴的"小广告"，他们也很想去，但是他们明天有事情，要到晚上九十点以后才能出发，然后他们把我载到那里就回来，我要想办法自己回西雅图。我当时就听迷糊了，这是什么逻辑？"可这完全不合理啊！"我冲口而出，"你们为什么要这么做呢？"迈卡，年龄大点但是个子小点那个，指着另一位说："因为杰瑞米（Jeremy）后天有事，我们明天晚上把你送到后必须赶回俄勒冈（Oregon）去。"我头有点晕，我这是碰到活雷锋了吗？专程送我一趟去？"可是你们为什么要送我去呢？"看着迷惑不解的我，迈卡继续说："因为我们一直知道这个国家公园，我们也很想去，只要能够脚踩国家公园的大地，抬头望一眼里面的星空，我们就满足了！"我急了："但你们什么也看不到啊！"这黑黢黢的夜，他们能看到什么的，这能有什么意义啊？看他们有点坚持，我说我要去打个电话再给他们回复，让他们先回自己房间。我把事先准备好的奥林匹克那家青年旅馆的电话号码拿来，下去给旅店的主人打电话。我问他现在店里有没有客人，是否可能找到带我回来的客人。他说最近国家公园才刚开，来的人很少，基本不可能找到人回西雅图。我只好跑回去再找那两人，和他们说明情况。

敲开迈卡和杰瑞米的宿舍门后，我告诉他们，如果只是把我送过去，就不必麻烦了，因为我没法自己回来。看着他们这么想去，我就开始了我的游说："奥林匹克有世界上保存最好的温带雨林，也是联合国教科文组织评选出的世界自然遗产，这在美国并不多见。我就在中国的大学教授国家公园课程，你们去了不留下来看，会是很大的损失，会很遗憾。"我看他俩有点松动，就问到底杰瑞米后天有什么事情必须赶回俄勒冈。原来杰瑞米是一名大学在读的学生，因为明晚有事必须来西雅图，他不能参加原定明天的科目考试，老师特地为他推迟到了后天，给他一个机会再考。原来如此，总算理解了！我问杰瑞米，就给你一个人考试吗？他说是的。我就乐了，继续我的劝导工作："你看，我自己就是大学老师，我还比较了解这样的情况。你们老师反正是给你一个人考试，那么考试是后天还是大后天，已经不重要了。你可以给他打个电话，说自己后天回不去了，看看能不能在老师有空的其他时间给你考？"杰瑞米和迈卡商量了一下，觉得这个方案可行。当时已经很晚了，他们基本确定明天上午按照这个方案试一下，如果老师同意，就定下明晚跟我一起去，后天晚上把我送回西雅图后，他们再开车回俄勒冈。

第二天上午，杰瑞米跑来跟我说，我们当天晚上可以出发去奥林匹克了。我的兴奋不亚于他："你们老师同意了啊？""没有，他的办公室没人接电话，我给他留言了！"这个小鬼，现在胆子倒大了，早干嘛去了呢？后来我又碰到了那位英国人，告诉他我找到了旅伴，其实并不是我执意要和他炫耀，而是想告诉他心态不同,看问题的角度不同,得到的结果也不同。我就是不认同他"找司机"的说法。

(二)凌晨破门

8号晚上9点开始,我就在青旅等着这两位征召来的驴友和我会合。我提前打了电话给对岸奥林匹克半岛(Olympic Peninsular)上青旅的老板,告诉他我们晚上会到,但可能比较晚。10点多,他俩总算到了。他们所有的东西都已经在车里,我则把东西留在绿龟,只背了个小号双肩包。带上我以后,我们迅速驶入摆渡码头,11点多,我在轮渡上看着西雅图夜晚的璀璨灯火,心急火燎的心总算安定了下来。车从轮渡上下来到了奥林匹克半岛时,我才顾上好好和他们交谈。原来他俩是行为艺术家,当晚要进行一场行为艺术表演。"艺术家"在美国很多时候不是一种职业,也不需要像中文语境中的"艺术家"一词一样"上纲上线"到"……家",它只是指一些爱好艺术、从事艺术的人,不一定和谋生与成名有关。30岁的迈卡是一名社会工作者(social worker),而23岁的杰瑞米还是大四的学生。因为喜欢行为艺术,他们就从俄勒冈州到西雅图作了这样一场义务的表演。从前一晚到这一晚,一直在昏暗的光线或黑咕隆咚中见到他们,其实都没仔细看清他们的模样。从谈话中,觉得他们特别简单透明,还很有些害羞和胆怯,和我想象中先锋派的行为艺术家一点也不一样。

已经子夜,奥岛很少见到亮着灯火的人家,这两人一路走一路悬心地说:"这么晚了,大家都睡了,我们还要去青年旅馆吗?"我很有把握:"去啊!我已经跟老板都说好了,地址也是确凿的,怕什么!"这样的对话大概是重复了好几次,越晚他们越是打起了退堂鼓,不想往里开,只想就近找个住处,我则坚持我们的目的地是青旅。总算开到了地址所在地,已是近2点的凌晨,但是那所房子在黑漆漆的夜里看起来和其他民居没什么两样,完全看不出是座青年旅馆。这两人彻底退缩了,"这应该不是青年旅馆,我们还是在外面露营吧!我们有一顶帐篷,而且,好像知道你要来似的,我们还多带了一个睡袋。安吉拉,我们有三个睡袋,正好一人一个!"我不干了,岂有此理!都开到正确地址了,怎么就不进呢!"我才不和你们这些家伙露营呢!我要去敲那扇门,然后走进去睡觉。"我态度坚决。

我跑了过去,正要敲门,突然发现门一推就开了!原来门没锁!我让他们进来,我们一边摸索着找灯,一边听到迈卡说:"安吉拉,我们这属于私闯民宅,待会主人可能就出来拿枪向我们射击了!"我没理他,他俩胆子太小了,在我看来纯属杞人忧天,不是为了等我们,门怎么会开着呢?找到开关,我们打开了客厅和卫生间的灯。迈卡在客厅发现了一排会转动的架子,上面有各种各样的小手册,一看就是为旅行者服务的。他总算松了一口气,确定这是一家青旅。但是已经太晚了，虽然很想知道宿舍床铺在哪里，我们也不敢再去其他房间，怕打扰了主人清梦。于是他俩从车里拖出了三个睡袋，我睡沙发他们睡地毯，我们就在客厅里就寝。简单洗漱关灯，好不容易躺下，我突然听到他俩窃窃窣窣的讲话声。我好累好困，心想这俩家伙到底在搞什么名堂，都两点多了呀！就听到他们跟我说："安吉拉，有一只 skunk！"我顺着他们的方向往前看去，原来壁炉前面有只像猫一样的动物，大概是顺着外面的烟囱爬进来的，在来来回回地不知道忙着干嘛。我观察了一下，看到它应该是看中了一盘猫粮，但是可能知道有人在近跟前，或者是出于警觉，它没敢靠近，大概正在试探。这多大一点事儿啊！我从睡袋里面钻出来，光着脚径直走到猫粮前，把那个小盘放到了壁炉前，让那个小动物赶紧吃了走人。没想到这个举动激起了迈卡和杰瑞米的极大反响，不是因为怕动静太大，他们简直要鼓掌了："安吉拉，你太酷了！"哎哟，兄弟，这真的不算什么啦，我求你们赶紧睡吧！他们好歹安静了，那只 skunk 吃完饭应该也走了。我沉沉地睡去，直到大概是早上，有人把我们拍醒……

拍醒我们的是主人，我迷迷糊糊中被他带着走到壁炉旁边的那扇门后，那里有高低铺，我们爬上去接着又睡了一会。虽然还是很困，但是被拍醒换地方后，我基本就没睡着。起来吃早饭时，我好好审视了这家青旅。它果真是间两层楼的民居，只是主人把一楼的一间房间打理出来，放了几张高低床，就成为旅舍了。

图 5-6　海蚀柱上的杰瑞米和我

主人是个单身汉，养了一只猫，这只猫这天早上居然把便便拉在了地毯上！主人对我们说，经过一个漫长而清净的冬天，这只猫对突然到来的"喧闹"感到非常不满，这是它在抗议！有个性的猫，看上去和这家旅舍的主人一样有个性。迈卡跟主人请教了一下在奥林匹克怎么玩，熟悉了解了大致驾驶线路。主人建议我们先去海边的红宝石海滩（Ruby Beach），我的奥林匹克国家公园游便正式拉开了帷幕。

（三）近午挖贝

红宝石海滩是一片具有西北海岸特有的荒芜气息的乱石枯木滩，它的得名据说来自石滩上类似红宝石的晶体石,但我在海滩上时并没有看到。海滩上那些七零八落的枯木叫漂流木(driftwood),是从太平洋里被风浪带上岸的;那些海边的巨大岩石一概被他们叫作"独块巨石"(monolith),其实是风蚀和海蚀形成的海蚀柱(sea stacks)。初上海滩时还有几个人,后来整个海滩上一直就只有我们三个人,我们在海蚀柱间攀爬,横卧在漂流木上假寐,那两个俄勒冈长大的标准海洋男孩,还在海滩流溪中堆起了水坝,垒出了沙堡。我当时以为那条小溪是季节性小涓流,是临时降雨形成的。后来才知道,小溪有名字,叫作杉木溪(Cedar Creek),来自海岸森林中的 cedar swamp(杉木湿地),常年流淌。

迈卡和杰瑞米是快乐的自然之子,熟悉海洋,懂海洋,他们给我解读了很多关于海洋和海岸线的生物和地质。堆完沙堡,打完水漂,他们还带着我去找海蚀柱和礁石上的贝类和海星。我们找到了近海面礁石上的好几只海星,杰瑞米还把海星翻过来跟我讲解它们的器官。我也抓了一只海星,看完就把它放了回去,还亲吻了它一下……我们凑近礁石,他们从石头上扒拉下来几个贻贝,我这才像发现新大陆一样觉察到:原来这灰灰石头上密密麻麻贴着石壁的,都是黑黑的大贝壳!哇,我原来以为那就是礁石的颜色呢!瞬间我头皮都麻了,感觉像得了密集恐惧症一样,起了一身鸡皮疙瘩!虽说我在上海长大,但其实海和我的关系也没那么大,基本属于一个标准的城市女孩。除了旅游,我很少去海边,更不了解海洋和海洋生物。与他们相比,我和自然的关系太疏远了!我决心也要撬几

图 5-7 浪里淘沙的海洋男孩

图5-8　专心找贝的城市女孩

个贝壳下来，后来一想，把它们弄下来它们不就死了吗？算了，还是让它们待着吧！我观察一下就好！杰瑞米采集了很多不同颜色的贻贝，还把它们一溜摆在漂流木上，好像做展览一样。

我们在海滩上逍遥了好一阵子，直到肚子饿了才想起来要回青旅吃饭。回到青旅收拾好我们的睡袋，我发现老板把两位海洋男孩带回来的贝壳都蒸了……啊！这……还能吃吗？我特别惊奇！刚刚在礁石上的活物，原来是准备挖下来吃的啊？我很难把刚刚礁石上活生生的动物和眼前黑乎乎的贝壳联系在一起，我勉强尝了一个，总感觉它还在蠕动，算了，不吃也罢！后来再去海边，我发现青口贝之类的大贝壳就是很受欢迎的一道菜，可是我始终提不起兴致来。可能在我的思维模式里，好玩和好吃是两件不同的事情吧！所以我从来不爱钓鱼之类的户外活动，看到鱼咬钩的痛苦模样，大概我会对吃鱼也失去兴趣吧！

（四）午后雨林

我一开始劝说迈卡和杰瑞米来奥林匹克的时候，就是跟他们叨叨这里有美国大陆和世界同纬度地区保存得最完好的温带雨林原始森林。迈卡觉得我好渊博，就说很荣幸能和我同行来到这里。午后第一站，我们就来到了霍雨林（Hoh Rain Forest），走了一条"Hall of Mosses Trail"，意思就是"如同苔藓展厅一样的徒步道"。我们很容易被苔藓植物这样的词误导，会认为它是长在地上的，事实上，这里雨林中所有的苔藓都长在树上，就像给每棵杉树从头到脚穿上了一件毛茸茸的绿衣。这里是北美大陆上降雨最多的地方,当时也是我第一次去到温带雨林。在此之前,提到雨林,我只会联系到"热带雨林"。

迈卡在车上就一直跟杰瑞米提到要把兔八哥戏服(Bunny Rabbit costume)带着。我一直很好奇这是一套什么样的服装,在想是不是和他们的行为艺术有关。去走徒步道之前,他们就扛了一个大白塑料袋,在丛林深处时把这个道具服取了出来。原来是一套毛茸茸的连体服,和这个毛茸茸的苔藓步道倒是挺般配!迈卡帮杰瑞米穿上了连体衣,杰瑞米就跑到了林子里往外走,迈卡开始摄像。我灵光一现:原来什么加州发现的野人、尼斯湖传说中的水怪之类的"异形",应该就是这帮行为艺术家弄出来的吧?

本来我养成的行走国家公园的习惯,是先去游客中心,再边徒步、边看解说牌,和这俩家伙在一起,这些事情我一件也没有干,我的行为完全被他们"同化":我不仅没有"保持行走在徒步道上"(stay on the trail,是在美国国家公园徒步时要遵守的一项生态原则),还爬到长苔藓的树上去做了许多稀奇古怪的动作。现在想来真的有点反生态!有意思的是,可能因为公园5月才对公众开放,这偌大的一个雨林,我们从头到尾也没遇见一个人,宛如我们的私人包场!

出霍雨林时,我第一次留心到迈卡的车后面贴了一条大标语:"不是我的总统,不是我要的战争!"显然,他既不支持小布什,也不支持伊拉克战争。我跟迈卡的深入谈话,也就由此开始。迈卡跟我说他毕业于夏威夷大学,那是一个和美国本土学校非常不同的大学,岛上居住的主体居民甚至不是美国白人。他在那里交过华裔的女朋友,选修关于中国道家儒家的课程,接触过各种文化背景和流派的思想。他问我信不信上帝,我说不信,他说他信,但是他信的不是上帝,是类似于道家里面所说的"天道"。他不认同主流社会的价值观,比较排斥现代的科技和工具,痛恨一切社会的不公和剥削。基于这样的理念,他从来不和主流社会的人群打交道,事实上,他说我是他那么多年来接触的唯一一个主流社会的人(mainstream person),但因为我是外国人,所以他可以和我更自由地讨论问题。他非常感谢我以一个外来者的视角去告诉他我的视角、观察和体会。最可笑的是,他对美国主流社会是如此陌生,以至于我跟他说我接触到的印第安纳州的基督教教徒相信《圣经》上说的每一个词、每一句话时,他表示不敢相信世界上还存在着这样的人——因为照他看来,人们只是把圣经故事当隐喻而已。迈卡不用手机和电邮,他说如果不是需要开到华盛顿州来表演,他甚至不开车。他说他平时通勤主要靠走路和坐公交车。当我问他要电子邮件时,他说他几乎不用电脑,但是有一个别人的邮件地址,如果我需要,可以给他发邮件到那个地址,别人会告诉他。他从来不去沃尔玛，因为他说沃尔玛是靠剥削世界各地的廉价劳动力而赢取的利润，而他不支持这样的行为。听着他的描述，我觉得这有点类似天方夜谭！这样的"另类"在美国还能过日子啊！虽然很多年后，我问我加拿大的房东大卫，我属不属于西方人眼中的主流人群，他给了我绝对否定的回答；但跟当时的迈卡比起来，我简直太"主流"了！

（五）暮前滚雪

从雨林到雪山的路上，我们经过了又一个堆满漂流木的海滩，而后还有一个远看湖水碧蓝、近看湖色透明的新月湖（Lake Crescent）。我们刚到新月湖时，从草丛里面钻出来两位女士，把彼此都吓了一跳！迈卡问杰瑞米他们在干嘛，是在小解？那还用说呗，自然是在方便。这地方人烟稀少，景色隽秀，而且每个区域的资源类型完全不同，随处可以停车，消磨掉几个时辰。但随处可以停车的地方，往往只有大自然：湖泊、森林、雪山、海洋、溪流、草丛……唯独没有厕所……从美国西北部开始延伸至加拿大南部的太平洋沿岸区域，大概是我能想到的景观最多元的地方了，一天之内，从雪山冰川到雨林海洋，从温泉瀑布到溪流湖泊，我不知道地球上的哪个角落还能有这样的极致组合？无怪乎旅行手册和各种小册子在推荐奥林匹克时，都会用一个核心词——多样性（diversity），这的确是最能点明这个国家公园特点的词了！美国人对"世界遗产"这个词无感，但提起"国

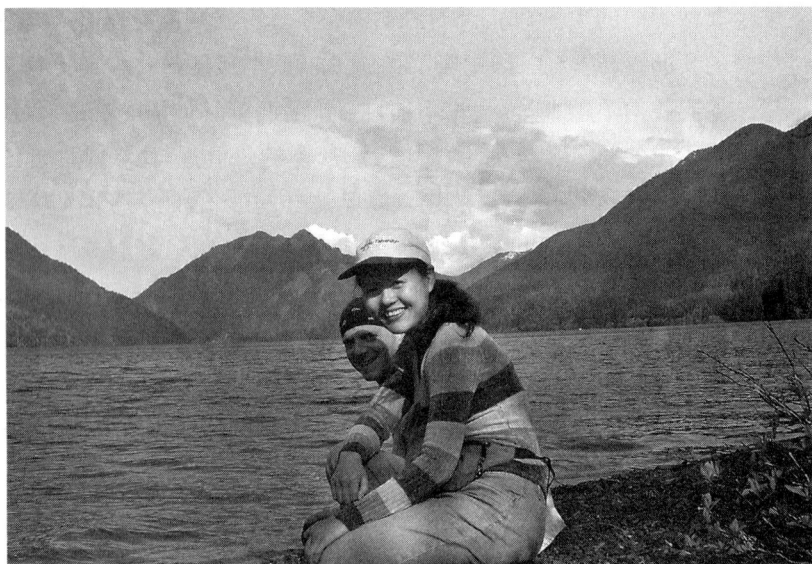

图 5-9　湖边发呆的迈卡和我

家公园"却是饱含深情。如果要挑选我在美国最爱的国家公园,必是奥林匹克国家公园无疑! 我爱大峡谷和犹他州的国家公园是因为他们举世无双的独特性,我爱奥林匹克国家公园是因为它举世无双的多样性。我们在湖边休息、晒晒太阳并发了会呆,我当时就开始回想并惊叹于这个国家公园一日之内让我领略到的万种风情。后来再有这种一日千里之感触,是在 2004 年的喀纳斯骑马徒步路线,但是那里的雪山不可登临,那里更没有海洋可以抒怀,可以多加一样的,是草原牧营、牛羊肥美。2015 年 7 月,我特地重返奥林匹克国家公园,花了两天时间故地重游,除了两位怪咖不在,雪山雪线上移,其他对风景的体验依然丝毫不差,甚至发现了很多更新的去处,对它的钟情可谓历久弥新。

车从湖区开往飓风岭(Hurricane Ridge)的盘山路上,我们碰到一头鹿。这里的鹿不怕人,应该是因为往年见人见多了,它还冲着我们的车走来。有了 DC 喂松鼠的经历,我看到野生动物都是敬而远之,除非当地人已经跟动物形成了和谐共处的喂养关系。奥林匹克的鹿好像比别的国家公园都要多,我2015 年第二次去的时候也碰到了好多鹿群,可能是因为这个国家公园 95% 的区域都属于野生地带(wilderness area,一种保护级别最高、人的干扰最少的自然保护区类型)的关系。从雨林到山岭,我们一直在上坡,周围的雪山绵延起伏,往山谷下看却是一片郁郁葱葱的常绿。在 2002 年到美国之前,我只在青藏高原沿青藏公路看过雪山,这里的雪山和我在青藏线上看到的雪山完全不同:那里的雪山陡峭,垂直落差大;这里的雪山位于高纬度低海拔,因而雪峰多起伏和缓,最重要的是,爬上这里的雪山完全不费吹灰之力,公园通往冰川山脉(Glaciated mountains)区域的路很好,车可以直接上山。哪怕是 5 月,只需下一夜的雪,第二天上来这里就是冰雪世界啦! 我们的车就停在了这样一个近在咫尺的冰雪王国外围。

由于夏天还没"官宣"到来,我们不被允许上冰川,但是,我们可以到冰雪世界里的雪地上打滚! 迈卡和杰瑞米此时又拿出了他们的兔八哥道具,这回是迈卡穿,杰瑞米拍。看着这两疯子从雪山顶上滚到山下很纵情过瘾的样子,我也开始蠢蠢欲动起来。我在山上做了一些拉伸,便以不容置疑的语气"命令"迈卡脱下道具服,我也要从雪山顶上"滚"下去! 我穿上从迈卡身上扒下的戏服,从理论上来说,只露出了两只眼睛。我大致看了一下山势,便开始翻起了跟头。这时我已经什么都看不见了,只感到周遭松软的积雪和自己压抑不住的笑声,天在旋地在转,人在没有遮挡的雪坡上像球一样无问东西,自由滚动,那种奔放和任性,只可意会不可言传!

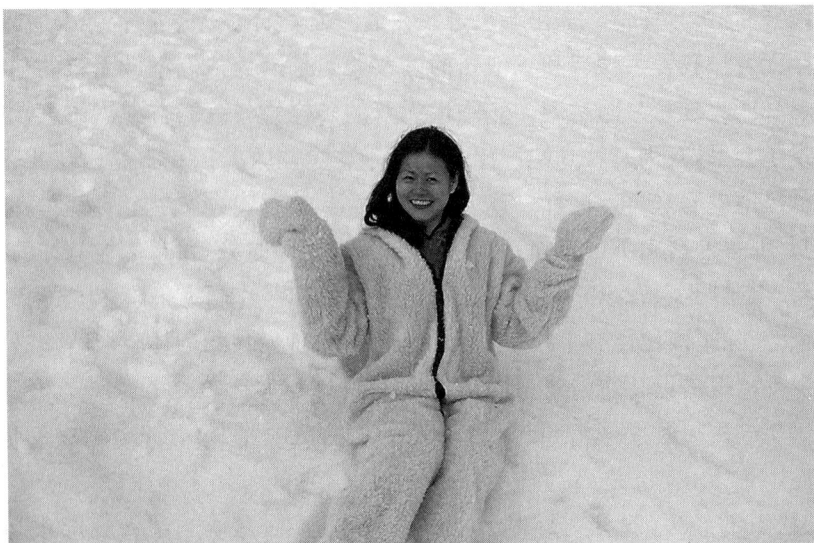

图 5 - 10 雪山滚落的兔八哥女

（六）晚归绿城

因为在各种"行为艺术"实践中结下的"战斗情谊"，我和迈卡下山回程时就聊得更欢。我询问他们在西雅图的"行为艺术表演"是什么样的，杰瑞米就找出了一些他们之前在做此表演时候的照片给我看。我认真翻看了一些照片，就觉得头晕恶心，加上车不停地在盘山路上绕大圈，我最终还是忍不住，拿塑料袋吐了几口。好不容易开到平路，看着车背后光线逐渐舒缓稀薄的太阳，我胃里舒服、心里也平静了一点，这才问他们表演的到底是什么？从照片上看，他们在一个巨大的仿佛是塑料袋罩起的膨胀圆球里，依稀可见罩子里的两人赤身裸体，其中一人目光绝望，手上、身上插满了各种管子，向外面探出了头、伸出了手……因为我看了几张就看不下去了，内心感觉恐怖和紧张，才会觉得恶心犯晕。迈卡说这是在表现人类的孤独和无助……人不是只在生病的时候才孤独无助，人其实一直处于这样的一种状态之中……嗯，我认真听讲了，我也明白它想传递的意思，但对后现代的艺术我经常理解不了……

既然他们都那么放得开，我也就放开问了。我问迈卡他是不是同性恋——似乎公认的，艺术家当中同性恋的比例比较高。我完全没有歧视的意思，只是随机看看这个比例是不是真的有这么高。他说他不是，但是他试过了，他并不喜欢。如果当时我嘴里含着一口水的话，听到这个回答就会直接喷出去！"是不是你什么都会去尝试一下呢？"我好奇地问。他想了一下说，他想要尝试一切没有尝试过的东西,但尝试的标准只有一个,就是不伤害到任何人。嗯,这个好像有点道理……我又问他,为什么要剃着光头戴耳环?他说光头代表简单天真和无所牵挂,耳环代表个性和自由,这个解读倒是挺符合他的特征,但这样的打扮一眼看上去好像就在宣告"我是个'怪胎'"。在青旅时我没看清楚他的装束,如果一早看清了,我可能也不一定敢跟他们出来了。和他们相处的这一天,我深切地体会到一个浅显的道理:不能以貌取人。这两个看上去形容怪异、个性张扬的人,实际上非常单纯善良、对他人感受极其敏感,从他们一开始说要把我送过来,到夜半上岛不愿打扰别人,都可以看出这一点。至于那个 skunk,我直到回到印第安纳才知道,是黄鼠狼的意思!原来他们是小心谨慎而了解动物的,他们之所以不敢大声讲话也没敢睡觉,是因为怕惊吓到黄鼠狼而导致它放臭屁。哎呀,当时无知无畏的我还真是毫无戒备之心!想来还是有些后怕,如果当时知道了skunk 的中文对应,我不知道自己是否还能表现得这么"酷"。

抵达轮渡站前,我们去一个加油站加油。当我们加完油上车时,迈卡问我有没有看到周围的白人见我们下车时的表情。我朋友对我最惯常的评价之一就是"没心没肺",我当然是没有注意到。迈卡说,因为我第一个下车,这个小镇上的人应该很少见到黄皮肤的亚洲女性,所以都略感吃惊。等到杰瑞米第二个下车,他们看到一个亚洲女性后跟着一个白人男性,更为吃惊。直至迈卡下车,他们发现居然还有一个白人男性,他们的嘴巴都张大了……我完全无感,"真的是这样吗?"我问迈卡。他再次表演给我看,并肯定地告诉我,这些地方的白人都很保守,别看他们平时嘴上不说,内心的种族偏见可不少。好吧!我一直以为,西海岸是美国思想最为开放的地区,原来半岛一隅还有那么多保守的人民。当然,也有一种可能性是迈卡过分解读,作为非主流人士的他,可能对主流人士也会抱有偏见吧!

在轮渡上再见暮色霞光中的西雅图时,我内心感慨万千。这一天一夜里,我不仅经历了多样自然,也体验了多彩人文。遇见迈卡和杰瑞米,是我旅途人生的又一段精彩的"奇遇故事"。他们的自然和率真,让我理解了"主流"和"非主流"本非泾渭分明,"非主流"不仅不是怪咖的代名词,还有可能是更单纯更清醒的一群人。人不可貌相,不要因为别人看上去"怪",就对人产生偏见,"怪"人也许正是可爱之人呢!

五、评价与建议

我在波尔大学的美国朋友经常说,为什么我认识的美国朋友都不是他们所认识的美国人？为什么我认识的美国朋友都比他们认识的要好？可能是因为我相信别人的好和善，也一直以自己的好和善来结交和回馈别人。每次出国访学时，我箱子的 1/4 带的都是有中国特色的礼物。我澳洲的房东太太说我是个魔术师，经常变戏法变出新的东西来。第一次去美国前我还不会做饭，硬是对着谷歌查菜谱，一道道学着做。只要我在曼西，每个周末基本都请人来吃饭，把"烹饪"作为我重要的民间"外交"手段，把了解别人和别人的世界作为我社交的主要目的，识人辨事，乐趣无穷。

当时波尔大学的远东项目主任，一直负责我们校际交流访学事宜的直接"上司"帕克（Park）博士，看到我厨房上下分列排开垒起的打印菜谱笑岔了气。我既不爱做饭，也不会做饭，但这世上本没有什么东西是天生会的，学了就会了，做饭也一样。自己做"中餐"是当时最节约、最便捷的表达个人友善和诚意回馈的媒介，通过吃饭和交流，我认识了很多朋友，而包括吉姆在内的朋友，又把他们认为的最好亲友推荐给了我，给我在美国的旅行提供了莫大的帮助。我不仅在波特兰全程住在了吉姆小姨像花园一样的家，还在盐湖城后半段住进了地理系教授克里斯（Chris）弟弟像动物园一样的家。当然，吃饭不是交友的唯一手段，但乐于把我介绍给他们的亲友和他们亲友的朋友始终是我旅行"滚雪球"式人脉的基础：在旧金山时莫里斯的青年犹太朋友、斯坦福大学校友尤金（Eugene）陪了我一天；到大湾区时我上海好友奥立弗的表姐一家招待了我，包吃包住带我驶上加州著名景观路 17 英里；去温哥华时我英国好友拉姆塞（Ramsay）的舅舅西蒙（Simon）"收容"了我，我们喝着啤酒，坐在沙发上聊天聊到了三更半夜；在贝灵翰姆（Bellingham）野人爸爸的好友汤姆（Tom）一家接待了我，让我累死累活的自驾路上终于可以什么事儿也不想、跟着他混吃混喝了三天……

相比亲友的亲友，我在旅途中新结交的朋友数量更为庞大。相比于迈卡不伤害别人的最大尝试原则，我在旅途中的交友原则是什么呢？以最大的善意看待别人，以最大的诚意相信别人，以最大的宽容接纳别人，以最大的真心对待别人，人在旅途，无人不可以为友。

第三节　滇西西南，奇遇不断

我在国内的背包旅行，生孩子之前基本以月为单位计量。国内长途背包旅行中，我去得最多的地方是云南，其中的部分原因是，我博士论文和一项课题的案例地在滇西北的虎跳峡。我的云南一漂在 2003 年，从昆明沿着滇西北线一路到德钦及雨崩村，最后返回昆明，历时近两个月；我的云南二漂在 2005 年，从昆明—西双版纳—保山的腾冲—德宏；历时 35 天；2006 年云南三漂，再次行走滇西北，并游走了滇东南包括元阳和建水在内的地区，历时近一个月；2013 年云南四漂，沿滇西北绕行川西南，从昆明到成都，历时 23 天。这四次滇漂中，第一次"捡到"一个并行很长时间的旅伴，第二次自始至终独行，第三次和第四次以调研为主，其中尤以第二次独行的行走路线最密最杂，一路结交故事最多最有趣，因此把这段旅程选作我国内背包行的"人间奇遇"代表进行描述。

我的云南二漂的最大特点就是历经迥异的民俗文化风情区，看了一路的大榕树加树包塔，拜了一路的上座部佛教寺庙及佛塔，访了一路的傣族、景颇族、布朗族、爱伲人少数民族村寨，受了一路的同伴老乡的热情相迎和恩泽福祉——每地有"奇遇"，导致我在选择哪段行程、哪些旅人作为我描述重点时颇费踌躇。最后我将有突出人物主线的旅程放置一处，把没有核心人物、但有各种交集的其他"人"的故事汇集在"边地行走"的最后一部分，以人物为主、时间为辅，叙述本节内容。

一、版纳会议，榕树结缘

2005 年 7 月初，博士一年级的我第一次独自参加的旅游学术会议，是由中山大学主办的在西双版纳傣族自治州州府景洪召开的国际会议。会议结束前，我就先看好了几个周边可以连点成线的目的地，但西双版纳和滇西北很不同，可能是以接待团队客人为主的缘故，当时的景洪并没有公交线路直达我想要去的地方，只能包车前往。我想既然有那么多国际学者参会，肯定也有想留下来顺带一游的参会者，于是就询问了一位前来听我分组汇报的澳洲学者梅尔夫（Merv），恰好他的澳洲同事罗伯特（Robert）很有兴趣，我们就约好了会议一结束就包车两天去打洛镇看独树成林，去勐海县看景真八角亭……事实上，罗伯特也没详细听我分析我们的游线，他觉得在正好有两天多余时间的情况下，我定去哪里都无所谓，而且他坚持由他来出车费，因为他说我已经是他的免费翻译兼后勤，付出了劳务就不需要再出车费。天上经常"掉馅饼"，我也就接受了他的这个安排，联系好车辆，只等出发。

会议结束那晚，几个老外学者约着我去酒吧聊天，我也就去了。在酒吧碰到一位英国学者凯文（Kevin），听说我要和罗伯特一起出去两天，他笑得前仰后合，让我答应他一定要写邮件告诉他这个旅程的后续情形如何。我觉得他笑得很诡异可疑，但提出的也不是什么大不了的要求，耸耸肩便答应了他。罗伯特是位印度裔的教授，讲话有点像开机关枪，除此之外，也暂时还没有什么可笑之处。我一向觉得自己对人的包容度很大，再说他和梅尔夫是时间上和我最匹配的学者了，除他们之外，其他学者都是开完会就走了，我也没有更好的选择。后来我也如我所允，写信给了凯文，并和他保持了联系。后来我才发现凯文是国际旅游界非常有名的一位学者，最巧合的是，他是国际背包旅游研究小组（后来改名为自助旅行研究小组）的组长，我曾写信问他要过他主编的一本背包旅行研究专著，他当时直接把他编完的 WORD 版发给了我，让我欣喜若狂！当然，这都是后话……

7 月 10 日，我如约来到罗伯特和梅尔夫的酒店门口，却发现多了一位小女孩。罗伯特跟我介绍说，这是当地的女孩范范，前一天晚上认识的，反正车上还有空座，这两天就让她和我们一起去考察。后来我听路上梅尔夫跟我介绍，我才了解到，范范前一晚到他们酒店，挨个房门敲过来，找老外练英语口语，罗伯特因此而认识了他。景洪是个不大的城市，国际会议一开，拉了横幅，范范知道老外都住这个酒店，就找了过来。说实话，当时她这个举动很让我吃惊，梅尔夫也跟我说："如果她是我女儿的话，我会杀了她！"当然他形容得非常夸张，他不认可这样"疯狂"的行为，确实会有一些安全隐患。但遥想当时在景洪能这样大比例遇见"老外"创造"英语角"的机会很少，她的举动虽然反常规，但也可以理解。我和范范也聊了起来，她高三刚刚毕业，正在服装店打工。罗伯特邀请了她，还说服装店那里如果请假有损失，可以把工资补给她——这个细节我是很多年以后才了解到的。所以，我对人的直感还是很准确，虽然罗伯特机关枪式的讲话和经常跳转的逻辑是很奇怪，但他本质上是个非常善良体贴而慷慨大方的人。

之后的一路，就是我去逐步体会和解读凯文那前仰后合狂笑之含义的一路。罗伯特就像唐僧，一路嘴巴不停地开始抱怨：他说西双版纳那么热，我们为什么还要在这里度假，简直就像在印度。我们去野象谷的时候，他说他来自印度——大象之国，为什么还要不远千里跑到西双版纳来看大象；而且，野象很危险，我们来看野象岂非自讨苦吃。当我们在野象谷索道加爬山转了一圈出来，一只野象也没看到的时候，他说都没有看到野象，为什么还要付门票来这里，这里就是一场骗人的把戏。去到独树成林的时候，他说这有什么好看的，榕树不都长这样。上到南糯山茶山的时候，他说开这么久上山，就是为了来看几家装上太阳能的民居的吗？少数民族都去了哪里……大哥！少数民族也可以用太阳能的好吗？"独树成林"这棵大榕树可是长了九百多年，你在哪里见过榕树都长那么大，覆盖这么辽阔呢？我也懒得反驳他，只当这只是他讲话的一种方式吧！早有凯文的"预防针"在先，还有可以经常交流的梅尔夫在旁边，加上范范也分担了相当一部分罗伯特的"炮火"，他的"紧箍咒"这回对我并没有起太大作用。我只是好奇，梅尔夫是怎么能够一直忍受他的"碎碎念"的？我猜，大概是习以为常，如沙僧一般任劳任怨……对范范来说，这还倒真是一次实打实的练习"印度英语"听力的机会，因为罗伯特真的是不知疲倦地说话，像"机关枪"加"轰炸机"！

图 5 - 11　南糯山茶山的"唐僧"和"沙僧"

当然，最终回到景洪结束两天行程的时候，罗伯特也说了一箩筐的好话，感谢我在版纳最初的提议和一路的陪伴。他是一个很有特点的人，他的唠叨很容易吓跑一大堆人，但是你和他深入接触就会发现，他比大多数的人都要真诚，他助人为乐的精神被隐藏在看似负能量的"神奇"抱怨中，可能如孩童一般的"直言"和宣泄过后，他任何的不快也就烟消云散了。2008 年我访澳时，曾短暂停留墨尔本，罗伯特特地很晚赶过来，给我送了一盒巧克力。着手写作这一部分时，我重新联系上了已经换过工作单位和邮件地址的罗伯特，他在 63 岁时由于腕管综合征不得不退休了。现年 73 岁的他，疫情前每年都会回一次印度并住上一两个月，2014年之前，他和梅尔夫还常合作论文。他谦卑的文字依旧充满了感恩和祝福。

一段旅程让我们识人，不仅让我们"认识"人，更让我们认识到人性的多面。很多时候，我们太多关注表面，而会忽略"内里"；我们太多关注那些"可爱"的人，而没有发现和我们完全不一样的人的"可爱"之处。旅行的意义，就是让我们识人千面，接纳差异，理解不同。

二、傣家村寨，小妹有爱

在和罗伯特相处的第一天里，我和范范也成了朋友。第一天晚上送罗伯特和梅尔夫回酒店后，范范就带着我去吃香的喝辣的，因为那两位是无法消受这种"口福"的，他们怕吃完肚子不舒服。第二天范范因为要上班，并没有参加我们的活动，但是我依然在她下班之后约了她吃饭，一起用胃来"探索"景洪。版纳酸酸辣辣的食物很有特色，很多吃饭的地方也有特色。范范拉我去了江边的船家，跟我讲她的人生故事，听我说我想去看傣族村寨，她突发奇想地要带我去她同学的村子看看。这一拍即合之下，即有了我后来的曼庄些—曼景保之旅。

范范上班的时候，我自己去了曼飞龙白塔和民族风情园，加上之前跟着会务组考察的热带植物园和傣族园，我对傣族的风情、宗教和植物也已知之一二。等到范范休息那天，我和她坐着公交车，来到她傣族同学玉丙的家中。范范是汉族人，而且生活在城市，玉丙的家则是我以前上《导游基础知识》时讲到的干栏式建筑了：吊脚楼的下面养牲畜，上面住人。我去玉丙家的时候，他们楼下虽然悬空，但是已经不养猪了，应该是因为养猪味道太大，另辟了其他地方。

玉丙带着范范和我，去她家的杧果地里摘杧果，在这之前，我既不知道杧果长在哪里，也不知道香蕉都是生青的时候就被摘了下来。她们村很平坦，没有看到坡度大的梯田，平地上的水田倒是不少。我们采了果子坐到玉丙家里吃，玉丙的妹妹也来了。我就问她们跳不跳舞。可能我这问题属于废话，傣族姑娘就没有不跳傣舞的，玉丙当然也会跳，我就拉着她要深入学习"三道弯"、孔雀舞。玉丙很大方地教了我，我想来而不往非礼也，就说教她跳街舞，还比画了起来。她开始不好意思起来，没跟着我跳，大概这种粗犷的风格，傣族女孩接受不了……她说过年过赕（佛教节庆），她们都会跳舞，难怪傣族舞是中国的五大（少数）民族舞种之一，就是有全民擅舞的群众基础。

每个傣族村寨都有寺庙，寺庙宽敞通透，脱鞋而入，四面来风，十分安逸。寺庙中间供奉着释迦牟尼佛，稍微讲究一点或者规模大一点的寺庙，周围还会有壁画。在版纳周游了一圈村寨、寺庙、白塔和榕树的结论就是：这里的县镇都姓"勐"，村寨都姓"曼"；榕树都落地生根能长成规模不等的树林；那些释迦牟尼从出生到涅槃的故事都画在了寺庙四周，比汉地大乘佛教的寺庙表达更直白浅显而色彩丰富；白塔金塔周围总是生出大大小小的好几圈小塔，好像塔宝宝一样把母塔围在中心。玉丙住在曼庄些村，我们在村里逛着逛着便逛到了邻近的曼景保村，那里有好几口漂亮的古井，仍然一直在用。我问玉丙，村里会不会有游客

图 5 - 12　曼庄些的姊妹俩

来，出乎我的意料，她说有个老外，几乎每隔一两年就会来看这里的村民。我估计他是像我一样的访客，随便乱转就游到了这不是旅游地的"旅游地"，和这里的村民建立了感情，便要经常回来看他们。

玉丙的妈妈和她们姊妹俩都穿着筒裙，回到玉丙家的时候，她爸爸妈妈已经在忙着做饭了。不像很多西南少数民族地区做饭在一楼，用火坑；吊脚楼的生活区域在二楼，傣家做饭睡觉都在二楼，二楼的主要铺地是竹子，非常凉快。玉丙家相当于"客厅"和"卧室"的地方都还加铺了一层塑料光面地板，赤脚而入，就像榻榻米。厨房区域另砌了砖柱和灶头，用于架锅烧饭。虽然 2000 年我也去过苗寨的吊脚楼，但当时被站在家门口的苗家小姑娘邀请进去只是匆匆一过，没好意思看真切。这次是我正儿八经第一次在吊脚楼做客，是一次真正的非舞台化的"家访"。吃饭时，我问玉丙还准不准备复读，她说她准备在景洪找工作了。

好些年后，范范在领英（LinkedIn）上找到了我，我才知道她复读后考上了英语系，毕业后做上了生咖啡的贸易。当时她竟然已到了上海工作，互加微信后有一天发现，她是我堂弟所在连锁餐厅的咖啡供应商！我堂弟好奇地问我怎么会认识她，我回顾自己十数年前在版纳的"奇缘"，不禁感慨世界如此之小，人生何处不相逢！范范后来在新加坡工作了好几年，我和范范曾在上海见了一面。当年的小姑娘已褪去了青涩，成长为活泼开朗的职业女性。通过范范我也找回了玉丙，她在景洪开美容美甲店，也比当年更加漂亮成熟，已经成为两位大眼睛女孩的母亲。范范跟我说，如果不是因为有罗伯特和我的鼓励，她不会下定决心复读并最后考入大学，她的整个人生轨迹也就完全不同了。罗伯特还在她复读时资助了她一些钱款，支持她实现自己的大学梦。范范说罗伯特是她人生中碰到的、对她无条件好的"陌生人"。一个当地姑娘、一位外国学者和一个中国学者的人生轨迹就这样通过一段旅程交织在一起，改变了这位当地姑娘的命运，回想起来也颇为奇妙。

三、望天树廊，考察团游

在曼景保的时候，我并不会想到我在版纳的傣寨"巡游"还远没有结束。在景洪稍做停留后，我又往勐腊方向走去，其中部分原因，是因为我指导的第一篇本科优秀论文就是写勐腊旅游的。彼时也就比我小两三岁的剑锋是福建人，在我的鼓励下"闯荡"到了云南实习，并且有了很多奇遇。我们后来的关系一直很好，云南成为他一生的挚爱，他由此也做起了普洱茶的生意并成功经营至今。剑锋说他在勐腊的丛林中，走进了桃花源式的老挝村寨，我便也想去一探究竟。我在勐腊并没有走到"桃花源"，却也开启了另一番奇缘之旅。8月返沪后，我把这一段旅程用"戏说"的文字形式记录了下来并群发了出去，现在看来也饶有趣味，姑且放在此处作为背包体验的即时文本和"历史记录"吧！

▶ **2005 - 8**

♯戏谑云南二度漂——我的蹭吃蹭喝篇♯

此番远行滇西南，实借版纳开会之名。会议结束之后便有了滞留的缘头，天马行空地开始了我的云游生活。当周行至版纳州勐腊县的望天树景区时，遇人让我填写调查问卷，反正闲坐等车无事，我便信手写来，洋洋洒洒涂涂鸦鸦，估摸着废话不少卷面不够了，才罢手奉上。跷着二郎腿思忆片刻前独步八十米世界第一树冠走廊之豪迈——忽风雨凄凄兮飘摇，忽日出灿灿兮暴晒，在神经质到不可思议的热带雨季，我亦步亦趋、略带窝囊地在前不见古人、后不见来者的雨林高处行走——蛛网遮面不及摘除，雨伞变形无暇搭理，只在颤颤巍巍百骇之中，腾出一只手来反复检查腰际阵阵刺痛处——竟是一只大黑蚂蚁上身啃肉，孜孜不倦地已可见血斑牙印——何等机缘，才能修得蚂蚁上我这腰间来耕耘啊，幸甚幸甚！——可惜身在柔弱无骨的吊桥，无从施展我致命的踩脚踩虫功，只得轻柔地将它弹起,送它坠入那林中之渊、去往七级浮屠极乐路。正回想这些英雄气贯长虹的片段时,暴雨倾盆,咋舌长吁,庆幸险逃英雄变狗熊的落汤之役!

舌头尚未伸回之际,有人投石问路——原来先前的问卷有了反馈,来人询问英雄背景以解心中"这份问卷填写为何如此专业"之谜。英雄自报家门,来者恍然大悟:原来是旅游专业人士,难怪下笔有神!"哪里哪里",英雄假惺惺推却,心中却窃喜原来博士头衔、高教身份还是有点噱头。忽悠过在景区调研的研究生和景区老总后,英雄名正言顺地加入了这支以广西旅游规划设计院为主体、由当地景区和旅游局人员陪同的专家队伍,下午便跟随前往瑶区考察。

瑶区人民是热情的,这种热情与其他少数民族的热情相似,突出体现在酒桌上。一到饭局,英雄已然气短,有了当回狗熊的愿望,只盼同桌的村长能显露怜香惜玉的模样——瑶族老乡果然朴实无华,丝毫没有强奸民意的欲望——抿抿白酒杯也得放行欢畅。恍惚间竟又看到一张熟脸,版纳旅游局的局长晃晃悠悠从山路走下。思筹了半晌,英雄决定敬敬局长,毕竟他前几天还帮过我两趟,散会了隔天就能碰上还真是机会棒,就算我当初鲁莽,今朝也得一清静,拿起酒杯可以单独撞。不料未及细想盘算还是出了岔,那桌冒出个乡长要我杯杯敬人滴滴下!席上余众斯文谦让,唯有素未谋面的书记乡长不肯放。心吞郁闷强忍酸楚地咽下苦啤浆,莫名其妙地看着对方滴酒未沾令我气丧——美其名曰"记忆犹新"才滴酒不下,不知可否称他虚情假意空皮囊?

觥筹交错间,举杯相向设计院新院长,家长里短一番后竟发现他是硕士师弟的学长。不禁感慨世界真小,人生对面常相望。或许是席间幕后英雄身影四处游荡,离别时候觉十几号生人都混了个半熟,再见道来时也有些悲伤。顺路搭经理小车回县上,酒后的经理说他喝酒没事开车稳当当。心怀忐忑的我开始与他剖析景区发展方向,生怕他开车出岔,也怕我这一顿白吃,建设性的意见雪藏。交谈未几,经理说如果愿意,我可以和考察团一起周游调查。对傣女沐浴的优美想象终于敌过了对行程安排的事先计划。是夜,我又意外地发现除了包车包吃包游,经理邀我考察还意味着搬进星级宾馆住宿白享!好运对我总是青睐有加,却之不恭不如大方接下。当夜,英雄从夜伴卡车震天响的招待所迁往甲方如同花园洋房的宽敞大房。翌日,更是不好意思地独占一间标房,住宿规格还在考察团成员之上!

混吃混喝两天后,自然和甲乙双方打成一片,竟然乙方老院长说下回要跟我博导把见闻讲:手下这个女博公关特强,领教领教!敢情女博都是怪物天下早已昭昭,可能正常的都可以被算作出挑相。自己的相貌身形常被团内一全国选美评委拿来比较比较,博士美女的头衔让我哑然失笑。心中揣度其中褒贬含义难料，此人评论实在高。都说博士无美女，难道他装作不知道？罢罢罢，就让我装装俏，英雄何妨博众人一笑？

在这段"戏说"的经历里，又是"巧遇"无数，从陌生人到熟人的熟人，从生人到朋友，也就经历了十几分钟到一个时辰的专业性"建设意见"征询。直到后来才发现，原来规划院的老院长和我的博士生导师很熟悉，而新院长和我的硕士同门师弟是本科同班同学！世界说大很大，说小好小！从在望天树景区的门口遇见研究生小张开始，我填了十几分钟问卷，解读了几分钟问卷并作自我介绍，和考察队先遣下山成员"玩"蚂蟥玩了几分钟，就有了下午的瑶区之旅。上午一个人进入望天树景区的我并不知雨林之"凶险"，直到遇上考察团成员，才发现每片叶下都有蚂蟥。大惊失色之下，庆幸自己只是被蚂蚁咬而没有被蚂蟥咬，否则高树之上，虽然疼痛无感却血流不止的惶恐场景，想来也很惊悚！被蚂蟥咬的情形我在 2008 年 8 月随另一专家团，考察安徽毒蛇遍地的歙县野山时真碰到了，但因为已经在云南接受了"蚂蟥教育"，被咬后我反倒处之泰然，还和向导说笑。年轻的团员把每片落叶翻转，让我看叶子后面潜伏的微型"蚯蚓"，还给我示范用火烧、撒盐等方式对付它的"绝招"，听他们描述它吸血后的膨胀和脱落，我的背脊后阴风阵阵，鸡皮疙瘩起了几身！

图 5-13　望天树门口的调查者和被调者

　　"戏说"之外还需补充的,是我和专家团第二天继续考察的少数民族村寨观感。上午我们走访了一个爱伲人村落。爱伲人属于哈尼族的一支,在西双版纳分布人数较多。我们在村里发现了特别多的小美女,这种感觉,和我 2007 年去四川丹巴找到很多美少女、美少男的惊喜如出一辙。我猜想他们是不是也经过了不同族系和种族的交融混杂,不然为什么会生得如此俊俏? 看着光着脚板、走在泥地上的小美女,和简陋的平房教室里破败的桌椅,我不禁心生爱恋,突然萌生想把她带回上海的冲动。现在想来,这纯属一厢情愿,也许她们就爱在大山里自由生长……好些考察团的成员都把小美女们当个宝,在这些尚未被旅游者涉足的普通村寨里,我们"逗玩"着她们,她们也观察"逗玩"着我们。平和对等的"凝视"与"被凝视"就这样友好地发生了……

图 5-14　爱伲村落的美女娃娃

　　下午我们来到了曼龙代村,一进村子就首先被请进寺庙。两位漂亮的傣族少女作为"导游"全程接待了我们。她们告诉我们这些少年僧侣是布朗族人。布朗族和傣族一样,出家是男孩子人生必经的仪式,在寺庙经历一段脱离家庭的宗教生活,才能还俗"成人"。参观完寺庙后,我们被安排在竹楼吃饭。作为一种待客尊礼,我们被"隆重"地接待着:在放满鲜花和水果的酷似大花篮的祈福坛边,我们挨个跪坐着,被绑上了代表好运的白色细绳,然后围坐在一起接受祝福。之后才是宴席，菜肴很丰盛，只有一样我觉得无法用语言表达其怪异味道，让不挑食的我挑了食的"野菜"，让我难以下咽。那对我而言的"异物"叫"鱼腥草"，也叫"折耳根"，直到现在，我还是无法接受这个当地人酷爱的食物。在我的"美食"排行榜上，它与槟榔并列倒数第一。

图 5-15　曼龙代寺庙前的布朗少年傣家妹

　　几位傣族女孩说，村里长得好看的女孩都出去打工了，她们多从事歌舞表演，能力越强、长得越好的，走得越远。她们羡慕去大城市的姑娘，说她们也准备出去打工，但如果旅游开发了，可以留在村里。我估计，她们现在是村里的"形象代言人"。至于嫁人，女孩们明确表态了：必须嫁给汉族男人，因为他们比傣族男人更"文明"。我的理解为：汉族男人更注重男女平等，更会心疼老婆。我询问她们在村里是否还能看到"傣女沐浴"。2003 年我在泸沽湖边偶遇一位云南大学的人类学家，他用舒缓而唯美的语气，跟我描绘傣女沐浴的美好画面，埋下了我心中一颗浪漫的种子。姑娘们笑我"落伍"：现在都有自来水了，谁还到河里去洗澡！不过，有些老人家老习惯，还是会去。于是，吃完饭我就转悠到了村后的河边，抱着不高的期望和了却一桩心事的打算，去追求一种假定的"诗情画意"。

　　走到桥边，脚下的"红河"水还是让我吓了一跳！云南的红土地和热带雨林气候下雨水的冲刷，让河流看上去浑浊不堪，其色泽和我想象中的"清澈"没有一丝的干系。难怪女孩子们不会来洗澡,会来洗澡的人才有可怪啊! 但是远远地,我还是看到一两位妇女在河边洗浴。确实如人类学家所说,从沐浴到上岸的整个过程,筒裙发挥了极大的作用,把该隐的地方都妥妥地藏在了这个围裹起来的"浴巾"之下。直到这时,你才能理解筒裙和傣女之间的文化生态关系,尤其她们上岸后用嘴巴和牙齿咬着筒裙的前沿,腾出两手擦拭更衣的动作,堪称经典。傣族姑娘所说不谬,在河里洗澡的人很少,而且均为老年妇女。虽没有见到我想见的"美感",但是让我想象到了曾经有过的"美感",我非常知足。

四、腾冲神界,湿地过夜

我最早去腾冲,是想表达对徐霞客的致敬。腾冲是徐霞客旅行中到过的最远的地方,他被此地的美丽和繁华所震撼,称赞腾冲为"极边第一城"。徐霞客是我的至尊偶像兼老乡,我的籍贯是江苏江阴,虽然从我好公(江阴话里"爷爷"的意思)青少年时起就离开了江阴,但我对这一籍贯仍有强烈的认同,毕竟它在户口簿上的"籍贯"一栏里跟了我那么多年。当然,想去腾冲还有更多的理由:作为一名人文地理专业的博士,胡焕庸人口线的西南终点自不会忘;中国大陆唯一的火山地热并存区、世界上典型的火山地热并存区、中国著名的温泉密集区等地理标签也早拜各种教科书所赐,为我所熟稔。这里标题所写的"神界",意指"神奇的地界",火山地热地质公园、北海湿地、和顺侨乡,均属于腾冲市的地界,但由于主要人物的故事线索不同,我才将和顺古镇在下一部分单列。

(一) 一人行走的火山地热

1. 地热温泉

翻过高黎贡山,穿过怒江,从保山市到腾冲县(当时为腾冲县,2015 年撤县建市)的公交上一下来,我就背着大包冲上三轮车,要去热海景区。早在出发云南之前,我就查过这一段的攻略,说腾冲西南 20 千米处的热海附近农家客栈很多,家家都有货真价实的温泉,所以我一早就计划好住到农家,每日可以洗简单但天然的温泉淋浴。三轮车司机惊奇地看着背着大包的我,问我为什么要背个大包去,说热海附近没有住宿的地方,只有一个很贵的泡温泉的地方。我眉头一蹙,心想这里的司机可不老实,每篇攻略都说随处都是温泉住宿,怎么可能没有住宿之所呢! 再说,腾冲不是遍地温泉吗? 怎么可能就一个泡温泉的地方? 挑战我的常识! 我说:"没事,你开吧! 我就去那里住。"司机还想说什么,但看到我执意要去,也就不言语了,带着我直奔热海。

司机把我放到热海景区门口的时候,我就傻眼了。举目望去,景区门口一片平整，哪有什么一条街的客栈啊！我知道"上当"了，又被过期的攻略带"沟"里去了，还冤枉了三轮车司机！没有退路，当务之急是解决眼前的问题。我问了一下售票处和门卫室景区关门和大致游览的时间，也搞明白了本地小客栈都被"清理"了的命运和景区内"垄断"温泉168元的"天价"（以2005年和当地的消费水平来衡量，168元在当时确属"天价"），当即决定只逛一下热海景区就出来，回腾冲县城住。我把大背包留在了门卫那里，许诺他我关门之前一定出来，就背了个小的双肩包进了景区。

看地热的景区果真云雾缭绕，热气升腾，我还没泡上温泉，就因为蒸汽熏蒸和上下爬坡热得汗流浃背："大滚锅"池水喷涌沸腾，珍珠泉中升起串珠般的气泡，鼓鸣泉的沸水汹涌出声如击鼓，连溪水流瀑都冒着热气，俨然一个天然桑拿湿蒸房！热海的泉华也很突出，漫走景区的很多时候，在硫黄味中走着走着，就想起了美国的黄石国家公园。正当我感到热得走不动的时候，看到了"天价"的温泉浴场。浴场是傍晚才开放，此时没人看管，随意进出，我正好进去一探究竟。浴场应该是刚营业没多久，一切看上去都很新，设计也很古拙，在真山绿树的掩映下非常有情趣。温泉是货真价实的温泉，因为所有池水都放空重新装水了，我可以看见池底小孔中慢慢溢出的天然温泉，汨汨而出冒着热气。我在接了一个小底的温泉池水中试了一下温度，不烫挺热，水温正合适，于是坐下来脱袜泡脚。虽然不能留到晚上泡豪华温泉，在这里免费独享一个洗脚池的感觉似乎更好！先前在景区门口打听到的结果是，晚上开放的温泉需要包车或开车来回，明摆着是开放给富人们的专利。现下的鸟语花香，单人私汤，虽然水只够过脚，但心下更为惬意。

心满意足地从热海出来，我带着大包回到了县城，找了间招待所住下就出街乱逛。腾冲县城不大，但印象最深的是一尊巨大的高黎贡山母亲雕塑。以前每次出远门前，我都会给我的一位忘年交同事柴老师打电话，告诉他我的行将所至，让"神游中华"的他指点山水多娇之处。老先生早年就读于圣约翰，毕业于之江大学地质系，在他编著的教材里，我读到了横断山区的诸多地理"之最"。他一听说我要来腾冲，指明要我去高黎贡山，说这是中国目前"最野"的山。见到"高黎贡山母亲"，我心情激动，是它哺育了横断山最西边的这座小城，拦截了印度洋上的西南季风给腾冲带来丰沛的雨水、满目的苍翠和适意的四季。拜过高黎贡山母亲，我还自由参观了一座正在试营业的五星级酒店，独幢别墅、清新质朴的庭园设计让我分外心动。虽然从没想过自己要住，但8月回上海后，我即刻就把它推荐给了我的"大款"同事们，同事被我游说得只想夺门而出直奔此处，他们知道腾冲的确是我的真爱至推！

2. 火山节理

腾冲火山地热国家地质公园是指腾冲县城以北 20 千米左右的火山群。严格来说，观赏地热典型的区域在县城西南的热海景区，火山群主要位于县城西北这个国家地质公园内。一大早我就从县城搭车直接去了火山公园。火山从远处来看和一般的山丘无异，一字排开的休眠火山群如一座座圆锥，但杂草和森林早已覆盖了火山锥，显得十分葱茏。登上一座可以拾级而上的火山"大空山"，没有碰到其他游人。我俯瞰周边，也没看出更多名堂，只好拿出事先打印出来的几行文字来读。解说牌上几乎没有解释火山群及其成因的文字说明，对周边的火山锥也没有图文对应的说明，只能隐约看到邻近山上有个火山口的形状，并没有看到火口湖和火山底。只能说当时的旅游开发比较初级和粗放，但地质公园是特别需要突出地质科普和游客教育的地方，可以说是看景物为辅，读材料为主，如果没有深入浅出、图文并茂的解说导引相配套，地质公园的建设就是失败的。事后我想，如果能够简明扼要地画上从 2.2 亿年前开始的特提斯海（古地中海）海洋转陆地（青藏高原）的过程中，从印度洋板块和亚欧板块的挤压而形成的大规模断裂、褶皱的横断山脉群，到新生代第四纪地壳运动活跃时引发的地震继而解释火山喷发的组图，可以帮助旅行者脑补和还原眼前群山地质演变的全貌，地质公园的含金量将大大提升。此时，行路求知的诉求没有得到满足，我兴趣索然地下了火山，搭车去下一个景点：柱状节理。

不知道为什么，十块钱车费的三轮车只把我送到了一座山的山脚下，我要翻过山才能去到峡谷下的柱状节理。自从到了热海和火山，我真的成了景区的"孤魂野鬼"，周围没有遇见一个游人，只我自己形只影单。热海尚可，到处都是字、标牌和人工设施。可是这段盘山路像座荒山，我一直听得到狗叫，却没有见到一户人家。自从 2003 年听斯蒂夫说他在版纳被狗咬了，我去云南都会带把伞，一来在城市里可以防晒防雨，二来在山里可以当作打狗棒护身。此时我手里攥紧了我的伞，心里七上八下的。走了半天的路看不到一个人，山顶上还一直有只苍鹰在盘旋，心里着实很慌张。头上那只大鸟看不真切，说好听点是苍鹰，说难听点是秃鹫，我觉得它总围着我飞，好像知道我快死了，等着飞下来啄食我的肉……自己吓自己也是会吓出病来的，那么多年的独行侠以来，那是我印象中唯一一次自己把自己吓到了……我镇定了一下，开始用偶像来鼓励自己：我现在可是沿着徐霞客的足迹前行，这些地方很可能是他当时走过的。老人家横穿纵贯了大中华多少地方都是一个人，语言不通，财物被抢，艰难险阻，八十一难……

精神激励的作用是有效的,心里不再打鼓,脚下生风,很快也就到了。

见到墨黑的柱状节理还是让我兴奋了好一阵子,节理从山顶一直"劈裂"到山下,非常壮观。总算在这里看到一块用类似板岩做成的解说牌,倍感亲切,虽然文字写得过于学究,没有柱状节理从熔岩流在冷却面上等距离收缩生成柱状节理的形成过程图,但总算是几小时来唯一一个让我确定自己还在景区的标志物,很是欣慰。我的心情轻松了许多,在沿黑鱼河峡谷行走的路上,尽管仍然是一个人,但我却觉得心情疏朗:清冽的溪流,青翠的山谷,水草仿佛都在随水流舞蹈。我带着一个奥林帕斯的数码相机,当时买这个相机最重要的原因,一是它防泼水,二是它搭配附送了一个微型的三脚架——这是我颠沛流离的独行背包生涯的法宝。此时我把小三脚架支了起来,安心对着镜头来给自己拍照。此处无人,山色空明,鱼若空游,心情放空,自在逍遥。一路空山不见人的惶恐,总算在柔美翩跹的水草舞中得到了补偿,突然有了一种白日放歌、青春还乡的狂喜。

图 5-16　黑鱼河上独逍遥

(二) 一时兴起的渔村调研

1. 临时起意的借宿

从火山公园出来再到北海湿地,已近下午 4 点。还没进到湿地,一群当地村民就围着我,有要带我逃票进门的,有要卖花给我的,有要让我坐船踩湿地的。我说帮我逃票付半价就算了,我有导游证,免票;白色花环很漂亮也不贵,我就买了一个直接戴在了头上。北海湿地是一个火山堰塞湖，不坐船似乎也没法游湖，到了景区里，我就跟着一位大姐上了船，还有一位大哥说要带着我去"踩湿地"。原来这里的湿地和别处不同，草甸子都是漂浮在水上的，很多草皮如小岛，但其下却无所依托，在水面上漂来荡去。大姐把木船停靠在了一个大草甸之上，还没等船停稳，我就一个箭步蹿上了草甸……我一下子掉了进去，幸好大姐和大哥眼明手快，一人一边胳膊把我架了出来……原来，这草甸上有窟窿，我的理解大概是沼泽地里会使人陷下去的那个"坑"——我第一步就踩到了"坑"里，虽然被大哥大姐及时拎了出来，可我腰以下的部位已经全部湿光了！我激灵了一下，但这个惊魂一刻随即便被疯癫般的快乐驱散了。

大哥到达湖泊中间的一块圆形草甸"岛屿"上，给我示范如何"踩湿地"。只见他站在草甸的边缘，一路沿环形跑了出去，他所站的草甸处只是微微一沉又马上浮起，随着他人的挪移，边缘一圈都是先沉再浮，他宛若水上漂一般慢慢推动着"湿地"东游西荡。我立刻喧腾了起来，等大哥一下来，我就在草甸上来来回回、顺时针逆时针跑了好几圈。这次我学乖了，看到深一脚、浅一脚的草甸中的水潭，先试探一下是不是"窟窿"，不是窟窿再稳稳地踩下去。我的体重比大哥轻，草甸的波动不如大哥踩的时候动静大，所以我就刻意加快了速度或者高抬腿，感觉起伏波动明显了，我方才觉得过瘾！这块湿地用"神奇"二字已不足以概括出我的惊讶，我回来后查了一下资料才发现它的"奥秘"。原来北海为天然的常年性沼泽湿地，这些"浮毯"沼泽的形成，是由于火山喷发造就了漂浮在湖面的火山灰及丰富的有机物质，火山灰和有机物质形成的基质促成了草本沼泽植物的生长，而沼泽植物发达的根系和丰富的腐殖基质共同构成了多种草本植物生存的"浮岛"，形成半泥炭"浮毯"型沼泽草甸（俗称"草排"），最深处可达2米[1]。

我在各种"岛屿型"和"半岛型"的浮毯上玩了很久，大姐才被其他客人召唤了靠岸。两位昆明的客人上船后，我的"疯狂踩草"行动便告一段落。现在想来，这种踩草举动很不生态，但当时游人很少，也没有看到景区有任何限制"踩草"的管理举措。"踩湿地"应属当地农民自行"开发"的"旅游项目"，随着景区管理的逐步规范化也就被取缔了。大哥下船后，我和大姐唠起了家常。泛舟湖上，两位昆明旅人也加入了群聊，相谈甚欢。眼见红轮西坠，大姐说要收工回家了，准备再次靠岸。我回看碧幕霞绡，忽然流连狂乐恨景短，不禁抬头问大姐："大姐，你

---

[1] 参见北海湿地简介：http://www.shidicn.com/sf_48DE172E46D64EE2996D7172DE342CDC_151_5180985.html。

图 5-17 北海湿地水上漂

家可以住吗？我今晚住你家去可以吗？"昆明自驾游的一位女船友正在上岸，惊闻我这一问，险些掉下船去。等大姐收船的时候，她回过头来对我说："小姑娘，你胆子太大了！你认都不认识她，怎么就要跟她回家呢！?"我不以为意，我刚刚和大姐交谈了那么久，我觉得大姐人很好，已经不能算不认识她了。而且大姐已经很热情地答应了我，还跟我说她家里今晚正好没人，老公儿子都外出了，就她一个人，我也没必要反悔了。我确实留恋北海的景色，突然觉得这里不比阳朔差，就想多待半天。虽然我身上只背了一个日用的小背包，大背包在腾冲县城，洗漱用品、换洗衣服一概没带，但难得任性一回，也无不可。

昆明客人在对我如此随性不听劝的叹气摇头中走了，我跟着大姐走到了大路上。因为我全湿的下半身仍然湿着，而此时已经没有了太阳的温暖，她带着我先到村民在路口开的烤鱼店烤火。我不停地转着身子挨着炉边烤，可是因为身上实在太湿了，面积又比较大，一时半会也烤不干。等烤到半干的时候，天也快黑了，大姐就带着我和几位村民一起往家里走去。大姐走在前面，我和带我踩草的大哥走在后面。我和大哥聊起，才听得他说原来大姐是村里学历最高的一位，她高中毕业呢！我心想果不其然，我和她聊天的感觉很好，果然我的第一感还是很准。我听到大姐在跟前面的村民说："哎呀，怎么办呀，她要去我家住，可是我家没有什么菜招待她呢！"心想这大姐太淳朴、太客气了，我又不是去吃饭的，要什么菜招待啊！

2. 突发奇想的调研

回到大姐家,她开始生火做饭,我还是觉得很冷,继续围着炉火,来回烘着我的身体。我问大姐有没有过像我这样的游客,突然要求住到她家来的。她说曾经有过一家人,从昆明自驾过来的,特地要求住她家,只是为了给孩子进行"吃苦教育",让他了解一下农村的生活。大姐说她丈夫去了外边,儿子正好也不在,第二天才回来,被子褥子都是刚换过的,让我睡她儿子的房间。等到晚饭吃完,我衣服差不多也烤干的时候,我就进他儿子的房间睡觉了。

图 5-18 木屋炉火的温暖

大姐家的房间挺大,房间也比我想象得好,有电视,不热也不冷。我本想和衣而睡,但是因为大姐说床单被子都是新换上的,我想了想还是脱去外裤上了床。为了培养自己的睡意,我打开了电视,正在播湖南卫视的超级女声第一季。我特地看完了这个节目才关灯睡觉,已经很晚了,但我还是翻来覆去睡不着……我想起昆明大姐跟我说的话,心里不是滋味。辗转反侧后,我开始回忆下午的各种细节:大姐和大哥聊天时跟我说起他们的农田因为圈定保护区时被划了进去,他们拿到一些补偿款,但是没有地种了,就只好出来"做旅游"。门口那些拉我逃票和卖花的,应该也是这样的情况吧?那他们和景区对着干,景区怎么办呢?村里人对开发旅游到底是个什么态度呢?乡政府又是什么样的态度?想到这些，我突然脑子特别清醒起来，我越来越被我的"十万个为什么"所激动，一骨碌起床，打开了灯，拿出我的笔记本来记问题。看着窗外天色渐渐变亮，我草拟出来的调研题目和访谈过程也越来越清晰。到了早上，欠发达地区失地农民权益保护问题的调研提纲，已经被我完好地整理了出来。

我听到大姐起床了，就赶紧爬了起来，兴奋地想跟她汇报我一晚上酝酿的"成果"。我跑过去刚想跟她说话，忽然发现自己"失声"了，彻底说不出话来了！我有些惊慌失措，心想完蛋了，我说不出话来了还怎么访谈呢！我清清嗓子，还想试着讲话，还是一个字发不出来！我快哭了，心想这肯定是因为在原来感冒的基础上，昨天又"湿身"受了寒，一夜没休息好而引发的"报复综合征"！大姐看出了我的沮丧和惊慌，赶忙给我倒了一杯热水。我有点心急，每次喝完一杯热水就想试着讲话。几杯热水下去后，我终于能够听见自己的声音了，虽然声音略带沙哑。我平复了一下心情，吃了一点早饭，问了大姐各处的方位和路线。差不多8点的时候，我就拿着我的笔记本和笔，按照我事先想好的访谈顺序出发了。

这个上午，我依次走访了村委会、乡政府和景区管理处，跟村主任、村支书、乡政府的工作人员和景区经理、工作人员进行了访谈。我们谈到了失地农民的补偿政策，旅游开发给村里带来的好处和坏处，农民和景区管理之间的主要矛盾。其他的访谈都非常顺利，只有乡政府的工作人员非常怕事，让我不要写，也不要把这里的事情讲出去，总觉得我是记者，会把什么丑事"曝光"。尽管我外出调研常不停地做解释和说明，大多数农村的被访者仍然不太能搞得清楚"记者"和"学者"的区别，也是有些无奈。每个不同的利益方都有不同的话语，反映了不同立场的"客观现实"，把它们综合起来，慢慢才能看清事物的全貌。比如，农民说他们失去土地后，没有了传统的营生机会，景区管理方却说提供了他们很多就业岗位。农民卖给游客的花环很便宜，却是北海湿地保护区的二类保护植物（一种莼菜）。至于"踩湿地"，农民为了增加"趣味性"和"便利性"，更是随意地切割"草排"，对生态保护非常不利。所有访谈结束后，我又去了一次湿地湖泊，结合访谈结果再做一次实地观察。景区内上午的人更少，前一天认识的村民让我"泛舟"湖上，静谧到仿佛我拥有整个沼泽地。

非常可惜的是，尽管我的调研基础非常不错，但是对这个问题我后来没能继续钻研，这成为我许多胎死腹中的研究课题之一。但是访谈让我加深了对许多同样类型的保护区冲突的理解，对后来推动我研究欠发达地区背包旅游的发展和主客关系问题也起到了一定的作用。如果要形成一个完整的研究课题，就这一上午的调研当然是远远不够的，这也是后来这一研究计划半路夭折的原因：

图 5-19　明净湖水一池橹

我并没有持续跟踪这一案例地的发展。北海渔村更像我诸多调研中的一个驿站，或者说它让我对自己做访谈的能力更加自信。我喜欢人，喜欢和人交谈，和陌生人访谈常有一种与生俱来的"亲和力"，这可能是我这次调研的最大收获。

五、最美和顺，尽遇良人

和顺是剑锋强烈推荐给我的地方。他曾对我说："朱老师你一定要去和顺，你肯定会喜欢它的。"就冲他对我的了解和他如此隆重的推荐，我把和顺放在了我在腾冲的最后一站，初步计划住上 1—2 晚，然后就往德宏州走。后来，我在和顺住了 4 晚，而且这是全中国唯一一个我到了那儿就念叨着下次要扛着手提电脑去待上一个暑假的地方——虽然，这个心愿也一直没有实现。

（一）恍惚桃花源

来到和顺古镇，门前出现两边诗句对仗工整、书法字体苍劲有力的大牌坊，内里九曲桥和亭台楼阁绕着荷花池，和外面的田野群山恍若两个世界，一下子有些出离其间的感觉。进门，看到一群大白鹅气宇轩昂地列队而过，太阳照在它们的白羽毛上，熠熠生辉，仿佛舞台上的一道强光，一路护送着它们节奏摇摆的步伐前行。我被这道白光眩花了眼，四周静谧无人，这群仙风道骨的鹅大概是从王羲之的世界中跑出来的吧？无人看管，自寻回家路？我跟着它们踏上了青石板的上坡路，对着事先打印出来的攻略，寻找一家被推荐的客栈。

很快我就找到了这家客栈，我在门口敲了敲门，没有回应。门虚掩着，我一边喊着"请问有人吗"，一边推门探查，只见满庭院的花朵绿树，就是无人应答。哇，这是个"路不拾遗，夜不闭户"的地方吧？怎能出落得如此清净无染？我顿生对这地方的无尽好感。合门而出，我正迟疑该何去何从，看到堆放整齐的柴墙一边，走上来一位面目慈祥的阿姨，这是我在和顺遇到的第一个人了。我询问她这家还是不是间客栈，有没有人，她却指指下坡拐角的那家说："客栈你去大周啊，那家很好，有人！"我看到了"大周"客栈的招牌，谢过她后，我就往大周走去。

大周果然有人，一样的整洁庭院，繁花枝茂。这家有两位小姑娘带我看了一下房间。这里都是标准民宿，小姑娘他们住在楼下，有几间客房，每间房间根据床位数量的不同收费不同，床位数越多价格越便宜。我选了一间四人间，价格最便宜，15元一张床，反正店里没有其他人住，一人间和四人间是一样的。院子里有公共卫生间，打扫得很干净，这一切都跟当时丽江大研古镇的民宿很像，只是这里更增添了太阳能热水器，女孩跟我说24小时有热水，我觉得这里住宿的条件简直太好了！我把大背包挪进房间收拾停当后，女孩的爸爸才回来，原来"周"就是她们爸爸的姓，我就叫他"周老伯"。这是一个让我后来回想起来一直难堪的称呼，因为直到和他告别时，我才发现"周老伯"也没比我大很多，所以最后我才改口叫了"周大哥"。

周大哥很友善，他再次让我熟悉了一下他家的设施，跟我解释了一些当地习俗。其中比较重要的一条"新闻"是，当地人一天只吃两顿饭，上午一般在10点左右，下午一般在4点左右。这也就意味着，我要吃饭得赶紧了，上午的时间差不多要到了。我问周大哥说能不能在他家搭伙，饭钱我另算给他。他说很好啊！周大哥的妻子在外面打工，她的两个女儿都在上中学，他每天都要做饭给女儿吃。一言为定，我就不用再为吃饭操心了，可以安心周游古镇。此后我有了经验，但凡一个人出门，和店家搭伙基本成了我的固定吃饭模式。对许多店家来说，这都是他们的"第一次"，因为从来没有客人这样提议，从广东丹霞山的"在路上"到四川稻城亚丁的"飘摇摆渡"，搭伙常常吃成了"宴席"，因为店家人多，十个人七八个菜，对我一个人来说就是盛宴了！

周大哥烧的饭菜非常可口，属于典型的滇西口味。一个人的旅行，最大问题就是吃饭，点菜不仅单调，而且较贵，更何况一个人还吃不了。一路我吃得最多的就是云南米线，到了腾冲，还有各种饵块饵丝，到周大哥这里才算吃上了正常的、好吃的饭。只是腾冲冬暖夏凉，我在和顺转悠的时候，经常穿着单外套还感觉冷,因此胃口不像夏天的胃口,更像春秋天的胃口。早上 10 点吃早中饭还凑合,下午四五点吃完饭,到了晚上就经常肚子饿。那时候的和顺不是很"旅游化",全是当地人按照自己的生活节奏住在镇子里,没有外来商户,我晚上七八点钟跑出去,真想吃东西啊,可是好像也没什么小吃卖!这是我在和顺唯一可以吐槽的地方,就是经常感到饥肠辘辘的……

我最喜欢周大哥家的地方,就是二楼的大露台。白天一上露台我就被惊艳到了!周大哥家在古镇最外围一圈的山坡上,四周都可以看到田野,一边可以看到瓦顶石墙的民居村落,远处是高黎贡山起伏的群峰,露台底下正是一池荷花,接天莲叶加上映日荷花,简直就是理想中的归田园居。从看到和顺牌坊的那一刻,到站在周大哥家露台上的那一时,我一直就觉得自己入了陶渊明笔下的桃花源,虽然和武陵人所找到的桃花源没有一丝形似,但和我理想中的桃花源精神暗自契合。这是一个宁静而安逸的俗世雅地,人人友爱平和,处处与世无争,接田野地气而无车马喧嚣。

晚上,周大哥在镇上最好的朋友浩荣来了。他在和顺图书馆做古董生意,每天接触各种"外来人口",最喜欢跟人聊天,结交五湖四海的朋友。我们聊得很投机,他每天晚上都来,我们在那个铺满星星、飘溢荷香的露台上经常聊得忘乎所以。浩荣很谦逊,他见谁都叫"老师",并称呼为"您",也跟我讲起一些很有意思的故事。有一天,他突然跟我说:"朱老师,您很像我的一个朋友。您和那个朋友如果认识的话,一定会关系很好。"于是他和我讲起了那个朋友的故事:

"黄老师刚来时,穿了一件大概是大理还是什么地方买的披肩,里面什么都没有穿的那种",浩荣以这样的方式开场,之前还说我和黄老师很像,实在让我汗颜,因为我觉得自己从来不是这种另类的做派啊!"镇里的人看到她都很害怕,不敢跟她讲话。我不怕,她跟我讲话,我就回她了。她问我镇上有没有二十元一晚的住宿,我说到处都是啊!"浩荣总要讲完停一停,顿一顿,很有讲故事的范儿。"'那十五元一晚的呢?'她问。我说:'很多,随便都有'。'那十元一晚的呢?'"浩荣说他开始有些不淡定了,于是答道:"也能找得到。""'那五元一晚的呢?''五元一晚,那你还不如住我家去呢!不要钱。'"于是,浩荣就把黄老师领回了家。"可是她在你家干什么呢?"我好奇地问道。"我在图书馆里开茶馆啊,她帮我招呼招呼客人。她是北京人,在上海工作的,厌倦了那里的生活才到云南来的,到处乱转,闲得很!"浩荣解释给我听。突然,我想起来了什么,如梦初醒!

我想起最早剑锋跟我推荐和顺时,就说他在这里碰到一个神奇的人,她不是本地人,就在当地玩,好像已经待了很久了,学历还很高,但是她什么也不干,就在当地茶馆店里帮忙。我当时也引以为怪，没想到剑锋说的和浩荣讲的，居然是同一个人！而且，她帮着招呼的，竟然是浩荣的店！我觉得这世界真是太奇妙了！我告诉了浩荣这个"重大发现"，他笑着说："黄老师在这里待了一年，很多人都知道她的！她经常辅导和顺的小孩子英语，乡里的人都和她很熟。辅导英语她也不收钱，人家就往我家送鸡蛋和自己家里有的、好吃的东西。"看来，不是只有我把这里当作桃花源，人家确实把这里当桃花源和家了！从这个意义上看，可能我和这位黄老师确实还比较像。"那她后来去了哪里呢?"我追问道。"她后来一直在大理，在那里开了语言学校，专门教小孩子英语。我们还一直有联系，她偶尔还会来玩。"我简直乐不可支，我要找的各种背包客类型，在我的长途跋涉里都能找到。这种珍宝级的非常规背包客，岂是你在青年旅馆里能碰到的? 我有点理解浩荣所说的我和她之间的"像"了，也是形不似而神似的那种境界吧！

（二）书香古镇溢

既然认识了浩荣，就更要隆重介绍一下他所在的这个"和顺图书馆"。我问剑锋和顺有何特色时，他就跟我说起了这个全国最早的乡镇图书馆以及和顺的侨乡身份。早在和顺还叫"和顺乡"的时候，它就是闻名遐迩的"侨乡"和"书乡"了。其实古镇的"书香"满溢绝对离不开它侨乡的身份，因为本乡华侨捐献的钱款和建设家乡的意愿，和顺才能修石铺路，造亭台楼阁，建横幅牌匾，形成现在牌坊四立、泥土不沾的奇异乡村格局。因为华侨们对学习和知识的重视，才有他们集资出力而形成的中国乡镇创立最早、规模最大的图书馆。建于1928年的和顺图书馆，现藏书10万余册，许多是国内孤本、珍本。这座建筑形式中西合璧的图书馆建在一个很好的区位上，每次上坡经过，还需对它仰视，大概是取图书馆应"高山仰止"的意味。很荣幸我在和顺认识的两个熟人之一就在其内工作，让我和它又多了一层亲近的关系。

我在小镇东游西逛的时候，经常会去读亭台楼阁上的对联，对联编写之好，常让人拍案叫绝。有一次我经过一个高亭，先看到它的横批"此绝俗境"，心想这是一个什么雅致之所……读读它的对联，"求解脱鞠躬如也，为方便屈身过之"。我再定睛一看，居然是个公厕，然后我就在那里拊掌大笑，内心对白是："这是我看到过的、最有韵味的厕所了，而且是在这样一个西南边陲的乡村小镇！"

和顺的"书乡"气质不仅体现在公共区域的雕梁画栋和名人故居的雅致清幽中，小镇中的许多民居都隐匿着精美悠长的历史文化。有一次，我看到一块民宅上挂着一个类似优秀历史建筑的牌匾，正犹豫着要不要去问问能不能进，门口就看到一位面容和善的大婶。她说欢迎我去她家参观，还充当了我的免费导游。

这可让我受宠若惊了,因为在进她家之前,我刚被一位老者吼过。我敲门问了一声能否看一眼,结果隔着门被狗吠、被人吼——也完全可以理解,这是别人的家,我打扰到了他们的休息。只是我当初对这些挂牌有些迷茫,猜不透挂了牌的是不是就意味着可以让人参观,被吼了以后才知道不是。和顺民居之所以具有精湛的建筑艺术和丰富的文化内涵,和本乡亦儒亦商、崇尚礼教的传统有很大的关系。大婶软言细语地跟我讲着三坊一照壁的庭院结构,这个三进的四合院,从阳台扶手上的木刻雕工,到厅前卷轴的淡墨清香,再到拱券窗户旁的石刻匾额,都力透书香门第的大气娟秀,也诉说着中西融合的建筑故事。自从到了和顺,发现这里每个人的普通话都讲得很好,而且讲话时彬彬有礼,使人如沐春风。大婶让我坐在二楼的长椅上跟我侃侃而谈,还让我随意拍照,好像我们是熟识多年的朋友。叔叔也出来了,脸上一样写满了好客和慈善。后来我才知道,我去的这家是老乡长的刘家大院,叔叔就是刘乡长,是深受和顺人爱戴的最平易近人的乡长。

图 5-20 不期而遇的乡长老宅

有天晚上,我因为肚子饿想出门溜达找吃的,结果吃的没找到,倒是听到了崔永元的一个电视采访。原来,和顺在 2005 年被评选为"中国十大魅力名镇榜首",崔永元是和顺古镇的形象代言人。电视中正播崔永元说笑的一段事实,大致的意思是:别处的农民是放下锄头,提上鸟笼、烟斗、茶壶;这里的农民可好,放下锄头，拿起笔墨纸砚，写书法，画国画，怡情养性。我当时以为这里有"吹捧"的成分，没想到，我自己马上就亲自"见证"了这一事实。把小镇当家后，我傍晚洗完澡，常穿着睡衣到处逛，最喜欢到洗衣亭，看大人们洗衣、小孩们戏水，这是和顺女人和孩童们的重要社交场所。有次正好看到一帮小娃娃在洗衣亭玩水，觉得他们可爱，我就和他们一起拍了两张照。其中一个孩子说他想要照片，我就让他把地址给我，给他们一起寄到他家。他还不会写字，于是带着我去他家找他爷爷。他爷爷拿出一张纸来随手写了一行地址，我拿过来一看啧啧称奇，这字也写得太好了吧！拿到字条，让一直身负"狗爬功"的我无地自容！晚上我问浩荣，你们这里的人也太厉害了吧，你看看这字！我把字条拿出来给他看，他看到地址说："哈哈，你一找就找到我们这里的书法家咯！"我心想：这镇上都住着什么人啊，随便走进一家就是书法家！崔永元果然是"实话实说"啊！

图 5-21　洗衣亭边的戏水儿童

　　和顺不仅有全国最早的乡镇图书馆，还有我国第一个民间出资建设、民间收藏、以抗战为主题的滇缅抗战博物馆。博物馆修建得极好，完整地记录了腾冲作为抗日重镇的历史地位和功绩，其中印象深刻的有当年硬骨头的腾冲县县长写给日寇劝降书字字铿锵的回信，腾冲在滇缅战场上的重要战略地位，腾冲作为滇西、西南少数民族包围圈中的唯一一个汉族聚居区的特殊地位……我在这里详细了解了驼峰航线、滇缅公路供应大动脉、中国远征军和日寇占领腾冲后的屠杀暴行……因为有些照片的记录过于真实而惨烈,导致这么多年来我一直没敢去南京大屠杀纪念馆——怕自己的心灵不能承受这种悲痛带来的负荷。但离开腾冲之前,我专程去了一趟国殇墓园,好好拜谒凭吊这段路上为抗战而牺牲的国军将士。写这段文字的时候我才意识到,原来我去参观的时候,滇缅博物馆刚刚开馆一个月不到,这个爱国主义教育基地为我诠释腾冲人文之奇,又添上了厚重深沉的一笔。

(三)侨乡小上海

1. 购翡翠

和顺的另一大名片"侨乡",缘起腾冲的另一主业:翡翠加工。从 20 世纪 20 年代起,腾冲就是通商重镇,甚至被世人誉为"小上海"。它一直是缅甸玉石最大的集散地、交易中心和加工基地,有"翡翠城"的美誉。不同于西雅图"翡翠城"的隐喻,这里可是实打实的玉石"翡翠城"!和顺在明清两代数百年间,由于耕地有限,人口日众,靠近缅甸的地缘优势使得和顺人都以旅缅谋生为主。博物馆资料记载,和顺有 80% 的人口为缅甸华侨,多经营玉石。

虽然我几乎不买旅游纪念品,但是到了"翡翠城"这样一个玉石加工基地,也很难不心动。2005 年我去云南的预算为 4 000 元,含上海来回昆明的硬卧车票(约 1 000 元)等所有费用,准备什么时候钱用光了,就打道回府。由于一路各种蹭吃蹭喝和节俭持家,到了和顺,我感觉我能有一些余钱去看看翡翠。浩荣和我讲起,他有好朋友在玉石一条街做生意,如果我需要,可以带着我去看。于是有一天,我就拉着他带我去他朋友那里看翡翠。其实我对翡翠一无所知,但我对浩荣非常信任,他对玉石也略懂一二,他带着我去的地方肯定不会有错。跑到翡翠市场,我就眼花缭乱了,但是我们没有准备备选方案,就直奔了浩荣朋友的铺子。

当时在腾冲做翡翠加工的商人很多也是匠人,他们进口原石材料,然后以原石加工制作成玉雕首饰等各种玉产品,所以在店铺门口,我看到了很多大件的未经加工的原石。浩荣让我在店铺柜台上随便看看,看中什么再跟他说,看看他能不能帮忙还价。我一眼就看到一个翡翠玉镯,和一般人喜欢购买的"好翡翠"不同,这个镯子不是深绿色的,而且比较纤细。浩荣说这是个好材料,非常纯净,但不是传统意义上畅销的翡翠,而我喜欢浅色不喜欢粗壮的镯子,这个镯子正合我意。他说这个玉镯还比较好还价,但是我看上的另一个玉如意,因为玉质材料实在很好,雕工又很精美,放在那里随随便便就卖掉了,所以不敢帮我还价,让我自己去跟老板说价。还价是我的绝活,再说我当时的预算有限,尽我最大可能的预算,如果买不到,我也就不买了。结果,店老板是两兄弟,出乎意料地好说话,以浩荣都觉得不可思议的价格把两样东西卖给了我。玉如意挂件 600,玉镯 400,

两样共计 1 000 元。浩荣当时悄悄跟我说,这只玉镯当时回到上海就可以轻松卖到 2 000 元,而玉如意,可以一直收藏,因为黄金有价玉无价。当然,回到上海我哪样都不会卖,这只玉镯天天被我戴在手上,作为我最喜欢的一方水土和最喜欢的一方人带给我的一种行走纪念。

浩荣现在也改做了玉石生意,当初他开始跟这两兄弟学做生意的时候,他、两兄弟和周大哥还一起跑来上海转了一圈。他们离沪前一天才有空联系我,我把他们安排在了我们学校的迎宾馆,还带着他们出去吃了一顿湖南菜。浩荣和周大哥说,他们到了上海就没吃过一餐饱饭,实在是吃不惯……只有这餐饭吃好了,和老家的口味比较相似。是啊!我在周大哥家的那么多顿饭可不是白吃的,更别说他最后还硬是不肯要我饭钱(我当时确实是"白吃"的)。他说我吃的是猫食,吃那么少,还要什么饭钱……后来,周大哥的客栈也转给别人经营了,因为他说他赚不了钱……大哥,像您这样成天让人白吃白喝还能赚得了钱吗?不过浩荣他们对上海人的评价很高,他们说上海很有秩序,上海人很有文明素养,然后,顺便发扬了一下"谁不说俺家乡好"的窃喜,跟我来了一句:"怪不得把我们那里称为'小上海'!"每当想起这句话,我就会从心底泛起微笑,还是浩荣情商高,夸奖了别人,表扬了自己!

浩荣和两兄弟还记得我买的玉,浩荣说当初买玉可是买对了,才过了两三年,原材料价格就暴涨了好几倍,更别提加工费了。是啊!这是我很自豪的一趟旅程:在云南周游了版纳、腾冲、德宏三地,用时 31 天(不算来回的火车旅程),云南全境连购物花费 3 000 元不到,每天吃喝玩乐行的花费在 50—65 元,还带回来了价值远超过 3 000 元的旅游纪念品。这才是最值得我炫耀的资深背包客必杀技:花最少的钱,办最多的事,行最远的路,识非凡的人,体最深的情!

2. 泡温泉

认识浩荣后,我跟他抱怨热海温泉太过分了,这么贵的定价一般人怎么泡得起。他马上定了第二天的车,请我和黄老师那里来的另一个新疆女孩,一起去黄瓜箐泡温泉,去北海湿地吃鱼!简直喜从天降,我来腾冲之前就查到了黄瓜箐。在推荐一些著名温泉的时候,书上特别提到了黄瓜箐,还说那里的特色是蒸汽床。浩荣说当地人都去黄瓜箐泡,5 元一个人。我当时就震惊到了:5 元对 168元,这是什么非凡的物价对比啊!北海湿地吃鱼也是个好安排,意味着我又可以见到前两天才认识的熟人啦!从景洪坐车到保山后,我得了重感冒,在北海湿地陷入沼泽地、湿身折腾一晚以后,感冒继续加重了。此时的我,天天流着鼻涕呼哧呼哧的,对这个唯一具有熏蒸蒸汽床功能的黄瓜箐温泉充满了期待!

不需要倒腾公交车后，我发现其实到热海的温泉区域也不远。黄瓜箐在大滚锅上游约 5 千米处，我们到了以后，就开池泡澡。黄瓜箐温泉是分男女池的，因为据说这里的硫化氢氡温泉对身体的疗效特别好，必须全身肌肤接触温泉才能得到最好效果。我们运气很好，温泉依旧没人，浩荣他们进了男宾池，我和新疆女孩开了个女宾小池，等于完全小池私泡，只要 5 元一人，我也是笑不动了……类似的低价，我 2013 年出亚丁到稻城，也享受过一次，是茹布查卡温泉的农家私泡池，山上流下的温泉，自己随便拧开龙头放水，随便洗多久、放几池水，也只要 20 元一人。扣除物价上涨因素，大概可以和这里的性价比等量齐观。据说氡泉比较珍贵，黄瓜箐当然比不上热海温泉的豪华，看上去真的很简单原始，但的确是真实有效。蒸汽床就是一张草席盖在地面上，蒸汽从地下升腾而出，把我熏得不知道出了多少身汗。蒸完回到和顺，当天我的浓鼻涕就不再横流了。

泡完温泉全身舒坦，去北海湿地吃烤鱼时，我去找了大姐，和烤鱼店的老板在湿地门口一起拍了照。大姐也没想到我们这么快又见面了，有朋友在，归去来兮变得如此简单！

图 5-22 再见北海渔村

3. 侃大山

除了在镇上坊间和田野坡上兜兜转转，周大哥家的露台是我在和顺的主要社交场所。体验了翡翠和温泉，理解了书乡和侨乡，我还有一个高黎贡山母亲的自然地理问题没解决。高黎贡山真的是"最野"的山吗？我请教了我的当地问题研究"专家"周大哥和浩荣。周哥说浩荣的妻子就是高黎贡山脚下的村子里出来的，他最有发言权。浩荣来劲了，当天晚上就和我们"侃"起了这座"大山"。"当然野啊！"他的神色让我想起了鲁迅笔下描写的少年闰土，他当年讲刺猹故事时大概就是这样生动的表情，"他们村民山上走，说豹子嗖地就从你面前过去了……再往前走，老虎嗖地就从你面前过去了……""哇啊！真的吗？那我可以上去吗？"轮到我像少年鲁迅一样追问他了。"可以啊！我们到我老婆村里去，叫上一帮人上山。不过，要背上锅，还要背砍刀，山上没有路的，要一边砍一边走，树太多了……架着锅烧水，晚上在山上搭帐篷住……"我眼前的画面都出来了，真实而具体。我们摩拳擦掌，浩荣说他明天打个电话去问一下就出发！

当天夜里，下了一场大雨，我听着雨点的噼里啪啦，心里的希望就浇了个精光。作为一个刚走过西双版纳森林的人，我知道热带雨林一旦下雨时的风险：遮天蔽日的大森林里，本来有太阳也会被参天大树挡掉大半，更别说下雨天了！黑乎乎、湿漉漉的炎热雨季里，正是毒蛇猛兽出动的最好时机。虽然高黎贡山不是热带雨林，但是7、8月的雨季上山，也是高风险而不现实的。第二天浩荣一来，我们就重新"侃"起了这座"大山"，原计划需要暂缓，做个调整。浩荣说："下次11月来吧，11月来了带你上山，那个季节最好，不下雨了，天气刚刚开始变冷，野兽都要躲起来了，但人还不至于冻到不能行动。"我暗下决心，一定要11月份再去一趟，去实现和他们到高黎贡山探险的梦想……这个计划一直根植于我的内心深处，从未忘记，只是，不知道何时才能实现……

就这样，在和顺度过了我在旅途中罕见的"住家"一样的串门游荡生活，我继续我打一枪换一个地方的拜金塔、看榕树、访傣寨、逛边境之旅。我留了几十份问卷在周哥的客栈，拜托他那里如果住了其他像我这样的客人，就给他们填一下，全部填完了以后寄给我，那是为我博士论文设计的问卷。当时如果能够在和顺住下的旅客，基本都属于"背包客"的范畴了，因为虽然和顺常有"游客"，但多是跟团去的短时停留游客，能够住下细品古镇的，可以确定无疑是"背包客"了。据说和顺现在已经换了天地，大量的本地人迁出，外来公司进行统一开发和管理，我虽然总想回去，却也总是暗自忐忑，不知当年自己的美好记忆，是否还有归田园居处可安放？

六、边地行路，插曲常谱

这里的"边地"，指的是版纳州和德宏州两个地方，因为这两地都拥有与老挝和缅甸接壤的漫长边境地带,而我行路的最大感触和插曲,也起源于自己被当地人看作"边缘化"或"稀奇"人物的代表。正如我在爱伲人村落部分写到的,我们以为我们在"凝视"观察东道主,其实我们也无时无刻不被"凝视"和观察,这种感受,在我作为游客被东道主"包围"时,感觉最为明显。

(一)中老边境的围观

在和勐腊和广西考察团的成员拜别后,我还留在勐腊县城。我离沪前借了一本云南旅游的书,我一直带着它当攻略,书上面写着中国和老挝边境的磨憨口岸有个什么观景点。一早,我坐着一部公交到达了磨憨镇,下车就是个热闹的集市。我想集市人多,肯定有人知道这个地方在哪里。于是我到集市里随便找了一个人来问,没想到,他不仅不知道这个地方在哪儿,也不太听得懂我说话。我拿着一本书,周围马上就围过来一群人,我很快发现自己像"熊猫"一样被围观起来,好在,这情景,以前我也碰到过——1992年读大一时,我去西湖边找老外对话,我们和一个意大利老外迅速被群众围观,大致也是这个样子。我尴尬而又友好地笑笑说,算了,我不去这个地方了,而后冲出了"包围圈"。这都2005年了,磨憨镇上也很干净热闹,为啥看到我这个异乡人还觉得如此新鲜呢?

仓皇逃离集市后,我想到了一个新的"问讯处"。街上有"中国移动"和"中国联通"营业厅,这里的工作人员受教育水平相对较高,他们总不会把我当"怪物"了吧,而且他们肯定知道这地方在哪儿。我进了一家"中国移动",果然觉得自己"正常"了很多,只是他们互相商量了一下,仍然不知道这书上写的地方在哪里。从营业厅出来以后,我有点没了方向,该往哪里去呢?想起来了,既然到了口岸,就往边境走吧,边防战士说不定知道!我往边防口岸走去,问了好几位小战士,都一脸茫然。我决定放弃寻找这个大家都不知道在哪里的地方。心里暗暗骂这个编书作者剪刀加胶水的烂泥制作水平。其实,当时中国大多数的旅行书籍,都是这样被拼贴出来的,作者从来没有自己走过,所以从这本抄到那本,谬误可想而知。

我不知道我自己能不能走到边境去,就试探性地问了一个看上去很可爱的小战士。我说我有护照,但是没有老挝的签证,我能不能去国界线上走一下?小战士说,他可以陪我一起走一段,正好他换岗了。我简直不知道如何形容这灵异的喜从天降,看来好运全都来自一张嘴,只要勤问,没有什么不可能。小战士不知是陪我还是送我,走到有一泓池水的地方,他说他不过去了,让我继续往前走。我不知道他是不是不能过去了,总之我沿着铺得很宽敞的土石路一直走到了1992年矗立起来的29号界碑,再往前走到了用老挝语、英语两种文字写着"国际入境移民""警察局"字样的地方，才停了下来。我看到一个工程队拉的横幅门上写着"云南路桥向老挝人民致敬"，比较之下，中国这边的路平整而有小碎石铺路，而老挝那头是一条长满了青草的烂泥路，视线延展之处全是丛林。

我开始慢悠悠地折返，偶尔还拍拍照，这时候，有个人背着大包从老挝边境走了过来。他的行走速度很快，我看这不是我的"研究对象"吗？赶紧过去跟他打个招呼。原来这位日本友人从老挝入境中国，他30岁，辞职1年出来进行环球旅行，此时他的旅行已接近尾声，中国是他返回日本前的最后一个国家。我问他有没有地方住，他说没有，我看他语言不是很好，就一路陪着他搭公交回到了勐腊县城，找了一个便宜的招待所，15块一晚，他觉得很满意。他问我勐腊是不是中国一个很大的城市，我好想笑，但我忍住了，我说勐腊是中国边境一个很小的城市，是个县城，跟他解释了中国的行政区级别和城市大小。他说老挝的首都万象就一条水泥路，其他地方全是土路，到处都是灰，所以进到中国境内像进了天堂一样。我回想了一下刚刚看到的老挝那头的烂泥路，表示可以理解。后来我也把我的英文问卷通过邮件发给了他。他回到日本就工作了，做回了IT工程师，不过他告诉我，他旅行更多的是自己一个人走，不太和别人讲话，我算是比较特别的一个和他有交流的人。我咋咋舌，背包客也是千奇百怪，还有不和别人交流的背包客啊？那也不太符合背包客的行为界定啊？他的背包旅程大概属于禅修苦行……

（二）长途司机的纠缠

曾有一次给一些访美学者做背包旅行的讲座，有位男士后来问我："我很想问个问题，但又不好意思公开提。你一个人跑来跑去难道没有受到过什么骚扰吗？"我想了想说，有的，但是不多，因为逐步积累经验后，对人的直感还是很准的，如果感觉不对的，就要马上想办法避开。在景洪去保山市的中巴上，我就碰上了类似的事情。

从景洪到保山市，要开整整一个白天。我一上车就不舒服，隔壁的湖南衡阳老乡很好，看我不舒服，还对我嘘寒问暖。我强忍了一段时间，结果路上看到一起车祸，山路上见到一辆倒在血泊中的摩托车，还有其他模糊的血迹。我再也忍不住了，晕车，吐了一袋子。吐完以后轻松很多，人才开始活络了一点。整个车厢都是当地的男人，我一个女子，加一个大背包夹在中间，确实比较突兀。最可恨的是，一车除我以外的人都在抽烟，从头到尾不曾停歇。这是我外出旅行最厌恶的事情，就是在封闭的空间内被"烟枪"包围。我和衡阳老乡换了一个座位，这样我就坐到了窗户跟前，可以一路开窗，让风至少吹散飘到我跟前的烟味。到中午停车吃饭的时候,我下车放松,顺便就和正在吃饭的司机聊了起来。

我们这趟车是长途车,好像有两位司机轮流开车。我的大背包放在他们的侧面,他们就问我为什么背这么大的背包出来,为什么一个人出来,云云。我说我出来调研,他们不信,我就把博士学生证拿出来给他们看了一下。他们喊我和他们一起吃饭,我不想吃饭,怕吃了吐,就吃了一点干粮,在车附近散步。其中有一位司机可能后半程不需要开车了,就问了我很多问题,我也就详细解答了一下。到晚上下车时,这司机突然问我住在哪里,我没有找地方,也并不想告诉他。我说我没有找好地方,他就说要请我去泡温泉。我经过一天的车窗大开,已经有了很重的感冒迹象,此时很累,很想尽快休息。再说天已经漆黑了,我跟一个不认识的男子去泡什么温泉啊!我回绝了他,说我要找地方休息。他执意要陪我去,我看暂时也没办法摆脱他,只好不情愿地往灯火通明的地方走去,就近找了一家看上去比较干净但偏贵一点的招待所。司机有可能本来也想找同一个旅店休息,但他觉得这家店太贵了,就没有入住。

我背起背包,庆幸自己总算安全逃离,赶紧跑到了自己房间。我头脑昏沉,连晚饭也没力气吃,就准备上床睡觉。这时候房间电话响了,原来是司机打来的,他竟然还没有走,还在楼下等着,而且知道我的房间号!他依然打电话让我出去泡温泉,说他在楼下等我。如果说我之前的态度还是礼貌的克制,这时火就噌噌地窜了上来:"我已经跟你说过了,我很累了,我要睡觉,不去泡温泉,你赶紧走吧!"挂上电话,我准备关灯睡觉。过了一会儿,房门居然被敲响,还被摇了几下,还是那个司机,不依不饶地要叫我出去泡温泉!我浑身汗毛都竖起来了,我想了想,确认自己房门肯定是反锁的,这次我用恶狠狠而斩钉截铁的语气喊道:"你听不懂我的话吗?我感冒了,已经睡下了,请你走开!别再来吵我!"我仔细倾听了一阵子,他被我骂了以后走开了,四周总算安静了。我松了一口气,总算可以睡觉了!

第二天起床,我仍然提心吊胆,我先给总台打了电话,确定楼底下没人候着,才敢出门。我的感冒有点严重,便决定不要马上赶路,而在保山市内先休整一天。我去市区逛了逛新华书店,把那本很烂的旅游指南替换掉,换了两本可以相互补充的、根据我前半段行程来看比较靠谱的旅行指南书,然后加购了一本云南省地图册。后来的实践证明,这两本书上的错误也不少,有搭配错的照片、写错的方位和距离等等,一路被我修改出了好多红批,但"莫须有"的东西总算没有了。我总结了一下为什么会被司机纠缠的教训,回想可能自己在中午吃饭的时候搭理他太多了,让他产生了幻想。毕竟他也不是个坏人,只是一时头脑发热而已。这时强硬的态度非常重要,哪怕心里有一点害怕也不能露怯,一定要一盆冷水把他的任何幻想和发热浇灭。

（三）中缅边境的祥和

由于浩荣和周哥的提醒,我对德宏傣族景颇族自治州的旅行原是充满戒备的,但事实上这段旅行却是一帆风顺,堪称祥和宁静。从盈江的允燕佛塔到瑞丽的姐勒金塔,从盈江的中国榕树王到芒市的树包塔,从傣族的喊萨奘房到景颇族的木脑纵歌,从缅桂亭到周恩来纪念亭,从58号界碑到81号界碑,这一路的景物看上去就很"佛系"。在和顺朋友们让我小心提防的中缅边境,我甚至很晚了还独自在边贸街夜市晃荡,逛累了跑去做了一个三十元的全身按摩,临近午夜才坐了一辆人力三轮车回到住处。除了参加中缅边境游,其他金孔雀故乡的风情,我都看了个大概。和版纳类似,德宏当时也是对于背包客出行不太友好的地方,因为这些树啊塔的,如果不在市区内,本身游客就少,散客去的人数更少,没有直达公交。

我比较曲折的搭乘经历,就是从盈江县城去看榕树王的一段。因为没有景区公交,我不得不在盈江开往拉咱的长途公交开到近60千米后,半道下车,在前不着村后不着店的公路上,爬到没有明确标识的山路上,去寻找这棵中国榕树王。旅行指南标注的1千米山路,据公交司机称应该不止4千米,下车刚在公路

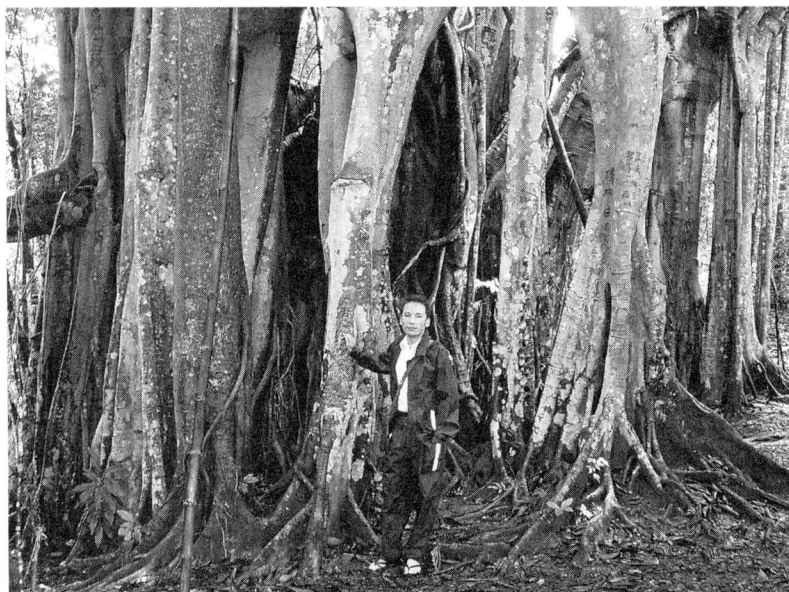

图 5-23 搭我看榕树王的年轻人

上走了一小段,我就觉得瘆得慌。亚热带雨林的树木也很高,树冠大,光线实在不好,一个人走在缺少阳光的地方,感觉灰暗。一个骑摩托车的年轻人路过,关切地问了一下踽踽独行的我需不需要帮忙,我就问他能不能搭我去大榕树。他说正好他也没看过,可以和我一起去看……他载着我上下开了 10 千米左右的山路,还陪我步行了一段,到空无一人的大榕树跟前转了好几圈……最后他还因为"顺路",把我送回了盈江县城。树龄 300 年的大榕树固然盘根错节,气势雄浑,可相比目的地景物本身,这些对我友好伸以援手的"路人"更让我感动备至,热泪盈眶。榕树王的大小气根上百条,枝落成根,根枝相连,正如旅途中人和人之间的关系,互帮互衬,情谊相连。一棵树再强再大,也只是一棵树而已;只有像大青树(当地人把大榕树称为"大青树")这样落地生根,互相辅佐,才能成就独树成林的壮美景观,伟岸的人生何尝不是如此?

七、评价与建议

我蹭吃蹭喝的旅程不少,很大程度上是得益于我的专业知识,加入旅游规划院考察团的旅程如此,邀请罗伯特同行的村寨、榕树之旅亦是如此。做旅游规划的差旅工作也很有趣,但它毕竟不如我自己做主的背包旅行,自由自在,来去随风。许多和我路遇的驴友,都说喜欢听我讲话,从中了解了很多他们不知道的东西,说我的能量场比较强大,可以持续向外辐射。套用这个比喻,背包旅行中的交友过程,一定有某种能量交换的发生,也符合社会交换理论:背包者不是只有索取,更多的可能是付出,这种付出是多方面的,从真诚的态度、专业的知识到语言的技能,给人的愉悦越多,带来的回报也越丰泽。

从背包旅行的全过程来看,始终怀有感恩心和同理心,始终坚持人与人之间的平等,是我人际交往信仰和恪守的原则。所以我总能对自己从天而降的"狗屎运"倍感惊喜,又会对各种游客的"霸凌"行为加以指正,还会对东道主的斩客欺客行为予以批判。在藏区时,我曾义正词严地对一位伸手问我要一百块钱的藏区小伙进行了"君子爱财,取之有道"的金钱观教育;在加德满都时,又对举起相机要拍"神女"头像的国人进行了制止。虽然这种可能会被认为是"多管闲事"的举动,有时候会让我碰一鼻子灰,但是"路见不平,拔刀相助"的"侠义"不能失——我们要入乡随俗,顺应世界,我们也有义务改造世界,创造一个更美好的世界。"出世"和"入世"精神,在背包世界里要得到平衡。认清我者和他者的关系,把我者与他者置于同等位置,不仅把旅游作为认知自我和世界的方式,而且把旅行作为建立起对他者的关怀和责任的渠道,秉持这样旅游伦理的旅行,才是真正可持续的。

在背包行走中，人与人之间的交流信任和背包客的自我防护意识同等重要。我和任何人的初期交往都会有一种不设防的无条件信任，但在交流的过程中，我们可以迅速观察、培养对他人的认知，从而建立一种基于经验的直感判断，保有对界限感的认定和对人的敏感度的判定。对于北海渔村大姐在内的许多"陌生人"，我都会通过交谈建立起这种经验认知。在多年的背包旅行中，我唯一没有尝试过的一件事情就是"拦路搭车"，这对于其他背包客来说可能是稀松平常或值得炫耀的事情，然而如果我没有办法通过交流确定司机的性情，这对我而言就是一件风险很大的事情。我在盐湖城去机场的路上确实搭过别人的车，司机听说我来自上海，甚至还开玩笑问我为什么我不怕被"Shanghaied"（"被上海"，拐卖拐骗的意思），而这一次搭车的前提是，我和这位司机在吃中饭的时候认识，我已经和他进行了交谈，知道他在机场工作，所以才有了这一请求。借用海德格尔（2015）"在之中"的哲学和现象学概念，只有"去远"和"定向"并存，我们才是真正到过了那里，构建了生存意义。去远，就是去某物之远使之近；定向，与近前来者照面，建立关系。对我来说，没有与所在之地生活之常人的"去远"与"定向"，无异于没有到过那里；有了对陌生人"去远"和"定向"的过程，才能奠定信任或防备的基础判断。

有时候我们在人海穿越中确实遇到了麻烦，就要灵活变通想办法脱身。在遇司机纠缠这一案例中，我往人多的地方走，特地挑选贵一点的住店，锁好门窗，强硬有力地回绝，打电话下楼试探，都是随机应变想到的防骚扰办法。现在国内出门，因为到处都有人脸识别，安全性要比十几年前高得多，实在不行，可以打电话报警。2000年我和一位比我小1岁的本科生在三亚出门时也被一群男生跟踪过，当时我被吓得半死，但从大学起就打工养活自己的女学生却比我镇定得多。旅途好比人生，吃一堑长一智，我们要善于在经历中总结经验，迅速成长。

在这段旅程中，我还深刻认识到中国的旅行指南和国外旅行指南之间的差距。被多次带入"深坑""深沟"后，我对所有的旅行指南都保持谨慎和批判的态度。以《孤独星球》为代表的国外旅行指南，均为作者亲历亲行编写，而中国的旅行书籍则以摘抄剪贴为主，网络攻略则常有滞后，且缺乏权威性和系统性。根据近几年的使用体验，"马蜂窝"的各地统一版本"攻略"较有实用价值，有些地方的版本还能经常更新，但它多根据一地一城来编写，没有系统性更强的国家和地区性攻略。在国外的背包自助旅行的过程中，我几乎用过公共图书馆可以借到的各种品牌系列的旅行指南，推荐重点各有不同，写作模式也各有千秋，不存在抄袭一说,但是从学者的批判眼光来看,缺少科学成因的解释和解说是其比较明显的不足。这一方面和国外许多目的地的自然解说系统已经做得非常完善和成熟有关,无须在指南中进行更多说明。但是从旅行者的角度来看,"读万卷书,行万里路"的求知拓展功能却最容易从完善的旅行指南书籍中得到实现。我的设想一直是创建一种结合《国家地理》科普性、知识性、严谨性和《孤独星球》实用性、趣味性、生动性的旅行指南系列,这也是我自己在背包旅行日志写作过程中想要尝试的一种风格。学者的思路还体现在,当我们要全面地描述一个目的地时,要从不同利益相关者的不同视角看待事物,才有可能避免"盲人摸象"的局限,形成对整体面貌更公允、更客观的判断。这里的北海渔村调研即为一例。只有将行者和学者两种角色融合,行路和读书才有可能同步,背包客的天地才会无尽广阔,不断拓张。

第六章 结　　论

Dayour 等(2017)批判性地指出,目前所有关于背包客研究的参数设置都很可质疑,导致很多号称致力于背包旅行的研究,其实研究的并不是真正的背包客。这也呼应了本书第一章中最后所提到的,为什么"我偏执地认为",那些得出"背包客越来越大众化、主流化"结论的人,是"因为他们的研究没有找对真正的背包客"。只有质性研究和深入长期的参与式观察,才是接近背包客和背包研究真相的唯一路径,这也是为什么阅文无数的杰夫·杰夫瑞会宣称只有背包客研究者知道自己在做什么(参见"绪论"部分),而我要以自传式民族志的方式来切入对背包旅行者这一概念的重新审视。本章的结论部分,就是基于前文的对于背包自助旅行概念的全面梳理和重新界定,尤其对应以往研究的一些"参数""指标",反驳其可疑之处,以澄清背包旅行和背包旅行者从物质到内核再到本质的百变"外在"和不变"内在"。以下每节最后的小结部分,将突出这些与先前理论研究对比的主要结论,其余部分夹叙夹议,穿插实践应用中对自己背包旅行的评价总结和留给背包客的建议归纳,并分析本研究与前人研究的不同之处。

第一节　背包客的物质表征

Uriely & Yonay 等(2002)的研究发现,以色列背包客在行程安排等外在行为特征方面具有一致性,而在内在心理特征方面具有异质性。Zhang & Tuck 等(2017)通过调研却发现中国背包客在行为和外在可见特征方面具有异质性,在不可见的精神和心理特质方面具有同一性。本节将从背包装备、旅行方式和住宿选择三方面的"外在"行为特征上,去归纳总结"我"的百变"外在",与之前的相关背包客特征和行为研究进行对比。

一、背包无定式,装备依行程

尽管"背包旅游者""背包旅行者""背包客"等同义词都直接起源于"背包"这一指征,但"背包"在当前跨文化和多元化的语境中,更多是一种象征而非实指。

大背包（backpack）作为一个象征物，一直被背包旅游研究者作为界定"背包旅游者"身份的必需品。尽管我自己早年的研究（朱璇，2009）和 Zhang & Morris 等（2017）都曾把"是否背包"作为调查中确定中国背包客身份的唯一操作性指标，但这样的界定更多是出于量化研究操作的需要，而并非区分背包旅行实质的真正路径。正如 Zhang & Tuck 等（2017）在另一篇文章中所指出的，"自由"是所有接受调查的中国背包客认定的共同特点和重要精神，甚至被许多中国背包客认定为界定是否真正背包客的唯一标准。许多受访者认为"背包客"一词已被滥用，"他们背着背包，假装自己是背包客"，许多人是"假驴""假背包客"（Zhang & Tuck 等，2017：121）。

早期"背包"代表的，是一种自由流动的方式，因为背包被认为是一种更快捷、更适合旅行者的移动方式，但是现在"穷游""背包游"和跨国、跨地区旅行的情境已经发生了很大变化，快速便捷的公路铁路航空网、多样化的出行方式和结伴方式，大大拓展了其他装备在长途自助旅行中的应用场景。我的大量自助出游是和孩子绑定在一起的，旅行的性质依然是自由流动的"背包自助游"，但孩子的身体能力和行李总量决定了我不可能以背包的方式出行，而轻便有 360°万向轮的手提箱在这种情况下远比背包要便捷有利。直到现在仍在北美流行的丛林徒步和露营穿越必须是以背包为行李的，但我和野人爸爸以及美国同学们的露营，都直接以自驾车及其后备厢为所有装备的移动媒介，与背包没有任何关系。换一个角度看，从"炊具"到"床具"这些种类繁多的装备，背包根本装不下，只有靠车这种移动中介，才使得家庭露营这样的现代旅行方式成为可能。当然，背包一般也需要配备，因为它可以解放双手，但这种情形下的背包，一定是日间跋山涉水、行走城市时使用的小双肩包或单肩斜挎包，而不必非得是容量巨大的过腰及臀的双肩包。而日间的跳岛、跳海潜水游，只需要携带一个单肩背的防水包外加一个手机防水袋即可。全部装备都可以放进单肩防水包，扔到船上，不怕船侧翻、漏水，它远比防泼水双肩包要实用，保护性更强，更周全。随着智能手机的出现和无线互联网的无所不在，穿行城市甚至会变得更加简单，手提箱加一个智能手机即可完成全部旅程，白天旅行穿梭使用的小双肩包或挎包都极有可能进一步被手机取代。如何装备，是否使用背包，完全根据各人的行程而定，没有固定法则。

许多研究把"轻奢型背包客"或"电子化背包客"（flashpacker）作为背包客的一种亚类型或在背包客基础上产生的一种新类型（Javis & Peel，2010；Hannam & Diekmann，2010；Paris，2012），因为他们的预算更为宽松，更多使用虚拟空间和电子产品，模糊了日常生活和旅途生活的界限。但试问，在智能手机和移动互联网的时代下，还有哪个背包客在背包旅程中会少得了使用电子产品和网络虚拟空间呢？电子化背包客"预算宽松"这一指标，在智能手机和各种订房订车共享APP使用的情境下，同样是个非常弹性的标准。我在加拿大爱城订热气球、在奥卡斯岛上订帆船和观鲸游、在塞多纳订皮划艇、在各地订住宿……都能拿到非常优惠的价格。目前，只要熟练掌握工具性媒介的使用技巧，加上一定的时间搜索成本，以往看上去"轻奢"的产品，大概率可以以"经济型"的价格拿下。

最新的一些论文开始研究"断网旅行"（DFT，digital free travel），认为过多的现代科技所涉及的电子产品和虚拟空间体验会影响乃至破坏真实的旅行体验及情感（Cai & McKenna 等，2019；Egger & Lei 等，2020）。在我所有的背包旅行中，数码相机也好，智能手机也罢，都是为了我更好地进行和记录我的背包自助旅行服务的工具，它们只会使我的旅行体验变得更美好，更丰富，记忆更长久。如果说现代科技会对自己的旅行体验构成减分，那也是科技使用者自己的动机和使用问题。现代科技从来没有让手机喧宾夺主，只有不会合理使用的手机主人才可能让它喧宾夺主，背包旅行中要看、要做、要感受的东西何其之多，只有让"工具"帮忙的道理，哪有让"工具""做主"的道理？既然如此，那又何必刻意去"断网旅行"？喜马拉雅山南麓的大雪山深处，山高水远自然断网了，我很享受"八国联军"队伍围坐篝火旁的那份安详宁静；喜马拉雅山北麓的神山脚下，高原更高，网络时有时无，我仍然很享受和听着汉族人说英语才能听懂的藏族同胞围坐在炉火旁烧开水的那份温馨，还乐于在朋友圈直播分享这份意外发现的欢乐——这些体验和断不断网没有关系——你想让它断，手机在你手里，可以说断就断。更不消说，早年没有移动互联网的时候，哪里都是断网旅行。2003 年在丽江，我要背着大背包，挨家挨户地去找住宿，比价格，这是在自然断网、无科技状态下，背包客尝到的信息不对称的"苦"（当时也并不觉得苦，回想起来，也很有意思；和现在相比，那时只是不便）。现在一机在手，不仅省去了很多费劲实地搜索住宿的时间，信息源也极为扩大，可以在更大的地域范围找到和自己心理期望匹配度高得多的信息。以我在土耳其的自助旅行为例，全程半开放，基本没有制定固定的线路，更没有预订住宿，经常走过、听过、了解过再做下一步打算，提前一两天乃至几小时才预订住宿。借助智能手机的熟练运用，背包行程每分钟都具有可塑性——车辆、住宿、行程可以随时变通更改，背包游的"完全自助而又极具弹性的旅游行程"（Pearce，1990）这一基本界定很容易实现。既然网络可以帮助你更好地成为一名背包客，那为什么要"断网旅行"呢？

所以,"背包客"概念要重新界定,第一个要打破的就是"背包"的身份界定标识,取而代之的,应当是移动的便捷性——只要是适合自助出游者本人快捷移动的任何装备,都可以被视为"背包"。"背包"在这里是一种浪漫化的表征,而不是一种物质实在。手提箱不能成为界定"背包客"身份的障碍,大背包也不能成为区分"背包客"身份的标志,电子产品、智能手机同样不能成为区分"背包客"类型的标准。背包表征无定式,来去自由是本质。行囊在握,浪迹天涯——从这个意义上来说,背包旅行(backpacking travel)和自助旅行(independent travel)是一致的概念,如果说以前的"背包旅行"是西方世界占据主流话语权的一个术语,"去背包"的界定使得背包旅行更加"去中心化":无论"驴友"(donkey friends)还是"游民"(nomads),无论"穷游"还是"轻奢"(flashpacking),"旅"(驴行天下)、"浪"(浪迹天涯)、"穷"(节约为本)、"轻"(轻便互联)这些核心词比"背包"本身更能映衬背包自助旅行的特点,这也呼应了表1(见绪论)中从"流浪者"(drifter)到"穷游者"各概念具有同源性、同一性演变的研究起点。"去背包"的界定,正是当今社会移动性范式(mobility paradigm)(Sheller & Urry,2006;Hannam & Butler,2014;朱璇、解佳等,2017)下对背包旅游再定义的起点,"便利于移动性"(facilitating mobility),为便捷移动服务,是背包自助旅行者装备的唯一"标准"。

二、丈量脚当先,通勤百变宜

虽然包括北美和中国在内的许多地区对"背包客"(backpacker)和"背包游"(backpacking)一词的认知缘于户外徒步(朱璇,2009),肯定了"脚力"和"用脚丈量"在背包旅行中的主导作用,但自助旅行中"旅行"(travel)一词的含义远比"徒步""远足"要丰富多样。在英语原文中,"travel"本身有"通勤"的意思,因此城市内的日常通勤也可以叫作"travel"。在长途自助旅行中,不逛任何景区景点,只是在不同的地点间转换停留,也叫"travel":它可以不涉及任何"游览"(visiting),而只涉及普通当地人生活的"体验"(experiencing)。因而,乘坐当地公交等便宜的交通方式,常被认为是背包客最接地气、最能了解和体验当地人真实生活的通勤方式(Urry,1990)。

所以,当我们论及背包旅行这一概念时,首先要区分背包旅行中的活动和背包旅行的通勤方式这两个不同的方面。在所有涉及背包旅行活动的向度上,无论是徒步雪山还是步行城市,无论是骑马山川草原还是自驾国家公园,"丈量大地"始终是核心活动,而双脚行走始终是从事这种核心活动的主要方式。但是背包旅行的活动不仅限于陆地,遨游水界和翱翔天空的诸般活动,仍然是背包客

"丈量大地"的方式。在某些情况下,背包旅行活动和通勤方式互有交叉重合,如骑马、骑驴、骑骆驼,在山间既可以是负重通勤的方式,也可能本身就是背包活动的重点所在;自驾或骑行国家公园和景观路、骑行道,同样存在通勤和活动方式的重合。作为通勤方式的旅行,在多数情况下还兼具沿途观赏自然景物、体验风土人情的功能,其中最典型的是坐公交和自驾游。作为活动方式的旅行,比如徒步穿越,付出的绝不仅仅是倚重"双脚"的体力和耐力,更兼具诉诸生命的热情和活力,往往可以上升到探险旅游、体育旅游的范畴。类似冲浪、滑雪、滑翔带来的尝试和挑战,随着涉入程度的加深,不仅是一种轻巧的玩乐游戏,更成为一种严肃的深度休闲,上升到事业高度的体验追求。这种认真的追求本身,就体现了背包客的"存在主义本真性"(existential authenticity)(Wang,1999)。这种凭借身体并基于活动体验而带来的"个体内在本真性"(intra-personal authenticity)表面上看起来是身体感觉和感知,实际上引发的是深层的精神愉悦。这是一种纯粹的、与他人无关而只在乎自身与活动当下的感受,任何的"身份塑造"(self-making)和"个体间的本真性"(inter-personal authenticity)的产生只可能是后续的结果,而与活动发生时个体的专注状态无关。对背包客从事通勤和活动兼而有之的旅行心理和行为的研究,可以运用背包客的数码照片和照片引谈法等社会学研究方法;对背包客从事活动时的心理和行为研究,可以参考深度休闲、运动游憩和社会心理学的相关研究成果,把背包旅游和这一类研究结合,能拓展探险旅游等领域的研究广度和深度。

在所有涉及背包旅行通勤方式的向度上,无论是当地公交出行还是约人自驾出游,无论是昏天黑地的渡船之虐还是信手拈来的搭便车之旅,背包客取舍的"指标"无非只有两个:一是便宜便捷,二是体验当地社会的真实状况。根据以上两大指标,当地公交一般是我出游的首选。当然,这其中隐含的一个重要条件是时间,它可以被视为"便捷"要素的一部分。当旅行时间足够长时,可以有足够的时间去中转、倒腾公交。但当通勤时间成本过长时,这种"便宜"就变为旅程的整体不经济,必然需要被替换和舍弃。比如在尼泊尔时,我特别想走的一段非常规旅行者行程是从奇特旺国家公园到释迦牟尼诞生地蓝毗尼,而后从蓝毗尼到巴德岗。蓝毗尼是背包客和自助驴友也很少去的地方,因此没有旅游者专座大巴,只有当地公交,需要经过各种烦琐而冗长的换乘。当时因为我们一共四人,我毫无悬念地考虑了包车,分摊成本会很便宜。但是,酒店给的报价太贵了,而出了那个孤岛式酒店之外的地域,只是村庄而已。我突然想起坐牛车经过某个地方时,看到过一块英语标牌,于是决定自己出门寻找其他车辆。联系包车的过程又是一个历险故事,此处暂且隐去不表。好在我没有白白涉险,联系到了比酒店报价便宜近 1/3 的车子。这样联系包车的经历有很多,基本属于没有任何网上攻略提及,自己边走、边琢磨、边探索的通勤方式。斯里兰卡的全程,我们一家三口也采取分段包车,只在有直达公交的两段乘坐了长途汽车(丹布拉—康提,加勒—科伦坡)和当地人一起体验了大巴和中巴,在有高山茶园的地方乘坐了传说中的景观火车,这样全程时间最经济,各种交通体验一样也没有落下,而费用又远比全程包车要节约。正如 Suvantola(2002:133)在研究中也发现的,当空调大巴非常便宜的时候,在越南旅行的西方背包客也会选择乘坐旅行者空调大巴,而并不坚持要乘坐当地人乘坐的公交车。在尼泊尔这样的国家,即使是专供旅游者使用的空调大巴,价格也非常便宜,舒适度远比当地大巴要好很多,基本属于世界各国背包客的首选。而在斯里兰卡从丹布拉到康提,只有当地普通长途大巴可选,我觉得也是非常有趣的 4 小时通勤体验。所以,"便宜"是背包客选择交通方式时一个相对的指标,"性价比"是一个更贴切的"指标"表述方式。

　　根据自身行程和时间、因地制宜地选择背包通勤方式,还要考虑到各国国情的不同。在面积广大的美加两国,没有自驾车而想"丈量"广阔大地的自助旅行,几乎不可能发生,因为这些国家除了城市,点和点之间(比如国家公园之间)没有公共交通。所以,我的首次东部背包之旅,只能限于波士顿、纽约这些相距较近的大城市,而我初次的美国西北和东南之旅要依靠当地朋友的各种驾车接待。当然,独自寻找通勤方式的过程中,也会发生许多曼妙离奇的际遇,比如我在加拿大托菲诺的水上飞行,留给了旅行很多开放的可能性……自驾是最稳妥而方便的通勤方式,而且,在很多情形下,也是最便宜的交通方式。我和索菲娅在自驾美国西海岸和爱尔兰的狂野大西洋之路时都带着各自的孩子,即使算上租车、汽油、过路等各种费用,分摊下来,这仍然是最便宜快捷、最自由畅通的出行方式。自驾的另一大隐藏优势是节约住宿费用,可以避开热门住宿地区,在沿途的温冷点上寻到性价比更高的住房。虽然自驾是与目的地社会和东道主交集最少的一种旅行通勤方式,却可以借助住 B&B、民宿等住宿方式,弥补主客之间交流减少的缺憾。

三、住房省当头,人情暖更重

　　早在 Pearce(1990)提出"背包旅游者"这一术语时,其第一条界定标准就是:"偏好经济型住宿设施,行程节俭"。20 世纪 90 年代全球背包旅游市场的增长,很大程度上得益于青年旅馆这种廉价住宿形式的出现(朱璇,2007)。因而

Pearce(1990)之后关于背包客的相当多的研究都直接把"经济型住宿设施"简单等同于"青年旅馆"，把寻找背包客调查的地点都设定在了青旅（如 Visser，2004；Chen & Bao 等，2014a），然而，青年旅馆只是背包客"社会空间实践"的一部分，是他们空间流动中消费和展演的场地（O'Regan，2010），而并非全部；这样的操作性取样和对背包客的"背大包住青旅"（Chen & Bao 等，2014b）的技术界定并不必然具有科学性。如前所述，背包客的外部特征越来越不能成为界定背包客的标准，因为在实体移动和虚拟移动都急剧增强的当今社会，各种 OTA（全称online travel agency，指网上旅行代理商）之间的激烈竞争、旅游供应商借助OTA 与旅行者之间的迅速沟通、旅行者手上的一部智能手机及其负载应用……都可以让高端住宿变成草根价格，"青旅"从这个意义上讲，早已不是"经济型住宿"的代名词。2003 年 3 月大学放春假期间，我通过"价格热线"（priceline，一个可以通过议价寻找各种旅行服务和供应的平台）在佛罗里达的迈阿密市中心以同时期基韦斯特（Key West，佛罗里达最南面的一串钥匙形群岛）上一晚露营地的价格（30 美金），订到了凯悦酒店（Hyatt）顶楼正临运河的一间套房（本来订到的是标房，由于标房已满而被升级为套房），而 2002 年 10 月我在波士顿非市中心的青旅一晚的价格也是 30 美金。

当旅行人数超过 2 人时，订青旅往往不是最经济、更不是最舒适的决策，从性价比这一单一维度来看，往往不能成为追求"经济性"的成熟背包客的最优选择。在我带着女儿游历各地的这 10 年间，我们只住过两次青旅，一次在爱尔兰的基拉尼（Killarney）国家公园，有让小朋友体验青旅的考虑因素在内；另一次在土耳其的卡什，那是我提前一天能找到的最便宜的住处，令人意外的是，那家是我目前住过的最美青旅，带海岸山景游泳池，属于豪华版青旅。现在选择青旅作为住宿的优势，一方面更多体现在一个人旅行的时候——一张床铺的价格，往往比一间房间的价格便宜；另一方面体现在青旅中旅行者的"集聚效应"和"信息效应"，青旅内信息交换和分享的氛围，确实形成一种独特的魅力，但不自觉的客人对其他客人形成的干扰，在公共宿舍的空间会被成倍放大。所以轻奢型背包客（flashpacker）会选择私密性更好的住处，只是为了能休息好，不被吵。青旅的同伴"集聚效应"在寻找旅伴时能发挥巨大优势，我在西雅图遇上的两位怪咖旅伴，我到云南香格里拉大峡谷一起拼车同游的伙伴，我在卡什碰到的杭州猫侠……都是以青旅为基地找到的，利用青旅信息交流的公共平台，征召拼车同伴，在早年的丽江、拉萨是一种通行的做法。

在中国大多数的地方还没有青旅或大多数青旅的价格都比民宿高的时候，

我就开始住在当地人开办的家庭旅馆中。和国外的 B&B 类似,这是一种更富人情味的住宿形式,也是体验当地风土人情的最好的住宿形式。显而易见,它也总是当地最经济的住宿选择。从云南的虎跳峡一路农家(朱璇,2012)到和顺的周大哥家,从丽江最早的纳西族阿婆家到雨崩村的藏族同胞家,以农家客栈为代表的民宿,收藏了我和东道主最真挚的感情,这些是真正的"民宿",比青旅更能让驴友体验当地真实的生活。与这样的民宿相比,青旅只是"舞台化真实"(staged authenticity)(MacCannell,1973)展演的舞台。国外当地家庭经营的 B&B 和我国的农家客栈类似,也能够为住客提供非常详尽的、当地吃喝玩乐的一条龙信息。由于国外 B&B 的商业经营手段更为成熟,又往往通过 OTA 的平台进行预订,因而还能提供更多的行前信息。只是国外 B&B 的主人和住客经常不住在同一幢楼内,文化上又更注重彼此的私密空间,因而在主客实际的交往中,人情沟通和热络不如中国的农家客栈。中国传统的农家客栈受限于各种技术的藩篱,无法做到事先无障碍的沟通,但他们如家人般的温暖和热情,是背包客最珍视、最向往的旅途人情。

介于农家客栈和青年旅馆之间的住宿类型,是由"外来代理人"在当地经营的客栈,他们"替代实际的东道主(社区居民)成为当地旅游的接待者"(朱璇、蔡元等,2017),他们一方面熟谙消费经济的原则和背包客的需求;另一方面也较多了解社区居民的文化民俗,可以充当"文化解译者"的角色。中国大部分地区的"民宿"都是这样的一种状况,有的"民宿"相当"小资"乃至"高大上",价格也比较昂贵;有的客栈比较亲民,有多人间,也有标准间,汇集了较多的旅行者。后来的和顺、丽江、凤凰、周庄、鼓浪屿等许多以旅游为特色的小镇小岛,其"民宿"基本都由外来经营者改造并代理。在我调研的四川稻城亚丁村,全部的客栈都由这样的中间代理人经营,他们既像主人又像驴友,是很容易亲近并成为朋友的目的地接待者。我在亚丁村不仅和客栈的老板厨师们一家搭伙吃饭,大老板还和我主动讲述当地藏民的信仰风俗,小老板更在我感冒高反时给我做可乐温姜,免费让我吸氧,令我感动不已。在这里也可以遇见许多其他的旅行者,所以它的氛围和格局,既有农家客栈的温情,又有青年旅馆的热闹,是很不错的旅途驿站。但需要注意的是,这些外来客栈有时候也有可能曲解本地的文化,他们的解读,不能替代背包客的独自探索和全面理解。另外,出于经济利益最大化的考虑,这类客栈旺季待价而沽的现象比较突出,旺季需要提前预订,挑选信誉良好的店家。在亚丁村,我曾听说旅游者为了争夺房间,双方开始竞拍的故事,当然,这仅限于供不应求、除此之外无地可住的山里,对此,有经验的背包客最好的应对方式就是避开旺季,不跟人群争抢一切资源。人头攒动的山林,即使景色再美,也索然无味。再热情好客的店家,如果生意太火,必然招呼不周。

与 B&B 相比,国外最能体验人情暖意的背包住宿方式是当沙发客做"沙发冲浪"(coach surfing)。虽然我从没有真正到沙发客网站上去寻找"沙发冲浪家庭",但我经熟人介绍的"沙发"(主要是"客房")免费冲浪着实不少,可谓"不是沙发客,胜似沙发客"。从纽约金哥家到波特兰卡姨家,从奥立弗的旧金山表姐家到克里斯的盐湖城弟弟家,从加拿大温哥华的西蒙家到美国贝灵翰姆的汤姆家,在陪吃、陪喝、陪玩、陪聊的"四陪"路上,他们不仅是我的东道主,成为我的"驴友"、我的当地知识导引者和让我感恩的人,更成为我终生的朋友。

旅途中亲朋好友家各种形式的蹭吃、蹭喝、蹭住,更是背包客"经济型"住宿的首选:从研究生时代起结交的闺蜜,我分别于 1999 年、2002 年和 2014 年去过她从黑龙江大庆、俄亥俄州哥伦布到明尼苏达州明尼阿波里斯所有的家,蹭吃、蹭喝、蹭玩、蹭住、带拿,从来没有"手软";亚特兰大的汤姆,2015 年包办我们娘俩在亚特兰大的住宿,连带"兼职"路游的司机和向导,还在 2012 年和 2014 年飞往加拿大艾尔伯特省和美国亚利桑那州来充当我的司机加旅伴;广州市的大学同学,在我 1996 年从深圳落难广州时"收容"了我,帮我买到了最难买的春运火车票,其母天天在家煲汤,烧鸡,用广东美食款待我,在我考博、研习的不同年份接送,陪玩,提供食宿,令我最初去过多少次广州,都没分清过东南西北;广东南沙的大学好友,在我 2016 年赴粤研学时,为我提供吃住行一条龙免费"服务"兼义务十天全职带我的娃;2016 年爱尔兰探险旅游会议时认识的旅行社全陪德瓦尔德,后来开着一辆空车(旅游大巴)搭我回到了都柏林,在 2018 年我再访爱尔兰时,为我制定了全程环岛线路,并在我们最终停留都柏林时,再次陪吃、陪喝、陪游了两天,让我在他爱尔兰的家里,体会到了他和妻子荷兰裔南非人的爱尔兰式热情……如果问我 20 多年来的背包旅行最大的财富是什么? 我会自豪地回答说是他们! 无论萍水相逢,还是知心相交,这些肝胆相照的朋友,是推动我不断在背包路上前行的最大激励;与人相识相知的奇妙际遇,是背包旅行于我而言的最大魅力。

我在住宿的选择上具有相当大的耐受阈值,除去在没有选择项情况下住过的、被跳蚤咬了一身包的云南西当村通铺大帐和喀纳斯骑马徒步路上两人挤一床的山里哈萨克木屋等另类住宿(也是一种走心的体验),通常情况下,出于休整和体验的双重目的,我会选择农家客栈为主,酒店和青旅为辅的住宿方案。情深意长的农家或本地人经营的客栈(包括 B&B)是最好的体验当地风土人情、扎根深入本地社区和文化的地方;而青旅是认识旅途小伙伴、共享旅行故事的最好场所;酒店在以上两方面都没有优势,但住在酒店往往休息得最好,可以把精神体力调整到最佳状态,而且许多酒店加入了很多当地文化的设计因素,能够在最短时间内帮助旅行者从"表面"和"形式"上"领略"当地特色。我在斯里兰卡的住宿基本遵循了这样的思路,一路上都是本地人经营的客栈,只在中间的乌达瓦拉维国家公园和最末的科伦坡订了两晚"高端"泳池酒店。结果证明这一决策非常明智,因为乌达瓦拉维国家公园除了上午几小时的国家公园 safari,其他时间段没有游览活动可安排,在度假型的酒店里赏景玩水、洗衣休整和按摩放松,是游程过半时最需要的"锚"定之所。最重要的是,行前捡漏捡来的独幢别墅房间,比这家酒店当晚缤客上的标房价格还要便宜近一半。所以,全程我除了科伦坡机场附近首晚的住宿,只事先预订了这一晚,出于对价格的敏感性,我在网上扫了一眼这个酒店的设施、评价和当时的标价,就确定它符合我的"高性价比"设定,便果断预订。如果要区分"背包客"和一般性自助游客的区别,对他们预订的同期同等住宿设施比价,比较其对价格的敏感性,是一种不错的筛选方法。把界定背包客的单一"经济性"指标改为"高性价比"和"对价格的高敏感性",能更好解释这一类人的共同行为特点。

四、小结

流动性理论中的"动"(mobility)和"锚"(moorings)(Hannam & Sheller 等,2006)的隐喻,可以很好地解释背包装备、旅行方式和住宿选择之间的关系。所谓"一张一弛,文武之道",这是动锚理论的通俗表达法。对比之前的背包旅行研究,背包客的物质表征和行为方式呈现如下新的特点。

首先,背包装备一方面作为旅行通勤时的工具,其目的在于推进动和锚之间的顺利衔接,其形式不拘泥于大背包,可以是手提箱等其他任何方便移动的形式;另一方面,作为徒步、步行等旅行方式一部分的背包,与移动的身体具有同一性(谢彦君、樊友猛,2017;朱璇、江泓源,2019),不能剥离身体;同样,作为现代背包旅行中基本操作工具的智能手机,也不能剥离身体,两者都是"移动"着的身体的一部分。

其次,旅行方式,无论是作为活动方式的游、走、飞,还是作为通勤方式的各种交通搭乘,都属于旅行的核心"动"的部分。进入 21 世纪以来,尤其是智能手机和无线互联网得到普遍应用以来,这种物质和实体"移动"更多地和电子移动、数字移动、通讯移动等虚拟"移动"结合在一起,模糊了"背包客"(backpacker)和"轻奢型/电子化背包客"(flashpacker)的界限,使得现代科技不可避免地介入背包旅行中，突破"经济性""很少计划性"等"背包游"的传统界定，使得背包旅行从外在形式上来看，更加走向"大众化"。通勤和活动方式，有时在背包旅行中会交错在一起：作为通勤和活动方式的背包旅行研究，可以更多运用背包客的数码照片和照片引谈法等社会学研究方法；作为活动方式的背包旅行，可以参考深度休闲、运动游憩和社会心理学的相关研究成果，拓展探险旅游等领域的研究广度和深度。

再次，以住宿为代表的旅行中的"锚"，是背包自助行者在频繁劳"动"的节奏中暂时的休止符，它一方面可以作为旅行者的避风港，帮助他们恢复精力，另一方面也是使背包客更加"本地化"的主要区域（Muzaini，2006），是区分"背包客"和"大众游客"的重要"分水岭"。从这个意义上来说，机场、车站虽然也是"锚"，但是典型意义没有那么突出。虽然我跟着回家的第一位"陌生人"约翰就是在机场认识的，但是因为在这些场所，旅行者逗留的时间一般相对较短，不能作为"本地化"的主要阵地，大概可以划入"前沿阵地"。

住宿作为背包旅途中的驿站（"锚"），是重要的社交交友场所和理解当地文化的主要阵地，"深入的社会交往"（"扎根理解东道主及其文化"）和"高性价比"（"对价格的高敏感性"）是界定背包客住宿选择行为的两大"标准"。

第二节　背包客的钢铁内核

除了可见的物质表征和对活动、交通及住宿选择方面的行为特征，背包客和一般自助行游客的自我认知及由此产生的外化行为亦大不同，借用并篡改一句我认为最吻合背包客精神的歌词，背包客的钢铁内核在于："没有什么能够阻挡，我对世界的向往。"原句出自许巍的《蓝莲花》："没有什么能够阻挡，你对自由的向往。"对背包客而言的"自由"，就是去往世界上任何一个地方的自由，这种自由，不受金钱、同伴和身体的制约，它关乎精神、文化和理想。这种不受地点制约，可以去往世界任何地方的旅行者，被称为"地点自由的旅行者"（location independent traveler）（Kannisto，2014），在全球化的背景下形成了"全球游民"（global nomads）（Richards，2015）的背包客的新统称。

一、穷很可游

在旅游学界，"闲暇时间"和"可自由支配收入"一直就被作为旅游产生的两大必备条件。背包旅行者的实践所体现的"穷亦可游"，说明只要背包旅游者具备相当的"文化自信"和基于文化自信的旅行行动能力，"穷"很大程度上已经不是"游"的障碍。文化自信可以弥补"可自由支配收入"的不足,甚至可以转化为文化资本,支撑他们的背包"苦旅",使旅行上升为一种纯粹的生活体验(朱璇,2009：213-214)。以我2003年在西雅图青旅的搭车之旅和2005年在云南勐腊望天树跟随专家考察团的白吃白喝之旅为代表,很多时候"碰巧"的免费吃喝玩乐全包,不是因为友情亲情,就是因为专业知识和文化视野,让人觉得你有趣有乐,和你一起旅行有滋有味,能知世界,能长知识,顺手捎上一个擅讲故事的旅伴和"老师",何乐不为?

文化自信还体现在无惧未知世界的精神和乐于与任何人沟通交往的初始信任,文化资本所延伸出的知识资本则体现在包括语言能力、学习能力和使用各种旅行平台介质的能力。只有无惧未知世界,乐于与人沟通,熟练掌握语言,迅速理解他人,才能在"包打听"的信息渠道中快速得到最有价值的信息,用最不费钱的方式达到每一个旅行目的。书面的阅读、抓取关键信息、熟悉各主要OTA平台和比较权衡产品的能力同样重要。从观鲸到热气球,从包车到住宿,对每一件想从事的旅行活动,我常常要经历书面的比价到口头的询价,从虚拟的空间到实体的手册等几个回合的货比三家,以有限的预算进行最多的活动,以"最高性价比"为标准衡量自己的"穷游"成就。

背包客就是从"穷游"起家的,所以我从来不以"穷游"为耻而以"穷游"为荣。除了住宿、交通费和活动项目费可以通过巧妙运用以上技术进行"节流",早年我以各种五花八门的方式"节约"了不少门票费用。最早读书时,我还没导游证,在景区外碰上其他驴友,我们会交流"逃票"经验。我读大学期间常"炫耀"的一件事就是：爬过许多的山,没有买过一次门票。对于当时每个月只有100—300元生活费(大一时我每月100元的生活费一路涨到大四时的每月300元)的大学生来说,动辄四五十元的景区门票太贵了! 所以我们都绕着山走,从门外绕出去爬山,山都是连着的,只要你有力气,有方向感,总能找到没被封住的山头,再翻回来便是!

当然,所有的"穷游"是以安全第一为前提的,正如我不赞成为了省钱而扬招搭车一样,没有专人陪同,攀爬野山非常不安全。但20世纪90年代的景区和今天的景区管理有天壤之别,其实那时候,我们不需要爬多少路就可以找到其他入口了,完全没有安全之虞。我不赞成搭便车的另一点理由,是不赞成占当地人的"小便宜"。因为乘车、吃饭、住宿……这些就是当地地方发展旅游带来的正当经济来源,应当鼓励旅行者通过基层消费让收入流向当地人的口袋。至于逃票,我则有不同理解。因为祖国的大好河山本来就是加强我们国家身份感、认同感和自豪感的基底，它们属于人民的公共财产，收费多少有不合理之处。更何况，很多景区的售票乱象丛生，我常听国内外背包客抱怨景区收费的不可理喻之处：架了一条板凳，强一点的，拉了一圈铁丝网，其余什么都没有干，就向旅行者伸手要钱。如果每个景区都像故宫一样，达到售票价格和内在价值的公平合理乃至超值，再"穷"的穷游者也不会想去着逃票了。如今正在进行中国国家公园体制的试点改革，作为讲授国家公园课程的教师，我衷心希望中国的国家公园也能和美加等国的国家公园一样，被当作国家福利和人民福祉事业来经营管理，摆脱"门票经济"的制约，带动周边连锁产业的发展，真正使青山绿水的发展"富民""乐民"，才能使得这些富起来、乐起来的人民成为东道主地区的最大利好因素，吸引更多旅行者前往。山美水美比不过人美，再美丽的山川没有了安民良民也是穷山恶水，再平淡的景致有了好客热忱的人民也值得游历千回，这是我作为资深背包客采风各地后，总结出来的一条颠扑不破的真理。

"穷游"有很多道道，这些"道道"可以通称为文化资本，其中除了知识资本，还有信息资本和社会资本。穷游者们都知道，要想体验便宜的出境背包游，东南亚、南亚等周边国家是最佳选择，民风淳朴，物价低廉，四季可游。前文提到的国家中，尼泊尔可作为其中的代表，除去机票，这些国家的吃住行游都比国内便宜。爱旅行的人会时刻关注与旅行相关的信息，除了关心自己感兴趣的资源和活动，还会留意诸如哪些国家开始免签，哪些国家货币贬值，哪些航空公司机票开始促销，哪些国家有不利于旅游的事件发生……这种时候，正是"逆行""穷游"的最好时机。我去土耳其的直接推手就是土耳其里拉经历又一次大贬值，而到斯里兰卡则是赶在了它恐袭后推行免签证费政策的最后一波。这些都是背包客的信息资本。信息资本对背包客来说意味着什么？世界很大，哪儿都想去看看；口袋有限，趁它"打折"时收进。所以：穷游有道，信息探清；促销打折，价格躺平；低价买进，节流出行；货比三家，云游四方；环游世界，触手可及。

什么是背包客的社会资本？所有我之前通过熟人网络而得的借居和"客房冲浪"旅程，都可视为借由社会资本生成的"穷游"资本。此外，我们去菲律宾，每次都委托最熟悉某廉航的朋友小朱查看机票，只要官网一推出特价机票，她就会通知我们购买。德瓦尔德说他弟弟一家在冰岛宣布国家破产后飞去冰岛旅行，虽然物价仍然昂贵，但比破产之前便宜了很多。这些驴友（人际）资源及通过驴友网络得到的信息，都是背包客的社会资本。背包客通过他们内部群体聚集所构建的世界（包括青年旅馆在内的社区实体、背包网络在内的虚拟社区和其他基于共同爱好的人际交流网络)逐步形成他们的社会资本。

二、独行最乐

与 Boorstin(1964)提出的"伪事件"和 MacCannell(1973)提出的"舞台化的真实"类似,Urry(1990)提出了"旅游者泡泡"(tourist bubble)概念,认为大众旅游者沉迷在他们自己的"旅游者泡泡"里,其实并没有跳出他们自己所熟悉的惯常环境,只是在目的地被"孤岛化"地悬置在一种被他们所熟悉的旅游服务所营造的"环境泡泡"(environmental bubble)里,而不是沉浸于旅游目的地的环境和社区中。同样,钱钟书(2002:305)也指出一类"像玻璃缸里游泳的金鱼"那样的游历者,他们进行"隔膜式"旅游。对背包客来说,背包旅行的吸引力在于待在旅游目的地的"旅游者泡泡"之外,不掺和在贩卖给大众旅游者的体验之中;但他们可能又通过住青旅、参与相似的活动制造了又一个"背包客泡泡"(backpacker bubble),而并非如他们所想的那样,去融入目的地的本土文化中(Salvaggio,2016)。

如何冲出"旅游者泡泡"而又不至于陷入"背包客泡泡"呢?防止陷入"背包客泡泡"最简单易行的方法,就是多在目的地社区居住,多与当地人一起活动,与青年旅馆保持一定距离。事实上,我在上文住宿选择时已经提到了这一点。青旅不是不能住,但我们要警惕的是,把青旅"创造"出来的世界,假想成目的地真实的样子。可以偶尔住进青旅,但处处青旅,不是又把自己搁置在一个个虚幻的"青旅乐园"之中了吗?这和天天入住大酒店的大众旅游者又有何分别?

大多数的背包客研究发现,背包客或"全球游民"都把是否沉浸融入当地文化作为他们区别于大众游客的主要区别和背包旅行的首要目的(如 Riley,1988; Muzaini,2006;朱璇,2009;Richards,2015),而在澳洲学者 Pearce(1990)对背包客的界定中只"强调与其他背包客的聚会交流",这一标准明显是有重大缺陷的。为什么会出现这样的定义偏差?因为作为最早研究背包客的澳洲,背包客随着大量青旅的出现而呈现出这一旅游细分市场的商业价值。背包客在澳洲极大地被市场化,其聚集的基地也主要在青旅。青旅中背包客的显著特征当然是"强调与其他背包客的聚会交流"。但是"强调与东道主的交流和融入东道主文化"呢?这一要义在界定中消失不见了。

青旅的开设目前在中国还仅限于热门旅游城镇,背包客有大量的机会深入内陆腹地,住进农家小院,和当地人打成一片。为什么我能在西双版纳、北海渔村和和顺古镇交到那么多的当地朋友?除了我一直喜欢住当地人家和当地客栈,还有一个重要原因是:我经常独行。背包多年来,独行始终是我最热衷的旅行方式，它最有利于我打破各种"泡泡"，帮助我随时融入任何团体。或者，反过来说，因为我独行，所以旁人觉得我的周围最没有"泡泡"，可以随时把我拉进任何一个团体，瞬间融入完全不是问题。从纽约万圣节游行的团队把我拉进他们的天使队伍，到勐腊的专家团队让我加入他们的考察行列；从波士顿的约翰把我邀请回家，到和顺的浩荣允诺要和村民带我进高黎贡山……我的旅程中有无数这样"被拉"的时刻，只是因为一句："美女，你一个人啊？来，加入我们吧！"我就成为小情侣们最闪亮的电灯泡、一群"和尚"中唯一的女"侠客"、一车同乡驴友中突出的外乡客、一屋藏民和酥油灯中间的另类访客……还有很多时候，我独自在山间村头或者海边滩头溜达，突然冒出一个小姑娘/老外："（姐姐，）你一个人啊？我带你转转/我帮你拍照……"于是，又跟人转了村子，逛了沙滩，"回"了她/他家……这些故事之多，如果有机会，可以接着写我背包故事一千零一夜的后几部……

这种独行的不确定性和随之而来的奇遇，是背包旅行于我最不可思议的地方。O'Reilly（2006）把我谓之为自己背包旅行"狗屎运"的东西叫作"serendipity"，在中文里被解释为"意外发现珍奇事物的本领""有意外发现珍宝的运气"，简直贴切至极！背包旅行就是在"天上掉馅饼"的运气和各种事先或者边走边计划的行程之间取得的一种平衡，而背包旅程的极大弹性就取决于这两者之间的平衡，它会随着个体当时的情绪、健康状况和想法而随时发生变化，与每个人的个性和三观息息相关。如果不是因为保持着开放和信任的心态，我的"serendipity"就不可能那么多。独行带来的，是我和旅伴之间的"无气泡"接触，走一段搭一段，随时"捡上"一个驴友结缘同行，而在下一段挥手作别。冈仁波齐转山道上的心亮师傅、娃娃脸小何都是这么"截"来的；从印第机场到西雅图机场一路的"左邻右舍"也是这么"聊"熟的；第一次滇西北之行半路上"捡"了个斯蒂夫，一起经历梅里雨崩的探险；第一次美西北之行，"招募"了两名非主流人士结伴奥林匹克趣游；过中老边境做"活雷锋"带日本驴友乘车、安顿……

独行带来的另一大红利，是我和东道主之间的"无气泡"交流。我和范范到版纳傣村，和玉丙走寨拜庙学傣舞；到虎跳峡五次，了解徒步道上农家客栈截至2013年的所有八卦故事；在松潘古城外，偶遇回族小妹带我走家串舍，逛青稞地，观清真寺；寻觅甘孜旅游局，和女局长一见如故，谈笑风生；探访黎平堂安，碰上古灵精怪的侗族男孩，陪我饮冰侗寨，梯田徒步……独行之际，"与东道主的交流"不费吹灰之力，"融入东道主文化"变得分外自然。你一个，他（她）众人；你是客，他（她）是主；你好奇，他（她）好客——这种一拍即合，只有经历过独行和

"serendipity"之妙的人,才能深切体会。

三、带娃适游

自从有了孩子以来,我"独行背包侠"的生涯虽未结束,却少了很多,取而代之的,是"母女仗剑走天涯"的岁月。从 2012 年 7 月带着时年不足 3 岁的甜妞进行长白山、吉林、中朝边境长途游开始,迄今我已经领着 11 岁的她,以自助旅行的方式走过了世界上 15 个国家和地区、中国的 16 个省市自治区和美国的 14 个州。有许多妈妈问我:"小孩子能吃得消吗?"我微微一笑,心下回答:"小孩子吃得消,睡得着,吃得下,给一个膝盖她就睡着了。关键是,你大人能吃得消吗?"还想:"小孩子哪能吃不消呢? 山里的孩子爬山、放牛、砍柴,不是一样过得好好的吗? 只有不想吃苦受累带孩子的大人,哪有不能吃苦受累的孩子呢?"当然,另一方面,也有很多羡慕我家娃的大人和小孩:"你小小年纪去过那么多地方,真幸福啊!"是幸福,我娃的其他优点不好说,吃苦耐劳、爬山徒步的能力不是一般的强,这是从小做"背包侠"被她妈训练出来的。这种"幸福",比如一天暴走 10 小时爬山或者看博物馆的节奏,还真不是一般的娃可以消受得起的。

在 20 世纪 90 年代到 21 世纪初的背包研究中,常把背包旅行者与"青年"挂钩,如青年经济型旅行者(young budget traveler)(Loker-Murphy & Pearce, 1995)、自助青年旅行者(independent youth traveler)(Richards & Wilson, 2003)、间隔年旅行者(gap year traveler)(O'Reilly, 2006)。虽然后来的研究指出背包自助旅行不仅限于青年人(如 Paris, 2012),更出现了"生活方式旅行者"(lifestyle traveler)(Cohen, 2011)这样终生在路上的旅行者,但从未有人指出过带着孩子也可以做背包旅行。现实中很多的青年旅馆甚至标明不接待孩子,把孩子及带着孩子的父母排斥在了"背包客"群体之外。常人理解的带着孩子的旅行就是"亲子旅行",可是,亲子为什么就一定和背包旅行矛盾呢?

在我的亲子背包旅行中,甜妞和我一样参加了所有的海陆空活动,也经历了"九九八十一难":从尼泊尔的雪山徒步到菲律宾的珊瑚潜水,从博卡拉的雪山滑翔到费特希耶的死海滑翔,从 7 小时滔天巨浪中的晕船呕吐到千米狂奔伊斯坦布尔追车,从第一次英伦之旅 22 天每天只肯吃一顿方便面到第二次英爱两岛行始发 30 小时用 8 顿饭……孩子迅速地适应环境,不断地在颠簸变动的状态下成长——我的背包旅行不但"鞭打"了自己,而且"磨砺"了孩子。我要用行走告诉所有热爱旅行的父母:孩子不是你背包前行路上的阻碍,而是你精彩背包旅途中的伙伴。你可以做到的,孩子都可以做到;相信自己,相信孩子,万卷诗书万里路,背包成长不是梦。所以,不要以带娃没时间作为不能旅行的借口,带娃逛博物馆的旅途胜过百科全书,带娃上山下海的旅程酷似跑步锻炼,身心体脑意志力,哪一项不可以通过旅行培养? 背包旅行不是青年人的专利,从幼年、少年到中年、老年,只要(父母)有心有力,"背包客"从不能以年龄来界定身份。

还有很多人问我:"你怎么敢一个人带着小女孩到处乱跑?"尤其在我去土耳其之前,一位朋友还为我捏把汗:"一个女人,带着个小女孩去伊斯兰国家,胆儿够肥的!"这里又要回到我第一章所说的"有所畏有所不畏"与本节第一部分所说的文化自信。我去土耳其绝对不是盲目的。我圈里有很多热衷旅行、擅长旅行的朋友(我的社会资本),土耳其和斯里兰卡都是黄河奶爸隆重推荐给我的,我很长时间以来都关注了他朋友圈中的土耳其,并询问过他相关旅行事宜,所以当土耳其里拉再一次贬值,我马上决定往土耳其走上一遭。土耳其是一个相当世俗化的伊斯兰教国家,土耳其人民的热情,我去之前早有耳闻,去了以后更是感同身受。我刚到土耳其时,曾去过土耳其的奥立弗甚至跟我说,"'enjoy'(去享受土耳其人民的热情吧)!"可见,不是我的胆子太大,而是我们对许多未知世界的偏见太甚。对未知的地方,我从来没有恐惧,而是充满好奇,好奇之后,我会先去了解打探,而后才有翩然出行。土耳其除了和叙利亚接壤的边境,其他地方都相当安全,而地中海、爱琴海区域,更是欧洲人的传统度假胜地。虽然也曾有恐袭,可你说世界上现在哪个地方从来没有发生过恐袭呢? 如果因为恐袭就因噎废食,那我们干脆待在家里,哪儿也别去了。

至于我和妞的出行,和我一个人的独行也差不多,我俩没有"泡泡"——我们的脑袋预留出一张白纸,随时准备在上面画满绚烂的图画;别人都把我们当成同一个个体,部分原因可能是因为她还小,我们两个还没能形成一个自己的"背包客泡泡"。母女独自出行更有记忆点,许多路人都只见过我们一面便先兀自吃了一惊,而后各种"乐于效劳"便接踵而至。实践经验证明,女子单行和母女独行,都有着巨大的性别优势,因为我们没有威胁性,更有亲和力,谁看到我们都愿意帮助我们,人们的善意和热情超出想象。我们在英国全程几乎没有完整地扛过自己的箱子,只要我提起箱子,前后左右看到的男士就会过来帮忙拎起。土耳其的男子更是殷勤,妇女和儿童也很热情,虽然有时语言不好,但还经常碰到努力用包括手势语、简单英语和我们交流的人群。我们对土耳其的印象之好,远超过我们的预期,它甚至成为甜妞(除中国外)最爱旅行的国家,以至于我们常念叨,一定要重返土耳其。

从来没有人把背包行和亲子游联系在一起,尽管世界上有许多父母,从有孩子起,不但并未停止探索世界的脚步,而且带上孩子游走四方,难道这些父母不是背包客吗?难道他们不是在培养小小背包客吗?最后,我要以一首我于2014年11月带着甜妞去美国塞多纳和大峡谷的旅途中写下的小诗,送给和我一样对背包旅行饱含热情的父母,也送给陪我"颠沛流离"了近十年的我最亲密的小驴友:

> 我要走过万水千山
>
> 并带你走进千山万水
>
> 只期待有一天你能有一双坚硬翅膀
>
> 去独自迎风飞翔
>
> 也许年华老去
>
> 而你已淡然成长
>
> 于是
>
> 你会带着我走
>
> 永不重复的万千山水
>
> 带着我飞翔

四、病亦能游

在"游走飞丫"的旅程中,首先看到的,都是我依托身体能力而呈现的硬技能。毋庸置疑,探险世界、游走四界需要过硬的身体素质,因而相关户外游憩和探险旅游研究中多见动机、拥挤感等方面的心理研究和户外活动的康复功能等方面的运动机能学研究。背包和户外研究中,很少见对旅途中病患的探讨,好似默认背包客是铁打的身体、钢铁的意志,旅途中只有险象并无病灾。事实上,背包自助旅行由于跨越的距离大,游历的时间长,活动的参与度高、强度大、频率密,而旅行活动地区的风险大,基础设施差,旅行者的预算标准低,使得旅行者很容易生病。

在前文各章中,可见我几乎在每段旅程中都会生病:从第一章几次入藏的严重高反到第二章大海航行的晕船狂吐,从第二章跳岛受风的腹泻风寒到跳崖跳水的受凉呕吐,从第三章喜马拉雅的半夜痉挛到白天徒步的腹泻脚软,从第四章高空跳伞后的呕吐晕眩到第五章长途公交中的吹风重感⋯⋯肠胃痉挛,上吐下泻,是我在旅途中最容易患上的疾病。最严重的几次,都是通宵不寐,在厕所和卧床之间来回跑,脚软身乏到全身虚脱;常犯的毛病还包括胃痛抽搐,半夜抱着马桶或者对着塑料袋狂吐不止,狼狈不堪。更不消说还有旅途中过度兴奋或从事各项高强度活动对自己的身体造成的各种外伤：在菲律宾海边一脚踢到船锚，腿上大片出血瘀紫；在韩国跷跷板上被人弹飞，板刮小腿一路出血露出了骨头，领队吓得魂飞魄散，我咬牙敷伤还去攀爬火山口；在雨崩长时间徒步中，伤了左膝盖，借宿西当，被跳蚤咬了满身红点；在十几天的持续潜水中，脱落了脚趾的指甲盖，因为每天的日晒和（只能用）淡盐水洗澡，头发打结枯干……身体的各处，多少留下了这些年来背包旅行带来的大小印记，各种疤痕伤口加暂时性或永久性损伤。这好像运动员在自己的运动生涯中受伤，即使有心预防，有时也在所难免。对自己在旅途中的身体有了经验和了解以后，我常年带着黄连素、维C泡腾片和创可贴，以应付自己容易腹泻感冒和撞伤的症状；后来腹泻用黄连素不管用了，就改用易蒙停。每个经常在外的背包客，都需要细心观察自己的身体状况，总结经验，准备常备药物。比如，我水土不服的症状是腹泻，而曾与我结伴英国的小伙伴刚好相反，她的反应是便秘。

"病亦能游"，并非指边生病边旅游，而是指背包旅途中，生病是家常便饭，只要掌握自己身体的规律，调整好旅途的节律，积极应对，可以适时将身体调整回良好的状态，继续"万里长征"。根据我早年的经验，我在自己的背包旅程进行到15天左右的时候，通常会大病一场，常有一到三天不能出门，吃啥拉啥，或者吃啥吐啥，身体极其孱弱。掌握这个规律后，我一般会在旅途的中间安排宽松休整型的活动，或者在这个档期选择住在标准稍高的地方，比如，不去山里等偏僻之处，住到县城以上的城镇。我在斯里兰卡一路安排当地客栈和中段末段的高档酒店，也有此考虑因素——多动必须一静，长行更要锚歇：旅程过半需要放松休整，而长途飞机和转机前需要睡饱睡好。发达国家一般没有住宿标准低和差的地方，除了时差调整和行程太紧太累，其他诱发疾病的因素很少。但在发达国家容易触发"疾病"风险的是车祸，去爱尔兰自驾前，我做了自己一个月的心理建设和调适，因为那里是山路左驾。我和索菲娅，包括吉姆和肯恩带着我在美国长途自驾时，几次差点出事故，惊魂一场。

我旅途中唯一几次"边病边游"的经历，一次在尼泊尔的布恩山，其他几次都在西藏。布恩山是上山后才生病的，骑虎难下。当时只是腹泻严重，那里海拔不高，林木茂盛，没有高反，所以我估计自己能够克服，虽然克服得非常艰难，但这也是基于经验的一次判断，果然，经过一天交错着腹泻的痛苦跋涉，第二天我的病还是好多了。高反则是完全不同的性质，它是"不能克服的疾病"。应对高反，我同样在一次次的"挫折"中积累经验。第四次也是最近一次入藏时，我提前做了我前三次入藏所能积累的所有经验、锻炼身体、煎喝红景天、带上所有号称能抗高反的药物和保健品,结果虽然都没发挥作用,但我也积累了新的经验:终于找到了对我自己有用的(6小时)抗高反药物,还要记得带上除泡腾片以外的其他感冒药。如果上冈仁波齐的前一天,我还有剧烈的头痛、呕吐、失眠症状,我不会贸然上山,正因为服下头疼散后,我的高反症状确实消失了,我才敢踏上转山之路。直到来到冈仁波齐脚下,我也时刻留意着自己的身体变化,提醒自己不要硬撑,如果感觉高反严重,随时做好下撤的准备。最后神山眷顾,我转山时的状态和感觉超出了入藏以后的任何一天,安然愉快地得以完成自己的夙愿。

如果说在背包旅行中有什么完全未被探索的研究方向,那么"病患与旅行"无论从心理还是生理上来说,都是一个值得关注的新方向。

五、小结

众人常说的不能进行旅行的外在约束无非有如下几个:没钱、没伴、(带娃/上班)没时间、身体不好(爱得病)。本节就针对这几大常见理由进行剖析,总结陈述"没有什么能够阻挡,我对世界的向往"这一背包客的钢铁内核生成的行为特征。对真正的背包客来说,这都不是事儿!

"没钱"——"穷很可游",世界很大,穷游去你"游得起"之处!

"没伴"——"最爱独行",试试一人自游,你会爱上一个人自由如风的感觉!

"(带娃)没时间"——"带娃适游",和娃一起,你会发现你们实现了共同生长!(上班无自由、没时间的,我们留待下节分解。)

"身体不好(爱得病)"——"病亦能游":正视途中病患,随时观察身体;调整旅行节奏,动船静锚相佐;不逞强不懈怠,不冒进也忍耐;总结自身经验,乐观积极应对。

对比之前国内外的背包旅行研究,本节有创新意义的结论是:首先,取代背包客"经济性"界定的,是他们对"高性价比"的追求,这一行为所依托的是背包客的文化自信及文化资本。文化资本延伸出的知识资本、信息资本和社会资本可以替代经济资本,帮助背包客实现"高性价比"或"穷游"的旅程。其次,取代背包客"年轻"标签的,是背包客的"去年轻化",背包客成为跨越各个年龄段和各种生命阶段的群体。再次,"强调与东道主的交流和融入东道主文化"应加入"背包客"行为特征的基本界定之中。最后,"病患与背包旅行",是一个值得关注的背包旅行新兴研究方向。这其中,有中国特色而有意义的研究方向是"高原反应和背包旅行"。

第三节　背包客的精神本质

　　Cohen(2011)提出了"生活方式旅行者"(lifestyle traveller)的概念,认为生活方式旅行者并不把背包旅行作为一种暂时的或过渡期间的活动,以路为家的他们不仅认为旅行是一种生活常态,更认为旅行是一种生活方式,持续不断的旅行对塑造他们的生命和身份具有中心意义。作为高度移动性(hypermobility)的极端代表,生活方式旅行者的生活以背包旅行为中心,无论他们重回家乡的工作还是在背包路上的工作,都是为了返回或者维持"在路上"的终生背包旅行。进入这种状态的只有极少数的背包旅行者,这种超级移动性由结构化和政治性的不平等缔造(Cohen,2011),比如社会阶层的差异和国籍身份的差异。Kannisto (2016)甚至聚焦一群彻底排斥国家身份感的"全球游民",认为极端移动性(extreme mobilities)不仅创造了他们自主选择"无家可归"这样的"流浪"生活状态,而且挑战了"旅行""家""国民"等概念的主流话语界定。这样的背包客常产生于发达国家的中上层阶级,因为他们才具有自由流动的必要条件,比如,不受各国签证制度的制约(或者制约较小)。Zhang & Tuck 等(2017)指出中国背包客在精神和心理特质方面具有一致性,我则认为所有的背包客在精神特质上都具有一致性。这种不变的"内在"特征,才是避免背包客界定走向"泛化"的关键。那么这种精神本质究竟是什么呢?

一、不流浪,只是生活在各处

　　曾有同样研究背包客的学者朋友笑说我就是"生活方式旅行者"。把自己的旅行与生活方式旅行者进行对照,我同样以路为家,我们都"强调与东道主的交流和融入东道主文化"。但差异之处是,在旅行中接受各地文化同化的同时,我并不排斥归家以后的文化再同化(culture re-assimilation)。归根结底,我不仅"以路为家",还"以家为路"——将旅行中被"新世界"同化吸取的价值观、世界观、人生观、历史观重新融入我的"旧世界",再造一个"新世界"。借用早年"drifter"(漂移者,流浪者)一词中的"drifting"(流浪)概念,当代背包旅行者的精神本质及其所反映的行为特征是:不流浪,只是生活在各处。

　　有朋友曾评价我:"你这一辈子,活了别人好几辈子!"还有朋友问我:"你成天这样旅游,有什么好玩的?"我想这两句话,可以连在一起解释。虽然我热爱自然,但是旅行绝不只是为了看风景。所有的风景,哪怕是自然风景,都是人文化的风景。在"游""走""飞"的各章中,"人"的主题无不贯穿了各章,任何的自然活动里,都有人的因素。无论是菲律宾的跳岛向导克里斯还是爱尔兰的跳崖教练约翰,无论是喀纳斯的马夫赛里格还是雨崩村带路的小牧童,无论是瑞士的滑翔教练弗兰克还是加拿大水上飞机驾驶员杰克……他们带我游过的水、走过的路、飞过的天,不仅打开了令我拍案叫绝的未知自然,更开启了使我耳目一新的丰富生活。我和不同地方、不同经历的人们“生活”在了一起,哪怕只是一个片段,几次谈话,数日共游,真挚的分享使我与他们共同“亲历”了他们的人生,成为他们人生的“体验者”,当然“好玩”! 所遇之人不同,所历人生不同,相处越久,了解越深,融入东道社区越甚,越能把别人的“生活”过成自己的“生活”,把自己的“一辈子”过成别人的“几辈子”。这种每到一地便“生活”一地,每到一处便把自己“玩成”“理解成”(接近)“当地人”的样子,就是旅行千百次不厌的最“好玩”之处! 所以,后人曾附会了一句:“读万卷书不如行万里路,行万里路不如阅人无数!”前半句不敢苟同,后半句却是至理名言! 行路如不以识人和识他人的人生为目的,这路也就白行了!

感同身受地去了解和体验东道主的生活,背包客才能建立起“同理心”,构筑“天下大同”的世界观。阅人无数、历人无数的跨国背包客是世界主义者(cosmopolitan),对构建“人类命运共同体”怀有深刻认知。“世界主义者”代表着最大限度的移动、对拥抱多元文化的开放性和与“他者”互动的意愿(Hannerz,1990)。这些特点刚好与背包客的特征不谋而合:背包客是旅行者中最大物理和空间尺度的移动者;与异地“他者”的互动和拥抱各地文化的开放性,正是背包客浪迹天涯“生活在各处”的最好行为和心态体现。从这一角度上看,背包客以文化人类学家的态度进行旅行,观察他者,理解他者,探索人类的多样性。

二、心无疆,终生学习常保鲜

虽然我认同“行万里路不如阅人无数”的后半句,却不能赞同“读万卷书不如行万里路”的前半句。事实上,“读万卷书,行万里路”在背包客的世界中互相交织:不读书无以行路,行路亦是为了读书。“行路”并不自动生成“读书”,否则天天走山路的莽汉背夫岂不都成了饱读诗书的通识之士? 只有在行万里路的过程中,保持随时学习的开放心态,“行路读书”的原因和结果才能互相衔接。读书不只是静态的,动态的行路过程尽是读书。背包旅行的专业性和技巧性,背包旅行和其他自助旅行者的不同之处,也正体现在全程开放式的学习之中。

从身体技能上来说,背包客的学习使之逐渐具备“玩家”的专业性。从潜水到游泳，从跳岛到跳崖，从冲浪到皮艇，从徒步到露营，从骑马到自驾，从跳伞到滑翔……这些"技能"有些离我们近，有些离我们远，无一不需要通过不断的学习去掌握和领会。就拿离我们最近的"徒步"来说，看似轻巧是走路，但从背包的背负、装备的挑选、登山杖的使用、步速步幅的调整、气息节奏的控制……无一不需要学习、琢磨和自悟。从这一角度上看，背包客都是"行者"孙悟空，需要不断学习 18 般武艺和 72 变身法，以适应背包行路上的各种艰险和挑战。但也正是因为这样万事可学的胸襟和气度，背包的人生才永不黯淡，光华斐然。

从知识技能上来说，背包客在路上通过饱览文化博物馆、"阅读"国家公园"户外博物馆"、考察历史遗址古迹、听专业人员现场解说等方式，逐步培养"学者"的素养，真正实现边行路、边读书，拓展知识的广度和丰度。每一地的博物馆都是我到一个城市后必去而且常常是最先去的一个场所，那里是解密一地从自然史到文化史最便捷、最全面的渠道。考察美国所有的国家公园，我第一个要去的就是游客中心，在那里拿地图、看展览、观影片，先把每一国家公园的基本演化史搞通透，再结合实地一块块的解说牌，挨个学习从地貌到生态等无所不包的自然（或文化）知识。在英国的巨石阵和巴斯的罗马浴场，钻研细致的考古挖掘和历史推演令我着迷，把这些史料实景挨个听一遍看一遍，就好比跟着世界上最优秀的考古学家探查了一遍文化遗址。从西雅图的地下之旅，到大英博物馆的免费讲解，世界各地的历史文化繁花似锦，精彩生动地被呈现在眼前。从我携带《国家地理》或《孤独星球》的随身阅读，到与东道主的谈天说地、讲东问西，地方知识和各地习俗如芙蓉朵朵，浮出水面。因为对我旅行中专注考察博物馆和自然文化遗产习惯的耳濡目染，我的小驴伴甜妞很早立下的职业理想就包括考古学家、动物学家、地质学家……从这一角度上看，背包客都是时刻读书的"学者"，跟着背包路上各门类专家打造的成果"读书"，我们也可以自学成长为粗通历史考古、地理地质、生物生态的入门级"科学家"或者资深的科学爱好者。

旅途中时刻保持学习的状态，可以帮助背包客适应体力生理的变化，应付突如其来的危情，积极调剂契合当地的文化心理，树立融于当地生态的环境伦理，确保主客和谐交往的脉脉温情。冈仁波齐转山之初，我拉着浪子检查背包松紧、演练登山杖收缩使用方法，就是为了学习调适装备，把自己的身体和背包调整到最佳状态。在喀纳斯应对突然受惊的坐骑，我努力跟随赛里格的指令，结合自己的经验稳住险情。在土耳其我们事先"预习"，带的裤裙全部过膝，围巾若干随包携带，省却各种公共场所衣着冒犯之忧虑。

背包客保持"好奇"开放的学习之心，还体现在细心观察，积累知识，善于在失败中吸取教训,在经验中总结规律。结合自己之前的专业学习或实践经验,我在旅途中归纳出一些朱氏"定律"或"语录":按照我硕士生导师的"边际理论"(丁文魁,1993)总结找寻风景的规律,如"最美的风景在边际:日夜边际,海陆边际,山河边际,高原和平原的边际……""景观的美取决于风景的多样化程度和组合程度,变化的才是美丽的""通过自己的努力看到常人所无法看到的风景,这本身也是风景人文化的过程""风景不只在路上,风景更在各人心中,各人所见永远不同""所知越多,收获越大;求知欲越强,所领略越丰"。根据自己的旅行身体状况,总结常用药物携带规律和动静协调的行程安排规律;在斯里兰卡多次入"坑"后,不断吸取"跳坑"经验,短时间内练就一身"出坑"本领;随着几次被旅行指南和滥抄书籍带入"沟"内,养成了对指南书的警惕和批判……

只有以路为书,把"行者"身份和"学者"心态糅合,才能使背包旅行之路保鲜常青。

三、行无界,永奔在探索之路

我的微信个性签名是"心无疆,行自远"。有很多人会说:"因为你有寒暑假,有时间。"朋友圈里有一位同行曾评论:"感觉全中国只有你这个大学教授有暑假。"确实,寒暑假大学老师人人有,但真正把它"挥霍"、像我这样用来旅行的人凤毛麟角。回到背包的精神本质:"生活在各处"。Cohen(2012)认为生活方式旅行者把生活方式转变为在途的旅行,变旅行为生活;我却认为地道的背包旅行者把旅行理念向生活渗透,变生活为旅行。

为什么会没有时间旅行? 只要具备背包客好奇探索的精神内核,无论身处何地,可以随时把平凡普通的旅游、工作、生活转变为背包旅行。在我为数稀少的几次跟团旅行中,我利用一切可以自由活动的时间进行了独立探索,创造了属于自己的背包时段:在不会法语、也不知道法语中"蓬皮杜"怎么讲的情况下,我脱团活动,自行搭地铁摸到了这个现代艺术中心;在大家短暂购物买表、自由活动的两小时里,我飞速上山体验了人生第一次、也是迄今为止最美的一次滑翔伞;在别人泡天宁沙滩酒店的昼夜功夫里,我搭船回塞班,直上凌云,独自进行了高空跳伞……只要具备好奇探索的精神,不是背包旅行的旅程都可以瞬间变为背包旅行。我观察过周围的很多人,他们出差,从机场到酒店,睡觉、开会、吃饭,而后回酒店,说没有时间旅行。我也出过差。我带学生去重庆实习,一大早学生和同事们还没起床,我已经踏上了到居民区寻找重庆小面之旅。在途的一切都是旅行,看到喷着香气的小面,面对熙攘鲜活、上下街巷的人群,一切都很新鲜,观察他们的生活、呼吸他们的空气，就是我的背包旅行。出去开会时，大家开完会就走了，我总会尽量争取多留一两天。哪怕只多留几小时，我都会去逛博物馆，走街串巷找吃食，随时发现我的"serendipity"，延展我在这个地方的生活体验。工作与旅行，休闲与工作，可以更好地融合。

随时以旅行的心态观察生活、体验生活、享受生活，旅行便从在途延展为在家，背包精神迁移至生活的方方面面，出差、工作、生活，无不可以为旅行。以旅行中的好奇眼光审视日常生活，哪怕平庸的生活都可以被挖掘出新鲜的元素。生长于水乡的我，每次去不同的水乡，或是同一个水乡很多次，不管晴雨冬夏，我都能发现她不同往常的风情，每次都很新鲜。我昆山高中时的好友问我："周庄到底有什么好？水乡不都长一样？"为此，我特地写了一篇比较各个江南水乡差异的小短文。对于长于发现和乐于探索的背包客来说，没有什么东西会是一样的，也没有哪一次能踏进一座水乡。时间在变，自己在变，心情在变，水乡里的物象也在变。旅行关注日常，日常中即有旅行。在这个界面，旅行"并不是日常与非日常、惯常与非惯常的对立界面，而是特定生活与可能生活在存在论意义上的界面"（张骁鸣，2021）。要以旅行的心态打破特定的生活，创造多种可能的生活。

四、小结

Cohen（1979）曾把旅游者体验从"肤浅"走向"深刻"的递增排序，按从单纯寻求"快乐"（pleasure）转向寻找"意义"（meaning）的动机升级，把旅游者分成五类，其中后三类常被用来概括背包旅行者的不同类型。他们是：以体验导向的旅游者（experiential mode）、试验型的旅行者（experimental mode）、存在主义的旅行者（existential mode）。但 Cohen 最后做出了两点纠正，认为有两种人不在这五种类型中，他们是"人文主义者"和"双中心/多中心主义者"。"人文主义者"持有特别广泛的文化概念，不认为自己是任何文化的外观者，会把自己沉浸到各种文化中，他们没有单一的精神中心，认为任何文化都是某种人文精神的表征。他们不异化于自己原来的中心，把不同的人文中心和自己的精神中心并置。"双中心/多中心主义者"可以同时依附于两个或多个性质迥异的精神中心，而不认为自己是这些中心的异化人物，他们认为自己原来的中心和之后找到的中心都是真实但不同的，在两个或两个以上的不同"世界"中感受相似，甚至享受另一世界中存在主义的旅行体验。

背包旅行者根据其沉浸不同旅游目的地的程度，主体呈现多样性的文化特征,带有许多"异文化"的特质。以往我们关注目的地东道主社会的濡化(涵化或同化)过程,而忽视旅行主体的濡化过程,因为主体的濡化过程只能在不同个体的生命轨迹上去测度,不易被察觉和发现;且濡化过程不是一次完成,要历经多次和长期的旅程影响。背包客的濡化过程伴随着长期和多次的背包旅行而发生,通过与他人的互动不断建构自己,他们能进入"异文化",也能出得来"异文化",能出得来"同文化",也能再次进得去"同文化",游刃于不同的异质文化之间,逐步转变成为Cohen(1979)所说的"人文主义者"和"多中心主义者"。作为一名资深的跨国背包客,我常年在多种文化体系中浸润过的"进得去,出得来"的背包研究者身份,实则大大有利于我"保持客观"和"价值中立"的研究立场。在多元化的人文价值观下,无论是对背包客主体的研究,还是对背包旅游中主客关系的研究,都能站在不同文化价值的立场上,多方面、多角度地审视和剖析问题,寻找良方,提炼理论。

背包客既是行者,也是学者。他们的行路和读书过程达到同一,在同理心和好奇心的驱使下,通过终生的学习,把专业玩家的身体技能、人类学家的旅行态度、考古和自然科学家的考察精神结合在一起,成为旅行规律的另类总结者、平凡生活的新鲜发现者和毕生路上的生活探索者。

当代背包客是具有极端移动性的旅行者,以路为家,以家为路。因为他们"生活在各处",接受和理解东道主的文化水到渠成;也正因为"生活在各处",路和家才能同一。路有千条,每条路上都有别样的家;路无尽头,每次归路都有一个全新的家。与其说背包客把生活方式转变为旅行,不如说他们把旅行理念渗透进生活。旅行从在途延展到家,背包精神迁移至生活的方方面面,打破了旅行和日常、惯常与非惯常、工作与休闲之间的二元对立和界限。

参 考 文 献

[1] Adler J. Youth on the road[J]. Annals of Tourism Research, 1985, 12(3): 335 - 354.

[2] Allon F. Backpacker heaven: the consumption and construction of tourist spaces and landscapes in Sydney[J]. Space & Culture, 2018, 7(1): 49 - 63.

[3] Apter M J. The experience of motivation: the theory of psychological reversal[J]. London: Academic Press, 1982.

[4] Bandura A. Self-efficacy: toward a unifying theory of behavioral change [J]. Psychological Review, 1977, 84: 191 - 215.

[5] Bell C. The big 'OE' Young New Zealand travellers as secular pilgrims[J]. Tourist Studies, 2002, 2(2): 143 - 158.

[6] Boorstin D. The image: A guide to pseudo-events in American society[M]. New York: Harper Colophon, 1964.

[7] O'Reilly C C. From drifter to gap year tourist: Mainstreaming Backpacker Travel[J]. Annals of Tourism Research, 2006, 33(4): 998 - 1017.

[8] Cary S H. The tourist moment[J]. Annals of Tourism Research, 2004, 31(1): 61 - 67.

[9] Charmaz K, Mitchell R. The myth of silent authorship: Self, substance, and style in ethnographic writing[A]. In R Hertz, (Ed.), Reflexivity and voice[M]. London: Sage, 1997.

[10] Chen G, Bao J, Huang S S. Developing a Scale to Measure Backpackers' Personal Development[J]. Journal of Travel Research, 2013, 53(4): 522 - 536.

[11] Chen G, Bao J, Huang S S. Segmenting Chinese Backpackers by Travel Motivations[J]. International Journal of Tourism Research, 2014, 16(4): 355 - 367.

[12] Clarke N. Detailing transnational lives of the middle: British working holiday makers in Australia[J]. Journal of Ethnic & Migration Studies, 2005, 31(2): 307 - 322.

[13] Cohen E. Nomads from affluence: Notes on the phenomenon of drifter tourism[J]. International Journal of Comparative Sociology, 1973, 14: 89 - 103.

[14] Cohen E. Toward a sociology of international tourism[J]. Social Research, 1972, 39: 164 - 182.

[15] Cohen S A. Lifestyle travellers: Backpacking as a way of life[J]. Annals of Tourism Research, 38(4): 1535 - 1555.

[16] Cohen, E. A Phenomenology of Tourist Experiences[J]. Sociology, 1979, 13(2): 179 - 201.

[17] Csikzentmihalyi M. The flow experience and its significance for human psychology[A]. In Csikzentmihalyi M, Csikzentmihalyi I S, Optimal experience. Psychological studies of flow in consciousness[M]. Cambridge: Cambridge University Press, 1988: 15 - 35.

[18] Dayour F, Park S, Kimbua A N. Backpackers' perceived risks towards smartphone usage and risk reduction strategies: A mixed methods study[J]. Tourism Management, 2018, 72: 52 - 68.

[19] Egger I, Lei S I, Wassler P. Digital free tourism — An exploratory study of tourist motivations[J]. Tourism Management. 2020, 79: https://doi.org/10.1016/j.tourman.2020.104098.

[20] Frederick, Dayour, Albert, et al. Backpackers: The need for reconceptualisation[J]. Annals of Tourism Research, 2017, 66: 191 - 193.

[21] Hannam K, Butler G, Paris C M. Developments and key issues in tourism mobilities [J]. Annals of Tourism Research, 2014, 44: 171 - 185.

[22] Hannam K, Diekmann A. Beyond backpacker tourism: Mobilities and experiences[M]. Bristol, UK: Channel View Publications, 2010.

[23] Hannam K, Diekmann A. From backpacking to flashpacking developments in backpacker tourism research[J]. In Hannam K, Diekmann A. Beyond backpacker tourism: mobilities and experiences[M]. Bristol, UK: Channel View Publications, 2010: 1 - 7.

[24] Hannam K, Sheller M, Urry J. Editorial: Mobilities, Immobilities and moorings[J]. Mobilities, 2006, 1(1): 1 - 22.

[25] Hannerz U. Cosmopolitans and locals in world culture [J]. Theory, Culture and Society, 1990, 7(2): 237 - 251.

[26] Hyde K, Lawson R. The nature of independent travel[J]. Journal of Travel Research, 2003, 42(1): 13 - 23.

[27] Jarvis J, Peel V. Flashpackers in Fiji: Reframing the 'global nomad' in a developing destination[J]. In Hannam K, Diekmann A. Beyond backpacker tourism: mobilities and experiences[M]. Bristol, UK: Channel View Publications, 2010: 21 - 29.

[28] Kannisto P. Global nomads: Challenges of mobility in the sedentary world[D]. Tilburg University, 2014.

[29] Kannisto P. Extreme mobilities: Challenging the concept of 'travel' [J]. Annals of

Tourism Research，2016，57：220 - 233.

[30] Kottak C P.人类学：人类多样性的探索[M]. 黄剑波,方静文,等,译.北京：中国人民大学出版社,2012.

[31] Larsen S，Ogaard T，Bran W. Backpackers and mainstreamers：realities and myths [J]. Annals of Tourism Research，2011，38(2)：690 - 707.

[32] Lim F K G. 'Donkey Friends' in China：The Internet, civil society and the emergence of the Chinese backpacking community[A]. In Winter T，Teo P，Chang T C. (Eds.)，Asia on tour：Exploring the rise of Asian tourism[M]. London：Routledge, 2009，291 - 301.

[33] Locke E，Latham G. Work motivation and satisfaction：light at the end of the tunnel[J]. Psychological Science, 1990，1：240 - 246.

[34] Loker-Murphy L，Pearce P L. Young budget travelers：Backpackers in Australia[J]. Annals of Tourism Research，1995，22(4)：819 - 843.

[35] MacCannell D. Staged authenticity：Arrangements of social space in tourist settings[J]. American Journal of Sociology，1973，79(3)：589 - 603.

[36] Muzaini H. Backpacking Southeast Asia：Strategies of "looking local"[J]. Annals of Tourism Research，2006，33(1)：144 - 161.

[37] O'Regan M. Backpacker Hostels：Place and Performance[A]. In Hannam K & Ateljevic I. (Eds.)，Beyond backpacker tourism [M]. Clevedon：Channel View Publications，2010，85 - 101.

[38] O'Reilly C C. From drifter to gap year tourist：Mainstreaming Backpacker Travel[J]. Annals of Tourism Research，2006，33(4)：998 - 1017.

[39] Paris C M. FLASHPACKERS：An Emerging Sub-Culture? [J]. Annals of Tourism Research，2012，39(2)：1094 - 1115.

[40] Pearce P. The backpacker phenomenon：preliminary answers to basic questions[R]. Department of Tourism, James Cook University of North Queensland, 1990.

[41] Reed-Danahay D. Auto-ethnography：Rewriting the self and the social[M]. Oxford, UK：Routledge, 1997.

[42] Richards G，Wilson J. New horizons in independent youth and student travel[R]. Amsterdam：International Student Travel Confederation (ISTC)，2003.

[43] Richards G，Wilson J. The global nomad：Backpacker travel in theory and practice[M]. Clevedon；Buffalo：Channel View Publications，2004.

[44] Richards G，Wilson J. The global nomad：Motivations and behaviour of independent travellers worldwide[A]. In G. Richards & J. Wilson (Eds.)，The global nomad：Backpacker travel in theory and practice [M]. Clevedon；Buffalo：Channel View Publications，2004，14 - 39.

[45] Richards G. The new global nomads：Youth travel in a globalizing world[J]. Tourism Recreation Research，2015，40（3）：340－352.

[46] Riley P J. Road culture of international long-term budget travelers[J]. Annals of Tourism Research，1988，15(3)，313－328.

[47] Riley P J. Road culture of international long-term budget travelers[J]. Annals of Tourism Research，1988，15(3)，313－328.

[48] Salvaggio M. Bursting the Backpacker Bubble：Exploring Backpacking Ideology[D]. Practices and Contradictions. University of Nevada，2016.

[49] Sheller M，Urry J. The new mobilities paradigm[J]. Environment and Planning A，2006，38(2)：207－226.

[50] Suvantola J. Tourist's Experience of Place[M]. Burlington：Ashgate，2002.

[51] Turner V. Process，Performance and Pilgrimage：A Study in Comparative Symbology [M]. New Delhi：Concept Publishing Company，1979：149.

[52] Uriely N，Yonay Y，Simchai D. Backpacking experiences：A type and form analysis[J]. Annals of Tourism Research，2002，29(2)：520－538.

[53] Urry J. The Tourist Gaze[M]. London：Sage，1990.

[54] Visser G. The developmental impacts of backpacker tourism in South Africa[J]. Geo Journal，2004，60：283－299.

[55] Wang N. Rethinking authenticity in tourism experience [J]. Annals of Tourism Research，1999，26(2)：349－370.

[56] Wenjie，Cai，Brad，et al. Turning It Off：Emotions in Digital-Free Travel[J]. Journal of Travel Research，2019，59(5)：909－927.

[57] Zhang J，Morrison A M，Tucker H，et al. Am I a Backpacker? Factors Indicating the Social Identity of Chinese Backpackers[J]. Journal of Travel Research，2017，57(4)：525－539.

[58] Zhang J，Tucker H，Morrison A M，et al. Becoming a backpacker in China：A grounded theory approach to identity construction of backpackers[J]. Annals of Tourism Research. 2017，64：114－125.

[59] 丁文魁.风景科学导论[M].上海：上海科技教育出版社,1993.

[60] 费孝通.当代社会人类学发展[M].北京：北京大学出版社,2013.

[61] 高丙中.汉译人类学名著总序[M].北京：商务印书馆,2014.

[62] 海德格尔.存在与时间[M].陈嘉映、王庆节,等,译.北京：商务印书馆,2015.

[63] 蒋逸民.自我民族志：质性研究方法的新探索[J].浙江社会科学,2011,(4)：11－18.

[64] 钱钟书.钱钟书集：写在人生边上、人生边上的边上、石语[M].北京：生活·读书·新知三联书店,2002.

[65] 解佳,朱璇."穷游"兴起的社会学分析——兼论穷游者与背包客的异同[J].旅游学刊,2019,34(1)：124-135.

[66] 唐魁玉,邵力.微信民族志、微生活及其生活史意义——兼论微社会人类学研究应处理好的几个关系[J].社会学评论,2017,(2)：76-85.

[67] 谢彦君,樊友猛.身体视角下的旅游体验——基于徒步游记与访谈的扎根理论分析[J].人文地理,2017,(4)：129-737.

[68] 张骁鸣.通过旅游解放地方[J].旅游科学,2021(待发表).

[69] 赵红梅,李庆雷.回望"真实性"(authenticity)(上)——一个旅游研究的热点[J].旅游学刊,2012,27(4)：11-20.

[70] 郑肇祺.自身作为研究工具：西滨公路上的"虾米郎".他者的世界[OB/OL]. https://mp.weixin.qq.com/s/Gab0dYbfeIu93lPmdvY48Q,2018-11-20.

[71] 朱璇,吕帅.背包旅游者的特征及其对中国旅游目的地发展的意义探究[J],旅游科学,2005,19(3)：38-43.

[72] 朱璇,吕帅.直面游走的文化群——关于各国背包旅游发展对策的综述及其对我国的启示[J].旅游科学,2007,21(4)：72-78.

[73] 朱璇,蔡元,梁云能.从神圣到世俗的欠发达地区乡村社区空间异化——国内背包客凝视下的亚丁村[J].人文地理,2017,32(2)：53-58,102.

[74] 朱璇,江泓源.移动性范式下的徒步体验研究——以徽杭古道为例[J].旅游科学,2019,33(2)：27-41.

[75] 朱璇,解佳,江泓源.移动性抑或流动性？——翻译、沿革和解析[J].旅游学刊,2017,32(10)：104-114.

[76] 朱璇.背包旅游：基于中国案例的理论和实证研究[D].华东师范大学,2007.

[77] 朱璇.背包旅游理论与实证研究[M].北京：中国旅游出版社,2009.

[78] 朱璇.脆弱生态旅游区的先遣军——关于生态旅游者和背包旅游者的比较研究[J].人文地理,2008,23(6)：113-117.

[79] 朱璇.漂泊的旅行者——关于背包旅游者的演进轨迹[J].旅游学刊,2007,22(2)：89-96.

[80] 朱璇.新乡村经济精英在乡村旅游中的形成和作用机制研究——以虎跳峡徒步路线为例[J].旅游学刊,2012,27(6)：73-78.

[81] 朱璇.叙事分析法下的中西方背包客真实性体验——以阳朔为案例地[J].旅游学刊,2018,33(3)：116-126.

后　记

　　我原以为这是一部很容易完成的著作。前期 20 年的积累——堪称出生入死的旅行生命体验,行路途中夜夜手机上天马行空、写稿入梦的纪实,对背包旅游及相关研究领域的一贯执迷执念——让我对成书有一种一蹴而就的想象,但实际成文过程和我之前的想象很不一样。虽然喷薄而出的回忆让我在整整两个月里几乎可以从黎明即起写到子夜寂静,一边感慨打字撰写的速度赶不上头脑运转的速度,一边喟叹"语言并不足以描述经验,最好的词汇也无法表达我们隐秘世界的丰富性和独特性"(见马克思·范梅南的《生活体验研究》,2003:3)——时而被涌动着的情绪推向奋笔疾书的汹涌波涛中,时而陷入在语言和思想表达之反差的焦灼纠缠中。虽然全书一半以上的文字早已积累在我日常背包的书写之中,但当重构全书体系,把故事捋成故事线,最终表述并形成自认为有意义的学术观点和体系时,还是深感疲惫不堪。当然,夜以继日的抽筋扒皮也常伴随着一气呵成的狂喜自得。所以,整本书全部字符敲完后,虽然累到虚脱,但仍然是快乐的,这不仅仅是一种解脱之后的快乐,更是一种收获之后的快乐。如果说写完累到没有检查就直接递交了初稿令我惴惴不安,那么首次校订检查再通读全文时周身血脉暗自流动的喜不自禁,充分印证了"痛并快乐着"就是我作为行者和学者的"错乱"天性!尽管我对自己语言的打磨和思想的表达总有力所不逮之处仍然深感惶恐,但 20 年来的背包行走和研究历程,确实让我有种不吐不快的豪情在胸。于是,壮志凌云般的"情怀"驱散了我如坐针毡的不安,我终于还是把我的第二本背包旅游的专著捧到了你的面前!如果恰巧你也喜欢,那就让我们共同期盼吧,这只是我"一千零一夜"背包故事的序章,而不是终结!

　　说起来极为可笑,这本书的最终成文,还得"感谢"这次旷日持久的疫情。天生耐不住寂寞的我,在 2021 年的寒假不得不暂停狂野的脚步。被幽闭家中的日子里,我如老僧入定,从交掉学生前一年秋季学期期末考试成绩的那一天开始,一直持续到这一年春季开学前的最后一天。疫情的被迫"禁足"和"闭门思过",给我带来了可观的回报:第一年(2020 年)的"坐禅"使我"范进中举",拿到了国家自然科学基金的面上项目；第二年（2021 年）的"修行"令我再次夜不能寐地写就了本书。突然发现，原来在自己的文字和照片中"旅行"和"回首往事"，也是一桩令人意气风发、气吞山河的美事！心中的"远方"和"诗"终于有这么一刻被结合在一起"手绘"出来，虽有各种不完美，但朴拙率真，皆倾情流出，希望为"背包"、渴望"背包"和投身背包自助旅游事业的读者提供应用之经验；而多年来对背包旅行的观察和理解，使得我终于可以不囿于论文的限制，只基于自我民族志的叙事，把自己对背包旅行的重新概念化和盘托出，尽情和前人的背包研究形成"对话"，隐隐有种大快我心的感觉！

特别要感谢两位为我作序的旅游界"大咖"。尤其想说明的是，分别邀请两位"前辈"和"同辈"大牛教授为我写序，并非完全由于他们在旅游学界的地位，而是另有原因。作为旅游学界迄今为止唯一的一位长江学者，保继刚老师可能自己也没有想到，他对我早年影响最大的不是他的专业论著，而是他出版的一本"闲书"——如果不是因为他赠我的《美加十万里行记》，可能我也不会因为受到"保戴"（"戴"指戴凡老师，是保老师的夫人）两位老师的鼓舞而开始大胆探索美国的背包首秀。从这个意义上来讲，保老师是引我入自助旅行之门的"师傅"。虽然没能进入"保门"是我旅游学术路上最大的遗憾，但保老师对我日后的自助行具有毋庸置疑的"启蒙"作用，而戴老师至今仍是我素未谋面的"偶像"。厉新建是我大学的同班同学，从 1994 年我们第一次在杭州商学院（今浙江工商大学）搭伴去寻觅良渚文化遗址开始，他就成为见证我一路背包成长的最亲近的旅游学者。读两位学者的画龙点睛之序，令我汗涔涔而心有愧。因为首次考博未录取的关系，我一直对保老师心存畏惧，重温他的点评更让我如芒在背，羞愧难当：一羞愧于当年自己的种种不用功；二羞愧于"贪玩"的毛病至今未改；三羞愧于同样去雨崩，保老师就能敏锐地发现研究问题，我却错失了研究先机；四羞愧于保老师给予本书"比《徐霞客游记》传递的信息还多"的至高评价，实不敢当。看完本书的人就会知道，徐霞客是我的至尊偶像，我只能把保老师这一带有夸张修辞手法的至高评价当作对我最大的激励。至于我的学界好友新建，序中的夸奖和溢美之词更是"泛滥"，我笑着读完全文，最后泛出了点点泪花。新建文笔之好简直令本书相形见绌，故而使我先流泪再流汗。我自不敢比附"云雀"之声，但他引用的那句"春草的发青，云雀的放歌，都是用不着人们的奖励的"，却实在是戳中了我的心穴——旅行于我，就是这样一件自然而发的事情吧！认识我近 30 年的老友果然懂我！

本书即将付梓之际，我要致谢的名单有长长一串，限于篇幅，这里只能点到

为止。最要感谢的是我的家人,我的先生、婆婆、父母和妹妹一家,还有叔叔姑姑
舅舅阿姨等大家庭成员,谢谢你们长久以来对我的支持和包容,其中最最要感谢
的,首推我史上最亲密的驴友——甜妞,感谢你一直以来对妈妈各种"虐行"的逆
来顺受,还偶尔展露出来对妈妈一点小小的"崇拜"。如果说这本书有个最大的
"讨债鬼",那就非你莫属!几年来日复一日的催促,使得你毫无悬念地成为本书
出版的最大功臣!因此,这本书就是妈妈送给你的礼物,希望你原谅妈妈所有的
"不可理喻",也期待你兑现今后要带着妈妈去南极的诺言!除此之外,几位最不
遗余力催我出书、总是对我不吝赞美的师长同仁还包括:我的大学英语老师刘
新民教授,我的(前)同事张国凤书记、张文建教授、贾铁飞教授、王春雷教授、王
玉松副教授、胡建伟博士等。佛罗里达大学的 Gerald Murray 教授和复旦大学
潘天舒教授等人类学家对我的肯定极大地增强了我对本书学术价值的信心。感
谢北亚利桑那大学 Alan Lew 教授和我已故的博士生导师、华东师范大学汪宇
明教授对我博士论文选题的认可,使得我能够实现对背包旅游从无到有的研究,
并一直坚持到现在。感谢朱海森教授、杨卫武书记、高峻教授、康年教授和已故
的白光润教授这样的领导,感谢你们能一直关注和扶持我这般的"另类"学者,使
得我入职上海师范大学以来,就一直生活在一个相对宽松的学术环境中。我的
铁杆妈咪驴友辜智慧、黄平、车婷婷、朱依燕、王燕、褚澄宇、任鹏等,不挂名出现
在本书的各个部分,感谢你们陪我历经风雨,还要忍受我经常性的"旅行施虐"!
我的亲密闺友那杰、袁怡琴、顾思琦、黄静、陈浩亮、梁海燕、孙凤双、赵珊珊、苏培
兰等,还有我的异性好友梁文涛、吴刚、王志文、周琛、Ramsay Kerr、Geoff
Coppola 以及书中实名出现的各路神仙,感谢你们及家人或是为我的旅行创造
了各种蹭吃蹭住的优越条件,或是提供了陪行陪玩的优厚待遇,你们就是我一路
走来的守护人!感谢我在美国亚利桑那州立大学的导师 Dallen Timothy 教授、
华南师范大学的解佳博士、中山大学的陈钢华博士和英国萨里大学的 Simon
Kimber 博士,与你们在背包旅游研究领域的合作以及你们给予我的研究帮助,
是我不断取得进步的推动力!张宏梅教授对本书出版的及时敦促,研究生吴云
龙、倪铭为我的初稿排版,编辑何勇和倪华老师对我的热情勉励和无私帮助,张
勇老师及上海交通大学出版社的实干高效,都令我感动,你们是本书得以出版的
保驾护航者。最后,我要感谢上过我《自助旅行》课程的三届学生给予我的积极
反馈,感谢所有的师生朋友在绵长岁月中赐予我的热忱支持,也要感谢在路上萍
水相逢之人施予我的种种美好际遇!时至今日,疫情的阴影仍旧笼罩着全世界,
我从尼泊尔、斯里兰卡等国的朋友处了解到,当地人民由于旅游业的停顿而生活

得极其悲惨。听闻这些消息，我的心里也很沉重。我总安慰着他们"阳光总在风雨后"，我衷心希望他们能够尽早迎来旅游业的复苏，更希望在那复苏的春天，他们迎接到的，是更负责任、更具同理心、更懂旅行和更会旅行的旅行者！

　　写毕，抬头瞥见研究生们投我所好而赠予的"国家地理中文日历"，发现今天恰好是世界企鹅日，看来，冥冥之中，南极正在召唤着我呢！心无疆，行自远——与所有心怀"诗和远方"的同道共勉！

2021.4.25 于上海